U0829635

权威 · 前沿 · 原创

皮书系列为
“十二五”“十三五”国家重点图书出版规划项目

BLUE BOOK

智库成果出版与传播平台

传媒蓝皮书

BLUE BOOK OF
CHINA'S MEDIA

中国传媒产业发展报告（2020）

REPORT ON DEVELOPMENT OF CHINA'S MEDIA INDUSTRY (2020)

主　　编／崔保国　徐立军　丁　迈
执行主编／杭　敏

社会科学文献出版社
SOCIAL SCIENCES ACADEMIC PRESS (CHINA)

图书在版编目(CIP)数据

中国传媒产业发展报告. 2020 / 崔保国，徐立军，丁迈主编. —北京：社会科学文献出版社，2020. 8
（传媒蓝皮书）
ISBN 978 - 7 - 5201 - 6889 - 2

Ⅰ. ①中… Ⅱ. ①崔… ②徐… ③丁… Ⅲ. ①传播媒介 - 产业发展 - 研究报告 - 中国 - 2020 Ⅳ. ①G219. 2

中国版本图书馆 CIP 数据核字（2020）第 134567 号

传媒蓝皮书
中国传媒产业发展报告（2020）

主　　编 / 崔保国　徐立军　丁　迈
执行主编 / 杭　敏

出 版 人 / 谢寿光
责任编辑 / 范　迎

出　　版 / 社会科学文献出版社 · 人文分社（010）59367215
地址：北京市北三环中路甲 29 号院华龙大厦　邮编：100029
网址：www. ssap. com. cn
发　　行 / 市场营销中心（010）59367081　59367083
印　　装 / 三河市东方印刷有限公司

规　　格 / 开　本：787mm × 1092mm　1/16
印　张：31. 75　字　数：480 千字
版　　次 / 2020 年 8 月第 1 版　2020 年 8 月第 1 次印刷
书　　号 / ISBN 978 - 7 - 5201 - 6889 - 2
定　　价 / 138. 00 元

传媒蓝皮书（2020）
出 品 方

清华大学传媒经济与管理研究中心
央视市场研究股份有限公司
中国广视索福瑞媒介研究有限责任公司
清华—日经传媒研究所
中国新闻史学会传媒经济与管理研究委员会
清华大学文化创意发展研究院
清华大学经济传播研究中心
中国新闻出版研究院《传媒》杂志社

本书入选 CSSCI（中文社会科学引文索引）来源集刊

传媒蓝皮书（2020）
课　题　组

课题组组长　崔保国　徐立军　丁　迈

课题组副组长　杭　敏　段春卉　郑维东

课题组成员　（排名按姓氏拼音为序）

陈国权　陈媛媛　邓小院　韩　博　何丹嵋
侯琰霖　金文恺　林　杨　刘金河　卢金珠
邵　鹏　孙　平　王岳晗　徐　佳　姚庚君
殷滋淳　张　锐　张　伟　周　逵

传媒蓝皮书编委会

主要编撰者简介

崔保国　清华大学新闻与传播学院教授、博导，清华大学文化创意发展研究院副院长，清华大学传媒经济与管理研究中心主任，中国科技新闻学会副理事长，中国新闻史学会传媒经济与管理研究委员会副会长。从2004年开始担任“传媒蓝皮书”主编。长期从事传播学理论、传媒经济与管理、互联网治理等研究。近年来作为首席专家承担了“下一代互联网与国际传播新秩序研究”的国家社科基金重大项目、“构建全球化互联网治理体系研究”的教育部重大项目等。

徐立军　央视市场研究（CTR）执行董事、总经理，CTR媒体融合研究院执行院长。长期从事媒体实践与市场研究工作，在中央电视台的市场策略研究咨询工作中担任过重要角色，在频道经营、受众研究及数据挖掘方面发挥了重要作用。推动并参与了《电视收视率调查准则》国家标准（GB/T30350－2013）的制定出台。现全面负责央视市场研究（CTR）的经营和管理工作。2015年发起成立国内第一家媒体融合研究院，2017年主导建立旨在覆盖全国所有智能电视机全量数据的智能电视大数据联盟，2018年创新研发CTR媒体融合效果评估体系，2019年主导成立CTR短视频工作室。

丁　迈　中国广视索福瑞媒介研究（CSM）董事、总经理。中国传媒大学传播学博士。20余年市场研究行业实践经验，具有丰富社会调研和跨行业客户服务的经历，多篇论文和多余专著屡获省部级和行业大奖。在应用统计学、定性定量研究方法、数据处理与分析技术、测量体系以及传媒市场研究等领域具有高端专业知识。加入CSM前为中国传媒大学教授、博士生导师。

杭　敏　清华大学新闻与传播学院副院长、教授、博导，清华大学经济传播研究中心主任，全球财经新闻项目主任、兼任瑞典延雪平大学传媒管理研究中心东亚所主任。她获得瑞典延雪平大学工商管理与经济学博士，曾先后在美国哥伦比亚大学商学院和瑞典隆德大学商学院工作。主要研究领域为传媒经济管理、财经新闻与经济传播；主要出版著作包括：*Media Entrepreneurship*：*Theories and Cases*、《国际财经媒体发展研究》、《全球网播：新媒介商业运营模式》等。

摘　要

《中国传媒产业发展报告》自2004年开始立项，由清华大学传媒经济与管理研究中心牵头，联合国内外学术界众多专家学者共同编撰。本书在对2019年中国传媒各领域发展状况进行系统梳理的同时，也对国内外传媒产业的发展趋势进行分析与预测。《中国传媒产业发展报告》已经成为研究和分析中国传媒产业以及了解全球传媒业的权威工具书，并于2012年起被认证为“中文社会科学引文索引（CSSCI）”来源集刊。

《中国传媒产业发展报告（2020）》分为总报告、传媒洞察、媒体行业与市场报告、媒介融合与传媒创新报告、全球传媒市场报告、传媒市场关键数据、传媒企业创新案例七大板块，内容上覆盖影视、报刊、图书、广播、互联网、新媒体、广告等近20个行业的发展报告，并结合全球各地区传媒产业发展状况进行综合对比研究。可以说，一书了解全球传媒业。

纵观2019年，在线视频生产持续火热，直播或短视频与电商的结合尤为瞩目，同时，短视频平台在完成用户积累后，广告变现模式更加成熟，有望在广告营收上实现爆发。在技术不断革新下，传媒的内容生产、推广分发、营销手段都将发生变革，区块链、人工智能、5G等技术将一同缔造不断更新的传媒图景。

本书以全球视野审视传媒产业，以扎实的数据支撑对传媒产业的分析。对传媒产业发展变化和发展趋势所做的解析，对政府主管部门、业界、学界及传媒管理和运营机构具有多方面的参考意义；对国家信息传播体系的设计规划、传媒政策的制定、媒体组织的发展战略等产生一定影响；对于从事新闻传播特别是传媒经济与管理的高校教师及研究人员来说是一本实证性研究基础书。

目 录

Ⅰ 总报告

Ⅱ 传媒洞察

Ⅲ 媒体行业与市场报告

Ⅳ 媒介融合与传媒创新报告

Ⅴ 全球传媒市场报告

Ⅵ 传媒市场关键数据

Ⅶ 传媒企业创新案例

皮书数据库阅读**使用指南**

总 报 告

General Report

B.1

2019 ~2020年中国传媒产业发展报告

崔保国*

摘　要： 2019年，虽然整体经济下行压力增大且中美贸易摩擦对诸多领域产生巨大影响，但中国传媒产业仍旧保持了较为平稳的发展态势，总产值达22625.4亿元，同比增长7.95%。2020年，在多方承压的背景下，传媒产业发展的不确定性增加，但有些能帮助人们提升数字化生存能力的在线视频、网络游戏、电商等领域仍然会继续保持稳定发展。

关键词： 传媒产业　数字经济　传媒产值

---

* 崔保国，清华大学新闻与传播学院教授、博导，“传媒蓝皮书”主编。

一 2019 ~2020年传媒产业发展综述

2019 年还算是传媒业平稳发展的一年，虽然整体经济面临下行压力，且中美贸易摩擦增大了诸多领域发展的不确定性，但整个中国传媒产业依旧是“岁月静好”。2019 年适逢新中国成立 70 周年、互联网诞生 50 周年、中国全面接入互联网 25 年，里程碑式的成就比比皆是，这些重大历史节点是中国传媒发展发生历史性变化的关键要素，如果用几个词来概括，即：突破、转型、创新、融合。在政策、技术、资本的推动下，整个传媒产业不断迎来新发展。

2020 年，传媒产业发展的不确定性增加。根据国家统计局数据，2020 年第一季度 GDP 同比下降 6.8%，无论是投资、进出口，还是消费、工业生产等主要经济指标均出现下滑。在整体经济环境的压力下，传媒领域诸多行业相关指标下降明显。

报刊传统发行渠道受到严重影响，一些报刊采取部分时间段内休刊的措施。局部地区的报刊已经出现名存实亡的现象，由于无法实现空间上的传递，尽管一些主流报业集团还有品牌影响力、内容生产力等，“两微一端”运营较好的传统报刊依旧保持着一定的影响力，但 2020 年年初的整体市场、消费环境极大地加快了传统报刊退场的历史进程。广播、电视尽管依旧占据着一定的传播份额，但在新闻资讯类信息传播当中，它们的作用也在明显下降。传统媒体恐怕难以恢复其作为一种日常使用媒介的存在感。

电影业更是遭遇“寒冬”，2020 年上半年票房几乎为零。万达电影对外发布 2020 年第一季度业绩预告显示第一季度亏损规模为 5.5 亿 ~6.5 亿元，而华谊兄弟、光线传媒、慈文传媒等也难逃亏损现状。自 2020 年初至 4 月，我国有 3000 余家影院类企业注销或者吊销。①

“东边日出西边雨，道是无晴却有晴”，传媒业也有令人眼睛一亮的高

① 《万达领亏 6.5 亿，一季度电影市场集体倒车!》，http：//finance. sina. com. cn/stock/relnews/hk/2020 - 04 - 15/doc - iircuyvh7968659. shtml。

光行业，根据国家统计局的数据，2020 年第一季度互联网和相关服务、软件和信息技术服务业营业收入呈增长趋势。“宅娱乐”“宅消费”，让经营智能化、数字化业务相关企业在逆境中突出重围。电影《囧妈》在头条系四大平台及智能电视鲜时光三日总播放量超过 6 亿次，总观看人次 1.8 亿；《王者荣耀》《和平精英》等游戏用户数呈 30% 以上增长①；各大视频网站用户数量和使用时长也有所上涨；在线教育等行业在危机中迎来机遇。

2020 年上半年，报刊、电视、广播等传统媒体的新媒体内容生产、用户增长和传播数据有较好表现，融合转型、新媒体渠道建设成效集中得以体现。另外，从内容报道深度和传播度、影响度上，一些传统媒体表现十分抢眼，如《财新周刊》《三联生活周刊》等，其权威、真实、深入的报道使之脱颖而出，成了受众信赖的新闻资讯主流媒体。

数字化已经成为一种社会生存状态，对于传媒企业来说，用数字化的手段来满足数字时代的用户需求才是生存之道。

二 2019年传媒产业规模与发展特点

互联网技术是构建当代传媒体系的基础推进力量，移动化、智能化、数字化、融合化已经成为传媒行业发展的基本方向。在多重因素影响下，传媒的外延不断被拓展，而传媒的产业结构也不断被重构。传统媒体和新媒体的概念与界限逐渐模糊，报纸、期刊、广播、电视等媒介也通过不同的使用场景互相渗透。互联网、传媒、数据以及人的各种社会关系共同构筑了一个人类新空间——网络空间。

互联网不断重新定义传媒产业的边界，在数字经济飞速发展的时代，我们这样来定义传媒产业：传媒产业是由多种形态的媒介、多种业态的媒体、各种生产内容产品和数据产品的个人、机构以及相关企业构成的企业集群；这些企业、机构或个人在运营过程中大多存在一定的赢利行为，即使一些非

① QuestMobile：《2020 中国移动互联网“战疫”专题报告》，2020 年 2 月。

营利机构也会与市场或营利性机构有关联，所以，传媒产业囊括了传媒企业、事业、个人以及网络空间中的绝大部分主体。①

1. 2019年中国传媒产业规模及结构

2019 年中国总经济体量接近 100 万亿元，GDP 占世界的比重约为 16.59%，居世界第二，中国经济增长对世界经济增长的贡献率达到 30% 左右。根据“传媒蓝皮书”课题组的统计，2019 年中国传媒产业总规模达 22625.4 亿元，较上一年增长 7.95%，增长率为近 8 年最低（见图 1）。从细分领域方面看，广播电视广告收入、报刊行业收入同比下降，而互联网广告、网络游戏等保持增长优势（见图 2）。2013 ~2019 年中国传媒产业形态数据如表 1 所示。

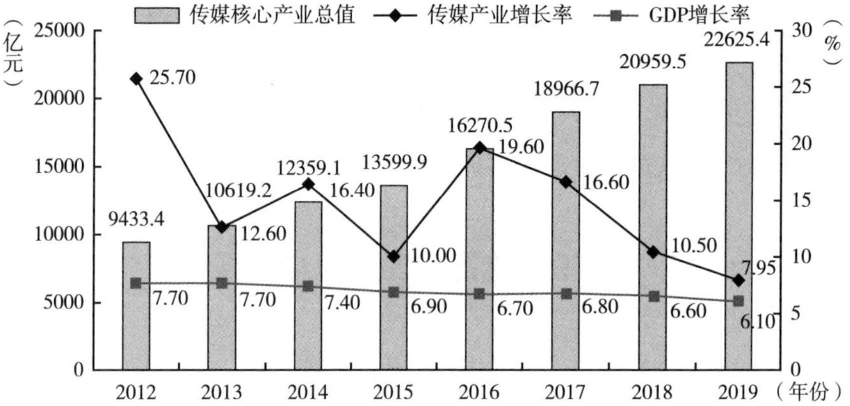

图 1　2013 ~2019 年中国传媒产业总值与年增长率

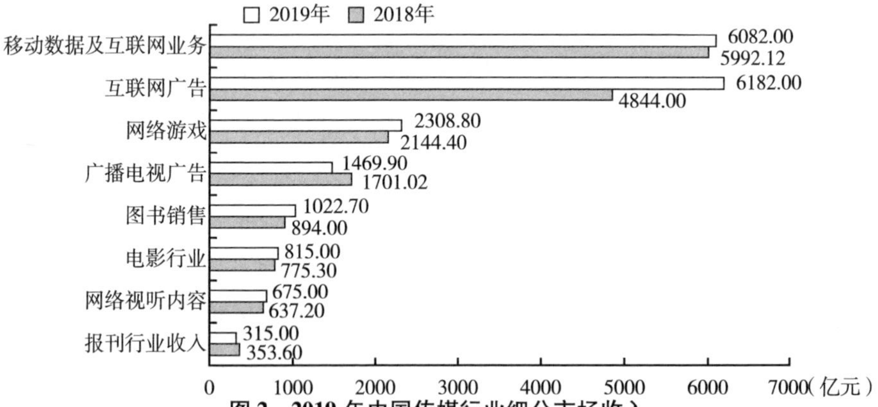

图 2　2019 年中国传媒行业细分市场收入

① 此定义由本报告作者在《2019 年：中国传媒产业发展报告》“总报告”部分的基础上重新修订。

表1　2013~2019年中国传媒产业形态数据

项目	2013年	2014年	2015年	2016年	2017年	2018年	2019年
报纸种类(种)	1821	1912	1906	1894	1884	1871	
期刊种类(种)	9941	9966	10014	10084	10130	10139	
报纸出版数量(亿份)	482.41	463.90	430.09	390.07	362.52	337.30	315.00
期刊出版数量(亿册)	32.72	30.95	28.78	26.97	24.92	22.90	22.00
图书出版数量(亿册)	83.10	81.85	86.62	90.37	92.44	100.10	102.00
电影院数量(家)	3903	4918	6373	7985	9504	10463	11309
电影银幕数量(块)	18195	23592	31627	41179	50776	60079	69787
广告经营单位数量(家)	445365	543690	671893	875146	1123059	1379892	1633135
手机用户数量(万户)	122911.3	128609.3	130573.8	132193.0	142000.0	157000.0	160134.0
固定电话用户数(万户)	26698.5	24943.0	23099.6	20663.0	19400.0	13953.0	19104.0
WWW站点数量(万个)	320.2	335.0	422.9	482.0	533.0	523.0	497.0
域名数量(万个)	1844.1	2060.1	3102.1	4227.6	3848.0	3792.8	5094.2
网民总人数(万人)	61758	64875	68826	73125	77198	82851	90359
手机上网人数(万人)	50006	55678	61981	69531	75265	81698	89690
移动互联网接入流量(亿GB)	12.7	20.6	41.9	93.8	245.9	711.1	1220.0

说明：网民人数、手机上网人数统计截至2020年3月。

资料来源：课题组根据国家新闻出版广电总局、工信部、CNNIC公开发表数据整理。

2. 2019年传媒产业发展特点

在互联网领域，中国依然是世界上互联网发展最活跃、迭代最快的市场，在电子支付、网络购物等领域，已经领跑于世界。阿里巴巴、腾讯等企业活跃于世界互联网生态中，业务、投资遍布世界，从技术输出到生态赋能，中国式数字生活方式走向海外。5G的商用使得媒体升级加速，新闻的传统生产模式逐渐被颠覆，新的内容产品不断被创造，新的变现模式被挖掘。

媒体融合升级化发展打造全媒体传播体系。中央级媒体融合注重新技术的应用，构建“5G + 4K + AI”的战略格局，融合传播力领跑全国；县级媒体融合因地制宜，用现有信息技术驱动生产关系调整。一场自上而下、自中心至外围的融合已经全面展开且已经取得了初步的成效。在媒体融合发展的大趋势下，媒体融合将从普遍化向升级化进化，集约资源、协同高效、差异化发展①的全媒体传播体系将成为行业所需。

“视频 + 电商”模式将继续引领风口。2019 年，直播发展迅猛，视频红利被持续挖掘，“带货”成为其重要变现手段之一。在接下来的几年，“视频 + 电商”模式还将继续高速发展，将成为移动互联网领域最具确定性的成长领域。一些具备相关条件的广电媒体已经尝试转型 MCN，随着越来越多的传统媒体布局 MCN，该领域竞争也将加剧。

短视频广告营收爆发式发展。短视频平台在完成用户积累后，广告变现模式更加成熟，有望在广告营收上实现爆发。广告主“品效合一”的诉求也在推动互联网媒体进一步调整、变革自身的广告经营模式。

产业互联网促进数字经济的规模化发展。在产业互联网时代，各个产业的垂直领域都在寻求通过互联网技术对其原有传统进行数字化改造，让其服务智能化、运营智慧化、流程数字化。对于“供给侧”百万亿级别的市场，1% 的效率进化就是万亿级别市场的创造，“供给侧”的数字经济大有可为。

数字经济发展已上升至国家战略层面。数字经济已经渗透至经济、社会发展的诸多领域，是经济转型发展的重要突破口、改造经济发展模式的主导力量。数字化的发展在传媒产业中体现得尤为突出。大数据、云计算、人工智能等技术对传媒产业更深层次的改造还在继续。优化算法及服务，稳定现有用户，挖掘潜在用户，将离线用户在线化，将原有的商业链延展到更加开

① 参见 http：//www. ccps. gov. cn/xtt/201903/t20190315_ 130410. shtml。

放、价值协同的环境下，这中间富含商机，也就是说对于大多数企业，谁能创造出一个有持续互动能力的新的产品和服务，例如微博、微信、淘宝、抖音，谁就有可能是下个风口的领航者。①

三　2019年中国传媒细分行业发展状况

2019 年，中国传媒产业发展相对平稳，但不同的媒介形态和行业的发展特征各异。在相关行业统计数据基础上，我们对报纸期刊、图书出版、广播电视、电影、互联网与社交媒体、游戏、广告等重点行业的发展状况进行分析和梳理，揭示 2019 年中国传媒产业发展的脉络与态势。

1. 报纸期刊

自 2011 年前后到 2019 年近 10 年间，报刊业的经营下滑一直未停歇。近三四年，下降幅度所有收窄，2019 年，报纸广告降幅在五年来第一次收窄到 30% 以下，而期刊广告降幅也维持在个位数，但整体还处于下降趋势（见图 3）。传统报刊业以广告经营为主的时代已经过去，多元化经营虽然早已提上日程，但替代广告成为成熟的盈利模式还有待时日。

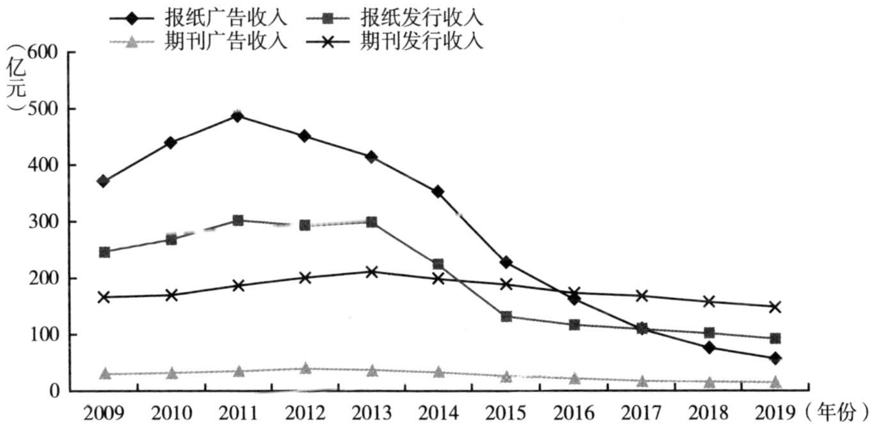

图 3　2009～2019 年报刊广告及发行收入

① 未来今日研究所（Future Today Institute），《2020 科技趋势报告》，2020 年 3 月。

报刊的影响力与经营状态并不同步。根据人民网研究院的调研数据，报纸的网站、自建客户端等自有平台的覆盖率，以及在聚合新闻客户端、微博、微信等第三方平台的入驻率都超过90%。内容传播矩阵拓展了报纸在互联网时代的传播途径，扩大了舆论阵地。在“媒体融合”的大方针下，报刊对经营业务、内容生产、宣发手段等多方面进行的改造常态化。一些新技术，如AR直播报纸，智能机器人写稿等已经在一些报刊被应用，接下来的问题是如何把这些技术迅速转化为产能从而产生经济效益。

在专业性和权威度上，传统报刊媒体依然具有话语权，尤其在重大事件的深度报道上，充分地展示了其优势和价值所在。综合来看，高价值内容加持、传播方式的升级与盈利模式的多样化依然是报刊媒体在融合升级阶段需要解决的关键问题。

2. 图书出版

由于青少年图书市场的稳定，整体图书市场依旧保持着稳步增长的态势。2019年中国图书零售市场码洋规模达1022.7亿元，同比增长14.4%，继续保持两位数的稳定增长态势。城市受众网上购书习惯养成，图书销售额网络渠道增速大大高于实体店面，网络码洋规模同比增长24.9%，达715.1亿元（见图4），[①] 实体书店经营越来越艰难。网络文学和电子书发展火热，网络文学中不乏优秀IP的诞生。2019年适逢新中国成立70周年，千余种展现新中国成立70周年伟大成就的主题出版物[②]丰富了图书市场。

3. 广播电视

广播逐渐从“大众收听”向“个性收听”转变，移动音频的用户付费习惯逐养成。2019年喜马拉雅“123狂欢节”内容消费总额突破8.28亿元。广播融媒体发展呈现出传播渠道多样化、内容精细化与场景化、互动性增强的趋势。整个广播生态更加注意垂直细分化、可视化、场景化传播。

① 《2019中国图书零售市场报告：规模破千亿网店高速增长》，中国新闻网，https：//baijiahao. baidu. com/s? id = 1655230018017580548&wfr = spider&for = pc。

② 《快看干货！2019最权威的全国出版选题汇总解读来了!》，https：//www. sohu. com/a/308079983_ 99957183，2019年4月15日。

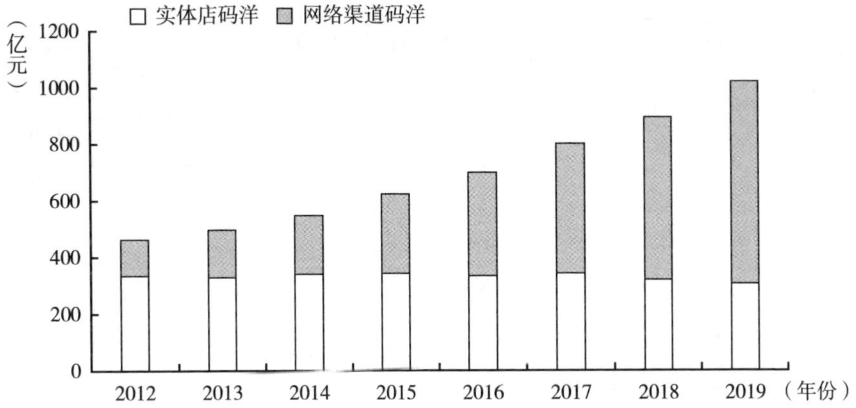

图4　2012～2019年图书零售市场总规模

电视行业内竞争依然激烈，不论是内容、技术，还是渠道以及运营模式，玩家们所需要的筹码越来越多。5G技术、AIoT技术赋能行业，智能生态竞争拉开序幕。4K/8K、多视图高清显示、移动3D投影、AR和VR等技术驱动节目新形态发展。短视频成为主流媒体必争领域，广电掀起MCN热潮，媒体融合打开创新之门。预计未来几年，广电MCN收入将大幅增加，与传统电视广告收入分庭抗礼。

4. 电影

电影市场继续保持上升态势（见图5），《哪吒之魔童降世》以50亿元票房问鼎2019年度票房冠军，成为中国电影票房总榜仅次于《战狼2》的电影。《我和我的祖国》《中国机长》《攀登者》等献礼影片齐聚国庆档，汇集"中国故事"的魅力。电影营销新模式大展手脚，网络与数据结合发力。短视频营销、网红直播售票等方式为电影营销带来新思路。

5. 互联网与社交媒体

依据CNNIC发布的第45次《中国互联网发展状况统计报告》，截至2020年3月，中国网民规模达9.04亿人，手机网民达到8.97亿人（见图6）。全年移动互联网用户接入流量1220亿GB，较上一年增长71.6%。[①] 互

① 国家统计局：《中华人民共和国2019年国民经济和社会发展统计公报》，2020年2月28日，http://www.stats.gov.cn/tjsj/zxfb/202002/t20200228_1728913.html。

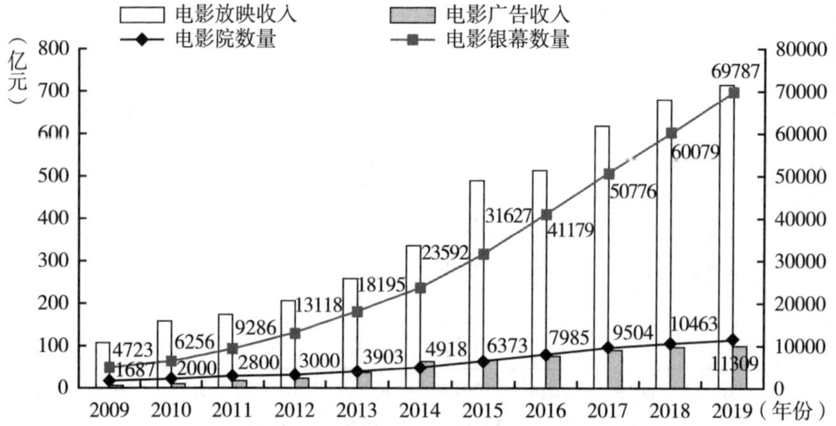

图5　2009～2019年中国电影市场效益与电影院、电影银幕数量

联网普及应用持续深化，下沉市场潜能逐渐被激发。基于庞大的用户基础，我国也将成为5G应用的主要市场。

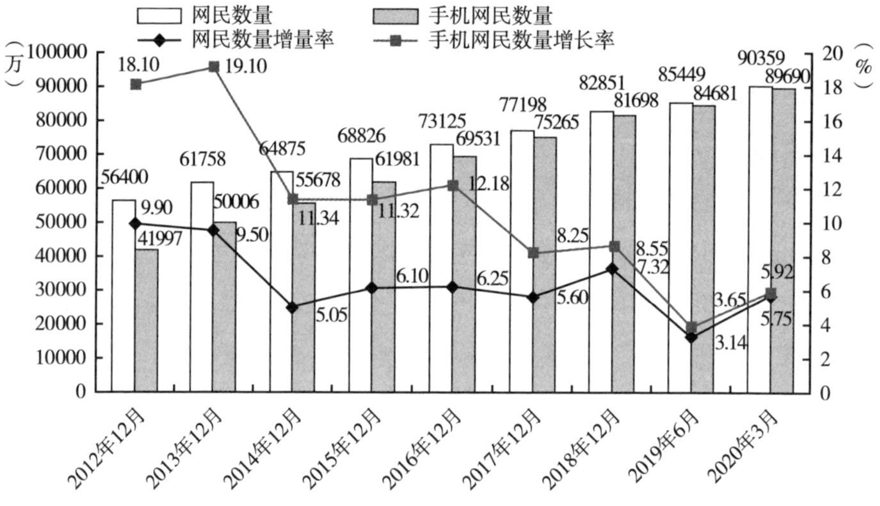

图6　中国互联网网民数量及增长率

在全球范围内，经济数字化比例持续提高。世界经济论坛预测，到2022年，全球60%以上的GDP将由数字化贡献。[①] 我国消费互联网数字化

① World Economic Forum：*Shaping the Future of Digital Economy and New Value Creation.*

程度在全球属于领先水平，其发展模式被国外所效仿，腾讯、阿里巴巴作为互联网巨头已经具备全球前十大公司的市值，而这些数字化平台在经济中创造的价值比例也将不断提升。数字化加速新产业生态的完善，汽车、医疗、教育、商业零售等行业与互联网深度融合。实体经济利用互联网技术不断拓展其业务的深度及广度，伴随着供给侧结构性改革的持续深化，产业互联网将迎来高速发展期。

网络巨头企业中，BATT（百度、阿里巴巴、腾讯、今日头条）独领风骚。传播流量份额较大的两类平台化媒体：一类是以社交链条为依托的社交媒体，如微信、微博；另一类是基于大数据和人工智能算法的内容信息推送平台，如今日头条、腾讯新闻、网易新闻等。微信、微博早已成为传统媒体融合路径当中的必备。内容推送平台上虽然有很多传统主流媒介生产的内容，但平台是依据用户需求与兴趣进行相应内容的推送与传播，存在内容结构上的极大局限。

6. 网络视听

（1）网络视听内容行业规模增速放缓

2019 年网络视听内容行业规模为 675 亿元，同比增长 5.9%（见图 7），受宏观经济的影响，增速进一步放缓。短视频发展火爆，在此形势下，长视频行业前景和未来商业模式探索的压力陡增。

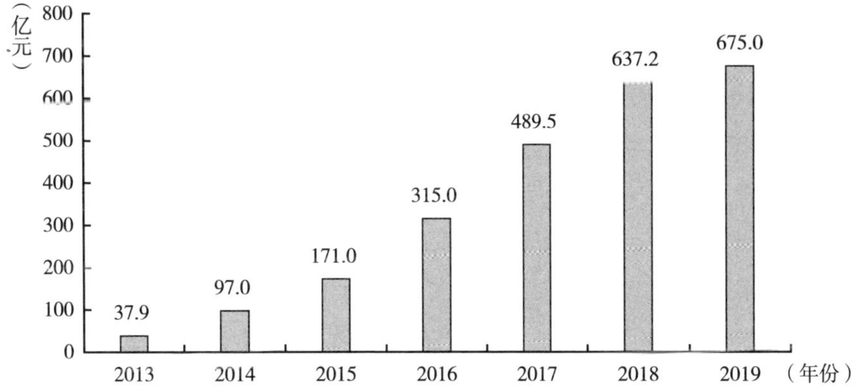

图 7　2013～2019 年中国网络视听内容行业规模

随着技术迭代以及受众需求的改变，网络视听生态里面的玩法不断升级。以短视频为例，市场将会在各个环节培育出更多的服务、运营机构，短视频平台将成为一个贯穿电商、娱乐、知识传播等多领域的大平台。除了专业直播，个人用户生成的直播流也将激增，而随之而来的是网络和媒体监管部门对网络内容的监管与治理。

原本以网络视频为主导的平台，也开始了“出圈”尝试。B 站从 2019 年初的拜年祭到 2019 年末的跨年晚会，8000 万人次的狂欢足以证明视频网站的强大活动运营能力、对用户习惯以及大众文化的精准把握。

（2）短视频平台不断拓展疆域

2019 年，抖音、快手积极扩展海外市场，成为文化输出的重要平台。抖音海外版 TikTok、快手海外版 Kwai 等应用，海外用户规模迅速增长。Sensor Tower 数据显示，TikTok 海外下载量已超过 15 亿次，Kwai 也多次登顶巴西应用总榜第一。与此同时，许多优秀短视频创作者脱颖而出，如 MCN 机构微念旗下李子柒。截至 2020 年 3 月，李子柒在 YouTube 上的粉丝数为 944 万，超过 CNN、BBC 和 FOX。

值得一提的是，传统媒体也更加主动地加强与网络视频平台的合作，例如 2019 年 8 月，《新闻联播》正式入驻抖音、快手等短视频平台，入驻当天各平台粉丝数均超过 1000 万。

（3）电商直播进入快车道

电商直播将实体商品交易与互动直播的形式进行融合，极大地促进了电商销售额的增长。淘宝直播数据显示，2019 年“618”期间，淘宝直播带动商品销售 130 亿元，开播商家数量同比增长近 120%，开播场次同比增长 150%。2019 年“双 11”期间，淘宝 App 中观看直播的用户共计 4133 万，同比增长 130.5%，当天带动近 200 亿元成交额，约占“双 11”成交额的 7.5%。除了阿里巴巴、京东、拼多多等电商平台，抖音、快手、小红书、微博等短视频、社交平台均加入电商直播行业。艾媒咨询数据显示，预计到 2020 年中国直播电商销售规模将达 9160 亿元，约占中国网络零售规模的 8.7%。

（4）“爱优腾”继续领跑网络长视频

2019 年中国网络长视频市场，爱奇艺、腾讯视频、优酷三大视频平台继续领跑，付费用户和收入取得突破。2019 年 6 月 22 日，爱奇艺宣布，截至当日凌晨 5 点 13 分爱奇艺会员数量突破 1 亿的高点，中国视频付费市场正式进入“亿级”会员时代。2019 年腾讯第四度财报也提到，腾讯视频付费会员数量增长至 1.06 亿。此外，头部视频平台会员收入超过广告收入。爱奇艺 2019 年第三季度财报显示，会员服务收入达 37 亿元，占比首次高于 50%，一跃成为爱奇艺的第一大收入来源。

7. 在线教育

2019 年以来，个人互联网应用继续保持稳步发展。其中，在线教育市场继续快速发展。2019 年 10 月 25 日，网易有道在美国纽约证券交易所挂牌上市。2019 年初，丁磊开始对网易系教育类产品进行整合。3 月 19 日，网易有道宣布，原网易公司教育产品部运营的“网易云课堂”“中国大学 MOOC”两大产品并入网易有道。业务合并后，由网易有道负责教育业务，并将重点聚焦 K12 培训。

在 BATT 巨头纷纷布局在线教育的竞争中，网易的教育业务最先“上岸”。2020 年初，全国大中小学开学推迟，教学活动改至线上，在线教育用户规模较 2018 年底增长了 110.2%。

8. 网络游戏

2019 年，我国游戏版号申报正式重启，游戏市场回暖，全年中国游戏市场实际销售额为 2308.8 亿元（见图 8）①，增速相对稳定。5G、VR/AR、云游戏等技术在游戏领域的应用提高了游戏的体验感。游戏直播发展火热，平台通过赛事直播、签约竞赛团队、签约游戏主播等方向进一步扩大影响力，创新收入模式。在 2020 年初“宅经济”影响下，网络游戏或将迎来一次新的成长。

① 中国音数协游戏工委（GPC）、国际数据公司（IDC）：《2019 年中国游戏产业报告》，2019 年 12 月 20 日。

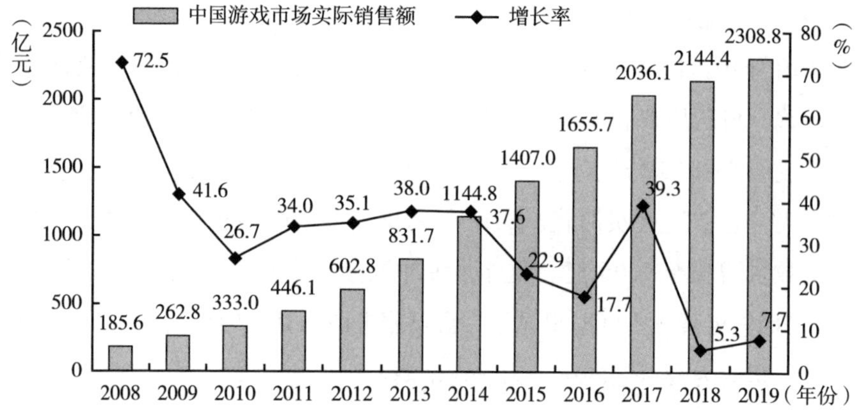

图 8　2008～2019 年中国游戏市场实际销售额

9. 广告

国家市场监管总局新数据显示，2019 年我国广告市场总体规模达到 8674.28 亿元，较上一年增长 8.54%，占国民生产总值（GDP）的 0.88%。2019 年中国互联网广告总收入约 6182 亿元，同比增长 27.62%①。

技术赋能背景下，广告的分发将更依赖大数据和智能算法。基于中青年群体强大的购买力，社交媒体和视频媒体，如具有用户规模优势的平台如抖音、快手等，将吸引更多的营销预算，有望在广告营收上实现高增长。“28 分钟销售破亿”“5 分钟卖出 15000 只口红”，相对于传统广告，短视频、KOL、KOC 等个性化、个体化的广告载体更快速地实现了变现。

四　中国传媒生态与传媒创新

1. 网络内容传播新政策

2019 年末，国家网信办公布了《网络信息内容生态治理规定》，该规定是一项影响传媒业的重要法规，规定强调网络信息内容服务平台的信息内容

① 艾瑞：《2019Q4 中国网络广告市场数据发布报告》，2020 年 4 月 17 日。

管理主体责任，要坚持主流价值导向，优化信息推荐机制。我国当下在网络内容审核方面，企业、平台、管理部门都各建立起一套人机合作的内容审查机制，对健康内容的传播起到了保障作用，但随着网络数据、内容的爆发式增长，未来网民个体和平台在权利与责任之间、治理机构在包容开放与集权管制之间、新技术发展与安全应用之间都需要寻找平衡点，以建立起一个网络生态多元共治的体系。

近年来媒体在融合过程中，也产生了很多新的问题，如版权问题、数据使用问题等，融合不仅是技术、业务层面的融合，更是制度、规则的相互融合，解决问题的突破口可能是技术的，但最终的良性发展应该是资源的协同、管理的统筹与制度的规范。

2. 社会经济发展

2019 年，在世界经济增长趋缓的大环境下，国内经济虽有下行压力，但依旧保持了稳定的增长，经济增速在主要经济体中位居前列。根据国家统计局数据，2019 年中国国内生产总值（GDP）达 990865 亿元，GDP 的年增长率为 6.1%。全年居民消费价格比 2018 年上涨 2.9%，中国居民人均消费支出中，教育、文化和娱乐支出的比重继续增大，达到 11.7%。

2019 年，实物商品网上零售额比上一年增长 19.5%，占社会消费品零售总额比重达 20.7%。大众文化消费需求不断提高，文化新业态发展势头强劲，在此背景下，全国规模以上文化及相关产业企业实现营业收入 86624 亿元，比上年增长 7.0%。数字内容、动漫游戏、视频直播等基于互联网和移动互联网的新文化业态发展迅速，新文化业态 16 个小类[①]实现营业收入 19868 亿元，较上一年增长 21.2%。[②]

---

① 新文化业态 16 个行业小类是：广播电视集成播控，互联网搜索服务，互联网其他信息服务，数字出版，其他文化艺术业，动漫、游戏数字内容服务，互联网游戏服务，多媒体、游戏动漫和数字出版软件开发，增值电信文化服务，其他文化数字内容服务，互联网广告服务，互联网文化娱乐平台，版权和文化软件服务，娱乐用智能无人飞行器制造，可穿戴智能文化设备制造，其他智能文化消费设备制造。

② 国家统计局：《中华人民共和国 2019 年国民经济和社会发展统计公报》，2020 年 2 月 28 日，http://www.stats.gov.cn/tjsj/zxfb/202002/t20200228_1728913.html。

3. 传媒资本市场

2019 年，中国资本市场的文化传媒行业总市值为 1.56 万亿元，行业板块涨幅 23.72%。[①] 由于经济、政策等因素的影响，2019 年我国传媒业投资数量和金额都出现了大幅度下滑，且互联网巨头主导的战略投资占比更高，短视频、动漫等领域备受投资者青睐。

2019 年，阿里巴巴以 20 亿美元收购网易考拉，考拉海购和天猫国际的强强联合帮助阿里巴巴在海购市场实现半壁江山的占位。2019 年 11 月 26 日，阿里巴巴在港交所正式挂牌，成为首家同时在美股和港股两地上市的中国互联网公司，阿里巴巴的资本全球化、业务全球化布局也将持续跟进。

2019 年，腾讯在传媒领域的投资名列前茅。虽然投资相较往年较为谨慎，但依然在短视频、游戏、直播等火热领域进行投资，并保持了数百亿元的投资规模，“投行化”标签持续。

字节跳动在 2019 年主要投资了虎扑、互动百科等，另外对教育领域展现出了热情。2020 年初在线教育表现火爆，为字节跳动的这一系列投资带来了利好。

与互联网企业相比，传统媒体在投资上显得审慎一些，投资数量和金额都出现了下滑，其中影视等娱乐投资在经济、政策等多重影响下进入调整期。相较于四五年前的并购、投资热潮，影视娱乐行业投资趋向冷静，行业洗牌将加速。

4. 传媒技术创新

在技术应用方面，传媒领域是最能直接体现互联网新技术的领域之一：生物识别技术使刷脸支付已经被应用；人工智能高级文本分析技术创新了媒体内容生产方式；区块链技术通过共识机制与智能合约赋能传媒产业，而传媒产业在新闻、影视等领域的应用诉求反哺区块链技术的发展；“VR 新闻”沉浸式的观看方式极大地改变了用户的体验。

---

① 谢若琳、陈炜：《2019 年中国产业经济年度报告之影视篇：今年中国平均每人花 44 元看电影　流媒体会员破亿　地方卫视生存艰难》，《证券日报》2019 年 12 月 18 日。

在技术研发及创新层面，阿里巴巴、腾讯等互联网企业已经走在世界前列。中美两国拥有全球70个最大数字平台市值的90%，占有区块链技术有关专利的75%、全球物联网支出的50%，以及全球公共云计算市场的75%以上①。

五　以全球视野展望传媒业未来

2019年全球传媒产业发展基本稳定，但2020年的全球传媒产业充满了不确定性，具体指标将会有很大的波动。

1. 2019年全球娱乐及传媒产业走势

2019年全球移动端用户突破51亿，占世界总人口的67%；网络用户则突破43亿，占世界总人口的57%。其中活跃的社交媒体用户达34亿。② 北美地区仍是全球网络普及率（95%）和社交媒体普及率（70%）最高的地区③。

2019年，根据普华永道发布的产业数据，全球娱乐及传媒产业总产值达到2.2万亿美元，2018～2023年的年复合增长率将达4.3%④。新兴数字传媒产品市场规模不断扩大，传统传媒产品加快了数字化转型和探索的步伐；人工智能算法使得传媒产品可以精准匹配内容与受众，推动传媒产品愈趋个性化；全球数据消费的激增，各类数据安全隐私问题将社交媒体巨头推至风口浪尖。

2. "5G＋人工智能＋区块链"

"5G＋人工智能＋区块链"将成为社会信息系统的新基础建设，传媒产业发展将在这一新情景中展开。据预测，到2020年5G网络将承载10亿个场所的连接、50亿人的连接和500亿个物的连接，万物互联。⑤ 5G下，人

① *Digital Economy Report* 2019，UNCTAD，2019年4月。

② 参见https：//nira.org.ng/events/reports/icann－report。

③ 参见https：//www.amz123.com/thread－315886.htm？sort＝asc。

④ 参见https：//www.pwc.com/gx/en/industries/tmt/media/outlook.html。

⑤ 喻国明、李凤萍：《5G时代的传媒创新：边缘计算的应用范式研究》，《山西大学学报》（哲学社会科学版）2020年第1期。

类社会将步入效率、机遇并存且不断进步的时代。[①]。

2019 年全球传媒业最受关注的焦点话题便是中美两国关于 5G 通信技术的竞争与交锋。为了争夺技术主导权，美国以一国之力打压华为一个公司，几乎整个西方阵营也在抵制华为 5G 技术。从这一系列典型案例中，也不难看出高新科技对企业乃至国家层面所起到的关键作用。

同 5G 技术一样，区块链技术在传媒业中的应用也处于试水期，这项前沿技术被认为在新闻信息源追踪、信息审核、版权保护、内容付费及传播效果评估等方面存在巨大的应用潜力，是传媒业创新的下一片“蓝海”。

3. 全球传媒业巨头的发展风向

在全球范围内，传统报业持续受到新媒体的挤压，收入不断萎缩。以《纽约时报》、汤森路透为代表的传统媒体，在数字化转型、人工智能应用方面也有诸多努力。截至 2019 年 12 月 31 日，《纽约时报》2019 年的数字营收达到 8.01 亿美元，数字广告收入占总数字收入的 33%，是 2019 年广告总收入的 49%，为报业的数字化转型发展树立了标杆。新兴市场中以印度为代表的发展中国家报业仍然兴盛繁荣。[②]

在新媒体与区块链交叉的领域，2019 年最重要的突破当属 Facebook 于 6 月中旬推出加密货币“天秤币”（Libra），试图打造全球数字经济的超主权央行。此举迅速引发全球的高度关注。在金融监管机构和舆论的强大压力下，Facebook 宣布对其进行重新设计。目前区块链技术所表现出的巨大潜力仅仅是冰山一角，其未来不可限量。

以苹果、Alphabet 为代表的美国互联网公司，产品技术不断推陈出新。2019 年 11 月，Apple TV + 流媒体服务上线。从事基础硬件服务的公司跨界从事内容生产，在 App store 生态化与平台化的运营思维下，其生态触角会伸向哪里值得关注。2019 年 10 月 15 日，谷歌宣布了其下一代

① 史安斌、刘弼城：《5G 时代的物联网：“福器”还是“凶器”》，《青年记者》2019 年第 7 期。

② 参见 https://www.statista.com/statistics/830131/india-newspaper-revenue/。

主要智能手机 Pixel 4 以及其他几种硬件产品；2019 年 10 月 23 日，谷歌研发的量子计算机成功在 3 分 20 秒时间内完成传统计算机需 1 万年时间处理的问题，声称这是全球首次实现“量子霸权”。

4. 中国传媒产业的创新趋势

中国互联网企业“出海”有不俗的表现。2019 年，TikTok 名声大噪，TikTok 在 2018 年夏天进入美国市场，仅用 1 年多的时间就成为“苹果应用商店”和 Google Play 上的第二大 App。① 但在后来遭遇美国等西方国家的抵制和打压后，TikTok 目前前途未卜。

2020 年中国传媒产业有以下几个趋势值得关注：传媒各领域明显呈现“视频化”和“直播化”趋势；电商直播将成为重要的变现手段，各领域都在加速与电商的融合；短视频行业将持续引领风口，平台竞争加剧；受生产和消费端的双向驱动，知识付费产品快速扩张；媒体变现的模式将更加多元化，互联网广告将继续保持稳定的发展；互联网企业将增加对大数据分析应用和人工智能技术的持续投入。

5. 受众的媒体使用变化

“手机端产品”的普及，满足了大众在手机上随时随地办公、办事、娱乐的需求。手机成为压倒一切的媒介接触终端，大众的信息来源主要是手机社交媒体（如微博、微信）、自媒体和新闻客户端（如今日头条、腾讯、网易、人民网等）；大众的娱乐需求在手机视频平台（如抖音、快手、爱奇艺、腾讯、优酷等）上得到更多的满足；大众购物也逐渐趋向于淘宝、京东、拼多多等电商移动平台。老年人群也在逐渐适应使用智能手机，跟上数字时代的节奏。在各类手机客户端应用中，即时通信、网络视频、短视频类 App 的使用时长占比均超过了 10%。②

在购物领域，线下对购物乐趣的优化和线上对购物便捷的保障都成为新零售时代的标志，而消费者也乐于受益于其中。同时，网络直播间的主播们

① 参见 http://app.myzaker.com/news/article.php?pk=5e21a2658e9f092ae9081bc6。

② CNNIC：《第 45 次中国互联网络发展状况统计报告》，2020 年 4 月。

也成为品牌与买家之间的“红娘”，而消费者也逐渐地从尝试、熟悉到满足于这种互动式的购物体验。

6. 传媒就是世界，世界就是传媒

综合来看，全球传媒产业一个不可阻挡的趋势就是数字化和融入网络空间，数字收入在全球传媒产业总收入中的占比逐年上升，到2023年预计占61.6%。[①] 所有的传媒都与数字有关，传媒的媒介形态界限还在被打破，甚至会发展为无边界。网络时代，传媒与零售业融合，出现了电商直播、MCN等；传媒与金融系统融合，出现了网络支付系统以及数字货币；传媒与人工智能结合应用于自动驾驶，不仅改变了人们的出行方式，还会把汽车变成一个移动的、可以乘坐的“大手机”。媒体、网络、数据、社会生活正在融为一体，传媒就是世界，世界就是传媒！

① 参见https：//www.pwc.com/gx/en/industries/tmt/media/outlook.html。

传媒洞察

Media Industry Insight

B.2
中国媒体融合创新发展报告

徐立军　王玉飞*

摘　要： 2019年，中国媒体融合进入动本体、改存量的一体化融合阶段，各家媒体在体制机制改革、内容技术革新、组织运营改进、经营创收突破等方面多有创新之举。本报告以梳理2019年中国媒体融合大事记为基础，通过分析传统主流媒体短视频战略、广电MCN热潮、5G与AI新技术应用、媒体存量优化举措、经营服务化探索等融合创新的案例和模式，来透视中国媒体融合进程的主脉络。

关键词： 媒体融合　短视频　MCN　5G　媒体经营

* 徐立军，央视市场研究（CTR）执行董事、总经理、CTR媒体融合研究院执行院长；王玉飞，央视市场研究（CTR）战略发展研究总监。

随着媒介技术、形态的不断变迁，中国媒体融合进程持续推进，若将中国媒体融合发展历程的不同时期予以区分，则可划分为3个主要阶段：20世纪90年代中期，央视网、新华网、人民网开设官方网站，中国媒体融合进入实质推进的第一个阶段，即媒体融合1.0时代。此时的媒体融合更像“搬运工”的角色，基本是把传统媒体生产的内容搬到网上；进入2010年代，媒体融合开启2.0时代，媒体的角色从“搬运工”转换为“剪贴工”，各大媒体纷纷在微信、微博平台上开设账号，音频、视频碎片化之后又在头条、抖音等各种第三方平台作延伸运营。总体上看，无论是媒体融合1.0还是2.0时代，无论开设网站还是开通微博账号、微信公众号，都没有改变以电视台或报刊为主的本体地位，都是在本体之外做增量延伸；2014年，媒体融合纳入国家战略，中国媒体变革全线提速，到2018年以后，媒体融合进程进入3.0阶段。以中央三大台合并、组建中央广播电视总台为标志，中国媒体融合开启“动本体、改存量”，全面进入一体化融合的全新时代。这一阶段有两个突出的特征：第一，融合转型逐渐触及核心利益环节，涉及机构重组、部门重建、人员重制等多项关键改革；第二，媒体各项工作重心逐渐转移至互联网，特别是移动互联网端，从内容、产品、运营到经营创收呈现全面互联网化的趋势。2019年至今，随着媒体存量改革的深入进行，一些新业态、新技术、新组织形式等逐渐成为显性趋势或风口，一些值得借鉴的新模式、新案例也不断涌现，媒体融合创新呈现全线推进、多点突围的态势。

一 “国家队”加速入场短视频领域

媒体融合大趋势之下，主力军要占领主战场，而主战场在哪里，则受到媒介形态变迁的直接影响。当下，媒介形态变迁最为显性的趋势为“视频化”，所有介质的媒体在不约而同地奔向视频这条路，从电视台到广播电台，到报纸杂志，再到新媒体，无一例外在做视频内容和视频产品。近2年，在视频化趋势浪潮之中，尤以短视频样态最为火热。根据CNNIC统计数据，截至2020年3月，我国短视频用户规模已经达到7.73亿人，同比增长19.3%。在中国头部短视频平台中，快手月活跃用户达到4.43亿人，抖音月活跃用户则达到5.18亿人。

大潮之下，短视频成为主流媒体必争的主战场。2019年中国最知名的电视栏目《新闻联播》分别在抖音和快手开设账号，受关注度颇高，抖音号和快手号一天“吸粉”即近3000万人。2019年7月29日，中央广播电视总台新闻新媒体中心推出《主播说联播》短视频栏目，《新闻联播》主播结合当天重大事件和热点新闻，以通俗语言传递主流声音，成为主流媒体试水短视频内容的一个标志性样本。除了在商业平台开设账号，主流媒体也在纷纷布局平台建设。2019年，三大央媒均在推出和完善短视频聚合平台，中央广播电视总台于2019年11月20日推出“央视频”平台，定位“有品质的视频社交媒体”；“人民日报+”则主打“短视频+直播”的模式；新华社“现场云”向全国新闻媒体开放“现场新闻”功能应用，提供“一站式”整体解决方案。各级广电媒体机构更是利用自己的资源优势，快速布局短视频业务，根据CTR媒体融合效果评估体系监测数据，截至2019年年底，38家广电机构在短视频平台常态运营的活跃账号超过2200个，为第一季度的2.3倍。其中，4家广电机构所属短视频账号累计粉丝量均过亿人。在评估结果中排名第一的中央广播电视总台共拥有短视频账号75个，累计粉丝量达7.6亿。省级卫视在短视频的耕耘也有可喜收获，2019年东方卫视在抖音官方账号共收获3.1亿次点赞，获赞量居省级卫视首位；浙江卫视快手官方账号共收获14.6亿次点击量，点击量居省级卫视首位。

短视频的火爆不止于国内媒体领域，加速布局短视频也同样成为海外媒体市场发展的一个重要特征。以字节跳动外海短视频品牌TikTok为例，随着TikTok的火爆，一些国际主流媒体纷纷踏入短视频领域。《华盛顿邮报》设有专门团队运营TikTok账号，粉丝数已达数十万人。NBC新闻、BBC、Kyra TV、达拉斯晨报和ESPN等大型国外新闻媒体也开始布局TikTok，BBC一个以一对双胞胎儿童为主角的短视频节目，已经拥有超过500万的粉丝。

短视频成为媒体融合版图中的一个重要战略阵地，加速入局短视频“战场”，已然成为中外媒体必然的战略选择。

二　广电掀起 MCN 热潮

MCN（Multi－Channel Network）的出现，给以视频为主业的中国广电媒体打开了一扇媒体融合的创新之门。2019 年，众多广电媒体纷纷投入其中，掀起 MCN 热潮：11 月，山东广电推出自有 MCN 机构——Lightning TV，主打短视频与直播产品，旗下账号 109 个，粉丝超过 1500 万人。黑龙江广电旗下 70 余位主持人、近百档知名栏目集体加盟黑龙江广播电视台融创中心 MCN。长沙广电旗下的中广天择传媒以"中广天择 MCN"的名义，提出了打造短视频"千号一网"的战略，截至 2020 年 4 月全网总粉丝数超过 6000 万人。湖南娱乐频道 MCN 运营的"张丹丹的育儿经"更是成为育儿垂直领域的大号，商业回报丰厚。自 2019 年第三季度开始，湖南娱乐频道推进整个频道向综合性 MCN 机构转型，"频道 200 多人，仅剩下 1/6 左右的员工没有和新业务产生直接关联"。济南广电与贝壳视频签署战略合作协议，共建"鹊华 MCN"短视频孵化品牌，是全国首例城市广电与头部短视频机构共建的 MCN 品牌。浙江广电旗下新蓝传媒投资成立了布鲁文化 MCN，一方面布局短视频业务，依靠各大短视频平台通过"电商＋广告"实现变现；另一方面与爱奇艺、优酷、腾讯视频、芒果 TV 等长视频平台合作微短剧和微综艺，依靠"版权分账＋广告"变现。此外，无锡广电、成都广电、哈尔滨广电等越来越多的地方广电系统也开始纷纷布局 MCN 业务。

广电媒体对 MCN 的重视与投入，源自体制机制创新的内在冲动。在当前复杂多变的媒介环境下，媒体融合走向关键阶段，面对体制机制更加灵活的市场化机构，传统媒体不能仅仅用政策资源优势和内容资源优势去竞争，市场化也是其必备的工具。而市场化恰恰是 MCN 的重要业态逻辑，一个成功的 MCN 不仅要有完善的内容布局，以及账号、红人孵化管理机制，还要具有多元化商务能力。可以说，MCN 天然具有市场化特质，可以作为媒体融合的先锋队。各家媒体在探索 MCN 模式的过程中展示了充分的市场化取向。比如，湖南娱乐频道通过 MCN 重构了频道体系，打破了原有的职别、职务、待遇捆绑模式；浙江广电黄金眼 MCN 依托于民生休闲频道下属浙江黄金眼文化传媒有限公司开展运营，具有频道和公司两套体制；黑龙江广电、济南广电的短视频品牌选择了与市场化 MCN 机构“贝壳视频”共建；浙江广电的布噜文化也是与思美传媒成立的合资公司。可以看到，传统媒体 MCN 组织运营创新探索，不仅是内容逻辑的转变，相较于传统的媒体运营模式，其更加开放、灵活和自由，背后涉及生产力、生产方式及组织架构的重构，这正是媒体融合的重要议题。MCN 业态的崛起，为正在苦寻媒体融合出路的传统媒体提供了一个可选路径。

三　5G、AI 等新技术深度赋能媒体演进

技术进步是媒介进化的一个重要核心变量，从印刷术发明，到广播、电影、电视技术的出现，再到互联网的发明，技术甚至对媒介进化起了决定性作用，可以说整个媒介变迁的历史就是由技术推动的。随着媒体融合逐步深化，越来越多的媒体机构意识到，技术赋能已经成为推动媒体融合发展的充分必要条件。

一些重要的事件报道与传播，成为各家媒体机构应用技术创新的重要节点：2019 年初，中央广播电视总台将 5G 网络、4K 直播、VR 虚拟贯穿春晚，创造了一场艺术与科技深度结合的晚会；全国两会期间，央视新闻新媒体使用“5G＋4K”技术推出 AI 合成女主播，同时，《人民日报》与科大讯飞共同打造的“果果”，以及来自新华社的“新小萌”等虚拟主播也纷纷登场；在庆祝中华人民共和国成立 70 周年的阅兵直播报道中，仿真技术被应用到了报道策划中，报道团队通过技术事先对真实机位的运行轨迹进行验证，能够实现拍摄效果事前预测；在直播报道中，AI 技术也大展身手，工作人员通过自主研发的 AI 自动跟踪陀螺仪，可以实现快速捕捉、稳定跟拍飞速而来的空中梯队，并且能够拍摄飞机超高清的特写镜头；AI 技术同样被应用于国庆阅兵直播的视频剪辑中，实现 3 分钟出片，300 条以上的短视

频产出，这在传统的剪辑模式里是完全不可想象的，科技极大地提升了传播的效率。

同时，各大央媒机构也在加快推进其在技术领域的战略布局：2019 年初，中国广电与中国移动签署 5G 共建共享合作框架协议，开展 5G 共建共享以及内容和平台合作，共同打造“网络 + 内容”生态；12 月 25 日，中央广播电视总台央视网“人工智能编辑部”正式启用，中宣部副部长、中央广播电视总台台长慎海雄表示，“人工智能编辑部”的建设，是贯彻落实习近平总书记关于推动媒体融合向纵深发展的重要指示精神、积极构建“5G + 4K/8K + AI”全新战略格局的具体举措，致力打造独具总台“智造”特色的产品创新基地；人民网将 AI 技术应用于内容分发和监审环节，其“风控大脑”系统，就是基于人工智能技术的内容风控平台，预计未来将成为一个 3000 亿 ~ 5000 亿元的新兴产业；新华社的“媒体大脑”也通过“大数据 + 人工智能技术”向媒体机构提供新闻生产、分发和监测能力。

除了中央级媒体，各地方媒体对技术的投入亦毫不逊色。2019 年 6 月，国家广电总局在 SMG 设立“智慧媒体制播应用国家广播电视总局重点实验室”，推动广播电视制播应用与人工智能深度融合发展；湖北 IPTV 进行系统升级，将 AI 技术运用到 IPTV 整体架构中，先后打造了云计算、大数据及智能运营等平台，可制定用户精细运营的策略，实现用户千人千面的视听场景；山东台加大技术投入，其 26 讯道大型 4K 转播车正在荷兰建造中，预计 2020 年下半年将投入使用；北京广播电视台的新媒体报道产品使用面部 AI + 3D 技术，将动画人物口型自动生成短视频用以介绍世园会内容；苏州广电媒资系统运用智能人脸识别，以图搜图、以图搜视频，完成 50 万条素材识别，提取了约 2500 万个人脸。新技术赋能媒体演进的故事刚刚开始，未来“无技术”，则“不媒体”。

四　媒体融合存量改革强力推进

2019 年，媒体融合的存量改革在各级、各类媒体中强力推进。在竞争与经营双重压力之下，诸多媒体通过实施“减法”策略来推进存量改革，其中有两个突出表现：一是通过跨媒体、跨部门整合进行体系重构；二是直接“关停并转”。

跨媒体整合成为许多地方媒体推进改革的一个重要手段，继2018年底天津以天津日报社、今晚报社、天津广播电视台合并组建天津海河传媒中心，大连将11家单位整合成立大连新闻传媒集团之后，2019年4月，珠海市也重组珠海传媒集团，整合了报纸、电视、广播、网站等八大传媒渠道。此外，在媒体内部，多家媒体也以“移动优先”为战略抓手进行内部“体系重构”。2019年北京广播电视台以新闻广播、电视新闻中心、“北京时间”、北京广播电视报社等9个部门和单位组建融媒体中心事业部，实行一体化管理，全力打造移动传播平台；上海东方传媒旗下第一财经的电视团队加速转型，实现了60%～70%的电视产能向移动端转移；苏州广电组建全媒体编辑中心、全媒体采制中心和以“看苏州”客户端为聚合点的融媒体中心，并以移动优先为评价导向，促进节目一线融合转型。

“关停并转”改革策略在广电领域的推进尤为突出。2018年，国家广电总局相关文件即提出“鼓励精办频道频率”，2019年，频道精简精办则成为国家广电总局的一项重点工作，各家媒体相继推进工作落实。2019年1月1日，上海广播电视台启动“精办频道精办节目”改革，整合原娱乐频道和星尚频道为全新“都市频道”，同时整合原炫动卡通频道和哈哈少儿频道，设立新的“哈哈炫动卫视”；天津海河传媒关停6个电视频道；深圳广电集团推行四大中心改革，集团本部由25个部门精简为15个，减少40%；山东广播电视台将公共频道、体育频道、国际频道等并入融媒体中心。此外，非广电媒体的存量改革也在推进，8月1日，《新京报》与千龙网完成整合，千龙网265名员工“全卧倒，再上岗”，改革之后，千龙网团队从265人精减到了83人；《中国新闻周刊》在几年前放弃主攻App后，又选择停止App运营，其策略是放弃自建平台，把各大客户端作为分发平台，“将原App的内容人员全部转移到微信端，利用既有平台，把内容生产好分发好，踏踏实实做好内容供应商的角色”。就连互联网巨头也因时而变，做起存量

“减法”，腾讯在经营14年后，开始停止与地方媒体合作的“大网”模式，大申网、大燕网、大辽网、大成网、大秦网、大闽网、大苏网等大网的内容运营将收归腾讯总部，地方站商务未来也不再允许授权使用腾讯“大×网”品牌。随着PC端流量的衰退，资讯的主战场已转至移动端，腾讯的主阵地也早已不在PC端。

不管是跨媒体、跨部门整合，还是频道精办、放弃平台建设，各家媒体的存量改革都不是在数目上单纯做“减法”，而是去粗取精，集中自身优势资源去提升核心竞争力。传统媒体往往有很强的“阵地”意识，而在新的传播时代，则需要转换思维——人群在哪里，阵地就在哪里。舍弃是勇气，是智慧，更是一条媒体融合的重要路径。

五 “媒体+政务+服务”模式成为媒体营收的新增长点

营收承压之下，开拓广告之外的新盈利模式成为摆在各家媒体面前重要且紧急的事情。好在，新的媒介环境也在催生新的营收可能。在“万物皆媒”的大趋势下，不管是组织还是个人，都时刻与各种媒体产生联系与互动，媒体也逐渐演化出更多的社会服务功能，渗透到人类生活的各个环节。由此，众多媒体不断延伸原有的传播业务边界，“服务化”成为媒体转型的重要契机，也成为媒体机构突破自身经营困境的关键路径。其中，尤以媒体承接政府服务功能最为普遍，融合也更为顺畅。地方主流媒体因与地方政府所具有的天然“连接”优势，成为“媒体+政务+服务”模式探索的主力军。

多年前，湖北广电即以“长江云”为依托打造政务新媒体平台，截至2020年初“长江云”已打通58类152项民生服务接口，如公积金、食药安全等惠民服务，建立了与本地群众的“有效连接”；云南广电“七彩云端”App的“便民服务”也已涵盖水费、电费、有线电视、燃气、移动、电信、公交换乘、交警服务、公积金贷款/余额查询、社保服务等数十个服务事项；苏州广电“无线苏州”的“新闻+生活服务”模式同样被广泛推广，用户可以在资讯平台轻松享受缴纳水电费等服务。2019 年，“媒体 + 政务 + 服务”的探索尝试在全国范围内展开，逐渐成为一种广泛的媒体融合模式：3 月，甘肃省级移动新媒体平台“新甘肃云”上线，提供舆情服务、培训服务、客户端增值及其他个性化定制服务；4 月，广东“南粤全媒体智慧云平台”上线，具备媒体服务、党政服务、民生服务、公共服务和增值服务五大功能；6 月，北京云・融媒体平台上线，提供媒体服务、党建服务、政务服务、公共服务和增值服务；6 月，上海全市统一技术服务平台上线运营，成为各区新闻资讯的集散地，提供区域内生活、教育、交通等便民服务；10 月，河北冀云・融媒体平台上线，面向政府、企业和公众提供全面云服务。此外，山东电视台推出“闪电智库”高端媒体智库产品，针对党委政府企事业单位提供品牌营销、一揽子全案包装策划、定制化服务，全年即实现营收近 3 亿元；海口市也将整合海口市报、市台、椰城市民云、12345 热线等媒体资源和政务资源，打造海口社会治理和公共服务的综合信息平台……

媒体服务化趋势下，地方媒体机构更有了解本地政府、商业、企业与民众现实需求的优势，也更应成为“撮合”多方需求的重要力量。不是每一家媒体都能够成为具有广泛影响力的全国性媒体、全网性平台，也不是每一家媒体都需要成为全国性媒体、全网性平台，深挖本地需求，深耕本地服务，同样是媒体融合的一条可选路径，更是一条突破营收困境的捷径。

六　2019年以来中国媒体融合大事概览

除上述所列中国媒体融合的几项“高光”之处，回顾 2019 年，仍有诸多重要事件对推动中国媒体融合进程产生深远影响，值得记述，透过这些事件，可清晰透视中国媒体融合的主脉络：

2019 年 1 月 1 日，“学习强国”学习平台上线。

2019 年 1 月 13 日，中央广播电视总台联合中国移动、华为公司，首次成功实现 4K 超高清电视 5G 网络传输测试。

2019年1月25日，中共中央政治局在人民日报社就全媒体时代和媒体融合发展举行第十二次集体学习，中共中央总书记习近平发表重要讲话，强调全媒体不断发展，出现了全程媒体、全息媒体、全员媒体、全效媒体，信息无处不在、无所不及、无人不用，导致舆论生态、媒体格局、传播方式发生深刻变化，新闻舆论工作面临新的挑战。

2019年2月25日，媒体深度融合工作推进会在京召开。中共中央政治局委员、中宣部部长黄坤明强调要深入学习贯彻习近平总书记关于推动媒体融合发展、做大做强主流舆论的重要论述，指出要坚持传统媒体和新兴媒体一体化发展方向，推进信息生产供给侧结构性改革，强化技术创新的引领驱动，大力培养全媒记者、全媒编辑、全媒管理人才，打造具有强大影响力和竞争力的新型主流媒体。

2019年2月19日，中央广播电视总台“全国县级融媒体智慧平台”暨央视网新版全终端上线。

2019年2月26日，新华网和中国信息通信研究院签署战略合作协议，联合共建5G新媒体实验室。

2019年4月11日，国家广播电视总局官网发布《县级融媒体中心网络安全规范》《县级融媒体中心运行维护规范》《县级融媒体中心监测监管规范》三大规范。

2019年6月6日，工业和信息化部向中国电信、中国移动、中国联通、中国广电发放了5G商用牌照，中国正式进入5G商用元年。

2019年6月26日，在2019世界移动大会举行期间，中央广播电视总台成功实现我国首次8K超高清内容的5G远程传输。

2019年7月，河南省县级融媒体中心省级技术平台成为国内首个通过国家标准验收的省级融媒体中心。

2019年8月，《人民日报》新媒体在淘宝开店。

2019年8月24日，《新闻联播》正式入驻短视频平台抖音、快手；9月19日，“人民日报+”正式亮相，以“人民问政”为主要特点，致力构建兼具主流价值和创新活力的短视频内容生态。

2019 年 9 月 20 日至 21 日，中宣部召开县级融媒体中心建设现场推进会，对在全国范围推进县级融媒体中心建设作出部署安排，要求 2020 年底基本实现在全国的全覆盖。

2019 年 10 月，国家广播电视总局召开全国广播电视传媒机构管理工作会，广电总局副局长高建民指出，要加快推动频道精简精办、媒体融合发展。

2019 年 11 月 20 日，中央广播电视总台“央视频”5G 新媒体平台正式上线。

2019 年 11 月 26 日，新华智云发布“媒体大脑 3.0 融媒中心智能化解决方案”，以区块链技术和 AI 内容风控方向为特色功能。

2019 年 11 月，科技部批准建设“媒体融合与传播国家重点实验室”“传播内容认知国家重点实验室”“媒体融合生产技术与系统国家重点实验室”“超高清视音频制播呈现国家重点实验室”4 个实验室。4 个国家重点实验室依托单位分别为：中国传媒大学、人民日报社人民网、新华通讯社新媒体中心、中央广播电视总台。

2020 年 5 月 20 日，中国移动宣布与中国广播电视网络有限公司已签署 5G 共建共享合作框架协议，以开展 5G 共建共享以及内容和平台合作。

2020 年 5 月 29 日，上海报业集团和上海东方网集团宣布“联合重组”，实现合并。省级报业集团和省级新闻网站（集团）实现重组合并，在国内媒体融合历史上为第一次。

2020 年 6 月 30 日，中央全面深化改革委员会第十四次会议审议通过《关于加快推进媒体深度融合发展的指导意见》，强调推动媒体融合向纵深发展，要深化体制机制改革，加大全媒体人才培养力度，打造一批具有强大影响力和竞争力的新型主流媒体，加快构建网上网下一体、内宣外宣联动的主流舆论格局，建立以内容建设为根本、以先进技术为支撑、以创新管理为保障的全媒体传播体系，牢牢占据舆论引导、思想引领、文化传承、服务人民的传播制高点。

七　结语

媒体融合既是国家战略，也是传统媒体自身生存和发展的必由之路。随着中国媒体融合进程步入改革“深水区”，各家媒体机构面临的挑战越来越大，加之2020年初经济下行压力增大并对传媒产业上下游产业链造成突然冲击，媒体融合转型窗口期被大幅缩减。特殊时期，中国媒体多方承压，如何突围，摆在各家媒体面前的机会不同，道路各异，但有一点是共通的——无论前路多艰，唯有坚定改革的决心，加大创新发展的步伐，不走回头路。当前，新技术、新模式、新业态在不断涌现的同时，也意味着新机会、新起点再次来临。在这个过程中，那些嗅觉灵敏、体制灵活、动作迅速、战略坚定的媒体，会有更大的机会打赢这场媒体变革的时间战。

B.3
2020年中国传媒市场十大趋势

丁　迈*

摘　要： 智媒体时代的到来给传统媒体带来了诸多的挑战，“锐意变革”成为传统媒体求生存、求发展的关键词。众多传统媒体的持续创新进一步将媒体融合推向深处。5G的正式商用也势必为传媒市场增加新的活力。本报告对2020年的传媒市场进行了多角度的前瞻性预判，提出发展的十大趋势，以期为业界提供有益借鉴。

关键词： 电视收视　广电改革　媒体融合

趋势一　电视收视：受众视频消费时间触顶，网络视频分流电视受众

2019年上半年，全国电视观众规模达到12.58亿人①，网络用户规模达8.54亿人（其中网络视频用户7.59亿人）②。网络视频媒体的爆发式崛起，分散了电视受众的注意力，动摇了电视在用户市场的主体地位，全国观众人均每天收看电视的时间不断缩短。与此同时，历经数年高速增长，网络视频媒体也已走过人口红利期。从2012年的169分钟，到2018年的166分钟，

* 丁迈，中国广视索福瑞媒介研究（CSM）董事、总经理。

① 数据来源：CSM媒介研究全国测量仪，2019年1月1日~6月30日。

② CNNIC：第44次《中国互联网络发展状况统计报告》，2019年8月。

再到2019年上半年的164分钟，全国城乡居民人均视频消费总时长不但没有增长，反而呈现小幅下降的趋势。我们清晰地看到了视频消费的玻璃天花板。① 这一方面离不开多样化数字媒体加速消化市场，另一方面与用户视频消费时间触达上限有关。但数字技术的新发展显然正在为受众的观看行为提供更加丰富的选择，这种“自我确认”式的观看实践正在变得日益强化②。

2020年电视行业仍面临巨大的市场竞争压力，但随着5G通信技术的落地，以及新终端设备的普及和智慧电视视听业态的发展，正在进行融媒体转型及在智慧电视领域谋篇布局的中国电视业仍然拥有巨大的发展机遇。

趋势二　电视剧：现实主义题材仍是主流，符合大众审美的品质剧更受青睐

虽然2019年上半年有《知否知否应是绿肥红瘦》《陈情令》等古装剧收视亮眼，年底有《大明风华》《庆余年》等古装剧获得高口碑，但国家广播电视总局相关数据显示，2019年电视剧制作备案中，古装剧题材数目仅占总量的7%，较2018年同期的177部减少了68%，古装剧播出数量受控，未来现实主义题材仍将是中坚力量③。

受政策的影响，都市女性群像、家庭教育、甜宠等题材的现代剧立项较多，而反腐、政法、军旅、公安等题材的写实剧，权谋、宫斗等特殊题材剧过审流程相对复杂和严格。在市场驱动与政策规范下，超长剧目会越来越少，仅靠流量明星带动的剧目也将减少，多元化的现实主义题材将会不断被垂直细分。未来将会出现更多高品质现实主义题材剧目，这些剧目一方面会

① 郑维东：《视频消费不破天花板》，《收视中国》2019年第10期。

② 常江、石谷岩：《阿曼达·洛茨：未来的电视是一种非线性文化——数字时代的电视与电视研究》，《新闻界》2019年第7期。

③ 《经济日报》：《精品化爆款剧集层出不穷，网剧不再粗制滥造》，2020年1月20日，搜狐网，https：//www. sohu. com/a/368092608_ 118392。

用广普视角展现真实的职场故事；另一方面，它们寻找与社会痛点和热点话题的契合点，以满足更多受众在观剧时的价值认同和情感共鸣。

趋势三　电视节目：由大众传媒向顺应复杂立体圈层的垂直小众化发展

移动互联网的碎片化场景下，伴随信息渠道多元化而来的，是用户注意力的稀缺，人们更加趋向个性化的内容、沉浸式的体验。在立体化传播体系中，一些综艺节目注重构建完整的多屏矩阵，实现节目跨界布局。综艺节目不仅在传播领域不断寻求突破，在内容方面也在不断垂直深耕。一些观察类的节目将主题集中在亲子、夫妻、代际关系等方面，使不同社会身份的观众都能在节目中体验到符合自己身份、视角的真实感受，消解了受众与单一类型节目之间的距离感。未来大型户外竞技类节目受限于场地、环节、嘉宾等因素影响，或将遇冷，更多的节目会集中在有观察真人秀元素的垂直细分内容中。

此外，随着纪录片的用户和品类的不断扩展，更加垂直细分的专题节目也成为除电视剧、综艺和新闻节目以外的一大类型。碎片化和快节奏正成为纪录片亮点，纪录片将会朝着更为小众化的方向发展，并有望在某一特定领域形成更加复杂立体的圈层文化，节目体裁将趋向短小精练，而叙事节奏也会更加紧凑。

趋势四　广告：电视广告下行，营销新形态为广告主链接消费者搭建桥梁

2019 年，广告仍是电视媒体价值变现的主要方式。但受经济大环境影响，2019 年企业家对宏观经济向上运行信心减弱，广告投放意愿下降。在国家统计局公布的 2019 年前三季度数据中，国内企业主信心指数[①]均值为

① 企业家信心指数综合体现企业家对宏观经济的看法和信心，反映的是各大行业在 3 个月内的平均变化，信心指数的取值范围为 0～200，以 100 为临界值。

124.4，较2018年同期水平（124.6）有所下降[①]。央视市场研究（CTR）《2019中国广告主营销趋势调查主要发现》中提到，广告主在2019年增加预算的水平走低，并且对电视、广播等传统媒体广告投放意愿下降。这为以广告收入为支柱的传统电视行业带来冲击。

受市场外部环境制约，2019年整个广告市场以及电视广告行业走势低迷。2019年前三季度，中国广告市场整体刊例花费下滑8.0%，广告市场下行态势由传统媒体蔓延至互联网媒体，市场整体筑底态势显现[②]。

除宏观经济环境下行和行业竞争加剧的影响外，新营销手段的产生和发展，也对传统广告产生冲击，同时，广告营销的外延和内涵的拓宽，也增加了广告市场未来发展的变数，市场结构性调整或将持续。近年来，借助数字和移动通信技术，场景式营销和数字营销为广告主成功链接消费者搭建了新的桥梁，丰富了以媒介时段或版面为纽带链接广告主和消费者的传统广告形态。广告营销正不断走出"眼球经济"圈层，向"体验经济"范畴靠拢。包括户外广告在内的场景式营销，和以在线社交、网红营销、网络直播等为代表支持即时购买的数字化营销方式，都不断获得广告主的认可和关注。CTR 2019年前三季度数据监测中，电梯电视、电梯海报和影院视频的广告刊例花费呈上升状态，涨幅分别为2.8%、4.5%和3.6%，是监测中为数不多的广告花费上升的媒体。[③] 另外，秒针系统联合AdMaster、GDMS共同发布的《2020中国数字营销趋势报告》显示，在社会化营销预算投入方面，预计71%的广告主将在2020年增加社会化营销预算，平均增长15%，同时广告主对短视频/直播的重视程度将加大。

趋势五　改革：加快频道精简精办，提高生产运行效率

"加快推动频道精简精办、媒体融合发展"是未来一段时间省级广电改

---

① 数据来源：东方财富网，http://data.eastmoney.com/cjsj/qyjqzs.html。

② CTR媒介智讯：《2019年前三季度中国广告市场回顾报告》，2019年11月15日。

③ CTR媒介智讯：《2019年前三季度中国广告市场回顾报告》，2019年11月15日。

革最重要的主题。精简精办的改革已从付费数字频道关停并转，行进至现在开路频道精简的阶段。上海广播电视台在开路频道的精简精办中推进最快，2019 年 1 月上海广播电视台整合娱乐频道和星尚频道打造出新都市频道，整合炫动卡通频道和哈哈少儿频道，打造出哈哈炫动卫视。2020 年 1 月纪实频道和艺术人文频道整合调整为纪实人文频道，东方电影频道和电视剧频道整合调整为东方影视频道。此外，2019 年 5 月，北京广播电视台整合体育频道和纪实频道打造出上星频道北京冬奥纪实频道。2020 年 1 月天津台公共频道停播，相关内容已提前整合至科教频道。

在电视广告行业发展的上升时期，电视频道是稀缺资源，其数量的增加就可能带来收入的增长。但随着媒介环境的发展变化，粗放的管理方式和冗余的频道结构已经成为传统广电转型的掩累。随着精简精办的加快推进，未来省级电视媒体在开路频道上将可能形成 1 ~2 个上星频道加上 3 ~5 个有竞争力的地面频道的组合。供给侧结构性改革可能表现为大屏端电视频道的减少，但绝不意味着传统广电战略的收缩。中央广播电视总台 4K 高清频道、国防军事频道、农业农村新频道以及大湾区广播的陆续开播都是传统广电针对新传播需求打出的“重拳”。电视大屏平台内容的适度缩减也并不意味着放弃垂直领域的内容生产。如果能做好垂直领域内容生产并加强与新媒体传播需求的适配，电视大屏和移动小屏都能够成为重要的内容传播和营销通路。

在频道精简精办的同时，为了更好地推动融合传播的发展，许多广电媒体在管理层面从频道制转为大中心制，并设立内容生产的工作室制度。通过垂直定位的内容集群和扁平化的管理，打通电视大屏及移动端的各个新媒体平台，提高频道的生产运行效率，形成更强的市场竞争力。

趋势六　媒体融合：广电媒体发力短视频、MCN，融合传播深入发展

媒体融合上升为国家战略已经有 5 年时间，随着短视频平台的崛起，广电媒体也逐渐找到了其在媒体融合中的突破点。以《新闻联播》为例，2019

年7月29日，中央广播电视总台新闻新媒体中心正式推出《主播说联播》的短视频栏目；8月16日，《新闻联播》微信公众号正式上线；8月24日，《新闻联播》开通抖音号和快手号；8月25日，《新闻联播》在快手上首次尝试同步直播。CSM融合媒体数据云平台“V^+scope”的监测数据反馈，相关内容的视频播放量、博文阅读量、累计转发量、评论量、点赞量等在短时间内就有非常出色的表现。新媒体端的多屏互动和全平台传播甚至带动了电视大屏端《新闻联播》节目收视率的增长，特别是15～24岁年轻观众收视增幅最大。

广电媒体在精简精办“做减法”的同时，在短视频平台上不断“做加法”形成新的生产力与传播力。虽然MCN是新型的媒介组织形态，但广电媒体从内容生产、传播流程，到媒体人的专业、垂直的运营优势，都与MCN机构有高度的适配性，广电媒体强大的内容生产资源和专业能力沉淀，使广电媒体在短视频赛道上具有强有力的竞争支撑点。不少地方广电媒体的短视频MCN也在与抖音、快手等商业化短视频平台的合作中逐渐探索出了一些新出路。湖南娱乐频道、中广天择、黑龙江广电等许多广电媒体加速入场布局，并在娱乐、母婴、美食、美妆等各自不同的优势垂直领域深耕，取得了令人欣喜的传播效果。如湖南娱乐频道的短视频签约达人有200位，抖音单平台的粉丝量过亿人，实现了一个地面频道从省内走向全国市场的跨越。

在传统媒体广告经营收入遭遇困境时，广电MCN的内容矩阵通过广告植入、电商带货等形式找到了流量变现的盈利新方式。湖南娱乐频道甚至透露出，2020年广电MCN收入甚至将赶超传统电视广告板块，也让业内对于广电系短视频MCN转型产生了更多的期待。

趋势七　技术发展：彩电市场竞争白热化，5G为8K电视快速渗透提供利好环境

奥维云网《2019年中国彩电市场总结报告》指出[①]，2019年全球彩电

① 奥维云网：《2019年中国彩电市场总结报告》，2020年1月6日。

市场增速放缓，全年出货2.26亿台，同比微增0.4%；中国彩电零售市场持续低迷，全年零售量4772万台，同比下降2.0%，行业均价2809元，创10年最低；彩电产品需求下降，百户拥有量119.3台，同比下降2.4%，6年来首次下降。预计，2020年中国彩电市场零售量规模将进一步收缩，全年零售量4613万台，同比下降3.3%；零售额1262亿元，同比下降5.8%，市场竞争更加白热化。

2019年6月6日，工信部正式向中国电信、中国移动、中国联通、中国广电发放5G商用牌照。根据《中国广电5G试验网建设实施方案》①，中国广电将在包括北京、上海、广州和深圳在内的16个城市进行5G试点，计划总投资为24.9亿元。据了解，2020年广电5G将正式商用，同时开展个人用户业务和垂直行业应用，并将在2021年基本把广电5G网络打造成为正能量、广连接、人人通、应用新、服务好、可管控的新型网络。②

2019年9月，华为正式发布65寸智慧屏，以此正式进军彩电行业。虽然华为的入局并未改变2019年市场的低迷，但对传统彩电厂商的“鲶鱼效应”有目共睹。如康佳未来屏传递的核心“大屏幕、大智慧”；TCL以“你好，大‘视’代”为主题推出的超大屏电视产品；长虹推出的兼备极智控、极智传、极智通、极智玩四大功能的极智屏等，无不是对电视大屏的独特诠释。面对大屏化的趋势，8K分辨率成为电视的基本盘，尤其是随着5G技术的下放，高带宽的特点将会积极促进高清内容的传播。

趋势八　主流价值：主旋律概念被拓宽，主流价值观呈现方式多元化

以弘扬社会主义精神文明、传达国家主流意识形态话语为首要任务的主旋律内容常见于新闻评述节目，或具有特殊主题（扶贫）的专题节目，如

① 邓宇晨：《广电5G网络建设计划出炉》，《广州日报》，2019年10月25日。

② 飞象网：《广电5G将于2020年正式商用》，新浪科技，2019年11月21日，https://tech. sina. com. cn/roll/2019 - 11 - 21/doc - iihnzahi2424893. shtml。

吉林卫视《省长热线回声》、北京卫视《向前一步》，以及上海东方卫视《我们在行动》等。随着时代进步，聚民心成为宣传思想工作的重要依托，未来主旋律内容将会基于“以小见大”的真情展露，用更丰富、更多元化的方式展现出来，进一步巩固思想文化“长城”。

主旋律节目的形式也表现出多样化发展态势，民生纪录片、观察类真人秀、文化传承类节目等受到大众的喜欢。同时，观众在影视剧里看到的也不再是对“大事件”“大主题”的简单罗列呈现，而是一个个鲜活的人物和丰满的故事表达。比如《老酒馆》《在远方》《奔腾年代》等2019年播出的推荐剧目，都是通过塑造一系列鲜活的人物，完成经典的叙事，进而达成了对符合人类普遍心理需求的价值观的传递。未来在影视剧方面，制片方将会更多地通过对影视剧人物的着力塑造，以人际关系推动剧情发展，以真情实感的走向反映个人与国家命运的关联，观众将会看到更多情节合理、三观正确、充满温度的优质电视剧。

趋势九　国际化：中国节目模式国际舞台发声，优质原创内容迈向全球

2019年4月，第56届法国春季戛纳电视节上，一场名为“WISDOM in CHINA”的原创节目模式推介会在国家广电总局的指导下成功举行。这已经是中国原创综艺连续两年以“集体走出去”的姿态亮相国际市场，吸引了全球同行的高度关注。此次推介会选取了东方卫视的《闪亮的名字》、北京卫视的《上新了·故宫》、湖南卫视的《声入人心》和《我是未来》、浙江卫视的《熟悉的味道》，以及腾讯视频的《超越吧！英雄》和《即刻电音》7档中国原创精品综艺节目，并以“中国节目模式新机遇”为主题进行推介，以独特的中国原创综艺向全球客户彰显中华文化魅力。同年10月，中国连续第16年在法国戛纳秋季电视节设立联合展台。

从近2年中国原创综艺“抱团”闯戛纳的战绩看，《国家宝藏》《我就是演员》《声入人心》等诸多原创模式在海外成功发行和输出，中国节目越

来越多地受到了全球范围的青睐。而从近年中国原创综艺节目输出的整体情况看，有不少优质的国产原创综艺模式在此之前就已悄然“出海”，例如中央电视台的《中国好歌曲》《朗读者》，江苏卫视的《全能星战》《超级战队》和东方卫视的《天籁之战》等。如果说中国综艺在戛纳成功完成了“走出去”的宣示，那么未来中国创作者们真正期待的是如何实现“全球播”的跨文化传播。

趋势十　收视测量：紧跟广电媒体改革，升级融合传播研究

CSM 媒介研究推出了电视新闻融合传播指数。该指数结合电视收视率与网络数据，以省级电视台新闻内容为评估对象，覆盖电视、短视频、微信、微博、电视台自有新闻客户端等主要传播渠道，基于 20 项细分指标建构综合性评价指标体系，综合量化评估电视新闻在融合传播中的进程与发展水平，为提升电视媒体新闻融合传播力提供科学客观的数据支持。

CSM 媒介研究升级信号来源测量技术，同屏辨识精确到人的各平台收视行为。“TV + 同源收视测量”涵盖了电视直播、智能电视开机、OTT、IPTV 等多个互动平台的收视行为。“Smart TA 模型”为大屏广告精准投放提供科学、可靠的终端到个人 TA 属性的评估工具。“CSM – MAPS 跨直点播广告投放系统”将实现同源体系下跨电视直播与数字化大屏广告的计划与评估功能，为跨平台广告投放与优化提供参考依据。

CSM 媒介研究联合 KWP 共同推出的实际购买者收视率（RCRs），在 CSM 媒介研究电视收视市场研究的基础上，融入 KWP 消费者指数，将两个连续样本库进行跨域数据融合，使收视率数据在传统目标观众的自然属性上，增加不同品类、品牌的消费信息，实现精准定位目标观众。

CSM 媒介研究推出的低线城市网收视数据深度挖掘低线城市、年轻观众的大屏电视收视偏好，帮助广告公司、企业主等精准定位广告目标、优化媒介计划及营销策略，为其抢占“下沉”市场先机提供可量化的观察及分

析工具。

CSM 媒介研究推出基于同源数据的跨平台测量服务，升级了手机虚拟测量仪系统，实现了基于同源样本的跨平台、多终端、全天候多场景的数据测量。针对广播电台的融合传播研究数据，为电台融媒转型提供全面评估打下牢固基础。

基于数年的建模、调研与分析沉淀，CSM 体育推出了体育赞助全媒体监测与价值评估模型，建立了涵盖电视、新媒体、平媒、网媒、社交媒体以及现场在内的 360 度全媒体价值评估体系，成为全球首家进行体育赞助全媒体价值评估的体育调研机构。

B.4

算法范式对媒介逻辑的重构

喻国明　耿晓梦*

摘　要： 在5G时代，将媒介看作信息传递工具的认知范式已丧失解释力；媒介天然是一种居间性的概念，这种关系联结属性随着技术发展逐渐成为最关键的媒介逻辑。构成智能时代“基础设施”的算法便是一种更高意义上的媒介，它通过一系列判断架构连接、匹配与调适价值关系，形塑认知、建构关系、整合社会。把算法理解为一种媒介，不仅为解读算法的社会性提供了有益视角，更高度概括了新传播图景下媒介运作核心逻辑在于价值关系联结，对未来传播主流媒介的建设路径具有启示意义。

关键词： 算法　媒介　社会建构　场景

一　媒介即关系：媒介认知范式由信息传递转向关系联结

媒介是传播学里最主要的概念，所有传播相关理论都与此“元概念”相联系。作为一项“换道行驶”的技术，5G正深刻改写人的社会性连接、认知与决策行为；传播学已经站在全新的拐点上，面对着“换道发展”的

* 喻国明，教育部长江学者特聘教授、北京师范大学新闻传播学院执行院长、中国新闻史学会传媒经济与管理研究委员会会长；耿晓梦，中国人民大学新闻学院博士生。

新未来。5G 技术的革新下，对于媒介的理解与界定必须有革命性的改变。

1. 把媒介视为信息传递工具的媒介观正遭遇严重的危机

在主流传播学中，媒介一般被视作一个可经验、可感知的对象，一种传递信息和发挥社会功能的技术工具和社会角色。它是一种显现的实存，可以是渠道，也可以是机器或者技术，基于这种存在，媒介可以被描述与测量，也可以开展基于经验层面的研究；可以发挥社会功能，可以应用于社会管理。[①] 以此展开的实体媒介组织与媒介形态研究或是研究“媒介对人们做了什么”，或是研究“人们用媒介做了什么”，前者是媒介研究的“效果范式”（effect – paradigm），后者则是媒介研究的文化研究取向。但无论是媒介效果研究还是诠释性研究，大多是将媒介视为一个纯粹客体来考察，基本上没有离开人与媒介之间的“主—客”二元对立之分[②]。

当传播学者把媒介看作与人对立的客体时，它们仅仅是用来传递信息的中介，这极大地窄化了媒介的概念。由此衍生的是传播的“传递观”，是信源到信宿的模控论；所讨论的往往是媒介内容的效果，而非全然是媒介的效果。正如麦克卢汉所论述的“媒介的内容对于形塑人际组合的形态是无能为力的”[③]，他批判这种关注媒介内容而忽略媒介特性的媒介研究。

还必须认识到，在传播生态大变革的当下，传统的将媒介当作一种信息传递工具的认知遭遇到了更严重危机：大众媒介时代，媒介作为外部客体，可以被清楚地感知，例如打开、关闭电视或广播；而社交媒介的信息流之中，大众已经不能轻易地区分媒介内和媒介外，媒介正在日益去客体化，隐匿主体性，渗透进日常生活的一切。面对媒介的“消失不见”，对于媒介的理解，需要一种新认识范式。

2. 传播的关系范式揭示了媒介作为关系居间者的抽象意义

其实从英文原义看，作为 medium 的复数形式的 media，其最原本的含

---

① 胡翼青：《显现的实体抑或关系的隐喻：传播学媒介观的两条脉络》，《中国地质大学学报》（社会科学版）2018 年第 2 期。

② 徐生权：《隐匿的媒介：媒介化生存下的媒介再认识》，《淮海工学院学报》（人文社会科学版）2018 年第 5 期。

③ 〔加〕马歇尔·麦克卢汉：《理解媒介——论人的延伸》，商务印书馆，2000。

义便是“中介”，揭示了媒介作为一种中介物的抽象意义。这种中介既可以是一种“实体”，也可以是一种“状态”。比起技术或用具等概念而言，媒介一词更凸显其“在……之间”“通过……而达”“向……呈现”等含义，而需要强调的正是这样一种居间性的指引概念。[①]

实际上，传播的“传递观”只看到了内容信息，忽略了姿态、情感等关系信息。而传播的本质寓于传播关系的建构和传播主体的互动之中，传播是社会关系的整合，并且关系总是按照自身的意志来裁剪传播内容，传播是通过一种被传播的内容来反映或说明的关系，关系高于内容，关系影响内容，关系决定内容。[②] 从传播的关系范式或者说传播的“仪式观”来看，媒介是“关系的居间者”——为我们建立与呈现空间，并构成我们的观念和意义。

当把媒介理解为意义和关系的建构者，理论探讨视野会超越“实体”的媒体机构与媒介形态，更关注媒介在人类生存与日常生活中的“介质性”——在存在论意义上，媒介构成“在世之在”被“抛入”其中的技术环境与“架座”；而在日常生活中，人通过媒介来认识、融入社会，与他人交往，形成共同体的意识与情感，参与公共实践，并使自身成为“政治人”。[③]

也就是说，媒介是社会关系的隐喻。媒介即关系，人的价值和意义都是从关系的构建中显现的。从宏观的角度来说，媒介作为载体，支撑起社会关系的运行与呈现。将社会看作媒介化社会，即将社会看作关系化社会。[④] 媒介作为承载关系的平台，起到社会机体运转“纽带”的作用。

3. 媒介的联结价值随着信息技术的升级迭代日益凸显

当对媒介的认知范式由“传递信息的工具”转向“关系的居间者”，媒介的外延被大大拓展。在泛媒时代，媒介并不仅是一种传递信息的工具，扮

---

① 胡翌霖：《麦克卢汉媒介存在论初探》，《国际新闻界》2014 年第 2 期。

② 陈先红：《论新媒介即关系》，《现代传播（中国传媒大学学报）》2006 年第 3 期。

③ 杨馨：《媒介的“下沉”与奠基——媒介化社会的政治经济学批判》，《新闻界》2020 年第 2 期。

④ 胡翼青：《显现的实体抑或意义的空间：反思传播学的媒介观》，《国际新闻界》2018 年第 2 期。

演着“环境”角色的媒介决定着人们生活图景的边界；媒介不再是被“选择”的技术，而是成为社会和文化实践中的一个结构性条件。在“媒介化”社会中，媒介拥有了更大的权力以界定社会现实和社会互动的条件模式，社会各领域依据媒介逻辑进行呈现和互动。

当然，媒介逻辑并非一成不变，媒介因为技术基础的不同而存在媒介逻辑的差异，但媒介的中介性是所有媒介逻辑不变的共性①。新一轮技术浪潮在进一步推动“万物皆媒”成为现实的同时，也在加速媒介逻辑的转向；通过联结人与计算机，实现不同物理空间之间的人与人的互动；在物联网、人工智能、云技术等新技术的推动下，智能化物体可以成为信息的直接采集者，“物—人”间的直接信息交互也逐渐变成常态；5G 时代的万物互联在各种物的资源之外加入了人的因素，更进一步升级了物联网——作为用户的生理数据采集与记录者的传感器，将用户洞察从简单的态度、意见反馈上升到心理层面，例如心跳、脑电波状态等层面的反馈。5G 时代的万物互联意味着，人不再被视为一个高于物的独立因素存在于数据网络之中，而是被同样转化为一个数据包，与各种物的资源链接和互动②。在万物互联的状态下，个体成为“链接的自我”并将“永久在线”，网络将各种关系节点相联结，从而形成互动，中介化场域被构建起来，传播无处不在，媒介无物不是。媒介逻辑已经从传统的以时间面向为主导、以传播效果为目标的单向技术逻辑转向个人化、自由化、注重联结的网络化逻辑。

也就是说，联结的价值在信息技术的不断发展过程中日益体现出来。我们看到，内容网络、人际网络和物联网络，这三者相互连接并且深度融合。具备精准价值匹配特性的大数据将人、物之间的关系进行升级与重构。概言之，新的传播图景中，媒介的功用在于联结网络空间中的价值关系，“联结”成为最关键的媒介运作逻辑。

---

① 周翔、李镓：《网络社会中的“媒介化”问题：理论、实践与展望》，《国际新闻界》2017 年第 4 期。

② 蓝江：《5G、数字在场与万物互联——通信技术变革的哲学效应》，《探索与争鸣》2019 年第 9 期。

二　算法即媒介：算法通过对价值关系的联结、匹配、调适实现社会建构

技术迭代更新日渐加快，媒介形态瞬息万变。面对复杂的传播生态，如何更深刻地洞见未来传播规则？其实，在算法日益“包围”社会生活的智能时代，作为具有资源聚拢特质的技术系统，算法本身就是一种媒介，一种更高意义上的媒介——它正利用其“联结”属性建构、匹配与调适价值关系。把算法理解为媒介，既能为分析算法的社会建构功能提供逻辑起点，还能从“万物皆媒”的复杂媒介形态中洞察出未来媒介的基本运作机理。

1. 技术之外，算法再造社会结构的能量正在释放

算法并非一个新概念。“算法”作为概念最早被明确提出是在 8 世纪的波斯，其后，算法的概念由波斯传至拉丁语区，并在 19 世纪成为数学家学术讨论的重要概念。从数学计算角度来看，算法是求解问题的计算法则、程序或方法。作为一系列解决问题的清晰指令，算法天然就是程序，因此，随着电子计算机的发明，算法开始与编码发生关联，成为程序设计的核心，并成为逻辑和规则的代言词。从信息技术角度来看，算法是依据特定的计算模型将数据转化为可预期结果的编码程序。

算法近几年之所以突然火热，主要在于智能化技术的发展让算法从“幕后”走向“前台”。算法是人工智能的底层逻辑，也就是说，人工智能相关技术的根本还是数据以及算法。数据是客观的存在，不能被创新，但算法可以被数据赋能。在数据体量不断增加、算法不断发展的进程下，基于算法的人工智能被广泛地应用于生物识别、信息处理、医疗健康等诸多领域。算法的触角深入我们生活的方方面面。一个日益“算法化”的数字经济和信息传播新社会正在生成。对算法的担忧、顾虑和争论顺势而起。

值得关注的是，现有关于算法的讨论更多地停留在“算法黑箱”“信息

茧房”“算法偏见”等技术风险层面，较少对于算法在变革人类社会生产、生活方式以及运行结构方面所承载的重要角色和意义进行理论观照。作为技术研究重要视角的技术与社会关系研究，本该成为算法研究的理论富矿，却在很大程度上仍处缺位状态，可以说，从社会科学层面对算法的认知远远滞后于实践。必须看到，实践中，渗透进日常生活方方面面的算法正在全面深刻地规训着人们的社会生活——算法日益成为人们进行选择评价等决策的基础性工具，算法思维应用到人们的日常决策中，算法在给人们带来诸多便利的同时影响着人们的社交关系、身份认同和生活方式，成为社会关系重置和建构的重要途径。仅从数学逻辑或者说技术逻辑的角度理解算法是不够的，算法应该从更加宏观、结构性的视角去加以理解。

2. 作为价值判断框架的算法正形塑认知并重置关系

必须承认，对算法的社会性做出准确的、统一的定义并非易事：在技术发展的背景下，算法不断升级迭代，其自身内涵处在不断地变动中，与政治经济社会的互动也仍在持续深化中；同时，算法逐渐与神经科学、心理学等多学科产生更深勾连，对算法理解的多面向将更加凸显。算法的社会性概念更具包容性，可延展至多元范式中。

如果把算法对社会进行建构的过程理解为对社会关系进行重置的过程，那么强调“联结”属性的媒介范式就为认知算法的社会特性提供了更加广阔丰富的研究图景。从媒介范式定义算法，我们可以把算法看作一种媒介，一种更高意义上的媒介。

（1）算法正在成为个体认知世界的“中介”。

作为一种社会技术力量，算法不仅重构了传播空间，还影响了人类认知世界和看待自己的具体方式——当人们置身算法世界或者说算法场域时，作为人与信息之间智能代理的算法就成为人们洞察现实的新中介。

技术的发展使数据可以为人的行为画像，而人亦可以利用数据来把握世界。随着人工智能渗透进人们的社会生活，算法成为人与人、人与物互动的中介。在算法所编织的巨型网中，所有个体和组织都被数据化，并被结构化编码，从而被纳入算法的分析和治理系统中。算法所产生的传播空间形成一种“算法场域”①。

算法是受众和信息之间的桥梁，也是信息出口的把关人，凭借“分类”“筛选”“优先”“过滤”等模式，我们所得到的结果无一不是算法运行后的结果，例如被推荐的音乐、影视剧、商品。算法也是一面镜子，影响着受众对身份、人际、社会分层等的感知②。

（2）算法正在重新“组装”社会关系。

作为网络社会“基础机构”的一部分，算法正在重新联结个体间、社会资源间的关系网络。

算法改造着个体间的交往方式。传统的社会关系下的连接是人与人之间传递信息、产生关系，这样的连接通常以特定的血缘、地缘为基础；随着互联网技术的发展，人与人之间的联系突破了时空界限，由终端连接不断演进到关系网络连接；而在当下，基于用户数据分析，算法将有相同喜好、兴趣的用户聚集在同一类标签下，将内容智能推荐给这些有相似性的用户，用户通过评论、转发等形成一个隐性社群。简言之，算法在个体间构建起以趣缘为基础的隐性连接。

算法不断聚拢着社会资源。不论是互联网产业还是传统产业，算法被用来优化生产效益、精准了解客户、维护市场关系等。算法在经济与社会生活的很多方面已经成为主导性的力量，算法设计下社会资源实现再分配，生产消费版图正在重构。具体来说，算法运用一系列分析工具发现庞大的数据语料库内的统计关联，将分散的资源整理、调度和分配，形成某种可见性的“群体智慧”；算法成为资本、权力、技术、文化的集结体，展现出时间、空间、生产、消费、传播等多个层面的中介意涵。例如，内嵌于平台经济的算法将劳动、交通工具、食品餐饮、技术研发、城市物流等一系列的元素组成了一个结合体，共同生产出流转在城市物流行业和社会关系领域的平台外卖产业③。

① 张爱军、王首航：《算法：一种新的权力形态》，《治理现代化研究》2020 年第 1 期。
② 罗昕：《算法媒体的生产逻辑与治理机制》，《人民论坛 · 学术前沿》2018 年第 24 期。
③ 孙萍：《如何理解算法的物质属性——基于平台经济和数字劳动的物质性研究》，《科学与社会》2019 年第 3 期。

概言之，从信息交换到社会交往，在万物互联的基础之上，一个联结人与人、人与物、物与物的算法网络正在形成。正如从技术视角看，算法是计算机求解中的一个抽象“装置”，是横亘在输入数据和输出数据之间的中介；类比地从社会视角看，算法关联着社会要素，借助价值匹配，生产和发展着社会各要素的关系——社会结构。作为一种价值判断框架，算法充当着认知塑造者、关系建构者、社会黏合剂的角色，在这个意义上，算法即媒介。

把算法理解为一种媒介为解析算法的社会性概念提供了一个独特的视角——既描绘了算法正渗透进社会系统的方方面面，通过营造算法环境来形塑信息世界的现实；也暗喻着算法所拥有的改变社会的力量来源于它的“联结”属性对价值关系的建构、匹配与调适。可以说，“算法即媒介”的论断为分析算法的社会建构功能提供了基点，例如“算法即权力”所强调的算法权力正是作为媒介的算法在联结社会各要素时所衍生的横向的“非国家力量”，是一种内化的、泛在的权力关系。

同时，用媒介范式来认知算法也为媒介概念自身赋予了新的意义——互联网作为一种“高维媒介”推动大众传播时代的单向技术性媒介逻辑向强调联结的网络化媒介逻辑转变，其作为一种更高意义上媒介的算法则进一步在媒介的联结属性之上强调价值关系的匹配与调适，深化了对新传播图景下媒介运作核心逻辑的认知。真正意义上的媒介或者说最广义的媒介其实都是在这种价值关系匹配的算法之下形成的，“算法即媒介”是对“万物皆媒”这种复杂媒介的实际形态做出的高程度的概括。

三　操作启示：人本逻辑之下打造人机协同的算法型内容生态

算法本质是通过一系列价值判断架构实现供需双方价值关系的连接和匹配，这种算法媒介逻辑启示着场景细分时代的未来传播要以人的发展和满足作为传播形态发展的最高标准，也就是，未来主流媒介的运作逻辑应该是在人本逻辑之下，通过人机协同方式，营造一个算法型的传播生态系统。

1. 以人为本：为个体的深层次多元化需求提供适配的信息服务

互联网人口红利接近尾声，互联网上半场的“圈地”已经结束。5G带来的万物互联背景下，大众“线下”生活向着“线上”靠拢，“线上”生活逐步“加宽”、“加细”和“加厚”，日益丰富化、主流化，利基市场将彰显更多的可能性。依托大数据等相关人工智能技术，以细分化纵向“挖掘”为特征的互联网发展的“下半场”已经开启。在这个下半场，大众需求有所转变，满足大众高场景、低频度、体验型的需求成为市场开发的关键点，而算法也将发挥捕捉用户黏性以及构造流量入口的重要作用。[①]。

依托于对海量数据的整合、分析，算法能够挖掘用户需求，建立复杂要素间的关系，并为用户构建出适合的场景。所谓场景，其实是移动传播中一种新的时空描述维度，主要指基于特定时间、空间和行为及心理的环境氛围；[②] 场景思维强调的是要理解特定场景中的用户，进而能够迅速地找到并推送出与之相适应的内容或服务。随着算法与内容产业深度融合，场景传播成为可能，以算法为背景的场景传播可以更深入地洞察用户需求，从而实现对用户更全面的了解；算法以用户价值为中心来为用户提供场景适配的信息服务，信息传播方式真正实现了从一对多的大众传播模式到一对一的个性化传播的转变，用户的需求得到了充分的满足，用户在传播领域的主体性地位得到了根本性的提升[③]。从这个意义上说，从数据智能到满足特定用户需求，能在无缝融合之后，创造崭新的用户体验，这是算法的终极任务，也是其本质所在。

---

① 喻国明、杨莹莹、闫巧妹：《算法即权力：算法范式在新闻传播中的权力革命》，《编辑之友》2018 年第 5 期。

② 彭兰：《场景：移动时代媒体的新要素》，http：//media. people. com. cn/n/2015/0520/c396321 – 27030969. html。

③ 喻国明、韩婷：《算法型信息分发：技术原理、机制创新与未来发展》，《新闻爱好者》2018 年第 4 期。

数字化生存天然具有“赋权”的本质[①]。互联网开启了个人为基本单位的社会传播构造，激活了个人湮没的信息需求与偏好[②]。在关系场景下，个人在社会中的角色与行为脚本已经发生了巨大的变化，他们的能动性、影响力和价值超越了以往任何一个时代；从未来角度看，“人的法则”或者说“人的延伸”决定技术与社会的演进方向，即个体的内在需求、评价标准与价值体系逐渐主导技术与社会的发展[③]。未来主流媒介需要洞察与满足人的深层次、多元化需求，在以个人为基本单位的社会传播格局下激活、匹配和实现生态型的资源配置和功能整合，体察人性、直达人心。

2. 人机协同：构建人机传播的命运共同体和价值共同体

当然，也必须看到，算法技术在使人们享受便利的同时，也将其置于信息茧房之中，同时产生一系列风险，诸如隐私暴露、产权侵犯、政治操控等。价值理性的边缘化即产生这些社会风险的重要原因，因为在技术支配下，工具理性主义淹没了人文主义，技术的工具价值替代了大众的情感价值。

虽然算法从根本上讲是科学的，但在应用初期，也就是弱人工智能阶段，算法无法像人类一样理解数据所蕴含的深层意义，而仅仅是依托数据发现规律性的模式、识别有价值的差异等，这也是算法在实际应用中所面对的阶段性问题，算法尚处于知其然而不知其所以然、有计算而无理解的初级阶段。还不够“聪明”的算法在对人这一社会存在的把握上具有明显的欠缺。尽管人们试图通过引入社交关系数据、席位数据等多维数据来扩大和加深算法对用户的理解广度和深度，但效果依然不尽如人意，因为数据不能反映出人的所有需求。忽视算法可能带来的与人类社会发展目标不一致的负面效应，容易使人陷入主体性的困境，导致以“算法即权力”为代表的技术霸

① 〔美〕尼古拉斯·尼葛洛庞帝：《数字化生存》，海南出版社，1997。

② 喻国明：《互联网是高维媒介：一种社会传播构造的全新范式——关于现阶段传媒发展若干理论与实践问题的辨正》，《编辑学刊》2015年第4期。

③ 喻国明、马慧：《互联网时代的新权力范式：“关系赋权”——“连接一切”场景下的社会关系的重组与权力格局的变迁》，《国际新闻界》2016年第10期。

权与社会政治权力、人本精神的冲突[①]。

在这样的技术现实背景下，必须对技术中心主义有所警惕，应避免对算法的完全依赖和盲目崇拜。虽然技术能够解放很多生产力，但是传播的社会整合功能依然重要，传统的人工编辑仍然具有担任“压舱石”“航向标”的必要性。算法驱动下的传播进化，并不是人类被数据和机器所取代的过程，而是人机协作、共同计划的过程。同样，人工智能扮演的是增强人类智能的角色，而不是要替代人类，人类的道德、价值观、判断、直觉等是指导智能体决策的关键。

作为能动者的人类主体应该更加主动地与数据及算法相交融；只有在数据、产品、理论等方面注入人的智慧、人的创造力，算法才会具备其应有的价值。通过人机互在、人机协作，借助机器提升效率、放大能量，用人类的价值观，判断价值、把握方向以进行机器风险约束。未来传播，需要构建人机传播的命运共同体和价值共同体。

① 喻国明、耿晓梦：《智能算法推荐：工具理性与价值适切——从技术逻辑的人文反思到价值适切的优化之道》，《全球传媒学刊》2018 年第 4 期。

媒体行业与市场报告

Media Industry and Market Reports

B.5
2019年中国电视产业发展报告

郑维东*

摘　要： 当今，媒体融合迈入改革“深水区”，电视与互联网的融合发展成为融媒时代电视发展的固有特征。在这一过程中，传统电视频道与互联网视频平台之间的用户竞争也日渐激烈。传统电视节目制播及广告行业依旧难以突破量质相向、徘徊不前的发展窘境，同时，互联网视频虽挤占了人们看电视的时间，但并没有增加人们视频消费的总时间，市场面临着用户规模红利消耗殆尽、流量争夺乏力、盈利模式不清晰以及资本市场日趋冷淡的尴尬处境。本报告对融媒时代电视的发展趋势及其与互联网的动态竞合进行了深入解析，并分析了电视如何在融合发展中寻找新机遇，以尽快实现价值升级与

* 郑维东，Kantar Media Audience 中国区资深数据科学家。

业态转型。

关键词： 电视发展　电视产业　视频消费　收视率与广告

一　以用户思维看电视发展

1. “用户”胜于“观众”

自电视节目可以双向互动以及实现跨屏传播以来，“观众”的概念就逐渐被“用户”所取代，观众规模、观众构成等量的指标也被升级为用户规模或者用户构成等。电视业用来衡量广告效益的指标“千人成本”，在强调用户概念的时代也逐渐被淡化，而“ARPU 值”则日益流行。

ARPU（Average Revenue Per User）意指“每用户的平均收入”，一般按月为口径计算，其大小在一定程度上决定了用户所使用的某应用平台或者产品的潜在市场价值。以电视为例：当前我国电视广告年度收入约为 900 亿元，有线电视网络收费以及 IPTV 收入等一年约 600 亿元，电视台节目销往互联网等平台的版权收入约 100 亿元。考虑到全国有 12.8 亿电视观众，以及 90% 左右的月均电视到达率（相当于月活用户数），则可计算出电视的 ARPU 值约为 12 元/月。受“取消数据漫游费的减收影响，加上大数据流量低资费套餐竞争加剧”，中国移动的 ARPU 值已下降至 55 元/月左右。与电视相比，中国移动的高 ARPU 值在很大程度上还得益于移动互联网的快速发展。我国互联网广告收入在 2018 年已高达 3717 亿元。如果考虑手机网民即月活网民（2018 年全国 8.29 亿网民中有 98.6% 是手机网民），则广告营收口径下的互联网 ARPU 值约为 38 元/月。由此，相比于电视，即便只考虑广告，互联网 ARPU 值也已是电视 ARPU 值的 3 倍多。

按照一些公开报道数据计算湖南卫视、爱奇艺和抖音三家平台的 ARPU 值，分别为 1.2 元/月、4.7 元/月、3 元/月。其中，湖南卫视收入主体来自插播广告；抖音的收入主要来自流量广告；爱奇艺除广告营收之外，用户付费收入占比也越来越高。三者相比，由于广告市场的动态均衡性质，用户付费应该是爱奇艺 ARPU 值较高的一个主要原因。

把我国电视 ARPU 值与湖南卫视的 ARPU 值相比较，从用户消费意愿的角度，如果有 10 个与湖南卫视体量相差不多的电视频道提供给全国观众使用，可能已经足够。若拿全国互联网（基于广告）的 ARPU 值与爱奇艺、抖音的 ARPU 值做比较，前者是后二者之和的约 5 倍。这也许说明在互联网视界，有 5 家与爱奇艺相当体量的长视频应用平台，以及 5 家与抖音相当体量的短视频应用平台，已是能够触达网民视频消费意愿的上限。尽管如此，简单直接的数字类比方法并不严谨，但是其间量级关系仍能释放出一些市场参考价值。

湖南卫视等一些电视机构尽管是电视领域里的佼佼者，但是置身当前媒体转型与融合发展的大时代，仍须不断强化其互联网用户思维，否则不进则退：观众固然重要，但用户显然更重要。观众主要付出了时间成本，而用户则不仅仅付出时间，更付出金钱。时间换广告还是停留于二级市场，让用户直接付费才是把经营范式推进入了一级市场。

2. 电视的月活分析

月活（MAU）即去重后的月活跃用户人数，是移动互联网领域里最常使用的量化评估指标之一。根据 QusetMoblie 的监测，时下月活数值最高的移动应用是微信，2019 年 6 月微信的 MAU 值已达 9.45 亿人。截至 2019 年 6 月底，我国网民人数为 8.54 亿，显见微信用户规模已属世界量级。

到达率是评估电视传播效果的去重指标，电视的月累计到达人数与互联网的月活人数属于可直接比较的同等测量标度。根据 CSM 调查数据，我国当前电视观众规模为 12.87 亿人，电视观众月均到达率约 90%，换言之，电视的 MAU 值即 11.58 亿人。尽管微信已是世界级应用，但其 MAU 值仍明显低于电视。

2019 年上半年，CCTV1 的 MAU 值是 8 亿人，湖南卫视的 MAU 值是

6.3 亿人，浙江、江苏、上海东方和北京等卫视的 MAU 值分别是 6.1 亿人、6.0 亿人、5.2 亿人和 4.9 亿人。在移动互联网视频领域，2019 年 6 月（QuestMobile 数据），爱奇艺的 MAU 值为 5.6 亿人，腾讯视频的 MAU 值为 5.5 亿人，抖音短视频 MAU 值为 4.9 亿人，优酷视频 MAU 值为 4.2 亿人。可见，BATT 旗下的互联网视频应用规模已构成完全可以与电视频道相抗衡的新格局。十大视频平台的 MAU 值总数约为 56.7 亿人，约为电视观众规模的 4.4 倍。这意味着观众对十大视频传播平台有很高的复合使用比率，也揭示出传统电视频道与互联网视频平台之间存在日渐激烈的用户竞争。

观众平均每天选择收看的电视频道数一般不超过 15 个，2019 年上半年我国城乡观众人均每天选择收看的频道数量是 13.9 个。如果把移动视频应用也视为观众收视选择之一（这样就至少有 10 个头部选择），那么基于“双虞效应”的规律，其他相对弱势的众多电视频道必将在与移动视频应用的竞争中逐渐消失于观众收视菜单。

另外，双向数字电视机顶盒、OTT 盒子/智能电视、IPTV 等多种渠道分发和终端接入方式，也在不断改变观众对基于大屏的电视频道和在线视频平台的收视选择。CSM 2018 年全国 52 城市基础调查数据显示，有 56.5% 的家庭使用数字有线机顶盒接入电视，44.9% 的家庭拥有 OTT 盒子或/和智能电视，31.8% 的家庭接入了 IPTV，这表明超过 1/3 的家庭至少同时拥有 2 种或以上电视节目及视频内容接入大屏方式。就 IPTV 用户而言，有 34% 的 IPTV 接入设备界面至少需要操作两次才能进入电视直播频道，66% 的 IPTV 接入设备遥控器上没有设置直播按钮。这些技术和设备环境的变化，一方面对电视直播频道的收视选择形成客观上的分流与弱化，另一方面则增加了用户对视频回看和在线点播功能的使用。从这个意义上讲，电视机的月活已经不同于电视频道的月活，实际上越来越智能、越来越智慧的电视大屏反而正在降低电视直播频道的月活比例。

所以我们分析电视的月活，看到的是危机、挑战和压力。这也是电视媒体不得不背水一战，向网台互动找出路、向媒体融合要机遇的时代背景。

二　电视与互联网的动态竞合

1. 电视节目供需两侧的不平衡

先看供给侧。《2018 年全国广播电视行业统计公报》显示，2018 年全国电视节目制作投资额达 427.24 亿元，略高于 2017 年的 426.46 亿元；2018 年全国电视节目制作时间 357.74 万小时，比 2017 年（365.18 万小时）减少 7.44 万小时，同比下降 2.04%；2018 年全国公共电视节目播出时间 1925.03 万小时，比 2017 年（1881.02 万小时）增加 44.01 万小时，同比增长 2.34%。从这三组数据可见，2018 年电视节目播出量约相当于同期节目制作量的 5.4 倍，比 2006 年的倍数（5 倍）反而略有提高，显示电视节目重播和轮播比例仍然居高不下，原创类电视节目持续供不应求。另外，按当前电视节目投资规模，2018 年单位时间电视节目投资水平约为 200 元/分钟，且近几年变化不大，仍处于投资不足的状态。

再看需求侧。2018 年全国电视观众人均收视时间为 125 分钟/天，比 2017 年减少了 9 分钟；全国电视广告经营则实现收入 958.86 亿元，比 2017 年的 968.34 亿元下降了约 1%。可见传统电视需求侧市场继续呈现萎缩态势。据此计算，则每千名观众（按全国 12.8 亿名电视观众计）单位时间（每分钟）收视的货币化（广告）贡献平均为 1.6 元。2006 年这一数字为 0.8 元，揭示出随观众收视时间下降（2006 年人均收视时间为 176 分钟/天）电视广告单价不断攀升的事实；扣除人均收视时间下降因素，则电视广告单价整整翻了一番。如果再扣除物价增长因素，则电视广告单价相比 2006 年提高了约 60%。

供求两侧相结合，按电视广告收益规模测算，则单位时间电视节目制作成本平均应不超过 447 元/分钟，单位时间节目播出成本平均应不超过 83 元/分钟，相比 2006 年的 400 元/分钟、80 元/分钟的水平，变化不大，进一步揭示出传统电视节目制播及广告行业一贯量质相向、徘徊不前的发展窘境。

传统媒体不断转向新媒体融合发展的态势为电视注入新活力。2018 年广电新媒体业务收入实现467.76 亿元，较2017 年大幅增长68.47%，其中，交互式网络电视（IPTV）收入 100.45 亿元，互联网电视（OTT）收入 46.96 亿元，分别占到 21.5%和 10.0%。此外，电视内容转向互联网平台输出的业务规模也不断扩大，2018 年全国网络视听节目服务收入实现 223.94 亿元，其中用户付费收入 187.96 亿元，节目版权收入 29.40 亿元，网络视听节目服务成为广电行业发展新的增长点。

内容为王，用户至上。过去十余年的电视广告收入增长主要源自价格调整方面的因素，传统电视节目制作与播出一直面临投入不足、以量代质、原创匮乏的发展困境。伴随收视终端的数字化和智能化趋势，传统电视观众正不断向视频用户转化。来自互联网的挑战与竞争让电视在弃旧求新方面不得不背水一战。

2. 视频消费不破天花板

中国是电视人口大国，但并不是电视收视消费大国。Eurodata 的数据报告显示，在全球 94 个有收视调查的国家和地区，2018 年人均每天收看电视时长是 175 分钟；而我国 12.8 亿的城乡电视观众，同期人均每天收看电视时长只有 125 分钟，两者相差 50 分钟。

互联网视频的迅猛发展是近年来电视大屏收视时间缩短的主要原因。CSM 监测数据显示，2012 年人均收看电视时达 164 分钟，之后则一路走低，至 2019 年，仅有 117 分钟。

根据 CNNIC 及 CSM 相关数据计算，2012 年人均每天的视频消费（电视收视时长 + 网络视频使用时长）总时长是 169 分钟，2018 年为 166 分钟，2019 年上半年为 164 分钟，全国城乡居民人均每天视频消费总时长非但没有增长，反而呈现小幅下降的趋势。这就不禁让我们清晰地看到视频消费的玻璃天花板。

互联网视频挤占了电视收视时间，但并没有增加人们视频消费的总时长，而且基于当下无论互联网长视频、短视频，还是网络直播的发展态势分析，市场却在面临着用户规模红利消耗殆尽、流量争夺乏力、盈利模式不清晰以及资本市场日趋冷淡的尴尬处境。

我们应理性地看待电视和互联网视频的竞合关系。人们对视频的消费，存在天然的天花板。尽管节目质量不断提升，收看和使用方式日趋便捷，社交连接更加活跃，但并不必然导致视频消费总量的增加。站在全民消费的视角看，时下互联网视频消费仅相当于电视大屏消费的40%，占视频总消费的近30%。互联网视频消费增加其实是以电视大屏收视的减少相抵补，这是一种相对剥夺的关系，但这种变化的趋势正在减缓。在5G时代真正到来之前，也许我们将身处电视与互联网视频发展相对平衡的一段微妙时期，唯智慧电视和媒体融合不断搅起一些涟漪。

三 电视在融合发展中寻找机遇

1. 电视面临收视与广告的“新纠结”

近年来电视广告收入下滑、传统电视收视率降低是不争的事实。收视率下降部分解释了电视广告收入下滑的问题。但是自2018年以来，头部电视媒体不得不面对一种新情况，即出现了涨收视不涨广告，甚或收视上涨但广告收入仍下滑不止的现象。我们不禁再次发问：电视广告贬值了吗？

经济对广告的影响直接而深入。据CTR对电视广告刊例投放情况的监测，2019年上半年，电视广告同比下降12.4%，呈现两位数的负增长，可谓是个阶段性的拐点：电视广告入冬了。相比之下，2019年上半年的电视人均收视时长为125分钟，上年同期为132分钟，同比则仅下降5.3%。2019年上半年位于收视排名前列的头部省级卫视，前三名同比收视份额增长7.4%，前五名同比收视份额增长5.8%；成人人均收视时长则略增或持平。在收视率总体下降的境况下，观众的收视选择反而更加向头部集中。来自互联网端的监测数据则显示，尽管网民人均上网时间仍在增加，但包含头部互联网平台在内的广告收入在2019年出现了增长乏力的情况，CTR数据显示互联网广告收入同比下降达4.3%。

可见，无论收视率还是互联网流量，在经济趋于紧缩的宏观因素影响下，其作用于广告市场的收入变现能力均在明显减弱。另外，受智能终端普及和多平台视频传播格局影响，原本在经济紧缩时期就会表现出来的电视“口红效应”不复存在，头部媒体维持高收视份额的压力不降反升，这也令市场众生各自纠结不已。

由此，当前电视广告收入形势日趋严峻的影响因素有以下三方面：首先是宏观经济压力，其次是传统电视收视率水平下滑，再次是其他收视和传播平台的进一步分流。面对此情此景，如果电视媒体能够减缓第二个因素的影响，增强对第三个因素影响的回笼，则还有希望逆势而行。

2008 年我国电视广告收入总额约 500 亿元，2019 年我国电视广告收入总额预计为 840 亿元（根据 2018 年约 960 亿元以及 CTR 监测的广告降幅大致推算），按此评估，年均复合增长率仅 4.8%。如果扣除价格因素影响，电视广告收入几乎又回到 10 年前水平，但是整个媒体经济乃至市场经济的质量和规模，却早已不能同日而语。

2. 电视新闻融合传播

电视新闻融合传播指数涵盖对电视、短视频、微信、微博、自有 App 五大新闻内容传播平台的调研，其中后四者统称“三微一端”。CSM 发布的《2019 年省级电视新闻融合传播指数发展报告》显示，2019 年，上海、广东、北京、山东、江苏、浙江、湖北、辽宁、安徽和黑龙江 10 个省（市）省级电视台的新闻融合传播指数列全国省级电视媒体前十位。以上海数据为例，其 62.6 分的新闻融合传播指数分值中，电视贡献了 22.1 分，而“三微一端”贡献了 40.5 分，上海电视台的新媒体发展对其电视新闻融合传播起到了比传统电视传播更加突出的效果。

此外，北京、江苏、浙江、黑龙江这几个省（市）的省级电视台在“三微一端”层面的分值也分别超过电视层面；而广东、山东、湖北、辽宁、安徽等则是电视分值高过“三微一端”分值。排名前十的省级电视媒体中，有 5 家实现了新闻内容网络传播效果高过电视，另外 5 家则相反。由此可见，电视新闻传播和网络新闻传播仍处于相互支撑、相互融合、互动的发展进程之中，“三微一端”对电视新闻传播的增进效应仍需进一步加强。

在“三微一端”的增量传播中，短视频成为促进电视新闻融合传播的重要手段。在上海电视台62.6分的新闻融合传播指数分值中，短视频分值为16.7分，贡献比达到26.7%；在北京电视台45.8分的新闻融合传播指数分值中，短视频分值为15.6分，贡献比更高达34.1%。与此同时，微信、微博等社交媒体也在大力发展短视频传播功能，这使得短视频对电视新闻融合发展的促进作用日益彰显。

相比于借助短视频、微信、微博等第三方平台实现电视新闻融合传播发展，通过自有App实现电视新闻融合传播转型则是上海、广东、山东、江苏、浙江等省（市）省级电视台着力打造的又一亮点，其中上海电视台尤为突出。在上海电视台的新闻融合传播指数分值中，自有App（“看看新闻”）贡献分值为15.0分，贡献比则达到24.0%。

综上，以上海电视台的新闻融合传播效果分析作为范例来看，在其62.6分的新闻融合传播指数总分值中，电视平台贡献了35.3%，短视频贡献了26.7%，微信贡献了7.6%，微博贡献了6.4%，自有App则贡献了24.0%。与构建指数时预设的电视、短视频、微信、微博、自有App各自原始权重45%、20%、12%、8%、15%相比，上海电视台在短视频和自有App两个平台上的新闻传播发力明显，撬动了其电视新闻融合传播进程，成为业界可以借鉴的有效范式。

3. 电视亟须实现价值链升级

内容、渠道、终端、用户和营销是传媒价值链上的五要素。前三者是供给侧，涉及价值的生产和传递；后二者是需求侧，涉及价值的交换与实现。将目前炙手可热的“4K+5G+AI”与传媒价值链相比照，可以发现，前者吻合了以电视为代表的传统媒介在和互联网融合发展的过程中，供给侧三要素实现技术新升级的现状：内容生产向4K超高清标准升级，渠道分发向5G移动通信网络升级，终端连接则向AI平台和应用升级。更清晰的内容，更高效的传输，更智能的分发，这就是“4K+5G+AI”描绘的传媒新时代。

AI技术的飞速发展和AI应用的平台化、终端化，为UI（用户界面）创新解决方案提供了无限可能。当今以智能手机为代表的个人终端竞争，既离不开 AI 之争，也格外重视 UI 之争。全面屏、柔性屏显示技术以及 3D、VR、AR 等视频增强技术的发展和应用，成为 UI 竞争的市场重点。

从营销的角度研究用户，TA 是一个非常关键的用语。TA 既可解释为目标受众（Target Audience），也可以解释为目标区域（Target Area）。前者说的是营销对象，后者则涉及营销场景。所谓精准营销、圈层营销、情景营销、数据营销、智能营销等营销新范式，都离不开对 TA 的研究与分析。

“UI + TA”是一种技术升级，只不过更加软性和概念化，其中仍有很多延伸和扩展的可能性。“4K +5G + AI + UI + TA”成为传媒价值链新升级的带有解决方案指向的代表性、创新性、前瞻性提法，也可以称之为媒介融合新范式。

内容进入新渠道，内容连接新终端，内容锁定新用户，是电视增量创造的三大来源。经过几年的市场和技术演进，电视的增量创造问题更应该放在媒介融合的大框架下审视。如此，5G、AI、UI、TA 等新技术新范式，必将为电视转型、升级和融合发展提供巨大动能。

结　语

对于电视而言，互联网是最大的变量。受社会、时代条件制约，无论内容、用户还是营销资源，客观上都有一个总量天花板。天花板之下，电视和互联网之间存在阶段性此消彼长的过程。过去电视有用户红利，现在互联网有流量红利。当前阶段，互联网主导下的视频生产、交换和分发，对于电视而言，就是最大的变量。同时，电视和互联网也正处在一个所谓的“共价值”时代，即都以视频传播为其核心价值区间。电视自然是以视频为核心的，而视频在互联网内容传播中的主体地位也已全面确立。

此外，“共价值”也可以诠释为“共同价值”。同一个视频内容，对于电视或者互联网而言，其实是具有“共同价值”特征的，其“共同价值”一般凝结于版权，但是其市场定价取决于不同传播平台的价值交换和变现能力。

电视所采购的视频内容版权（播出权）主要依靠广告进行价值交换和变现，网络采购的视频内容版权（播出权）在广告之外还有流量价值的直接变现即用户付费。“爱优腾”纷纷启用网大、网剧、网综等长视频内容与制作方合作分账模式，其中就既包含流量分成也包含广告分成。

电视与互联网融合发展的内涵之一即化变量为增量。互联网是电视发展的最大变量，也是重塑电视未来的最大增量。围绕版权、用户、广告三要素，打通电视收视率测量与互联网流量稽核，实现视频市场的通用数据货币统一化，必将是推动电视化变量为增量并实现融合发展的重要一环。

B.6
2019年中国电影产业发展报告

尹 鸿 许孝媛*

摘 要： 2019年中国电影产业处在结构深度调整期，电影市场进入平缓增长的新常态。独立制片公司渐成气候，新一代影人的创作和制作能力得到市场认可。献礼片、科幻片、动画片等电影类型和形态取得历史性突破。国产电影的整体市场竞争力显著增强。春节、暑期、国庆等档期成为黄金档期。院线市场集中度依然有待提升。海外市场和后影院市场空间有待拓展。制片业的政策风险、市场风险、舆论风险增大，提升制片业信心、保障供给侧优质产品对于中国电影产业持续发展意义重大。

关键词： 中国电影 电影产业 电影供给侧 电影增量

2019年是中国电影产业进入新常态，平稳增长、稳量提质的一年。在“影视寒冬”的舆论中，中国电影有惊无险地完成了稳中向好的答卷。没有大起大落，也没有大惊大喜，在档期营销、类型突破、国产电影份额、头部电影工业化水平等多方面取得了显著成绩。

一 数据分析：稳中向好

1. 产量减量提质

2019年通过审查的国产电影1037部，含故事片850部、科教片74部、

* 尹鸿，清华大学新闻与传播学院教授、博导；许孝媛，清华大学新闻与传播学院博士研究生。

动画片 51 部、纪录片 47 部、特种片 15 部（见图 1）。[1] 故事片产量和影片总产量分别比上一年降低 5.76% 和 4.16%。

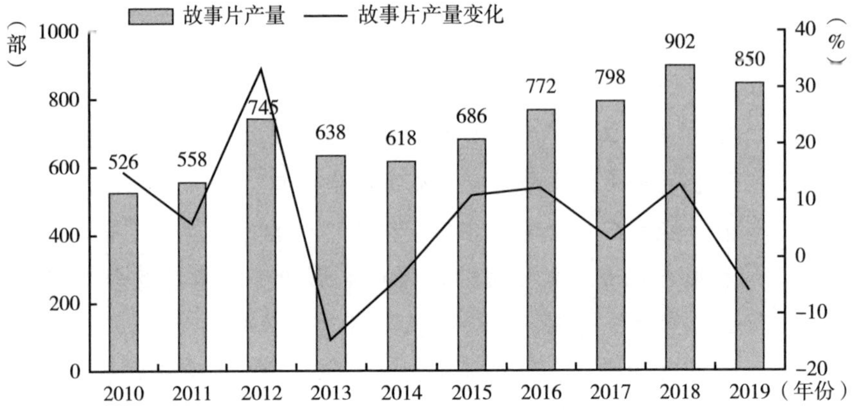

图 1　2010～2019 年中国内地故事片产量变化

2. 票房增速平缓

中国内地电影市场与全球第一大电影市场（北美）的票房差距仍在 20 亿美元以上。2019 年全国总票房 642.66 亿元（约 92.34 亿美元），同比增长 5.4%，低于 GDP 增速（6.1%），如图 2 所示。北美电影市场总票房 113.13 亿美元，下降 4.8%。[2]

3. 国产片市场份额优势明显

2019 年引进外国电影 144 部，其中批片 86 部，较上一年增加 8 部[3]。进口片总票房 230.91 亿元，占全国总票房的 36%。国产影片以 411.75 亿元的票房成绩取得 64% 的市场份额，刷新近 10 年纪录（见图 3）。全年 88 部影片票房过亿元，其中国产电影 47 部。票房前十的影片中，国产影片占据 8 席，进口影片仅有《复仇者联盟 4：终局之战》与《速度与激情：特别行

① 《2019 中国电影亮出"成绩单"：642.66 亿元票房创新高》，新华网，2019 年 12 月 31 日，http：//www.xinhuanet.com/fortune/2019－12/31/c_ 1125409827.htm。

② 北美电影市场数据来源：Box Office Mojo，截至 2019 年 12 月 31 日。

③ 《今年真的能称得上是"批片大年"吗?》，《新京报》2019 年 12 月 31 日。

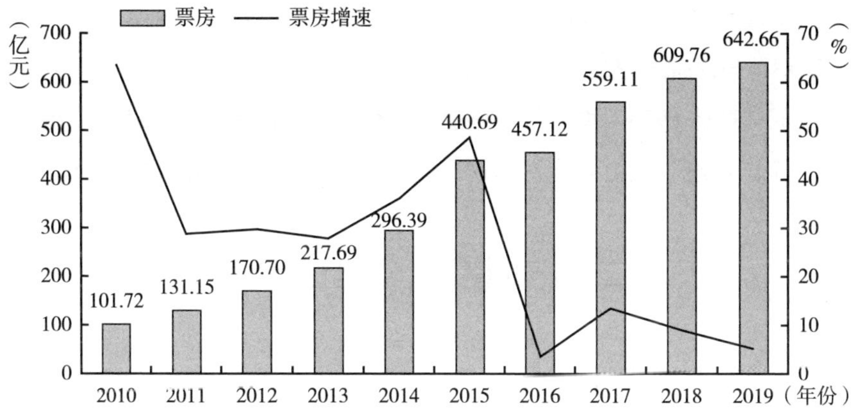

图2　2010～2019年总票房趋势

动》两部，数量为历年最低。国产动画电影《哪吒之魔童降世》以50.01亿元的票房成绩夺得年度票房冠军。

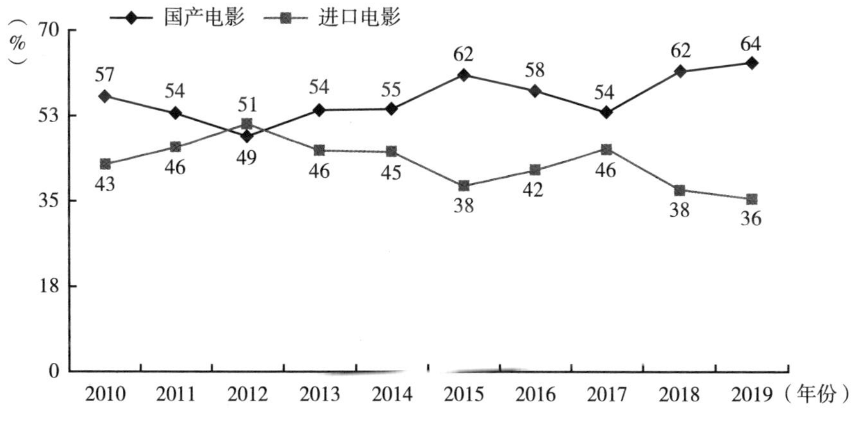

图3　2010～2019年国产电影与进口电影市场份额

4. 观影人次增量减少

2019年院线观影人次17.27亿，同比增长0.64%，为近10年来最低增长。以全国人口计，人均观影频次与2018年相同，为1.23次；以城市人口为基数，人均年观影2次。其中，春节档、国庆档、暑期档、贺岁档总观影人次占比近50%[①]，观影时段集中度提高，观影习惯持续养成。

5. 银幕与影院增速高于票房和观影人次

银幕总量达69787块，新增银幕9708块，同比增长16.15%。院线数50条，全国可统计的有票房产出的影院总数11309家，新增影院1085家。

二 产业格局：重构进行时

1. 法规政策：促与管的强化

2019年2月27日，中宣部常务副部长、国家电影局局长王晓晖在全国电影工作座谈会上提出电影应积极配合党和政府的中心工作，提倡现实题材创作，努力争取每年票房过亿元的影片达到100部，实现社会效益与经济效益的统一。11月19日，中共中央政治局委员、中宣部部长黄坤明在第28届中国金鸡百花电影节开幕式上宣布金鸡奖恢复一年一评，引起热烈反响。12月8日，国家电影局公布《在自由贸易试验区开展电影“证照分离”改革具体措施的通知》，对电影放映经营许可证实行告知承诺，优化电影发行许可证的审批服务，将审批时限由20个工作日压减至14个工作日。此外，版权保护日趋加强，行业自律渐成共识。10月21日，优酷、腾讯视频、爱奇艺联合正午阳光、华策影视、柠萌影业、慈文传媒、耀客传媒、新丽传媒六家影视公司，共同发布《关于加强行业自律，促进影视行业健康发展的联合倡议》，联合倡导营造自律、诚信、廉洁、节约的行业环境，提倡规范行业规则，抵制各种灰色交易；遵守合约，遵守职业道德。政府与行业的合力治理为中国电影持续高质量发展提供了强有力的保障，电影产业发展的政策空间日趋规范和明朗。

2. 资本市场持续走低

2019年度文化传媒行业总市值1.56万亿元，行业板块涨幅23.72%，

① 猫眼研究院：《2019年中国电影市场数据洞察》，2020年1月1日。

其细分行业电影、动画板块总市值1689.31亿元，涨幅2.18%。[①] 需要强调的是，影视股市值缩水仍在继续，万达电影两年内总市值缩水近200亿元，曾经市值890亿元的华谊缩水为135亿元[②]，印纪传媒则成为第一家因“面值”而被强制退市的影视公司。相比之下，完美世界与光线传媒平稳前进，总市值较2018年初分别增长186亿元和25亿元。前三季度，21家影视上市公司中，6家公司净利润为负，占比近三成；18家公司净利润同比下滑，占比超八成。21家公司2019年实现的营收总额为377.13亿元，比上一年的420.95亿元减少10.41%；实现净利润总额仅为15.71亿元，比上一年52.27亿元减少69.94%。[③] 根据同花顺财务分析，华谊兄弟前三季度净亏损6.52亿元，净利润同比下跌约300%；中南文化净亏损2.74亿元，净利润同比下跌1060%；唐德影视净亏损4289.89万元，净利润同比下跌近142.81%。万达电影、光线传媒以及中国电影的净利润较上一年同期均下滑30%以上。

3. 企业出现起伏和分化

曾参与出品、制作《环形使者》《钢铁侠3》的印纪传媒2019年末被强制退市，成为影视行业最先被挤掉的“泡沫”。押中过《我不是药神》《一出好戏》等电影的中南文化被深交所实行“其他风险警示”，加以“ST”，其母公司与子公司股权均被拍卖。[④] 曾经辉煌一时的主流影视公司尚且如履薄冰，小公司更是难以为继。有媒体报道称，2019年以来约2900家影视公司关停，具体表现为公司状态注销、吊销、清算、结业，关停企业覆盖国有、私营、合资等所有企业类型。[⑤] 当然，大批影视公司的关停一方面体现了行业的艰难，但另一方面，关停并不意味着绝对的悲观，数字背后还需理

① 《2019年中国产业经济年度报告之影视篇》，中国产业经济信息网，2019年12月20日。

② 数据来源：东方财富网，2020年1月8日。

③ 《21家影视公司仅赚15.7亿元，前三季度八成企业净利下滑》，《证券日报》2019年12月18日。

④ 霍青城：《2019年上市影视公司十大悲情时刻》，娱理，2020年1月8日。

⑤ 猫叔：《别只看到2996家影视公司倒闭，还有2597家新公司成立》，网视互联，2019年12月9日。

性地反观：第一，受税务整顿与社保改革的影响，大部分公司的关停主要出于零申报或是长期不运营、不报税，而非经营不善。没有了政策上的显著优惠，一些名不副实的企业自会散去；第二，挤破泡沫，留下王者，优胜劣汰本身就是市场自由竞争的必然过程，行业内部的“大洗牌”实则有助于市场自身的净化与升级。

在寒冬尚未散去的情况下，2019 年仍有 2597 家新的影视公司成立。其中的 151 家新公司所参与的影片甚至票房过亿元，这些新出现的公司主要担任影片的联合出品，在很大程度上弥补了市场里短缺的现金流。在献礼新中国成立 70 周年的主旋律电影中不乏国企身影。例如，浙江省文化产业投资集团、人民网股份、央视国际网络等多家国企参与联合出品《我和我的祖国》；《中国机长》则由中植企业集团担任主要出品方，中国民航报社、四川航空文化等联合出品。

三　电影生产：头部电影与分众电影共生

1. 电影制作机构两极分化

国有电影企业中华夏、中影、上影名列前茅。华夏凭借在献礼片中的突出表现，位居出品票房排名榜第三名。[①] 华夏所参与的 17 部影片中共有 9 部电影票房过亿元，其主发行的《我和我的祖国》、《中国机长》以及《烈火英雄》三部献礼片总票房超过 77 亿元。中影本年度共出品电影 30 部，高于 2018 年的 22 部。2019 年度中影的参与较为多元，既有《流浪地球》这类科幻电影，也有《误杀》这类犯罪电影；既有《新喜剧之王》等喜剧片，也不乏诸如《最好的我们》这类青春片。上影参与出品 8 部影片，包括主出品的《攀登者》《新喜剧之王》《梦想之城》以及联合出品的《流浪地球》《我和我的祖国》等，基本保住国有电影企业前三的席位。

民营企业中，光线主出品的《哪吒之魔童降世》凭借 50 亿元票房摘得

① 数据来源：猫眼专业版，2019 年 12 月 31 日。

年度冠军，凭此一片，便让其他影视公司望尘莫及。博纳 2019 年度一手抓主旋律，一手抓港片，共出品电影 18 部，相当于 2018 年的 2 倍。主旋律方面，博纳“梅开四度”拿出了《我和我的祖国》、《中国机长》、《烈火英雄》和《决胜时刻》一批品质之作；港片方面，《叶问 4》连续 11 天获得单日票房冠军，票房收益 7.63 亿元。[1] 此外《追龙Ⅱ》同样可圈可点，以突破 3 亿元的票房成为 6 月犯罪片综合票房冠军。万达总体表现平平，其主出品的《飞驰人生》《误杀》《老师好》《小小的愿望》等影片虽有过亿元票房，但《人间·喜剧》（6320.7 万元）、《如影随心》（2367.8 万元）、《过春天》（995.2 万元）等影片票房却不尽如人意。华谊下滑最为明显，先后与多部“爆款”失之交臂，主投主控项目近乎空白。年末的《只有芸知道》亦未能脱颖而出，暑期《八佰》的撤档更使其难以跳脱负债的泥淖。能否优化资源配置重返一线，华谊影业任重道远。

2. 独立电影公司快速崛起

以著名电影导演、电影明星为主体组建的独立电影公司，由于掌握核心创作资源，资产轻盈灵活，继续保持活跃。《流浪地球》得到了主演吴京自掏腰包的 6000 万元投资；《我和我的祖国》背后有着出品人陈红的香河百灵鸟、导演文牧野的北京梦将军影业；《最好的我们》第三出品方为出品人黄斌控股的微峰娱乐；《“大”人物》背后有着导演五百控股的五百文化、浙江东阳五元大有；导演申奥的裕野影业联合出品了《受益人》等。同时，也有不少影视剧制作公司开始参与到影片出品当中，这对于整个影视产业的资本融合有着很大的推动意义。如，出品了《你和我的倾城时光》等剧集的皇氏御嘉参与到《扫毒 2》的联合出品当中来，出品了《白夜追凶》等网剧的五百文化担任《“大”人物》的第二出品方，出品了《九州缥缈录》的灵龙文化发展联合出品了《上海堡垒》，这种变化趋势已经在越来越多的影片当中体现得非常明显。

---

① 截至 2019 年 12 月 31 日。

3. 互联网电影公司重回制作主场

互联网电影公司重返制作上游，对内容的主导越发加强，422 亿元的国产影片票房中，一半以上有互联网电影企业参与。其中，阿里影业主出品电影 25 部，联合出品 12 部，参与出品的影片总票房达 122. 55 亿元。[①] 猫眼凭借渠道资源参与出品 42 部电影，总票房 67. 43 亿元。[②] 优酷电影与腾讯影业分别出品 17 部和 15 部，出品总票房分别为 9. 8 亿元和 9. 5 亿元。爱奇艺影业主控的电影总票房接近 2 亿元。

4. 电影新势力成长迅速

2019 年票房过亿的国产影片共涉及 48 位导演[③]，其中“80 后”导演 15 人，占比 31. 25%；“70 后”导演 16 人，占比 33. 33%。值得注意的是，位列年度票房榜前两名的影片皆为“80 后”导演之作，而国产票房季军《我和我的祖国》的导演之一文牧野亦为“80 后”新兴势力。新势力的崛起，一方面意味着创作注入新血液；另一方面意味着其对青年观众兴趣口味更为准确的把脉。不论是郭帆的《流浪地球》、饺子的《哪吒之魔童降世》，还是韩寒的《飞驰人生》以及柯汶利的《误杀》，其导演均较好地把握到符合国人情感的爆点与燃点，以此融入影片创作，实现与观众的情感共鸣。

5. 网络大电影减量提质

截至 2019 年 12 月 20 日，本年度上线网络电影 789 部，较 2018 年和 2017 年分别减少 748 部和 1103 部，同比下降 48. 67%。但播放表现稳步提升，全年累计正片播放同比提升 24%，正片播放超过 5000 万次的影片数量达到 9 部，部均正片播放 598 万次，较上一年增加 136. 36%。就电影类型而言，播放量在 500 万次以上的电影集中于动作、喜剧、奇幻、爱情、武侠 5 种类型，分别占比 23%、17%、15%、13%、11%。[④]

---

① 数据来源：猫眼专业版，截至 2019 年 12 月 31 日。

② 数据来源：猫眼专业版，截至 2019 年 12 月 31 日。

③ 票房过亿元的导演不包括无法查知准确年龄的黄家康、赵霁、陈鸿仪、宁海强、黄建新以及安战军。

④ 猫叔：《2019 网络电影成绩单：全年上线 789 部，从数量规模型向质量效能型转变》，网视互联，2020 年 1 月 3 日。

网络视频平台依旧是爱奇艺、优酷、腾讯三家独大，三大平台的网络电影上线量占比为94%，正片播放量占比98%，用户高度集中。2017～2019年，爱奇艺的上线量占比逐年降低，2019年降至53%，正片播放占比基本稳定在57%左右；腾讯视频播放占比涨势最为明显，两年共增长8%；优酷视频2019年的上线量和正片播占比则均有所下降。从票房来看，爱奇艺共有24部影片票房突破千万元，同比增长33%；优酷共有10部影片票房突破千万元；腾讯视频约6部。虽然《鬼吹灯之巫峡棺山》《水怪》等网络电影票房名列前茅，但票房分账排名前十的影片中，9部影片豆瓣评分低于5分，仅有1部超过7分（见表1）。网络电影叫座与叫好的矛盾仍然突出。

表1　2019年网络大电影票房分账排行榜

排名	电影片名	分账(万元)	类型	播出平台	豆瓣评分
1	鬼吹灯之巫峡棺山	3470.3	动作、惊悚	爱奇艺	3.4
2	水怪	2600.2	奇幻、冒险	优酷	4.4
3	陈翔六点半之重楼别	2232.2	喜剧、爱情	爱奇艺	7.1
4	至尊先生	2089.3	玄幻、喜剧	爱奇艺	4.8
5	三重威胁之跨国大营救	2059.8	剧情、动作	爱奇艺	4.5
6	陈情令之生魂	1969.3	剧情、玄幻	爱奇艺	4.4
7	横行霸道	1829.9	喜剧、动作	爱奇艺	3.4
8	新封神姜子牙	1795.8	剧情、玄幻	爱奇艺	2.9
9	齐天大圣之大闹龙宫	1794.6	玄幻、喜剧	爱奇艺	3.6
10	新封神之哪吒闹海	1793.6	喜剧、动作	爱奇艺	3.8

资料来源：爱奇艺电影中心，《2019网络电影行业报告》，截至2019年11月30日。

四　电影市场：增量、需求和半径遭遇瓶颈

1. 院线与影院市场竞争加剧、效益增量不足

2019年全国影院数为11309家，银幕数达69787块，新增银幕9708块，日均新增26.6块。单影院年均票房568万元，同比提高27.6万元；单银幕

年均产出 92 万元，同比下降 2 万元。影院上座率下滑至 11%，人次增速仅为 0.3%。

在全国 50 条院线中，前三名稳固不变。万达院线以 88 亿元的票房产出连续 12 年稳坐行业龙头，大地院线和上海联合连续 4 年分别位列第二、第三，新院线博纳与华人文化分别排名第 27 位和第 38 位。就市场份额来说，万达占比 13.8%，大地占比 9.7%，上海联合占比 8.0%，前三名院线共产出票房约 201 亿元，约为全国总票房的 1/3；前五名占比 45%，前十名占比 67%，剩余近 40 条院线分抢 33% 的市场份额。十强院线中，中影数字与中影星美票房同比分别下降约 3 亿元和 4 亿元，其余院线票房及其占比浮动微小。

2. 核心观众年轻化、观影人群全年龄化

观众画像：年轻女性占据主力。从年龄来看，"90 后"仍是观影主力军，占总观影人群的 54%；"80 后"观众次之，占比约为 27%；[①]"00 后"（20 岁以下）与"80 前"（40 岁以上）正在成为观影新势力。从性别来看，男女比例差距缩小，中度、重度观影人群中男性分别占比 47% 和 49%[②]，男性观影人群所有增加。

观影地区：四线城市后起之秀。2019 年一、二、三线城市的票房贡献率均在下滑，仅四线城市占比增长，并成为仅次于二线城市的观影市场。在城市化进程加快、院线影院持续下沉以及早年行业票补的共同作用下，三、四、五线城市消费者观影习惯正在养成[③]，观影群体逐步壮大。广东、江苏、浙江、上海保持票房前四，分别占比 13.84%、9.4%、7.87%、6.03%，四川超越北京，跻身前五，山东、河北、湖南次之，[④]市场空间还需进一步向中西部延伸。

① 灯塔研究院：《2019 年电影市场数据盘点》，2019 年 12 月 31 日。

② 中度观众：全年观影频次为 3～5 次；重度观众：全年观影 6 次及以上。参见《2019 中国影院市场与数智化经营管理白皮书》，艺恩，2019 年 12 月 22 日。

③ 梁嘉烈：《猫眼数据：642.66 亿总票房的 2019，为中国电影市场下个十年"建基"的关键一年》，镜像娱乐，2020 年 1 月 1 日。

④ 灯塔研究院：《2019 年电影市场数据盘点》，2019 年 12 月 31 日。

观影偏好：科幻动画“老少咸宜”。根据灯塔研究报告，“00 后”群体偏好爱情类电影，占比 13. 71%，《少年的你》《蜘蛛侠：英雄远征》《比悲伤更悲伤的故事》为其首选；“80 后”与“90 后”偏爱喜剧电影，占比 15. 11%；“80 前”观众则中意积极向上、正能量的主旋律电影。

3. 国产电影票房两极分化突出，进口片好莱坞独大

2019 年票房超过 40 亿元的电影有 3 部，其中国产影片有 2 部；票房超过 20 亿元的电影有 6 部，其中国产 5 部；票房超过 10 亿元的电影有 15 部，国产 10 部；票房超过 5 亿元的电影 27 部，国产 18 部；票房超过 1 亿元的电影 88 部，国产 47 部，占比 53%；票房超过 5000 万元的电影 106 部，超过 200 万元的电影 300 部。排名前十的国产电影票房占比约 60%，中腰部电影的市场竞争力与占有率有待加强。

进口片中，前十名进口影片无一例外来自好莱坞。《复仇者联盟 4：终局之战》以 42. 48 亿元的票房荣膺进口片冠军，另有 4 部影片票房过 10 亿元。奥斯卡最佳影片《绿皮书》最终票房达 4. 32 亿元。但《星球大战：天行者崛起》《霹雳娇娃》《巨鳄风暴》等在北美市场票房表现优异的影片在国内却水土不服。10 亿元票房几乎成为好莱坞电影很少能够跨越的天花板。

4. 放映档期跌宕起伏、落差明显

2019 年强劲的档期效应为各大头部影片提供了至关重要的先决时机。春节档（58. 73 亿元）、暑期档（176. 8 亿元）、国庆档（43. 96 亿元）三个档期总票房约 279. 49 亿元，占 2019 年总票房的 43%，同比提升 2. 6%。

春节档观影人次 1. 3 亿，同比下降 10%。① 春节当天（2019 年 2 月 5 日），单日票房超过 14. 34 亿元②，创内地影史单日票房新高。2 月单月票房收入 112 亿元，同比增长 10. 89%，刷新内地影史单月票房成绩。暑期档共产出票房约 176. 8 亿元，同比增长 1. 49%，观影人次达 4. 99 亿，与 2018 年

① 灯塔研究院：《2019 年春节档电影市场数据报告》，2019 年 2 月 10 日。
② 中国电影数据信息网，https：//zgdypw. cn/#/ticketOffice. html。

同期4.96亿人次基本持平。国产片方面101部影片贡献票房112.3亿元，占比64%，29部进口片则贡献票房64.1亿元，较2018年增长8%。[①] 国庆档在“献礼三部曲”的护航下总票房达43.8亿元（10月1日至10月7日），同比大涨129%，观影人次突破1.17亿，为同期历史最高。贺岁档电影市场品目繁多，但力度不及前三个档期，12月总票房约41亿元，较上一年同期减少6亿元。

5. 海外与后影院市场有待开拓

2019年，华人影业在5大洲、103个国家、281座城市共发行《流浪地球》《哪吒之魔童降世》《我和我的祖国》《受益人》《吹哨人》《过春天》《反贪风暴4》等17部电影，票房总额达1700万美元，观影人次达110万。《叶问4：完结篇》以突破1000万美元的成绩夺得本年度华语电影海外票房冠军。[②] 国产影片在国外发行、上映的比例虽有所上升，但题材、语言、文化的障碍以及发行营销能力的不足，仍然影响到中国电影国际市场的规模。即便是《流浪地球》在全球最大电影市场也仅有587.55万美元票房，占其全球总收入的0.8%。

近4年，院线电影“先院后网”的比例基本稳定在80%左右，视频网站正在成为后电影市场的重要增量。例如，周星驰导演的《新喜剧之王》上线第一天播放量便超过1亿次。《哪吒之魔童降世》的官方授权衍生品众筹项目销售额超过1800万元，刷新中国电影衍生品众筹数额纪录[③]。青岛东方影都的《青秀》启幕后，日均接待游客突破4万人次，酒店入住率达80%以上。2019年横店影视城游客接待量达1918万人次，与上一年度基本持平，但剧组接待量较2018年减少近70个，为进一步提高对影视项目的吸引力，横店影视城宣布所有摄影棚免费使用。

---

① 灯塔研究院：《176亿收官！2019年暑期档比去年“热”的晚一些》，2019年8月31日。

② 打打：《〈叶问4〉海外票房超〈哪吒〉，成2019年华语电影海外冠军》，电影情报处，2020年1月1日。

③ 姚亚奇：《电影衍生品，文创“富矿”如何挖掘》，《光明日报》2019年11月3日。

五　结语：保卫制片业

“影视寒冬”虽然多少有些夸大其词，但电影票房市场的增速和观影人次的增长放缓、电影消费过度依赖节假日和头部产品、电影产品的生产储备供给不充分、电影投资信心不足、电影类型体系不完整等现象，依然应该引起关注和重视。

特别应该指出，电影产业是以电影产品为核心的。电影制片业是电影产业的灵魂，是内容为王的具体体现。没有电影产品、没有优质的电影产品，就不会有健康的电影产业。因此，保证电影制片环节的可持续发展，是整个电影产业的基石。

第一，应该进一步细化已经颁布两年的《中国电影产业促进法》的实施细则，完善从中央到属地的电影备案、审查、协助审查的相关标准和程序，规范电影行业和电影市场的管理；第二，应该加大对电影工业制作环节的高新技术企业和项目的支持、扶持力度，重视电影技术人才的培养，推动特色高新技术企业的发展，夯实电影工业的基础，不仅要保证头部电影的工业水准，而且要推动中国电影工业整体迈上新的台阶；第三，严格执行法律法规，重视行业协会的作用，保障电影产业各个环节的公平竞争、共赢发展；第四，深化电影院线的改革，深挖影院市场的潜力；第五，继续扩大海外市场和新媒体市场，逐渐减小对影院的过度依赖，电影与互联网的互动，由于网络平台天然的商业敏感，未来空间也会越来越大。总之，捍卫制片业，给制片业更多的信心、更小的风险、更多的支持、更公平的产业环境，中国电影产业才能健康有序、可持续发展。

B.7 移动时代新内容生产的方向*

彭 兰**

摘 要： 2019年，移动视频生产、知识内容生产仍是业界发展热点，它们也带来了移动时代的“新内容生产”。在移动视频方面，在经历了视频直播、短视频的快速增长后，用户生产力将会在长视频领域进一步释放。生活化、新闻类、创作类、带货类短视频各有其内在的发展动因与模式，二次元也是移动视频中的一个支流，它们共同推动了移动视频生产的繁荣。在知识内容生产方面，平台正在回归基础市场的培育，知识付费产品的发展需要生产与消费要素的双向驱动，而知识产品未来也会在多种线索上实现其扩张。

关键词： 移动视频 短视频 长视频 知识付费 知识产品

移动时代技术与平台的发展，不仅带来了内容产量的极大增长，也带来了新的内容表现形式、新的内容生产机制，特别是在新闻资讯之外的其他内容领域。超出传统内容生产模式的新内容生产也在不断演进。2019年，移动视频生产、知识内容生产仍是业界发展热点，也代表了移动时代新内容生产的两大方向。

---

* 本文为清华大学新闻与传播学院学术创新项目“计算传播学视野下的新媒体研究”的阶段性成果。

** 彭兰，清华大学新闻与传播学院教授、博导，新媒体研究中心主任。

一　移动视频：一种手段、多种表达

1. 视频直播—短视频—长视频：用户生产力的次第释放

进入移动时代后，用户对视频的消费需求和生产力，最早是在视频直播平台得到释放。视频直播兴起于 2016 年，在 2017 年下半年进入一个旺盛的发展阶段，其中的核心增长在真人秀直播方面。随着时间的推移，普通人要坚持直播越来越难，真人秀直播逐步降温，相关直播平台开始萎缩甚至有一批平台关闭，但移动视频直播在其他类型的直播中找到了更广阔、持久的发展空间。2019 年网络视频直播的应用率为 50.7%。① 这里的网络直播包括真人秀直播、体育直播、游戏直播、演唱会直播等。50% 左右的使用率也意味着视频直播已经成为一种常态应用。

短视频热的到来始于 2017 年，它的兴起，除了快手、抖音等平台的推动外，也与网民对自我表达的渴求相关。与视频直播相比，短视频可以利用的素材更为丰富，表达方式更为多样，且内容生产者可以通过后期制作对内容进行更好的控制，因此，具有人群的“普适性”。两大平台将短视频时长限定在 57 秒或 15 秒以内，也意味着短视频创作易于上手。爆款短视频也为一般用户提供了创作示范，很多用户通过对爆款视频模式的模仿开始走上视频生产之路。丰富的内容、算法带来的内容适配，也使得短视频的观看者规模激增。

2020 年 1 月 22 日，微信平台的“视频号”开始内测。虽然腾讯视频在综合视频市场处于领先地位，此前腾讯也有自己的“微视”“看点”等短视频平台，但那些平台相比两大短视频平台影响力还有限，在微信这个拥有最大用户规模的平台上集成短视频发布渠道，这也表明了腾讯对于短视频市场的“执念”。

需要注意的是，虽然短视频在过去几年呈火山喷发的态势，但它的发

---

① CNNIC：第 44 次《中国互联网络发展状况报告》，2019 年 8 月 30 日。

展正在趋缓。虽然2020年初用户短视频生产热情回升，但总体来看，用户生产短视频的套路化，时长对创意空间的限制，以及平台对普通生产者的激励不足等现象，都意味着目前的短视频生产进入瓶颈期。相比2018年12月，2019年6月的短视频的用户规模略有下降，使用短视频的用户比例从78.2%下降为75.8%。[①]

过短的时长，显然也会对创作领域与创意空间形成制约，因此，时长的放开，也会逐渐成为短视频平台的一个发展趋向。2019年3月，抖音为部分知识类内容创作者开通5分钟长视频权限。2019年7月，快手也开始内测10分钟的长视频功能。用户生产的视频内容，会逐步从小视频、短视频的限制中突围。随着5G技术的普及，用户在长视频消费方面的需求会持续增长，付费视频消费也将随之增长。除了影视内容外，用户对长视频内容的消费，也会向更广的领域拓展，特别是教育类。

虽然“起跑”时间有所不同，但移动时代的视频直播、短视频、长视频三者并不是一个接力或替代关系，在经过了各自的快速增长期后，它们最终会成为移动视频领域并行的三驾马车。在直播、短视频上已经迸发的用户生产力，下一步将在长视频领域进一步释放，虽然由于生产难度等原因，用户生产的长视频的规模很难与前两者相比，但是长视频这一形态，会促进用户生产内容的进一步专业化，这也会为视频艺术的发展带来新的活力。

2. 生活化视频：数字化生存新形态

网民在视频平台发布的多数内容都是生活化视频，一些人会认为，这些内容是无聊的、没有艺术价值的。但这种“无聊”的内容会盛行，是因为多数网民在移动视频平台上，不仅是在进行内容生产，更是在用视频方式实现数字化生存，或者说，视频是他们的一种新的生存形态。

数字时代带来了“数字化生存”的普及。移动平台的视频表达为普通人在网络世界话语权的上升提供了可能，也提升了普通人在网络世界的存在感。观看者也因他人的短视频或直播，而了解了很多不同于自己的社会群体

① CNNIC：第44次《中国互联网络发展状况报告》，2019年8月30日。

及其生活方式。

对个体来说，视频化生存也并不是生活的原样复制。即使是以现实生活为基础的视频，也会具有一定的“真人秀”特征。对很多普通人来说，视频化生存一开始真人成分较多，但当围观者越来越多时，“秀”的成分也会不断增加，出现越来越多的修饰、美化和设计，这种真人秀的色彩，也使视频化生存越来越走向“滤镜化”。

移动视频平台反映着人们的生活状态，也在制造一些流行生活标签，如网红食品、网红景点、网红歌曲与舞蹈等。

视频化生存并不是数字化生存的唯一形态，也不是终极形态，未来的新技术还会带来 VR/AR 时空中的新生存方式，网民在生活类视频方面的生产热情也会因其他因素的出现而发生转移，但理解这样一种典型的新内容生产行为及其动因，有助于我们理解人与内容的新关系，也有助于我们认识内容产业的未来可能。

3. 新闻类视频：“短”与“长”的两种新走向

从新闻类移动视频的发展来看，“短”与“长”成为两种发展可能。

2019 年 8 月底，《新闻联播》节目正式入驻抖音、快手两大平台，以“主播说联播”这一形式，对新闻联播中的一些重点话题进行展开。紧跟网络热点的话题选择、“接地气”的话风、竖屏模式、与主持人面对面交流的感觉，使《新闻联播》开始走出电视屏幕。比“新闻联播”账号更活跃的是“央视新闻”这个账号，截至 2020 年 2 月底，它在快手上的粉丝数量超过 3900 万，在抖音上的粉丝超过 6300 万。[①]“央视新闻”在短视频传播中，一方面充分发挥自己在视频素材采集方面的优势；另一方面探索了短视频表达的新思维与新形式，通过对电视节目素材的再加工，形成了适合短视频平台及社交传播的新叙事风格。相比传统的电视新闻，新闻短视频聚焦事件的高光要素，亮点式、快闪式叙事做法，反而更容易产生传播卖点与记忆点。

① 数据来源于抖音、快手客户端的统计。

无论是短还是长，移动时代的新闻视频叙事变化的深层，都是对新媒介特征及用户心理与需求的再认识。这或许也会推动电视平台对某些传统的新闻叙事模式的变革。

4. 创作类视频：新创造与新传承

相对于早期反应日常化生活的直播或短视频，在新一轮的视频生产中，出现了越来越多的艺术创作成分。短视频平台出现了大量用户自编、自导、自演的微剧。

目前用户创作的微剧，不一定遵循专业程式，它们更多的还是来自直觉、灵感与模仿。在这里面能脱颖而出的作品并不太多。但网络视频的土壤，有可能促进艺术创作的发展，甚至孕育视频艺术的新样态。从各种艺术的发展逻辑，特别是从网络文学的发展中，我们也可以推断网络视频艺术创作的未来前景。网络小说创作中的同人创作模式，也可能延续到视频创作中。除了内容上的创作外，Vlog 等表现形式的出现也推动了用户生产视频艺术标准的提高。除了对画面质量的要求外，还有了视觉效果、影像语言等更多专业化的要求。

可以预见的另一个趋势是，未来网络视频平台还会推动纪录片这样的艺术创作的繁荣。除了几大综合视频平台展现出平台自制纪录片的极大能量外，类似《浮生一日》这样网民参与的众包式纪录片创作机制，也会不断在特定时期、特定主题下触发。2020 年初，优酷与大象纪录联合发起中国第一部“全民电影”《余生一日》，邀请人们记录 2 月 9 日自己生活片段，来自全国各地的近 5000 人参与了这一行动。拥有纪录片生产热情和基础的更多用户，也会在视频平台找到他们的表达空间。

除了影视化艺术创作外，视频平台还为其他类型的创作与表演提供了展示空间。2019 年，抖音平台上音乐、舞蹈、影视、建筑、书法、戏曲、雕塑、绘画等艺术门类的短视频累计播放量超 5431 亿次。① 抖音平台还推出

---

① 《2019 年抖音数据报告》，2020 年 1 月 6 日，https://mp.weixin.qq.com/s/mjzr2ssMpmDdVeMeiOTb3g。

了“DOU 艺计划”，即短视频艺术普及与全民美育计划，由抖音联合书法、舞蹈、音乐、戏曲、美术、音乐等权威机构联合发起。进入该计划的创作者可获得更多功能权限和流量激励，包括长视频权限等。

在文化传承方面，视频平台也在发挥其优势。据抖音发布的数据，1372 项国家级非遗项目有 1275 个进入抖音平台，比例达 93%。[①] 2019 年 3 月，快手也发布了“非遗带头人计划”，据快手平台的统计，截至 2019 年 3 月，1372 项国家级非遗项目中，快手上涉及的非遗项目多达 989 项，比例达 72%。[②] 很多手艺人也通过视频平台找到了另一种生存方式。

5. 带货：个人魅力与生活方式的双重引流

视频直播或短视频的带货能力，在 2019 年移动视频发展中尤为引人瞩目。实际上，视频与电商的结合几年前就已经开始。2016 年 5 月初，淘宝直播正式上线，2018 年创造了 1000 亿元的成交额。[③] 2019 年“双 11”一天，淘宝直播引导成交量近 200 亿元。[④]《2019 快手内容生态报告》称快手有超过 100 万名电商作者，粉丝数超过 10 万个的电商作者月均收入达 5 万元，电商内容覆盖的消费者规模每日超过 1 亿人。[⑤]

在视频带货方面，一批网红制造了一个个神话，他们自身的命运也发生了很大改变。直播的带货能力，使视频直播与电商的融合成为潮流。直播带货与电视推销有着不同的支持机制，电视购物主要依靠电视这一强大的媒体，依靠的是渠道优势，而直播带货，很多时候靠个人魅力。而这种

① 《2019 年抖音数据报告》，2020 年 1 月 6 日，https：//mp. weixin. qq. com/s/mjzr2ssMpmDdVeMeiOTb3g。

② 《让传统文化活起来　快手发布“非遗带头人计划”》，2019 年 3 月 27 日，https：//baijiahao. baidu. com/s？ id = 1629170729019056323&wfr = spider&for = pc。

③ 《2019 年淘宝直播生态发展趋势报告：创造“人人可参与”新就业模式》，2019 年 12 月 6 日，https：//m. sohu. com/a/358693910_ 120465074/。

④ 数据来源：淘宝直播官方微博账号，2019 年 11 月 12 日，https：//weibo. com/5887304985/IfV2aEuFx？ from = page_ 1006065887304985_ profile&wvr = 6&mod = weibotime&type = comment#_ rnd1583983415534。

⑤ 《快手 2019 内容生态报告发布：从 12 个内容纵切面看见每一种生活》，2019 年 9 月 16 日，http：//www. xinhuanet. com/tech/2019－09/16/c_ 1125001001. htm。

个人魅力的背后，是直播者在某些领域的深厚专业背景和其营造的生活方式。

因此，想要通过直播达成带货能力，不仅靠商品或价格优势，也不仅要利用直播对商品及生产、使用场景进行直观展示，更需要洞悉今天人们在商品的使用价值之外的其他价值诉求。可以预见的是直播带货的虚火也会在未来降温，但视频直播与电商的结合将是一个长远的应用方向。

6. 亚文化：移动视频的支流

虽然抖音、快手等拥有庞大的用户群体，也形成了各自的视频风格与文化，但还有大量年轻用户主要使用的视频网站是 B 站（哔哩哔哩）。B 站代表了视频应用的一种亚文化支流，二次元、“鬼畜” 内容及弹幕成为 B 站的主要文化标签。

虽然 B 站作为亚文化的基地有自己的“次元壁”，但这种次元壁也在逐步被打破。2020 年的跨年晚会，让 B 站进入很多以往不熟悉它的人的视野，8203 万直播人气值、超过 5829 万次点播播放量、191 万个弹幕数的背后，是大数据对 B 站用户的爱好及其文化包容性的精准分析①。共青团中央、央视新闻等机构和主流媒体先后入驻 B 站，也体现了二次元的破壁可能。

知识学习内容的异军突起，也让人看到 B 站的另一种破壁方向。2019 年，B 站泛知识学习类内容的观看用户数突破 5000 万，学习类 UP 主数量同比增长 151%，学习视频播放量同比增长 274%。② 2020 年初，B 站联合清华大学、北京大学光华学院、学而思网校、上海格致中学等上百家高校和知名教育机构，提供各类课程，满足用户多元化的学习需求。③

---

① 《专访爆火的 B 站晚会导演、音乐总监：大数据算出观众喜好》，2020 年 1 月 5 日，https://www.sohu.com/a/364842413_617717。

② 凛凛酱：《UP 主不止二次元，B 站正在“越过山丘”》，2020 年 1 月 22 日，https://new.qq.com/omn/20200122/20200122A0NB5I00.html。

③ 《上千名师在 B 站授课，去年学习类 UP 主数量同比增 151%》，2020 年 2 月 26 日，https://baijiahao.baidu.com/s?id=1659582945209371486&wfr=spider&for=pc。

B 站承载的内容从亚文化扩张到知识学习，看上去令人费解，但实际上，这是因为两者都是年轻用户的刚性需求，年轻一代将亚文化作为自己的文化外衣，但他们同样需要知识为其“强身健体”。B 站在文化层面满足了年轻用户的诉求后，向其深层诉求发展，也是一种合理的产品延伸，这也为其带来可持续的增长动力。相比其他的知识产品平台，B 站已经积累了相当规模的用户，因此，在此基础上的各种内容也更容易找到其目标用户。

二次元等亚文化，在未来还会有各种破壁、出圈的突围口，这也为视频生产与应用方向带来了新可能。

二　知识产品：一个长远的市场

1. 平台：从贩卖焦虑到培育市场

各平台聚焦知识内容生产，不仅是为了活跃人气、维系用户，更是为了理顺从内容到产品的营利模式，探索内容付费的道路。

2016 年被称为中国知识付费元年。得到、喜马拉雅、分答、知乎 live 等作为探索者，陆续试水相关产品，推动了普通用户对知识付费的认知与接受。但这些平台在早期推广知识付费产品时，主要策略是贩卖焦虑，吸引的主要是因担心跟不上时代而学习新知识的人群。

2018 年 5 月 24 日，“得到” App 用户数达到 2000 万。此后的一年内，用户数增长到 2980 万，其知识产品从 71 个增长到 131 个，听书产品从 1284 个增长到 1943 个。但与此同时，用户活跃度却在持续下降。[①] 一些大咖课程的订阅数也快速下滑。因此，从 2018 年开始，“得到”也在转型，希望以“得到大学”这个平台提供针对终身学习的教育和培训市场。如果能培育成功，这样的市场显然比“焦虑市场”更广阔而持久。

① 语境：《“得到”遭遇第一层天花板》，2019 年 6 月 14 日，https://mp.weixin.qq.com/s/AyZxCYwC－2dXL6T4OeAQXw。

2018 年 6 月，知乎正式宣布，原有的“知识市场”业务升级为“知乎大学”，提供由“课 + 书 + 训练营”共同组成的内容体系，这是知乎把知识学习体系化的一个探索。此外，知乎在 2019 年 11 月 1 日开启“致知计划”，旨在对知识内容的创作者进行更大力度的激励。发挥知乎在内容生产者方面的优势，强化专业作者的培育，这是市场培养的另一路径。

2019 年 10 月，喜马拉雅激活用户数量突破 6 亿，喜马拉雅“123 狂欢节”内容消费总额突破 8.28 亿元[①]，当然用户花钱买的内容并不全是知识内容。虽然知识付费是喜马拉雅的卖点之一，但它也在向广播剧、有声小说等方向拓展。相比其他几家知识付费平台，喜马拉雅有更广泛的受众与内容，更有可能以多元的声音产品与知识产品来营造更丰富的平台生态与市场基础。

从《互联网周刊》与 Net 研究院评选的 2019 年知识付费平台前 20 位来看[②]，平台已经不满足于以知识大咖、知识网红为其卖点，也不只是以碎片化知识的传播为目标，而是以知识共享、教育培训、知识管理、社群运营等不同方式，在回归知识与教育常识的基础上，结合新媒体的可能，寻找与开发市场。

除了专门的知识付费平台外，一些拥有良好用户基础的平台也在向知识内容生产这一方向发力，例如爱奇艺、腾讯、优酷借助自己的平台和会员规模优势，进入知识付费产品领域，拥有庞大用户基础的两大短视频平台快手和抖音，则都从知识类内容生产者的开发与激励入手，进入知识内容生产领域的竞争，也借此提升视频平台的形象。

虽然微信平台并没有明确打知识付费牌，但公众号本身就适合知识内容传播，“打赏”功能的开通，也为一些知识内容生产者提供了变现途径。除了公众号外，微信平台对于知识的生产还提供了其他可能，例如，微信群可

① 《知识付费 2019 年终盘点：得到向左　喜马拉雅向右》，2020 年 1 月 18 日，https：//baijiahao. baidu. com/s？ id = 1656051614545895411&wfr = spider&for = pc。

② 《2019 知识付费平台 TOP50》，《互联网周刊》2019 年第 8 期。

以实现小型在线课程，虽然目前这些课程的质量参差不齐，但这一便于互动的平台，在知识传播中也有其优势。

2. 知识变现：生产与消费要素的双向驱动

虽然不同平台有不同的市场培育方式，但知识内容变现无疑还是他们的核心目标，要实现这一目标，需要生产与消费两个方面的共同驱动。

从生产角度看，维持高质量生产者规模及其生产能力是关键。目前的知识内容的生产者主要包括几个层次：在业界具有影响力的大咖、拥有某种专业知识特长的专家（包括教师）、在某个特定问题上拥有相关知识或资源的一般用户。目前多数知识付费平台主要是利用大咖的生产力与影响力，但很快大咖的生产就出现了疲软、枯竭的现象，长远来看，还需要激发专家和一般用户的知识生产力。

知识类自媒体开始显现出与知识大咖们争锋的可能，如在微博和 B 站走红的@ 回形针，快手平台的@ 探索宇宙（锋轮）、@ 儿科马大夫，抖音平台的@ 向波老师、@ 只露声音的宫殿君、@ 玩骨头的卢老师等，他们不仅体现了专家型知识生产的潜力，也满足了用户的广泛需求。相比大咖，他们有更多的时间和精力进行内容生产，平台在政策上对他们的扶持可以让他们在流量与内容变现方面获得优先权，也有助于维持他们的生产热情。

从平台来看，其机制设计需要有效开发生产者的潜力并实现供需双方的匹配，同时需要推动平台进化和平台文化建设，提高社区整体和个体的社会资本，推动“知识共同体”的产生。而未来的知识生产，还会需要大数据、人工智能等技术的参与，因此，拥有相关技术的个人或机构，将会成为知识内容生产的新生力量。

从消费角度看，知识付费产品的发展需要深层研究用户付费意愿的动因。参照美国学者戴维斯（Davis）等提出的用于描述用户信息技术接受行为的 TAM 模型①，感知有用性和感知易用性都会影响到用户使用知识付费

① Venkatesh V. , Davis F. D. , *A Theoretical Extension of the Technology Acceptance Model: Four Longitudinal Field Studies*, Management Science, 2000, 46 (2): 186 - 204.

产品的意愿。而影响用户对有用性感知的相关因素包括：主观规范（个体感知到的社会对于实施或不实施某一行为的态度或压力）、使用者形象（使用某一创新产物之后对使用者个人形象或社会地位的提升程度）、工作相关性、产出质量（新技术对于工作产出的质量所起作用）、成果的可证性（采用某种技术后的成果是确定的）等。

由于付费内容市场环境向好，知识付费产品的主观规范在向积极的方向发展，多数用户也认为知识付费产品对其形象的提升有正面效果，加之知识付费产品的推广者在不断打焦虑牌，诱导用户将知识学习作为焦虑的解药，因此，知识付费产品在2016年开始的几年间迅速升温，但随着时间的推移，在产出质量、成果的可证性等方面，一些知识付费产品的效果不尽如人意，也有很多人开始质疑知识付费产品里“贩卖”的知识是肤浅的，这也是2019年知识付费产品开始“退烧”的原因之一，也是知识付费产品未来要解决的问题。

3. 知识产品扩张：未来的若干种可能

要使知识产品对用户持久有用，需要从多方面提升知识产品的品质，也需要进一步扩张知识产品的开发思路。

（1）从碎片式的知识“美颜”到系统性的知识“健身”的扩张。

从对人的作用效果来看，今天的知识可以分为两种：一种类似“美颜”，可以在一定程度上帮助人们获得工作中所需要的新能力，这些知识的传播常常是碎片式的，人对这些知识的吸收往往也是表层的；另一种类似“健身”，这些知识需要花费较多的时间与精力代价去获得、消化、吸收，转化为自身“机体”一部分，它们会更深层地改变人的能力、思想、思维方式等，这些知识的获得多数需要通过系统的学习。目前的知识付费产品主要提供的是前者，而后一类知识产品的生产将是未来发展的重点。一些知识付费平台纷纷贯以“大学”头衔，表明了它们开始转向系统化知识培训。

（2）从纯知识产品向复合型产品扩张。

从喜马拉雅、得到等知识付费平台一年多来的实践看，它们已经不再纠结于知识付费这个狭窄的领地，而是开始向知识服务、泛知识或知识加娱乐等其他地带扩张，未来这些平台也可能向出版业、影视业等其他行业扩张，这也会促进纯知识型产品与其他产品的结合。

（3）从人工生产向联合智能化技术生产扩张。

在知识内容的生产中，未来智能化技术也会扮演日益重要的角色。这首先体现在智能化技术可以更好地洞察用户群体或个体的需求，带来更多的定制化的知识产品，或者提供个性化的知识服务。当然如果应用不得当，也可能会产生如学者所担忧的现象：某些知识畸形发展，某些知识日益萎缩，某些知识可能失传。一味讨好消费者的知识供给方式，迎合了人的欲望，满足了人的需求，但可能使我们日益单调、懒惰和愚昧。① 就像在资讯的生产中已经出现和可能出现的问题一样，在知识内容的生产与服务领域，过分强调对用户需求的满足，而没有必要的反思和调控，也会使知识服务之路越走越窄。其次，智能技术也会促进知识生产与知识管理的发展，这是下文要进一步分析的。

（4）从知识传播向知识生产、知识管理扩张。

目前网络平台提供的更多的还是知识的传播，也就是对已有知识的转移与扩散，但在发现新知、知识管理方面的产品还很缺乏。

知识管理就是要使知识在信息系统中被识别、处理和传播，并有效地提供给用户使用。② 今天的知识管理多以信息技术为基础，而人工智能更是为知识管理提供了新的可能，其应用可以从智能知识标引、智能知识搜索、智能知识创造、智能知识推送、智能决策支持等方面突破。③ 而从市场角度看，目前需要重点解决的知识管理问题包括：碎片知识的整合，知识图谱的描绘，基于资讯、数据的知识提炼。

（5）从面向个体的产品向面向机构的产品扩张。

目前的知识产品基本是面向个体用户需求的，但随着技术推动下知识管

① 戴建业：《知识付费时代的知识生产——在百家号“大咖”会上的发言》，2019 年 5 月 20 日，https：//baijiahao. baidu. com/s? id = 1634014352288169039&wfr = spider&for = pc。

② 丁蔚：《从信息管理到知识管理》，《情报学报》2002 年第 2 期。

③ 吴庆海：《人工智能时代下的知识管理》，《知识管理论坛》2019 年第 6 期。

理水平的提升，未来的知识产品也可以面向机构型的使用者，例如，为其提供决策依据方面的知识产品，这也是今天的大数据技术的重要应用方向。

（6）从专业平台分发向场景型平台分发扩张。

从分发方式来看，一个值得注意的动向是，一些垂直资讯或知识产品，不一定通过通常意义上的内容分发平台传播，而是可能在其他平台集散，特别是与知识相关的场景型平台。例如，2019 年 9 月，高德地图发布“景区随身听”服务，收藏家、古董鉴赏家马未都成为高德首席导览官，从全新的角度为用户讲解故宫等热门景点，而这一内容是收费的。虽然外表是景区导览，但从内核来说，这也是一种知识付费产品，当它与旅游场景结合在一起后，与用户的连接就更为直接、顺畅。

三　新内容生产的基础：专业新闻生产的坚守

移动时代各种“新内容”的涌现，它们在表现形式与生产机制方面不同于传统媒体的内容，但是这并不意味着这个时代只需要这些新内容，更不意味着传统内容及其生产模式完全被抛弃。我们需要社会环境的监测、分析与瞭望，而专业化的新闻生产仍然是整个传媒业的基石。

在专业化的新闻生产中，现场的采访、调查仍是最基本的专业任务之一。虽然新媒体带来了各种新的新闻生产资源，包括来自自媒体的各种线索与碎片、来自大数据平台与智能设备的数据资源，但现场调查仍是记者的本分，现场的真实还原仍是报道的要义。专业化的新闻生产，也需要专业化的判断与解读能力。从“事实”到“真相”，更挑战媒体人的洞察力。在情绪化的社交媒体中，保持客观、理性，也是专业媒体的重要职业素养。

在专业的新闻生产者对社会环境守望的基础上，未来的内容产业还会出现更多的新内容生产，它们不仅是新的传播手段或新的内容样态，也会是新的生产思维，是人与内容间新的关系，是多种动机的多元生产者与多样需求的消费者之间的多重关联。

B.8
5G 时代的微博创新发展

汪 抒 李 博*

摘 要： 伴随中国互联网技术的飞速发展，当下媒体格局、舆论生态、传播技术等都在发生着深刻变化。微博作为主要的中文社交全媒体平台，具有汇聚民众、主流媒体、政府机构等多方声音的功能。从文字图片到视频直播，丰富的产品形态有助于微博在突发新闻和社会重大事件中，多元化、全方位呈现一手信息。伴随5G 商用，万物互联，微博作为中国具有影响力的社交全媒体平台，也将立足平台优势，拓展多元化发展。

关键词： 5G 社交媒体 媒介融合 微博

一 作为社交媒体典型代表的微博

截至2020 年3 月，我国网民数量达9.04 亿，其中手机网民规模达8.97 亿,[①] 移动端信息成为大众主要信息源之一。5G 时代，信息加速、万物互联，人工智能、物联网、区块链、算法等技术将更大范围地影响大众生活。信息变得无处不在、无所不及、无人不用，全媒体不断发展，出现全程媒体、全息媒体、全员媒体、全效媒体，因而也导致舆论生态、媒体格局、传

* 汪抒，新浪微博副总编辑、微博智库总编辑；李博，新浪微博公共事务总监。

① CNNIC，第45 次《中国互联网络发展状况统计报告》，2020 年4 月。

播方式发生深刻变化。[①] 在时代背景下，媒体不断创新探索是生存、发展的需要，也是顺应技术发展，对传媒生态、业态改造的需要。

作为新媒体的代表之一——微博，兼具人际传播和大众传播功能，基于其信息传播的互动性、迅速性、开放性等，不但对传统媒体产生了极大影响，更在中国的媒体融合创新中进中起到了重要的作用。在近十年的发展中，微博经历了中国互联网发展的关键阶段，也成为中国媒体融合创新发展的见证者。

2019 年 12 月，微博月活跃用户数跃升至 5.16 亿人，日活跃用户规模进一步增长至 2.22 亿人，并继续保持较快增长。微博在其发展过程中，不断突破创新，持续推进社交赋能、强化社交资产，庞大的用户规模构筑了微博公共服务的天然属性，也成为社会舆论产生和发酵的重要场域。截至 2019 年底，平台头部作者规模扩增至 78 万，较上一年增加三成。微博平台日均图片、文字发布量突破 2.5 亿，特别是大 V 用户生产内容积极性持续高涨，原创量和视频生产量分别达到 790 万条/月和 205 万条/月，大 V 用户更加重视社交粉丝运营，从评论到赞评论和赞博文，主动互动行为大幅增加，单月累计互动量达到 1950 万条，连续两年保持同比翻倍增长。截至 2019 年年底，微博垂直领域涵盖政务、媒体、财经、娱乐近 70 个，其中 33 个垂类月阅读量超过 100 亿。伴随着 MCN 的火爆发展，与微博合作的 MCN 机构迅速增多，截至 2019 年底已达 3000 家，账号规模近 60000 个。

与此同时，微博深耕“下沉市场”，在其激增的月活用户中超过 55% 来自于三、四线城市和县域地区。微博针对县域推送更多本地化、兴趣化内容，激发县域用户参与度。同时，入驻微博的基层政务、媒体、机构和大 V 逐渐增多，也日趋活跃，成为时政热点、社会动态、前沿信息等第一手资讯提供者。

① 《习近平主持中共中央政治局第十二次集体学习并发表重要讲话》，http：//www.gov.cn/xinwen/2019 -01/25/content_ 5361197.htm。

二　新技术对媒体的深远影响

5G时代，万物互联，传播方式、媒体格局、舆论生态都将面临全新的变革。传统媒体借助5G实现与新技术的快速融合，新媒体借助5G实现创新发展。传媒领域所倡导的媒介融合发展走势会随着5G的应用推广，形成更为广域的生态链。微博作为最早参与到媒体融合中的新媒体平台，在诸多媒体“两微一端”的新媒体布局中发挥重要作用。

5G技术环境下，视频的传播将更加流畅。短视频在2019年的优异表现，让媒体看到了传统图文传播之外的可能，视频正在成为新闻报道的标配。不论是传统媒体还是新媒体，围绕视频传播，都在对其原有内容生产、传播形式等环节进行改造，在视频、直播等方面开发与之相配的产品，并结合5G做出相应的战略部署。VR/AR/MR、4K/8K等视频技术将随着5G发展实现与生活的无缝对接。5G将造就全新的媒体“感官风暴”，这也是各个媒体转型甚至实现弯道超车的宝贵机会。

5G环境下，受众媒介接触习惯将继续向个性化、移动化方向发展，大众不仅仅是信息的接收者，低门槛、超便利的发布平台也让大众逐渐成为内容制造者，接收与表达成为新时期传媒受众的基本网络行为，所以，成就受众、满足受众的同时，媒体也逐渐找到创新点。另外，海量数据可以经由人工智能技术的处理转化为传感器资讯，成为继PGC、OGC和UGC之后的内容生产的另外一大主体。

置身于5G环境下，媒体将从生态、业态、内容生产、传播矩阵、数据分析、广告经营等各个方面进行彻底的改变和适应，同时实现产品多样化与服务精准化，借助5G浪潮实现创新型跨越式发展。

三　5G时代微博发展的重点方向与主要特征

1. 内容原创化，深度内容吸引用户持续关注

强调内容的原创性和深度是微博发展的一个特征。互联网时代，信息量

巨大且信息传播迅速，多数信息满足的是大众碎片化信息获取需求，在此基础上，深度的内容“另辟蹊径”，对事件进行持续、深度解读，展现事件全景，获得大众青睐；富有价值的原创内容及活动也成为文化传播的重要阵地。

微博在2019年推出“#带着微博去旅行#”品牌活动，活动持续近两个月，引爆全网用户参与热情，用户互动量达7788万人次、旅行话题阅读量突破269亿。“#带着微博去旅行#”活动推出的创意话题大赛环节，延展不同类型的创意话题，堪称是创意集中营，话题总阅读量超5亿。多样创新的活动玩法，以及优质精彩的原创旅行内容，全面连接旅游行业产业链以及广大网友。同时，微博作为文旅传播等重要阵地，原创性的内容对多地的文化进行了传播，让活动本身更有意义。

2. 内容视频化，直播促进新闻实效最大化

近两年是短视频集中爆发的阶段，在直播和短视频的双重加持下，媒体微博视频博文的数量和占比迅猛增长，最惊人的增长来自于视频新型媒体领域，相关调查数据显示，超过三分之一的用户更愿意看短视频形式的新闻资讯。

例如，央视新闻在微博每日通过直播方式向用户播报最新新闻现场，“#央视新闻微直播#”话题总阅读量已超过160亿，讨论量突破330万，涵盖全国两会、“一带一路”、国庆阅兵等国家大事，以及天气、路况、民生等身边事。人民日报、新华社等权威媒体在微博发布的内容，都涵盖了图文、视频、直播等形态。

3. 媒体微博传播模式向矩阵化、融合化发展

微博不仅为媒体提供了内容发布和受众互动的平台，更为媒体之间的联结和互动提供了条件，部分媒体也会在微博平台上建立自身的微博传播矩阵，以推进内容传播和品牌塑造。目前，微博平台共有近4万个媒体账号，对于报刊、电视、广播等传统媒体来说，微博不仅是一条新的内容发布渠道，更是一个发掘用户资源、将传统媒体品牌优势向新媒体领域延伸拓展，沉淀社交资产的平台。新锐媒体也借势短视频快速崛起，以梨视频为例，其

微博矩阵有近百个账号，涉及体育、娱乐、文化、车载、医疗等众多细分领域。

与此同时，微博不断加强三、四线城市的扶持力度，帮助更多县级媒体实现融合发展。其实在县级融媒体发力之前，微博已与超过1000家县级电视台、广播、报刊等媒体进行合作。县级融媒体加速推进过程中，微博积极助力县域媒体向融媒体转型。截至2019年底，微博上共有县级媒体类账号超过1500个，已经转型为县域融媒体账号共计622个。其中仅融媒体账号，单月平均发博量超过4万条，视频1万条，视频发博占三成。

4. 政务微博强化服务，有效搭建政府与民众沟通桥梁

建立良好舆论环境的基础是快速、有效的沟通。微博为政务机构提供了快速、及时的发声平台，让社会看到了政务机构更多的责任和担当。微博发展的10年间，已有近18万的政务微博走进百姓生活，为群众带来"看得见、摸得着"的便捷与实惠。2019年，政务微博继续强化政务新媒体的办事服务功能。如：银川市印发《"@问政银川"微博矩阵运营管理办法》，规定微博问政办理实行限时办结制，让银川政务微博从既往的"问政模式"，进一步晋级到了党委政府媒介执政与行政的政治高度，成为政治与治理的重要抓手。"@马鞍山发布"创建的"#马上办#"模式，整合马鞍山市362家政务微博，以"矩阵模式"和"集群化"方式协同服务，建立为民服务动态播报机制，已成为马鞍山市民的权威信息源、贴心好帮手。"@湖南高速警察"利用线上监督平台开设的微博"随手拍"举报功能，动员群众、网友的力量，共同营造良好规范的行车环境，开辟了保障顺利出行新模式。

舆情回应方面，重大社会事件发生后，更多类型的政务机构微博参与回应，直属部门或更高机构的出面让发声更具权威性和说服力。"奔驰女车主哭诉维权"、"南京应用技术学院虚假招生风波"、"重庆保时捷女车主掌掴司机"等事件中，相关政务微博及时跟进事件进展、发布权威消息，还原事件真相，有效稳定了舆论场。目前，超过70%的政务微博对重大事件的回应时间都在3小时以内。从48小时，到24小时，再到3小时内，可以

说，政务机构与新媒体的接轨带来了政务舆情回应水平的提升。另外微博提供了同城推送、辟谣、原创标识等精细化产品，帮助新闻短时高效精准分发。这些产品不但可以有效提升新闻传播效率，更有助于政府和媒体公信力及品牌形象的塑造。

四　5G带给微博以无限可能

如果说4G时代带给互联网的最大红利是“流量”，那么5G带给移动互联网的最大红利或许就是“速度”与“智能”。5G目前被认为是移动通信领域颠覆性的更新换代，有望在接下来一段的发展中变革整个产业和社会经济。在5G时代，互联网像空气一样无所不在，将拥有超越Wi－Fi的性能，真正实现人与万物的连接。移动互联深入人类生产生活的各个场景，从而大幅提高人类生活质量，海量数据以及算法成为连接匹配社会资源的关键。基于大数据，媒体更加智能化、个性化的服务将层出不穷。

近年来，中国互联网产业和几乎所有传统产业都能看到“互联网＋”、“融合”的字眼。微博作为新媒体，很早就成为传统媒体向新媒体领域融合的主要“融合点”。在融合的过程中，传统媒体通过不断与新媒体融合，调整产品形态、优化服务与传播方式，新媒体亦通过信息内容、技术应用、平台终端、人才队伍的共享融通来实现共同发展。社交媒体的崛起让物理渠道的传播转型为关系传播，在关系传播中，传播介质的本质是人们建立起来的社会关系，人人都是传播者也是信息的接收者。微博作为全球最大的中文社交全媒体平台，链接海量用户，在信息传播中将发挥更重要的作用。

展望未来5年，中国超高清视频产业技术发展和成果转化将迎来重要的战略机遇期，5G将驱动超高清视频产业应用的飞跃提升。[①] 在视频直播领域，大带宽、低时延的5G网络将使数据传输更加流畅，用户感官体验得到最大提升，同时，用户还可以享受到丰富的互动服务。媒体在视频领域将大

① 中国联通、华为：《中国联通“5G＋8K”技术白皮书》，2019年3月。

有所为。我们认为，未来传播的概念将超出内容传播和舆论导向的范畴，而像微博这样的依托互联网的新媒体平台，也注定成为更具广泛社会意义的社会基础设施，在传播生产力方面担当更为重要的角色。我们相信，技术必将对未来传播格局产生影响，媒体生态还将发生新的巨大变革。5G，带给传媒无限可能，带给微博无限可能。而微博，也将伴随5G发展乘风破浪，带给用户新的感官体验，我们拭目以待。

B.9

人工智能 + 视频：注意力分配模式创新

——快手发展分析

何华峰　楼千舟*

摘　要： 中国对移动互联网建设的投入，降低了互联网使用和视频生产的成本，也使得其率先跨入视频时代。便捷的移动支付和通达的物流，让视频表达的内容可以创造和传递价值。快手用 AI 技术将视频内容和用户精准匹配，并把 AI 运用贯穿整个业务流程，实现了高速的成长。同时，快手采用普惠的价值观分配注意力，鼓励普通人生产内容，降低了注意力成本，创造了丰富的内容生态，让更多人被看见、理解和连接。

关键词： 短视频　人工智能　快手　注意力分配

一　中国的长期投入催生视频时代

过去几年，因为中国在互联网领域的长期投入，视频发展的基础条件快速成熟，视频时代在中国率先到来。今天，大家可以在快手上看到很多有意思的视频，它们鲜活地呈现了普通人过去不被关注的生活：例如鸭绿江上的放排人，把高山上的木材顺着水流运出来，这种古老的水运方式以前鲜有人知，如今却被数百万人关注；城市建筑工地的潜水员是很小众的职业，一、

* 何华峰，快手科技副总裁；楼千舟，快手研究院研究员。

二线城市的每一座高楼大厦打地基时，都需要潜水员在几十米的泥水中把电钻恢复原位，但在快手上他们找到了同行。

快手是用视频记录和分享生活的平台，是拥有海量内容和庞大用户规模的国民视频社区。2020 年初，快手每日活跃用户（DAU）超过了 3 亿人，观看快手直播的日活跃用户超过 1 亿人。每天有超过 1500 万条视频被用户上传到快手，原创短视频存量超过 200 亿条，2019 年有 2.5 亿个快手用户生产了内容。仅在 2019 年，有 2200 万人在快手获得了收入，其中近 500 万人来自贫困地区；电商用户在快手上已超过 100 万个，每天电商内容覆盖的用户超过 1 亿人。2020 年春节，快手成为央视春晚独家合作伙伴，成为继 BAT 之后第四家与春晚合作的互联网企业。除夕当晚，快手通过视频的形式发出 10 亿元现金红包。第三轮红包发放时的互动数已经超越上一年，五轮红包互动总量达 639 亿次（见图 1）。

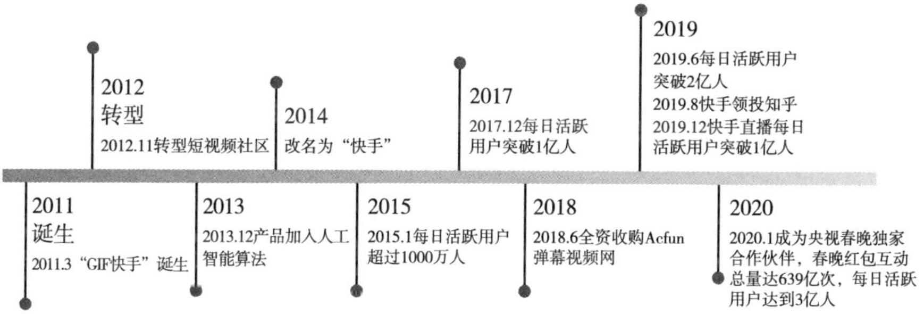

图 1　快手发展主要大事件

总体来看，视频在中国的快速发展得益于以下四点：第一，智能手机的普及。手机网民的规模和占比不断扩大，手机超越了其他终端成为中国网民最重要的互联网接入设备；第二，4G 网络的普及。即使在偏远地区，国家亦投入大量资金用于电信基础设施建设。截至 2019 年 7 月，4G 基站规模超过 456 万个，光纤和 4G 网络覆盖到全国 98% 的行政村[①]；第三，支付的便

① 赵竹青、赵春晓、杨虞波罗：《为什么中国偏远山村也能上网?》，人民网，2019 年 11 月 13 日，http：//politics. people. com. cn/n1/2019/1113/c429373 – 31452685. html。

利。智能手机以及移动支付功能使网络支付随时随地就可以实现；第四，物流的通达。视频作为新时代的文本，相比于文字，它有自己的特点：一是视频相比抽象的文字，在表达上更真切，内容更丰富；二是视频的拍摄和观看门槛更低，适合全民参与。如同文本不会被当作一个行业，视频或者短视频是一种新的信息载体，而非一个行业。所以从这个角度看，快手是处理新型信息载体的平台，而不仅仅是一家短视频公司。

二　人工智能技术实现视频与人的精准匹配

在人人都可以拍视频、互联网中的视频数量暴增的阶段下，视频与人之间的精准匹配成了核心问题。匹配机制最核心的有三件事：一是理解内容，二是理解人，三是内容和人的匹配。匹配机制的门槛在于数据，人和内容之间交互的数据需要足够多，才能验证和优化模型。

第一是理解内容。如果是文本化的内容，理解文本的技术在 10 年前就已经非常成熟了，可以分词，做词性标注、提取标题、关键词、实体，以及算重要性、情感等各种各样的文本分析。最近 10 年，学术界又发展出一整套用于分析图像、分析文本、分析语音内容的工具。给出一张图像，可以分析出场景。这是在学校还是酒吧？里面有没有人或动物？他们高兴吗？不管这是对文本还是影像，都可以让计算机建立对内容的理解。

第二是理解人。首先需要理解一个人长期的静态属性，即用户画像，包括年龄、性别、身高、出生地等；其次是理解这个人的兴趣偏好；最后是理解人的意图。一个人使用 App 时脑子里在想什么？想要用哪个品牌的手机？消费意愿是什么？如果能够很丰富地在这三个层面建立起对一个用户的理解，就能在人和内容之间建立很好的匹配关系。这个匹配的关系是利用在软件中用户和内容之间相互互动的数据，以现在深度学习的方法做一个模型，核心任务即预测一个新内容和一个新用户之间匹配的概率。如果有这样的预测能力，内容和用户之间的匹配就会变得非常简单。

目前，AI技术贯穿于快手内容生产、内容审核、内容分发、内容消费的全业务流程（见图2）。

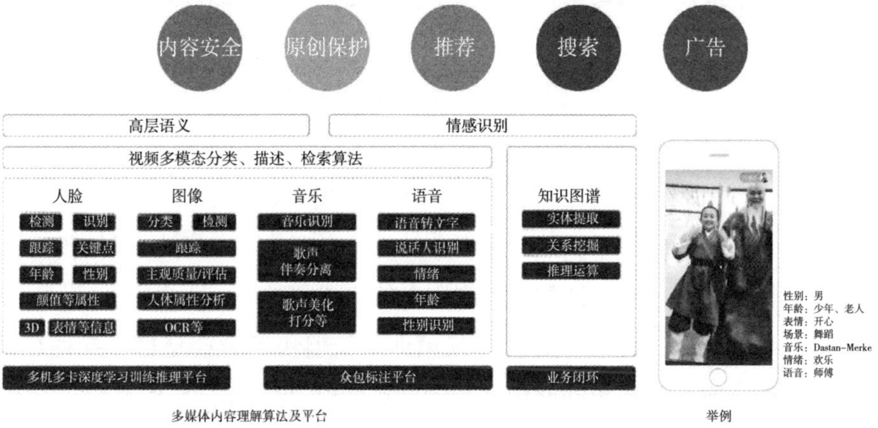

图2 快手AI平台任务与功能

把AR技术应用在用户拍摄视频的环节，给现实生活的画面加入一些虚拟的元素，使虚拟世界和现实世界更好地互动。快手上线的一款魔法表情“快手时光机”，用户可以在几十秒内看到自己容颜变老的过程；快手的动物魔法表情在所有拥有前置摄像头的手机上都可以实现。这些玩法和功能的目的是将记录形式变得更加有趣，背后是对前沿AI技术的开发，涉及人体姿态估计、手势识别、背景分割等多个技术模块。这些技术都要在手机本地实时进行计算与渲染，这要求算法必须在所有的机型上都能流畅运行，对AI能力要求非常高，非常消耗计算资源。为了解决这个问题，快手自研了YCNN深度推理学习引擎，解决了AI技术运行受限于用户设备计算量的问题。

音乐在短视频场景里起了非常重要的作用，通过语音识别技术，可以帮视频制作者自动添加、编辑字幕，还可以以各种各样的形式展示字幕，借助AI技术极大地降低了生成字幕的成本。据统计，快手的视频中，有60%～80%的视频用背景音乐烘托气氛。为了降低用户创作视频时选择音乐的门槛，快手开发了智能配乐及AI生成音乐技术。智能配乐可以根据视频画面及用户画像为用户推荐合适的且被用户喜欢的背景音乐，供用户选择。AI生成音乐技术通过AI的分析算法，可以感知视频画面中人的动作，然后让生成的音乐节奏匹配人的动作，让大家更愿意创作自己的视频。

三　算法之上的普惠价值观

快手上的视频总数超过200亿个，每天上传的视频超过1500万个，几乎都是不重复的生活记录，这在历史上是前所未有的。如何让这200亿个视频与观看视频的用户进行匹配是一个巨大的挑战。过去，业内常见的做法是运营好长尾曲线中头部的“爆款”视频即可，但快手希望尾部视频同样能被感兴趣的人看到，真正能够让每一个人都得到一些关注。

在视频的分发上，快手不希望头部的视频内容占据太高的曝光度，利用经济学上的基尼系数控制平台上用户之间的“贫富差距”。任何一个人在快手上的每一个视频，系统都会匹配可能对这个视频感兴趣的基础用户量，再配合爬坡机制：如果基础用户量的观看时长、点赞、评论、下载量等指数高，系统会再次分发给更多的用户，以此类推。头部视频和长尾视频的播放量比例为3∶7，这样能够避免注意力资源的两极分化，让每个人获得相对均等的机会（见图3）。通过AI技术，使观看需求的多样性和拍摄内容的多样性之间进行匹配，匹配让普通人的两种需求都得到了满足，回到了公平普惠基本点上。

四　创造连接，跨过注意力鸿沟

短视频和直播连接了无数真实的人，真实在主播和粉丝间构建起信任，在此基础上的交易成为一种“信任经济”。基于“人”的交易满足的是个性化的需求，主播和粉丝关系构建起的私域流量使电商不必再盲目追逐爆款和标品，更广的覆盖和更深的渗透为电商带来了新的机遇。快手上现在有超过百万家的活跃电商，并且以每月10%的速度增加。

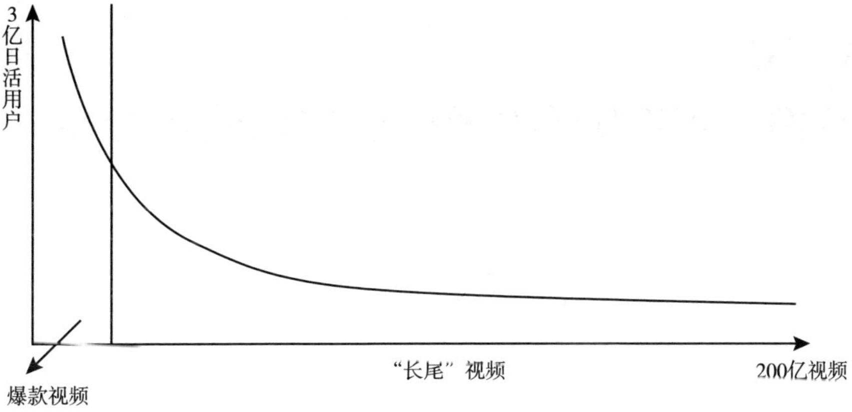

图3　快手注意力资源分配格局

快手上平均每秒诞生4个知识内容，知识作品数量超过1.2亿个，获得的点赞量超过308亿次。教育短视频创作者达100万个，内容涉及K12在线教育、职业技能和科普，累计发布短视频2亿条，日均播放总量超过22亿次，日均点赞量为6000万次。

短视频和直播不但展示了多样的田野和村落，也让非遗文化被更多人看见。仅在2019年，就有近500万个来自贫困地区的用户在快手上获得收入，贵州黎平县盖宝村、四川阿坝州小金县甘家沟村、江西省横峰县新篁乡早田村等都是用快手脱贫致富的典型。快手上非遗视频的播放量超过300亿次，点赞数量超过7亿次，每3秒就有一条非遗视频上传到快手。这让非遗获得关注的同时也使非遗传承者在快手上获得了收入，使非遗得到了继续传承的动力。

B.10
2019~2020年中国广告市场趋势分析

赵　梅*

摘　要： 2019年，受到国内外经济环境的影响，广告主对整体市场的信心有所波动，进而调整了广告预算。CTR媒介智讯的数据显示，2019年广告市场整体呈现下行趋势，广告花费下滑7.4%。面对复杂的竞争环境，传统媒体加速数字化转型，助力广告主打造品牌资产；视频网站以技术和创意为驱动为广告主提供多重营销组合方案；短视频和直播则凭借内容营销和高效转化赢得广告主的青睐。2020年，新的经济形势与竞争环境让广告主面临新一轮的挑战，广告主对合作媒体的要求趋严，电视的主流媒体价值重获认可。

关键词： 广告主　电视　数字化　直播　视频

2019年，受到全球贸易紧张局势升级、市场避险情绪上升等因素影响，全球经济下行的风险增大。国内的经济环境也受到影响，各行业广告主对2019年整体经济市场的信心有所波动，广告市场又重新进入调整期。CTR媒介智讯的数据显示①，2019年，中国广告整体市场刊例花费下滑7.4%（见图1）。

---

* 赵梅，央视市场研究（CTR）总经理助理、媒介智讯总经理、CTR媒体融合研究院执行副院长。

① 如无特殊说明，本文数据均来自CTR媒介智讯。

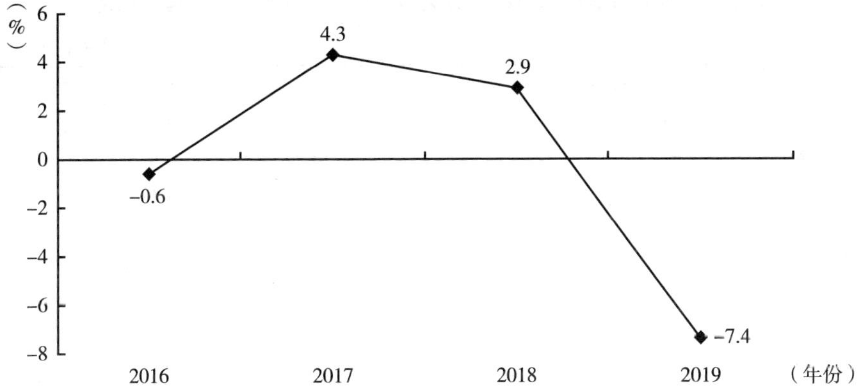

图1　2016～2019年广告整体市场刊例花费同比增幅

数据来源：CTR媒介智讯。

一　重点行业和品牌的投放变化

1. 食品行业广告花费上涨，快消品主投电视媒体

2019年整体广告花费排名前五的行业由食品、饮料、邮电通信、药品、商业及服务性行业组成。其中食品行业的广告花费同比上涨16.5%，其他几个行业均有不同程度的下滑。广告投放的前10品类中，活动类－其他、固体饮料、零食糖果三个品类呈现花费上涨。前100品类中，奶类产品、照相馆/婚纱照/冲印服务的广告花费增长超过10倍。

从行业渠道选择来看，电视依旧是快消品的主要投放渠道。多个快消品行业在电视的广告投入都超过50%。但值得注意的是，快消品在电视的广告总量有所减少，在互联网站的广告总量有所上涨。除互联网之外，电梯和影院视频渠道对快消品行业也较有吸引力。食品、饮料、化妆品/浴室用品在电梯和影院视频渠道的广告花费都呈增长态势（见表1）。

表1　2019 年部分快消品行业分渠道广告刊例花费同比增幅及比重

单位：%

媒介类型	食品		饮料		化妆品/浴室用品	
	增幅	占比	增幅	占比	增幅	占比
电视	8.1	77.0	-6.7	82.6	-27.9	71.7
广播	-18.0	3.3	-14.6	1.6	-16.5	0.1
报纸	-16.6	0.3	-29.9	0.1	-30.1	0.1
杂志	-5.0	0.1	-2.6	0.1	-12.9	2.8
传统户外	-9.7	0.6	-0.1	1.2	-4.2	1.3
电梯 LCD	177.6	11.8	-33.1	4.3	32.3	12.0
电梯海报	17.1	3.5	96.2	3.4	17.1	0.9
影院视频	37.1	1.4	72.0	2.3	13.5	3.8
互联网站	42.5	2.0	67.1	4.6	8.0	7.3

资料来源：CTR 媒介智讯。

除快消品行业之外，以娱乐和商业服务为主的商业及服务性行业、娱乐及休闲行业在户外生活圈场景的广告投放有所增长。这些行业在电梯和影院视频渠道的广告投放总占比已经接近 30%，广告花费的增幅也有明显的提升。交通行业在 2019 年表现出从传统媒体向电梯和影院视频渠道迁移的趋势，交通行业在电视的广告花费同比减少 49.2%，在电梯 LCD 的广告花费同比上涨 215.4%；从花费占比角度看，行业内 13.2% 的花费投向了电梯 LCD 渠道，逼近其在电视的花费占比。此外，交通行业在互联网站的花费也有所增长，增幅为 8.2%。

2. 超半数品牌增投广告花费，互联网品牌退出榜单

2019 年广告投放 TOP 20 品牌榜单中，有 11 个品牌花费同比正增长，9 个品牌花费同比下滑，饮料和食品行业的品牌花费上涨居多，康师傅以 540% 的增长居榜首（见表 2）。君乐宝、德芙、伊利、美赞臣等品牌均有不同程度的增长。同时，妙可蓝多是首次出现在榜单中的品牌，此外舒肤佳也是 2019 年榜单的新面孔。

头部品牌榜单中，舒肤佳作为国民熟知的老品牌上榜，这是近 5 年来舒肤佳第一次上榜。2019 年以来，舒肤佳在广告营销策略上频频出新，特别是

在年末，签约人气偶像王一博作为新的品牌代言人。高人气的偶像代言和一系列的营销宣传，使舒肤佳在2019年“双11”前就取得了天猫个人护理产品第一名的好成绩。舒肤佳的广告花费同比上涨86.2%，电视的广告花费同比上涨83.5%，电梯LCD和电梯海报的广告花费分别上涨148.8%和26.0%。

值得注意的是，2019年互联网品牌集体退出全渠道头部品牌榜单。2018年，天猫、瓜子二手车等互联网品牌广告投放量较大且增幅明显，而2019年互联网进入下半场之后，互联网行业在洗牌的同时，一些头部的互联网品牌广告投放都有所缩减。不过，也有一些新兴的互联网品牌在部分媒体榜单有较好表现，比如叮咚买菜、T3出行、闪送等。

同样退出前20榜单的还有雅诗兰黛。根据雅诗兰黛年度财报会议上公布的数据，集团的营销预算中，有75%都流向了KOL营销。以网红、明星以及各类在社交媒体有影响力的红人来为品牌做宣传是其近一年的尝试方向。不过其全渠道的投入并没有很明显的缩减，即便有所迁移，雅诗兰黛的广告投放仍旧排在2019年品牌投放榜单的第23位。

表2　2019年广告刊例花费TOP20品牌花费增幅变化

单位：%

排名	品牌	同比增幅	排名	品牌	同比增幅
1	康师傅	540	11	铂爵旅拍	>1000
2	伊利	8	12	肯德基	-22
3	养无极	-9	13	德芙	33
4	陈李济	-9	14	美赞臣	60
5	兰蔻	-18	15	欧莱雅	16
6	君乐宝	133	16	成博士	271
7	同溢堂	-38	17	鸿茅	-63
8	妙可蓝多	New	18	舒肤佳	86
9	阿房宫	>1000	19	中国移动通信	-2
10	蒙牛	-21	20	葛洪	-62

说明：New表示该品牌为2019年新投放品牌。

数据来源：CTR媒介智讯。

二　广告市场营销环境趋势变化

1. 数字化转型提升媒介内容价值和服务水平

央视市场研究（CTR）《2019 年广告主营销调查报告》显示，广告主对于数字化广告的需求不断提升，数字化广告预算持续加码。2019 年广告主对包括 PC 端、移动端、OTT 和数字户外在内的数字广告投放预期占比达到 53%，相比 2016 年提升 10 个百分点。

从广电媒体来看，数字化的发展主要体现在台网合作的不断深化和媒体融合的进一步升级。2019 年，金鹰卡通推出视频流媒体平台麦咭 TV，将电视和互联网打通，帮助品牌实现一站式广告投放。另外，20 多家省级媒体和抖音展开合作，推出“抖音融媒体合作计划”。各卫视通过接入抖音开放平台，互相借力，深化渠道和内容方面的合作。央视推出的首个国家级 5G 新媒体平台央视频也于 2019 年正式上线，平台采用大中台（5G 新媒体平台）+小前台（央视频平台）设计，实现从内容数据到用户数据的共享分享、互联互通，推动主流媒体价值的创新发展。

户外广告的数字化发展呈现出在线化和智能化的趋势。平台通过自有多维的日志记录，将多方大数据后台打通，实现广告投放信息的数字化；通过将设备端接入互联网，实现云端广告推送和数据回流等投放流程的在线化；通过数据的整合分析评估，广告的精准投放来实现投放决策的智能化。

OTT 通过技术赋能数字化发展，为品牌主带来多元价值。AI 技术催生个性化的互动广告、场景广告等新的广告形式，增加品牌与 OTT 用户的互动。OTT 后台基于大数据对用户画像的分析，匹配有相应消费需求的人群，实现不同品牌广告的精准投放。另外 OTT 还通过帮助广告主进行跨屏投放实现对大小屏用户的重复触达，增强广告的投放效果。

2. 企业营销以品牌资产建设为根本

中国消费市场已经进入存量博弈阶段，产品同质化严重，健康的品牌资产成为企业抢占消费者心智的护城河。对于成长型品牌，广告传播是帮助企业的市场占有率和品牌知名度形成质变的关键，而对于成熟型品牌，则是持续保持销售转化和溢价能力，提升竞争优势的根本。选择优质的媒体和投放渠道是品牌在希望通过广告传播打造品牌资产时面临的重要课题。

信息围攻时代，电视媒体因其覆盖面广、权威性高的特点受到广告主青睐。CTR 媒介智讯数据显示，2019 年广告花费 TOP10 品牌的花费集中流向电视媒体，其中七大品牌在电视媒体的花费占比超过 90%。

户外场景类广告同样表现活跃。首先是新增品牌的数量占比高，2019 年电梯 LCD（52.9%）、电梯海报（64.1%）和影院视频（53.7%）新增品牌数量占比均超过 50%。其次是新增品牌的花费投放总量大，2019 年电梯 LCD、电梯海报和影院视频的广告花费 TOP20 榜单中至少有两大新增品牌入榜，一些在 2018 年新增投放的品牌在 2019 年继续保持强劲的花费增长态势。另外，有不少知名品牌也选择试水户外场景类广告，包括耐克、三全、壳牌、西贝、卡姿兰等。

3. 视频网站多元创收为广告主提供多重营销组合方案

2019 年，以爱奇艺和腾讯为代表的视频网站广告收入呈明显下滑趋势。根据公司财报数据，两大平台在第四季度的广告收入分别下降 15% 和 28%。中国宏观经济情势面临挑战、内容排播的不确定性以及广告行业的激烈竞争是收入下滑的主要原因。视频网站尝试多种方式提升广告收入，增加对品牌主的吸引力。

首先是通过技术手段创新广告形式，增强广告传播效果。在综艺《中国新说唱》中，爱奇艺上线了首支互动视频广告，将互动技术运用在商业广告中，为用户带来沉浸式广告体验。而在网播热剧《破冰行动》中，AI 技术则展现创可贴广告更智能的一面。创新型的创可贴广告能够智能识别文本和剧中情绪等，将品牌信息和剧情内容更紧密地融合在一起，从而达到更优的传播效果。

另外，平台还持续提升自身原创能力，通过自制原创内容 IP，用价值观营销来助力品牌创新增长。从自制综艺的选题到最终的节目播出，价值观的挖掘和输出始终贯穿其中，引发用户共鸣。节目吸引相同品牌理念的品牌投放广告，从而实现品牌、节目和用户在价值观层面的共振，放大品牌的传播效果。自如和《这！就是街舞2》的合作便是价值观营销的案例之一。节目“有梦想 不服输”的“battle”精神和自如想要传达给年轻用户的品牌理念相同。自如联合优酷发起的“#为好生活 battle#”抖音挑战赛活动，就是通过构建 IP 和品牌的强关联，将“battle 文化”融入自如的品牌内涵中并传达给年轻消费者。

4. 短视频内容营销，将品牌嵌入内容实现与受众的深度沟通

集视频、社交、红人为一体的短视频由于其传播的便利性和内容的丰富性等特点受到年轻人的追捧。QuestMobile《短视频 2019 半年报告》数据显示，2019 年上半年中国短视频用户规模已超过 8.2 亿人。市场呈现“两超多强”的竞争格局，快手和抖音在用户规模上遥遥领先，腾讯和百度等巨头也纷纷入局，布局短视频矩阵，加剧行业竞争。

真实有趣、多样化的内容是短视频平台吸引用户的关键，内容营销也成为各平台打造差异化壁垒的深耕方向。2019 年不少平台选择聚焦垂直类热点话题，推出原创微综艺，打造多元创意玩法。平台与品牌进行内容共创，将品牌嵌入内容实现与用户的深度沟通。西瓜视频推出的职场类微综艺《别人家的公司》与总冠名商麦当劳的合作展现了微综艺营销的创新范式。麦当劳将产品超值三件套以职场能量赋予官的拟人形象植入节目，与剧情内容深度融合，并结合花字、口播等进行密集曝光，放大了品牌的影响力。

除了短视频平台自制的微综艺，由品牌主导的微综艺同样打开了内容营销的新思路。思念食品推出记录访谈式微综艺《思念物语》，用故事和美食诠释思念精神。护肤彩妆品牌自然堂则开创美妆 KOL PK 微综艺，通过“PK + 直播”的花式玩法，吸引粉丝参与互动，实现与消费者的深度沟通。

5. 直播红人带货助力于品牌实现快速销售转化

直播具有即时互动、参与感强的特点，具备天然的带货基因。粉丝容易将对主播的信任转嫁到产品上，从而建立对品牌的好感，而限时、秒杀等促销手法则直接刺激粉丝的购买欲，促进销售转化。

2019 年直播带货迎来大爆发，成为品牌提升销量的利器。天猫官方数

据显示，2019 年“双 11”淘宝直播成交近 200 亿元，超过 50% 的品牌通过直播获得新增长。而在美妆行业中，“双 11”期间直播引导成交已经占到行业整体成交的 16% 。

与此同时，直播带货的范围不断扩大，品牌不再局限于单价低、复购率高的快消品类，越来越多新的行业涌入其中。2019 年 9 月，星巴克和淘宝知名主播薇娅合作，第一次进行淘宝直播，一晚便卖出 16 万杯饮品。网红直播间也成为电影路演的新阵地，《南方车站的聚会》和《只有芸知道》等电影的主创纷纷来到直播间与网红和粉丝互动，在线销售电影票。汽车品牌也不甘落后，宝沃汽车代言人雷佳音联合网络红人手工耿进行了一场别开生面的直播销售会，开创线上卖车新模式。

从长远来看，KOL 和优质内容是直播未来发展的主流，权威性和专业性的主播更易受到粉丝的喜爱，头部主播价值凸显。另外，垂直类和有价值的内容是持续吸引粉丝的关键，主播要打造个人品牌，为粉丝提供差异化的内容，这是进一步实现商业变现的基础。

三 2020年广告市场趋势展望

1. 广告主对市场环境预判走低，重点关注媒体的受众契合度和性价比

2020 年初的“新冠黑天鹅”对经济环境和广告市场的冲击很大，直接影响广告主的市场预期和营销预算分配。CTR《2020 中国广告主营销趋势调查》报告显示，2020 年预期增加营销推广费用的广告主数量占比为近 10 年的历史新低，预期减少营销推广费用的广告主数量占比创历史新高。与此同时，2020 年广告主对营销推广费用的预期首次出现负增长。营销预算收紧的同时，广告主对广告投放效率提出了更高的要求。如何结合品牌所处的生命周期阶段，以及相应的品牌营销痛点，选择最合适的广告渠道成为亟须解决的重要课题。

受众契合度和性价比依然是广告主选择媒体时优先考虑的重要指标。多渠道、广撒网式的粗放型投放已经成为过去时，取而代之的精准营销、千人千面。广告主要求投放的广告准确触达目标消费人群，反向倒逼媒体平台加

速数字化转型，对自身的用户数据进行收集、分析和整合，以便和广告主的目标消费者数据进行匹配和打通，点对点投放，避免广告资源的浪费。

对于性价比的追求在广告预算有限的前提下显得更为重要。近年来随着互联网技术的发展，效果广告受到热捧，直播和短视频因其快速的销售转化成为广告主新宠。新的经济形势与竞争环境催生了“云经济”的崛起，给直播带货又添了一把火。线下场景受限，不少品牌加快线上电商渠道的布局，直播带货几乎成为品牌标配。CTR《2020 中国广告主营销趋势调查》报告显示，短视频和直播在 2019 年的实际花费占营销总费用的比例为 8.2%，实际花费占比未来 1 年预期增长 50% 左右，达到 12.1%。

2. 电视的主流媒体价值回归，广告主预算向央视和卫视倾斜

营销注重销售转化，并不意味着品牌广告就要被放到次要位置，品牌资产是品牌价值的重要组成部分，是企业获得持续性竞争优势的基础。统一、良好的品牌形象能够减少与消费者的沟通成本，提升转化效率。因此不少大品牌在回归和扩大传统媒体的支出，而以权威性和正向价值观传递为差异化优势的电视媒体继续发挥着无可替代的作用，成为广告主宣传品牌形象、抢占消费者心智的重要渠道。

面对重大的社会突发事件时，主流媒体的能力和价值就会凸显。中央级和省级卫视凭借权威的新闻报道以及优质的节目内容受到观众的一致青睐。另外，2020 年年初，“宅”生活成为日常，更多的人开始回归客厅，电视大屏重回家庭娱乐场景的中心。CTR《2020 中国广告主营销趋势调查》显示，在电视媒体的广告预算分配上，广告主的电视预算继续向央视和省级卫视倾斜，花费占比提升到七成。企业广告预算规模越大，越重视央视和卫视的投放。

著名的生物学家达尔文曾说过：“在剧烈变化的环境里，能够生存下来的，不是那些最强壮的，也不是那些最聪明的，而是那些最灵活的，懂得适时变化的。”无论是媒体还是企业在新的经济形势与竞争环境中都需要重新审视自己，探索更多可能性，媒体如何为品牌赋能，企业怎样提升品牌力和销售力，这些问题期待在 2020 年会得到更多样的解答。

B.11

全营销环境下的中国媒体广告

黄升民　邵华冬　郭富强*

摘　要： 2019年，受经济下行压力与环境变化影响，广告主营销痛点频现，响应广告主全营销需求成为媒体生存发展的关键。2019年媒体广告市场进入新一轮盘整期：作为重要增量的互联网媒体首次出现负增长；户外广告刊例费用缩减；电视、广播、报纸内部两极分化态势加剧。2020年，广告主在积极打造自身品牌力的同时致力于营销效率的提高，媒体运营者应从技术、内容、品效关系把握广告主全营销变革趋势，积极打造营销价值链条，确保生存，努力突围。

关键词： 全营销　媒体广告市场　数字营销

一　经济下行与环境变化催生广告主全营销变革兴起

2019年全球经济增速降至2.3%，为近10年最低水平。受贸易局势紧张、金融动荡等多种因素影响，2020年全球经济增速或将放缓至1.8%。[①] 截至2019年年底，中国GDP增速为6.1%，较2018年下降0.5

---

* 黄升民，中国广告博物馆馆长，中国传媒大学资深教授；邵华冬，中国传媒大学广告学院副教授；郭富强，中国传媒大学2019级广告学硕士研究生。

① 央视网：《联合国发布〈2020年世界经济形势与展望〉报告》，2020年1月17日，http://jingji.cctv.com/2020/01/17/ARTI4IxoTxEOBybRwtQYD2Q5200117.shtml。

个百分点。[①] 尽管经济长期向好的基本面没有改变，但受多种因素影响，中国经济仍面临巨大下行压力。广告主营销亦随之出现营销成本走高、投资回报降低、传播造势困难、销售转化乏力等问题。

压力之下，全营销变革登场。所谓全营销，即以消费者为中心，以触发情感共鸣的内容为原动力，以利益牵引加社交驱动刺激扩散；通过标签优化、算法赋能，精准匹配商品、营销物料、消费者场景需求，进行全网域信息分发；同时建立有效的销售承接机制，对销售促进相关的资源要素整合利用，实现商品同步流通与转化，从而提升企业经营效率。相较于传统营销模式，全营销呈现出以下四个鲜明特点：其一，数据和算法赋能；其二，品效合一，销售转化；其三，场景匹配，全域分发；其四，内容牵引，利益驱动。广告主全营销变革之下，媒体广告市场亦随之调整。

二 全营销变革影响下的2019年中国媒体广告市场

1. 媒体广告市场分化加剧背后广告主全营销需求浮现

2019 年，受宏观经济影响，广告主营销传播预算普遍收紧，前三季度中国全媒体广告刊例花费增速同比大幅下滑 13.7 个百分点。媒体广告市场两极分化态势加剧。在电视媒体广告市场，央视和一线卫视广告刊例收入与时长降幅保持在 10% 左右，而地面台则呈现两位数的降幅。[②] 在广播媒体广告市场，央级广播电台尚可凭借权威性、广覆盖等优势吸引中大型广告主投放；地方广播电台则在央级和省级广播台触角下沉和互联网音频的双重挤压下举步维艰。纸媒同样延续近年来的分化态势，党媒党刊凭借自身权威性和公信力受到广告主青睐，地方性纸媒则窘境频现，甚至出现编辑、记者讨薪的尴尬境况。分化加剧背后是媒体对广告主全营销变革需求的响应。

---

① 第一财经：《2019 年中国 GDP 增长 6.1%，五大亮点解读》，2020 年 1 月 17 日，https://baijiahao.baidu.com/s?id=1655942192398345821&wfr=spider&for=pc。

② CTR：《2019 年前三季度中国广告市场回顾》，2019 年 11 月 14 日。

2. 数据和算法驱动背后媒体对线上线下的价值融通

2019年互联网广告市场增速放缓。QuestMobile数据显示，2019年上半年，中国互联网广告市场规模为4367亿元，增长率为18.2%，但增速放缓，下降5.96个百分点。而以往作为重要市场增量的移动互联网也呈现广告收入与流量双降态势，2019年前两个季度，移动互联网广告收入同比增长率分别为18.3%、13.7%，增速放缓。① 原因主要是在经历程序化广告、人工智能营销等一系列新玩法后，广告主对于数字营销的态度日趋理性化。在传播极度碎片化的营销环境下，不同媒体、不同平台、不同终端之间的数据割裂成为广告主和互联网媒体之间的硬伤，因此数据与流量的整合尤为重要。对于互联网媒体而言，主动寻求不同媒体、平台及终端的数据与流量整合，实现互联网广告“生产、分发、变现、沉淀”体系化运作成为一大突破口。2019年以BAT为首的互联网巨头纷纷布局户外媒体，目的就是实现线上、线下价值链的融通共振。

3. 品效合一强需求下的品牌动员力和销售转化力

全营销环境下，广告主“品效合一”的诉求在媒体广告运营中体现得淋漓尽致。经济下行周期，品牌是维护广告主溢价的重要壁垒，有限的资金预算必须形成对品牌的强力维护。由此，央视、《人民日报》等主流媒体的强品牌背书能力在广告主广告投资避险需求高涨的情况下，越加受到青睐。卫视、地面台等媒体则通过广告经营的服务升级与销售转化进行突围：其一，提升营销传播服务，通过品牌与内容的深度融合促进品牌传播，例如上海东方卫视提出“一剧一综”模式吸引广告主；② 其二，通过与电商平台合作直播卖货提升广告效果转化，例如江西卫视推出《中国村播大会》，与快手直播合作卖货。地面台则更注重脚踏实地，一方面通过布局MCN（Multi－Channel Network）发挥自身内容制作的优势探索活动、电商等多元广告经营模式；另一方面则开展智慧政务业务维持生存。

---

① QuestMobile：《中国移动互联网2019半年大报告》，QuestMobile微信公众号，2019年7月23日。

② 《东方卫视2020招商会资源大放送》，卫视资源速递微信公众号，2019年9月20日。

此外，广告主“品效合一”的诉求也在推动互联网媒体进一步调整、变革自身广告经营模式。如爱奇艺推出“框内＋信息流”广告模式，通过优质内容及场景匹配提升自身带货效果。与此同时，电商直播带货成为一大火热现象——2019年互联网广告中，电商平台的广告占据总量的35.9%，稳居第一。[①]

4. 场景匹配与系统化分发的落地

2019年在线音频市场在媒体广告市场下行态势下保持稳定增长，通过将音频内容接入越来越多的智能硬件，在线音频打造了包括家庭、睡觉、运动、儿童等在内的丰富多样的场景，实现了优质内容的精准匹配，其用户规模预计到2020年可达5.42亿人。[②] 而近年来户外媒体的“数字化再造”也在聚焦场景拓展与线上、线下体系化分发。一方面，以5G为代表的技术发展赋能户外媒体催生更多应用场景，数字户外与移动支付技术催生即时购买场景的搭建；另一方面，互联网巨头纷纷布局户外媒体，2019年阿里巴巴以150亿元入股分众传媒，百度以21亿元战略投资新潮传媒，腾讯领投梯影传媒[③]，二者联合，实现线上、线下一体化体系分发。借助智能屏的全面联网和智能大数据生态体系的建立，数字户外将能实现千楼千面的精准分发。[④] 在经历由扩张期到收获期的短期承压、广告刊例收入增速下降后[⑤]，2020年或将成为数字户外效果显现之年。

5. 内容牵引和利益驱动对用户的有效吸引

全营销环境下，广告主实现与用户链接的手段主要有两种。其一，以优质内容为重要营销资源，将营销物料与优质内容深度融合，同时在内容形态的组织上实现“头腰腿”要素的聚合，实现传播、销售的顺畅衔接。

---

① 《2019中国互联网广告收入4367亿，字节跳动与美团点评成新宠》，Topmarketing微信公众号，2020年1月14日。

② 艾媒网：《2019上半年中国在线音频市场研究报告》，2019年8月29日。

③ 群邑智库：《中国媒体预算持续转向户外广告，2020前景会更好!》，2019年12月4日。

④ 媒介杂志：《分众传媒：别样的“融媒体”范式》，2019年9月27日。

⑤ 同花顺财经：《分众传媒净利骤降股价大跌　扩张“后遗症”将影响多久》，2019年5月5日，https://baijiahao.baidu.com/s?id=1632699893841643970&wfr=spider&for=pc。

2019 年一线卫视将自身内容创新力充分释放到广告主的品牌内容创意上，提升广告主服务。例如湖南卫视在 2020 年招商方案中提出“超级品牌之夜”等四类品牌定制内容[①]。而抖音、快手等短视频平台则通过将产品信息、购买入口融入内容中实现从内容到销售的快速转化。其二，通过利益激励，形成在传播、拉新、复购三个场景的催化，实现传播扩散，推动用户购买。2019 年小红书、抖音等内容平台就凭借内容黏着、活动激活、利益激励和会员服务等方式促进化妆品品牌完美日记在 2019 年的销量暴增[②]。

三　2020年全营销变革驱动下的中国媒体广告市场发展趋势

1. 技术风口下，场景媒体优势尽显，媒体间马太效应加剧

2020 年是 5G 商业化、规模化启动之年，AI、VR、AR 等技术创新将在媒体广告经营领域得到更加广泛的应用。技术赋能下数据和流量监测将实现突破，越来越多的广告主会通过智能化广告监测服务对抗异常流量，提高广告效果可见性，由此实现在此基础上的场景营销更加多元、精准、高效。个人场景上，在线音频凭借多元场景的打造和匹配优势，将会迎来用户规模的继续上扬，音频广告或迎来爆发；家庭场景上，围绕烹饪、购物等多种场景，以 OTT 为代表的智能大屏广告将实现从曝光至转化的链路打通。而在广告效果评估问题得到有效解决后，智能大屏的营销价值将得到进一步释放；公共场景上，将延伸出更多的沉浸式体验空间，视频类移动互联网广告得益于 5G 高速度、低延时的优势将与线下场景产生更流畅、更生动的表现形式，数字户外在实现与线上流量的共振后将实现从扩

① 湖南卫视广告部：《湖南卫视重磅启动 2020 四大赋能计划　与合作品牌共赢未来》，2019 年 10 月 26 日，http：//www. hnwsklcb. com/detail2019/422. html。

② 邵华冬、齐彦丽、郭富强：《“超限战”下的三重突围——2019～2020 年媒体广告市场现状与趋势》，《新闻与写作》2020 年第 2 期。

张期到收获期的平稳落地。

同时，技术赋能下，营销物料的体系化分发将更依赖大数据和智能算法的推荐，媒体广告市场的马太效应会更加明显。一方面，“90 后”和“95 后”更偏爱的社交媒体和视频平台将分配到更多的数字营销预算。2020 年，社交媒体和视频平台将成为广告主移动端投放的 TOP2 渠道选择（见图 1），社交媒体将超越搜索引擎成为广告主在 PC 端最重要的投放渠道（见图 2）[①]。另一方面，头部媒体将会聚集更多资源。短视频领域巨头抖音、快手凭借着用户规模等优势吸引中大型广告主更多的营销预算。但受到营销费用的影响，一些中小型广告主会将有限的营销费用进行单点投放，集中发力。

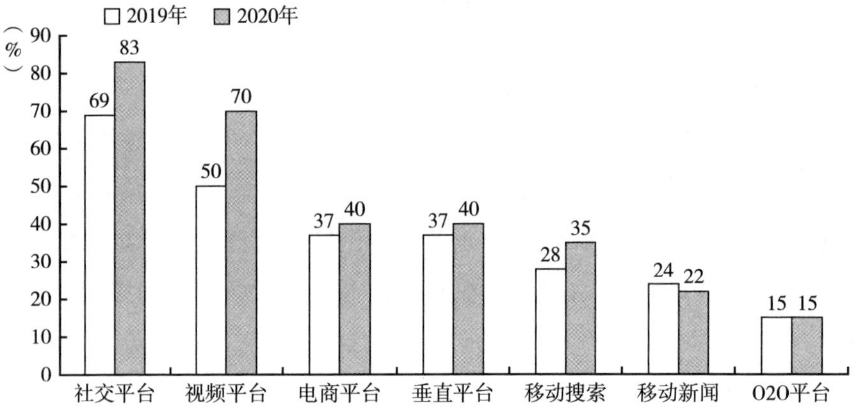

图 1　2019～2020 年广告主移动端投放渠道选择

数据来源：《2020 年中国数字营销趋势》线上调研，广告主样本量 n = 221。

2. 优质内容成为营销中流砥柱，媒体内容生产力是存活关键

2019 年，广告主利用优质内容在用户深度挖掘的基础上进行“生产、分发、变现、沉淀”体系化运作初现端倪。2020 年，内容生产、分发的迭

① 《〈2020 中国数字营销趋势报告〉：数字营销预算增速首次出现放缓趋势》，《经济日报》2019 年 12 月 3 日。

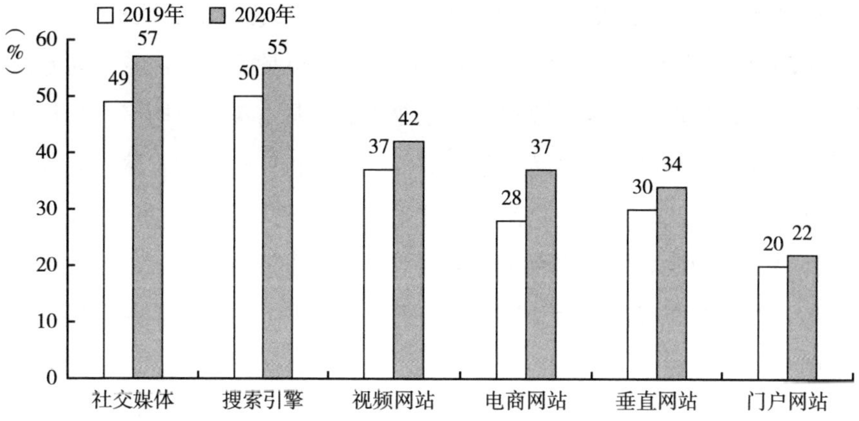

图 2　2019～2020 年广告主 PC 端投放渠道选择

数据来源：《2020 年中国数字营销趋势》线上调研，广告主样本量 n＝221。

代升级将为广告主在营销中贡献更大的力量。

从内容的生产来看，媒体经营者应把握以下线索：其一，内容的生产者将更加广泛，用户共创内容成为一大趋势。其二，优质内容借助明星 IP 和 KOL 影响力形成双重势能，优质内容创作能力将成为品牌遴选明星和 KOL 合作方的主要标准。其三，在内容与品牌的关系上，为品牌定制内容成为媒体的突破方向。湖南卫视在 2020 年招商方案中提出四类品牌定制内容，2020 年这一模式将得到更大范围的推广。其四，互动式内容的生产将有效吸引用户注意力。2019 年，优酷、爱奇艺、腾讯视频、B 站纷纷入局互动视频，5G 技术赋能下，互动视频内容市场或将成为新蓝海。

而从内容的分发来看，短视频和直播仍将保持 2019 年的强劲势头，成为内容的优质载体。同时，2020 年广告主在内容分发方面，需将目光重新聚焦搜索引擎，预计 2020 年将有 50% 的搜索量通过语音完成①。利用算法将内容标签针对语音搜索进行优化，将成为搜索引擎平台重振辉煌的关键。

① 全媒派：《2020 年，50% 的搜索用语音完成？用户究竟如何使用语音搜索》，全媒派微信公众号，2020 年 2 月 3 日。

3. 经济寒冬下“品效合一”仍是热点，营销或将适度回归品牌投资

2020 年，“品效合一”仍是广告主的诉求，也是媒体广告经营的方向所在。一方面，央视、一线卫视和大型报业集团等具有覆盖范围广、公信力高等优势的媒体凭借自身的强品牌塑造能力继续获得广告主的青睐，尤其是当市场难以预测以及品牌遭遇负面舆情之时更是如此。另一方面，以地面台、地方性报纸等为代表的媒体面对广告主严苛的广告效果转化要求，可继续立足本地，借助电商直播、活动举办、智慧政务等多元手段亦能在激烈的市场竞争中分得一杯羹。

此外，广告主在营销中关于“品牌”和“效果”之间的权衡，未来几年都将继续，2020 年数字营销或将适度回归品牌投资。2019 年的“效果热”让一部分广告主和媒体尝到了甜头，但缺失品牌的吸引力和护城河效应，瞄准效果的投资部分陷入“竹篮打水一场空”的困境。2020 年广告主将继续调整品牌与效果投资比例，对于媒体来说，通过增加品牌诊断、智库打造、舆情咨询等多元业务，协同助力广告主提升品牌动员力成为一门必修课。

2020 年全营销变革驱动下，媒体广告市场的马太效应将继续加剧。短视频平台在完成用户积累后，广告变现模式将更加成熟，有望在广告营收上实现爆发；数字户外凭借场景匹配、与线上流量的协同发力等优势，成为中大型广告主的规定动作；央视、一线卫视、党媒党刊等公信力较强的媒体有望凭借强品牌背书能力脱颖而出。而另一部分媒体则必须直面生死存亡：二、三线卫视如若不能实现广告经营模式的创新，恐将在广告主广告费用向“品”与“效”两级分流的背景下遭到抛弃①；传统广播和地方性纸媒则在大盘承压下苦苦挣扎。对于所有媒体而言，及时响应营销变革的需求，实现广告经营模式的与时俱进是生存之本，唯有不断突破自身经营天花板，打破运营思维的桎梏，才能在激烈的战争中保证生存，实现突围。

① 邵华冬、齐彦丽、郭富强：《“超限战”下的三重突围——2019 ~ 2020 年媒体广告市场现状与趋势》，《新闻与写作》2020 年第 2 期。

B.12

2019年中国互联网广告发展趋势

中关村互动营销实验室

摘　要： 2019年，中国广告市场总体向好，继续保持高增长态势，广告收入达8674.28亿元，较2018年增长8.54%，其中互联网广告收入近4400亿元，"放缓型"增长特征持续；广告经营单位及广告从业人员结构经过调整，逐渐进入良性发展轨道；互动广告营销仍是拉动广告增长的重要力量，呈现出较强的创新能力；在品牌广告预算继续削减、传统广告增速大幅放缓、整体市场信心持续向下的大环境下，我国广告业依然保持可观的增长。

关键词： 互联网广告　技术创新　"放缓型"增长

一　中国广告市场整体状况

1. 广告市场规模达8674亿元，继续保持高增长态势

根据国家市场监管总局统计数据，2019年我国①广告市场规模达8674.28亿元，较2018年增长8.54%（见图1），占GDP的0.88%，维持在近5年来第二高位增长。2019年全国人均②广告消费额为619.57元，这一数值在2010年仅为181.55元，市场保持着较高的活跃度。

在品牌广告预算不断削减、传统广告增速大幅放缓、整体市场信心持续向

① 本报告中"我国、全国"均指中国大陆31个省（区、市），未包含港、澳、台。

② 不包括香港特别行政区、澳门特别行政区和台湾地区以及海外华侨人数。

下的大环境下，我国广告业依然保持可观的增长，主要有以下两点原因：第一，人工智能、大数据等创新技术的应用，一方面降低了广告的投放门槛，另一方面创生了一批具有特色的营销平台，小微广告主找到了投放空间为那些微预算；第二，数据显示2019年主要品类的投放额总体保持稳定，部分大品类的投放额出现逆市高增长，这对下滑品类形成了有效的补充，稳固了整体市场格局。

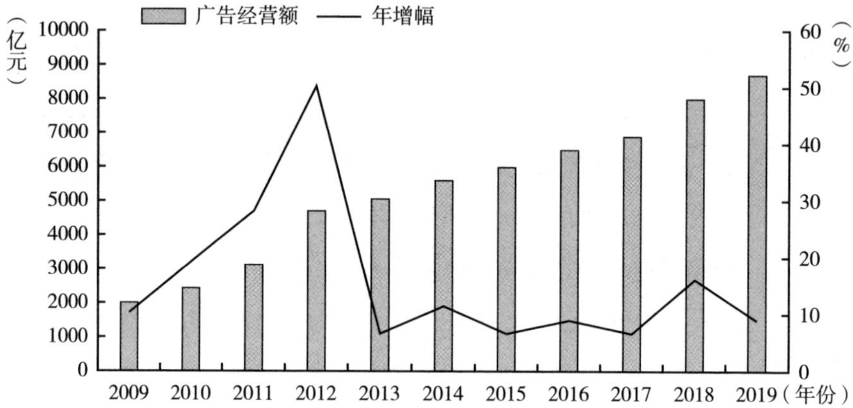

图1　2009～2019年中国广告经营额

2. 非公广告经营单位撑起大半边天，从业人员增幅收窄

数据显示，2019年广告经营单位数量依然保持18.69%的增幅，鉴于中美贸易摩擦、中国经济处于结构调整的大周期、经济走势进入下行通道，这一数字相比于2018年（22.51%）的增幅虽然有所收窄，但市场整体表现依然信心充足（见图2）。

在广告经营单位结构上，非公广告经营单位撑起88.69%的份额，其中私营广告经营单位98.09万户，占72.75%；个体工商户广告经营单位21.93万户，占15.94%。这种结构也从一个侧面反映出我国广告企业分散、微小的特征。此外，需引起国内营销者关注的是，外商投资的广告经营单位数量迅猛增长，2019年较上一年增长超过70%，显示出外企对我国服务业发展长期看好的洞察力和对市场机会的把握力。与非公广告经营单位发展有别的是，国有、集体广告经营单位经营状况的窘迫，均呈现出超过20%的负增长。

2019年中国广告从业人员增幅为6.32%，相较2018年度增幅明显收窄

（见图2）。在经济下行压力之下，削减业务线、压缩人员成本成为企业自救的普遍方式。

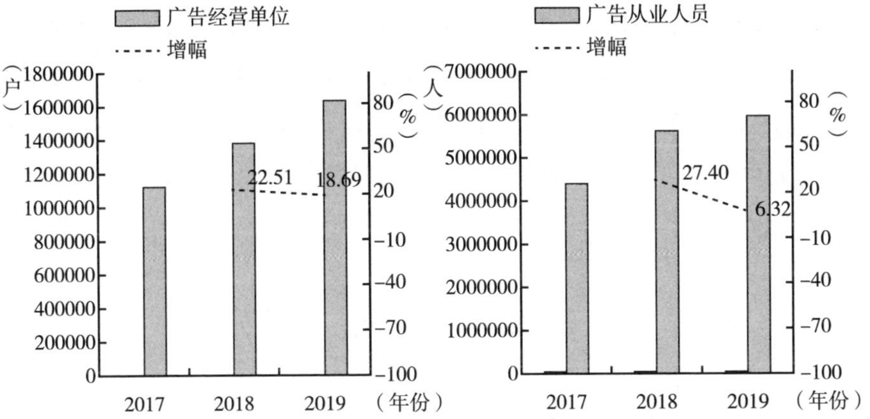

图2　2017～2019年中国广告经营单位及从业人员变化

在广告从业人员结构上，管理人员、创意设计人员、业务人员增幅回落较大，这一方面是因为传统广告从业者饱和后，跨行业流失现象逐渐减缓；另一方面，随着以抖音、快手为代表的短视频和新兴社交媒体平台扩容基本结束，开始进入营收期，传统和新兴广告从业者的人员结构调整都趋于平稳（见图3）。

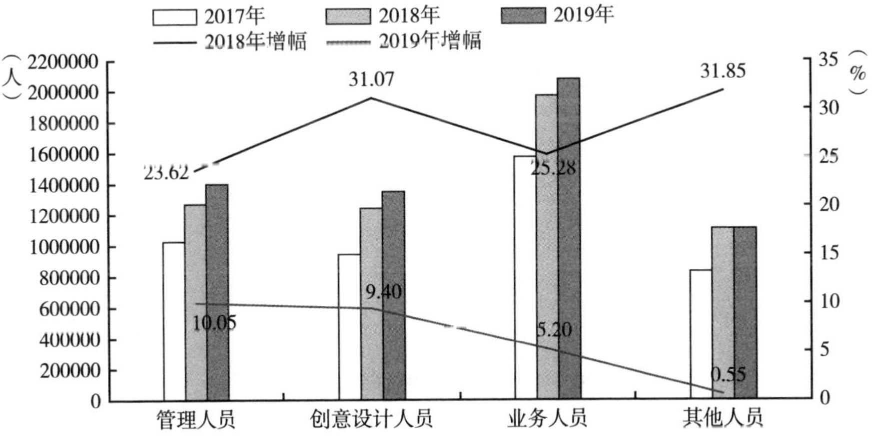

图3　2017～2019年广告从业人员业务结构

其他人员和业务人员增幅很小，这勾勒出创新营销对人员需求的变化情况。短视频、直播、KOL、KOC 爆发式发展，传统广告业经营形态不断升级，广告业部分业务面临“去机构化”及“去大集团化”的趋势。基于社交、短视频、KOL 的个性化、个体化的数字广告形式，推出了部分大团队作战向小团队甚至向个体作业方向转型。越来越注重个性化、个体化、快速反应和灵活创意的移动广告，使部分 4A 化的长流程和劳动密集型结构被消解。而 AI、大数据和自动化投放等技术的广泛普及，则加快了重复手工作业被替代的进程。

二　2019年互联网广告情况

1. 互联网广告收入近4400亿元，“放缓型”增长特征持续

2019 年中国互联网广告总收入约 4367 亿元，年增长率为 18.22%，增幅较上一年同期下降约 5.95 个百分点（见图 4）。互联网技术迭代发展，数据以及算法助力下的新广告形式持续吸引广告主，但同时，受到整体经济环境以影响，互联网广告“放缓”迹象显现。

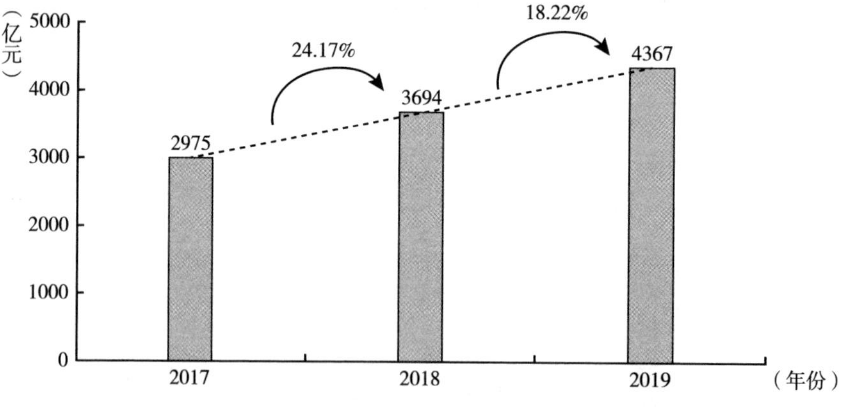

图 4　2017～2019 年中国互联网广告总收入

数据来源：中关村互动营销实验室。

从广告形式市场占比的变化可管窥广告主营销战略的变化：搜索类占比大幅下降5个百分点，市场份额降至17%；展示类广告市场份额提升5个百分点，达到34%。创新的广告形式吸引了更加多元化的广告主入场。

2. 电商平台广告独占鳌头，搜索平台广告明显下降

2019年电商平台广告占互联网广告总量1/3以上的份额，居广告媒体平台第一位。电商平台所建构的“信息—购买”行为闭环奠定了该平台广告持续保持强势增长的基础。

搜索类平台广告居第二位，但其在总盘子中的比重已由2018年的21%下降至14.9%，反映出市场追求优质流量的转型趋势。百度从中国互联网广告收入TOP10企业中由第二位降至第三位是搜索类广告式微的现实表征。

视频类平台发展迅速，市场占比达到12.5%，取代新闻资讯类平台，跃居第三位（见图5）。

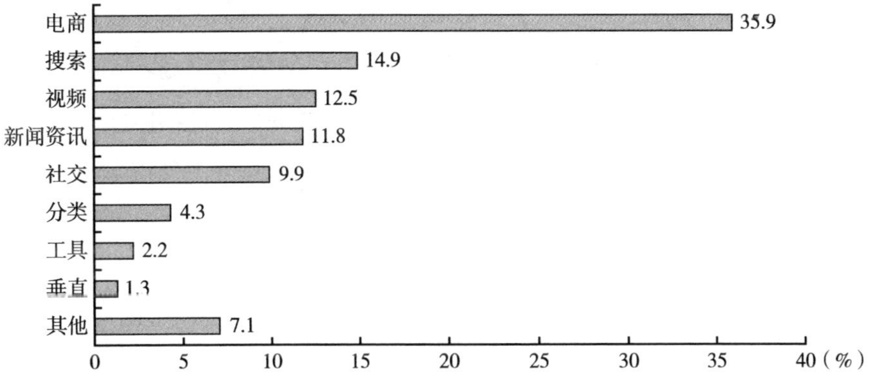

图5　广告投放媒体平台类型占比

数据来源：中关村互动营销实验室。

3. 互联网广告收入集中化上升，前十公司市场份额占比95%

2019年，市场集中度进一步上升，行业排名前十公司的互联网广告市场份额占比由2018年的93%上升至95%，增加2个百分点，高于2018年较2017年增加的1.75个百分点。TOP10俱乐部成员近3年基本无变化，头部企业赢家通吃的格局进一步巩固，中国互联网广告市场留给前十名之外公

司的蛋糕仍在压缩（见图6）。

在互联网广告头部企业高度集中的态势下，圈子内的竞争格局从未板结。那些具有强大吸聚流量和服务能力的企业，正是充分竞争市场强有力的“分食者”。2019年，字节跳动和美团成为后起之秀，强劲的吸金能力将BAT三巨头的互联网广告份额由2018年的69%挤压至63%。

传统互联网三巨头中百度掉队，腾讯继续保持高速增长，阿里巴巴虽然整体增速不及腾讯，但由于体量巨大，在市场份额上依然一枝独秀。

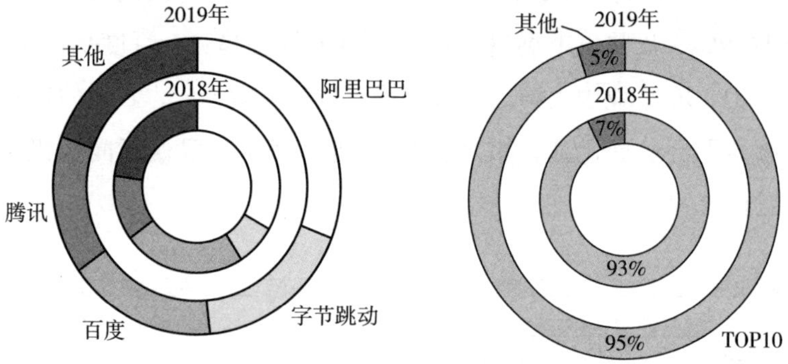

图6　2018～2019年互联网广告收入TOP4与TOP10公司占比变化

数据来源：中关村互动营销实验室。

4. 主要投放品类相对稳定，投放保持较高增长

食品饮料、个护及母婴类快消品类持续居于互联网广告投放的前两名，占有54.17%的广告市场份额，稳住市场的基本盘。不仅如此，在交通、金融保险、网络通信、房地产等近半数品类广告普遍收缩的情况下，食品饮料、个护及母婴两大品类的市场份额分别增加了3.79个百分点和1.07个百分点，其对2019年互联网广告营收的提升功不可没。

三　总结与展望

第一，技术仍是拓展互联网广告发展空间的深层动力。5G正处在从试验到商用的关键阶段，其所具有的“万物互联”“开放架构”“无限接入”

特征使互联网技术突破了1G—2G—3G—4G所沿袭的线性演进路径，有望实现从“线”到“面”的横向扩张。具有质变意义的5G将给我们的生产与生活、将给互联网广告带来的惊喜和想象空间，前景值得期待。

第二，消除“产—消”信息不对称的是互联网广告在社会系统的基本“站位”。现代广告是市场经济的产物，显著特征之一是生产者与消费者分离。这一方面带来了社会分工及生产效率提升，另一方面则带来了“产—消”信息不对称造成的配置效率损耗。互联网“无边无际”、“随时随地”的“新时空”特质，将使互联网广告在消除“产—消”信息不对称、正反馈于社会生产与消费方面发挥越来越重要的作用，这是互联网广告在社会运作系统中的基本“站位”。

第三，安全性是互联网广告可持续发展的重要保障。用户在互联网上的一举一动、一言一行不仅皆可留痕，而且借助算法，零星的痕迹碎片皆可聚合成有意义的信息链条，与“物”的信息链条匹配，指导决策。这一技术优势既成就了互联网广告的社会价值，又潜藏着侵犯用户隐私留的隐患。对技术“暗黑”面有所警惕，从而确保广告安全、合法地运作，是互联网广告造福人类、持续发展的重要保障。

B.13
2019年中国电视收视市场分析

王 平*

摘 要： 2019年，中国大陆地区电视收视总量持续降低，降幅连续两年收窄，电视媒体日平均到达率降低但观众忠实度企稳向好，非线性的时移收视日益增多，成为增量收视的重要来源。市场竞争格局方面，中央级频道和省级上星频道市场份额此消彼长，其他频道市场份额增长明显，省市地面频道承压不减，仅有少数城市的地面频道有所增长。电视剧、新闻/时事和综艺类节目主导节目播出和收视市场，电视剧是各级电视频道都不可或缺的支柱内容，综艺类节目多受上星频道青睐，新闻和生活服务类节目更多地胜出地面频道。

关键词： 收视量 时移收视 电视 收视市场

一 收视总量的变化

1. 收视总量继续下降，降幅连续两年收窄

2019年，在以104个城市推及的全国电视收视市场，人均每天收看电视124分钟，较2018年同期减少5分钟，下降幅度为3.9%，降幅连续2年收窄。但从近5年的数据来看，人均电视收视时间较2015年的156分钟减少半小时有余，不得不说随着媒体融合进程的加快，受众获取信息和影视娱

---

* 王平，中国广视索福瑞媒介研究（CSM）客户服务部研究经理。

乐资源的途径更加多元和便捷，传统电视媒体受众分流日益严重，电视收视存量市场上的竞争进一步加剧（见图1）。

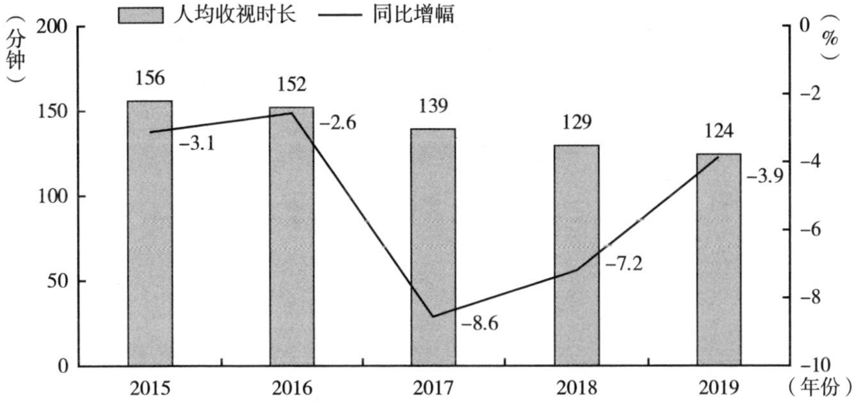

图1 2015～2019年观众人均每日收视时长（历年所有调查城市）

数据来源：CSM媒介研究。

多年来，老年观众是电视媒体的主要收视群体之一，其人均收视量一直居高位。2019年，65岁及以上的老年观众人均收视时间为277分钟，是电视媒体唯一收视量不减的收视群体，其他各年龄段观众的收视量均出现不同程度的下滑。值得注意的是，电视收视量的减少从中青年收视群体向中老年收视群体蔓延，45～54岁观众人均收视时长的减少幅度明显大于中青年观众。可见，新兴媒体对传统电视观众的分流，已不仅体现于中青年观众电视收视量的减少，一部分中老年观众亦开始寻求新的观看途径。

2. 日平均到达率持续降低，观众忠实度企稳向好

电视收视总量的下滑，主要源于开机率的下降。2019年，总体电视日平均到达率为48.9%，较2018年同期下降2.7个百分点，下降幅度为5.2%。但即使是这样的下降情况，也难以掩盖电视媒体在媒体竞争中的巨大优势。第44次《中国互联网络发展状况统计报告》数据显示，截至2019年6月，我国互联网普及率为61.2%，相比于2019年1～6月电视97.4%的到达率，互联网受众规模仍不及电视媒体，电视仍然是具有明显竞争优势

的大众媒体。

电视媒体的观众规模虽然有所下降，但反映观众忠实度的“人均收视分钟数（观众）”却呈现出企稳向好态势。2019 年实际观众人均每天收看电视 253 分钟，较 2018 年同期增加 3 分钟，达到近 5 年来最高，可见电视大屏对于忠实电视观众来说仍然具有持续的吸引力（见图 2）。

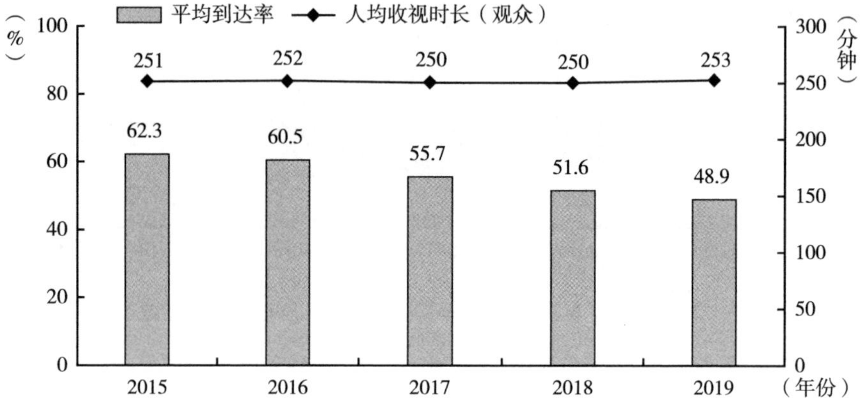

图 2　2015～2019 年日均观众规模及到达观众人均收视时长（历年所有调查城市）

数据来源：CSM 媒介研究。

3. 时移收视日益增多，成为增量收视的重要来源

伴随电视直播收视总量的降低，时移收视量呈现增长的势头。时移收视①数据表明，随着智能设备的普及、网络提速降费的实施、一键回看等技术的革新，电视观众非直播收视量明显提升。在能提供时移收视统计数据的 52 个重点城市，2019 年有超过一半的城市时移收视量较 2018 年同期有所增长，其中银川、湛江等 14 个城市时移收视量增加 2～4 分钟，西宁和烟台时移收视量从 2018 年的 1 分钟增加至 2019 年的 3 分钟。

从不同年龄段观众的直播和时移收视量来看，各年龄段观众直播收视量都有所降低，尤以 15～24 岁和 45～54 岁观众的直播收视量降幅最为明显。

① CSM“时移收视”是指电视直播节目播出后 7 天内观众通过电视机或其连接设备（有线、IPTV、智能电视和 OTT）点播或回看功能收看该节目的收视。

与此同时，各年龄段观众时移收视量占比①均较 2018 年同期有明显提升。值得注意的是，时移收视水平较低的中老年观众，其时移收视量占比较 2018 年同期有更为明显的提升。

二 各级频道竞争格局

1. 中央级频道和省级上星频道竞争此消彼长，其他频道组竞争力大幅增长

2015～2018 年，市场份额处于领先地位的中央级频道和省级上星频道的竞争表现为中央级频道市场份额稳中微升、省级上星频道市场份额持续降低的态势。进入 2019 年，中央级频道市场份额从 2018 年的 30.3% 降至 2019 年的 27.3%，省级上星频道的市场份额从 2018 年的 26.4% 回升到 2019 年的 27.4%。地面频道组市场份额跌势未止：省级非上星频道市场份额从 2018 年的 18.5% 降至 2019 年的 17.0%，市级频道市场份额从 6.7% 降至 6.3%（见图 3）。

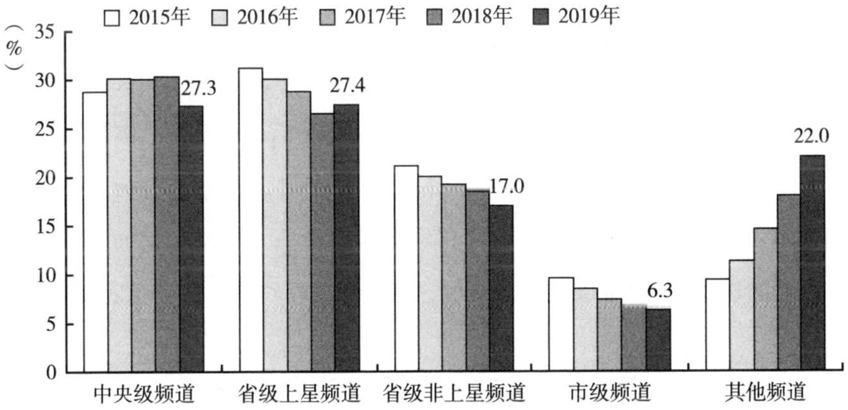

图 3　2015～2019 年各级频道市场份额对比（历年所有调查城市）

数据来源：CSM 媒介研究。

---

① 时移收视量占比（%）＝时移收视量/总收视量（直播＋时移）×100%。

近年来“其他频道”组市场份额增长明显，从2018年的18%增长到2019年的22%，这一数值接近省、市两级地面频道之和（见图3）。“其他频道”市场份额数据不仅包括直播频道中的数字频道和境外卫视等频道的收视数据，也包含通过电视大屏对IPTV、智能电视及OTT设备等内容的回看点播收视等非直播收视数据。其他频道市场份额数据的持续增长，反映了智能设备和智能应用的普及，使得回看、点播等非直播收视行为日益增长。

2. 头部省级卫视强者愈强，名次洗牌多发生于第二阵营

省级上星频道组市场份额的止跌回升，主要得益于若干领先频道市场份额的进一步提升。为统计方便起见，笔者将2018年与2019年所有省级上星频道市场份额的最大值分别进行排序，51个省级上星频道可划分为4个阵营。数据显示，2019年省级上星频道组市场份额的增长值超过九成来自第一阵营中的前4个频道和第二阵营中的5个频道。从市场份额排名来看，排名次序显著变化的情况主要发生于第二阵营频道中：2018年的第16名提升至2019年的第10名，而2018年的第7名降低至2019年的第13名。

3. 省市级地面频道承压不减，增长城市数量寥寥

2019年，绝大多数地区地面频道市场份额承压不减，市场份额能够保持不降或者略升的频道数量仅出现于少数城市。在乐山、达州和中山3个城市，省级地面频道的市场份额较2018年有所增长；在拉萨、德州、杭州和荆州4个城市，市级地面频道的市场份额有所提升。省市两级地面频道市场份额均保持现状或略有提升的市场有乐山、平顶山、温州、南通、汕头、嘉兴、昆明和厦门8个城市。

三　节目市场概况及竞争格局

1. 电视剧、新闻/时事和综艺类节目主导节目播出和收视市场

电视节目播出和收视市场，电视剧、新闻/时事和综艺类节目依然是处于主导地位的三驾马车，三大类型节目收视量占据总收视量的58.1%，略高于2018年水平。2019年，电视剧播出占比为29.4%，略高于2018年水

平，其收视占比达到33.7%，高于2018年的31.9%，电视剧满足了电视观众超过1/3的收视需求，对电视收视的拉升效应有增无减。新闻/时事类节目的播出比重、收视比重与2018年均持平。综艺类节目播出比重较2018年有所降低，收视比重减少0.1个百分点至11.1%。电视剧、新闻/时事和综艺类节目作为电视观众的三大收视刚需，其播出和收视结构及特征，值得制作和播出机构深入研究（见表1）。

表1　2017～2019年主要节目类型收播比重（全天，所有调查城市）

单位：%

节目类别	2017年		2018年		2019年	
	播出比重	收视比重	播出比重	收视比重	播出比重	收视比重
电视剧	26.8	30.9	28.2	31.9	29.4	33.7
新闻/时事	10.5	13.9	10.5	13.3	10.5	13.3
综艺	5.9	12.0	5.6	11.2	4.9	11.1
生活服务	14.6	7.2	13.3	7.1	12.5	6.7
专题	8.3	6.6	8.7	6.2	9.1	6.2
青少	4.5	5.4	4.6	5.5	4.9	5.1
电影	3.1	4.8	3.1	4.7	2.9	4.7
体育	2.4	3.0	2.5	4.2	2.7	3.7
音乐	0.9	1.0	1.0	1.0	1.4	1.2
法制	1.5	1.4	1.5	1.3	1.4	1.2
其他	19.5	12.5	18.8	12.4	18.0	11.8

资料来源：CSM媒介研究。

2. 电视剧风行天下，新闻和生活服务胜出于地面频道

不同类别频道，因资源禀赋不同、覆盖市场范围和服务对象各异，节目播出构成以及收视比重也有所不同。不同节目类型在不同级别频道组的收视比重数据显示，较高的电视剧收播比重，是各级频道节目收播的共同特征。此外，能够制作和播出较大比重综艺节目的中央级频道和省级上星频道同样能获得较大的综艺节目收视比重，二者不同之处在于，中央级频道的新闻/时事节目（16.8%）和专题节目（11.2%）收视比重较高，而省级上星频

道的青少类节目（8.9%）收视比重更高。

从省市两级地面频道不同类型节目的收视比重来看，电视剧、新闻/时事和生活服务节目在省市级地面频道的收视比重均位列前三名，这三个节目类型成为地面频道维系收视的三大支柱。电视剧是为省级非上星频道和市级频道收视贡献最大的节目类型，两类频道电视剧收视比重分别达到39.2%和43.8%。地面频道贴近本地观众，拥有先天独厚的民生新闻节目资源，能满足本地观众对民生新闻的关注和收视需求，其新闻/时事类节目收视比重高企，符合电视媒体和民生新闻的传播规律。

3. 电视剧：节目资源利用率显著提高

电视剧的播出量及收视量占据所有节目类型之首，是各级频道共同欢迎的节目类型。2019年，电视剧整体收视比重达到33.7%，为近3年最高。在不同级别频道组中，中央级频道所占的收视份额略微降低；省级上星频道所占收视份额明显提升，从2018年的41.5%增长到2019年的44.2%；省级非上星频道电视剧收视份额有所降低，从2018年的26.4%降至2019年的25.1%；市级频道电视剧收视份额在低位徘徊，变化不大（见图4）。

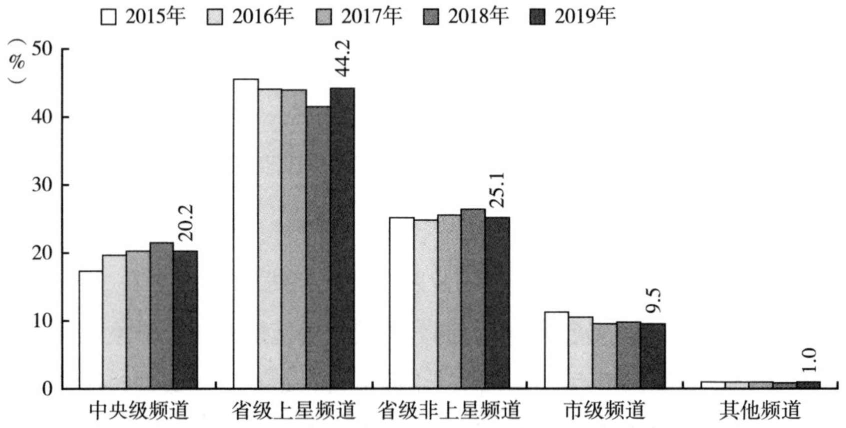

图4　2015～2019年电视剧市场各级频道收视份额（全天，历年所有调查城市）

数据来源：CSM媒介研究。

4. 新闻节目：中央级频道高收视节目全天多时段分布，省市级频道高收视节目集中于晚间

2019 年新闻/时事类节目收视继续由中央级频道主导，中央级频道新闻/时事节目收视份额连续 5 年高位运行，2019 年达到 43.8%；省级上星频道新闻节目收视份额也明显提升，创 5 年新高（20.1%）；地面频道新闻/时事节目收视份额有不同程度降低（见图 5）。

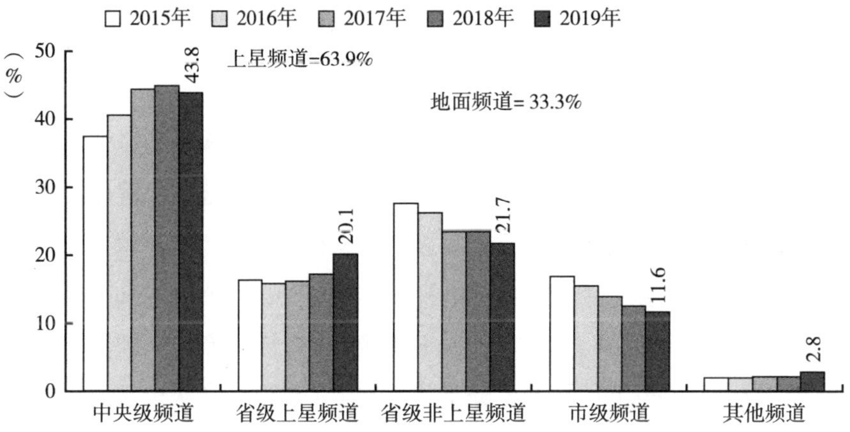

图 5　2015～2019 年新闻/时事类节目市场各级频道的收视份额（全天时段，历年所有调查城市）

数据来源：CSM 媒介研究。

从各级频道新闻/时事类节目收视率较高的节目来看，中央级频道收视较高的新闻类节目在午间时段、下午时段和晚间时段均有出现。

5. 综艺节目：上星频道主导综艺节目收视，综 N 代季播节目品牌效应凸显

2019 年，电视观众人均综艺节目总收视时长为 4034 分钟，较 2018 年（4466 分钟）和 2017 年（5384 分钟）进一步下降。从收视贡献上看，超八成的收视量为上星频道所贡献。具体而言，中央级频道综艺类节目收视份额 5 年来首次降低，而省级上星频道的收视份额则较上年明显提升。地面频道综艺节目的收视份额则继续低位运行。从周天分布特征来看，综艺类节目的播出和收视主要集中于周五到周日。

从播出周期来看，综艺类节目主要分为两类，一类是因节庆假日一次性制作播出（或重播）的庆贺类节目，另一类是常态播出、模式固定、主题鲜明、制作精良的综艺类栏目。2019 年晚间时段播出 12 天及以上、收视率排前 10 名的上星频道常态综艺节目，主要分别由中央电视台（4 档）、湖南卫视（3 档）、浙江卫视（2 档）、江苏卫视（1 档）播出。模式固定、欢快热烈的综艺节目，可以成为保证上星频道综艺节目收视的重要品牌资源。

结 语

2019 年是移动互联网基础建设的 5G 元年，许多电视台已经在重大新闻事件直播中开始应用 5G 技术。节目制作、传输和大屏显示高清化，节目播出和收视互动化，前所未有地改善和提升了电视观众的收视体验。在新媒体和自媒体碎片化传播的今天，传统电视媒体的引导力、影响力和公信力与日俱增。小数据、大数据、云计算、人工智能和 5G 传输等技术进步，也会让电视媒体插上移动互联的翅膀，分享技术进步的红利。各级电视媒体必将以公信、专业的节目采编和制作能力，日臻成熟的媒体融合和资源整合能力，促使更多观众回归大屏并吸引更多观众忠实收视，实现新时代电视媒体的长足发展。

B.14

2019年中国电视剧市场发展报告

李红玲*

摘　要： 中国电视剧市场经历了短暂的不适应之后，在2019年出现了一些利好的信号，形成了“守正”与“创新”并行的态势。一方面在内容上秉持“小正大”的现实主义创作思路，另一方面在类型上做出种种创新与探索。然而传统电视剧市场仍面临一些严峻的问题：大批制作公司无工可开，政策限定日益严格，供给侧持续紧缩，首轮播出量有所下滑、二轮剧当道，一线上星频道抱团取暖过冬，这一系列播出与收视市场的变化形成了新的表征。

关键词： 电视剧市场　上星频道　竞争格局　热播剧

一　供给侧的变化：持续减量提质

2019年中国电视剧市场在创作风向上步入关键转型期，提供精品内容成为行业呼声与共识，减量与提质并行。2019年全国电视剧拍摄制作备案公示的剧目共905部、34401集，较2018年同期减少258部、11330集，同比分别下降22%、25%；2019年全国生产完成并获得《国产电视剧发行许可证》的剧目254部、10646集，较2018年减少69部、3080集，分别下降21%、22%。在这种情势下，传统电视播出端自然减少了对新剧的吸纳量，

* 李红玲，中国广视索福瑞媒介研究（CSM）客户服务部研究经理。

2019 年，新剧播出量较 2018 年减少 25 部，下降 13%，省级上星频道、省级地面频道削减严重；上星频道晚黄档共播出首轮剧 124 部，同比缩减 22 部，次黄档共播出 16 部，同比减少 7 部（见图 1）。

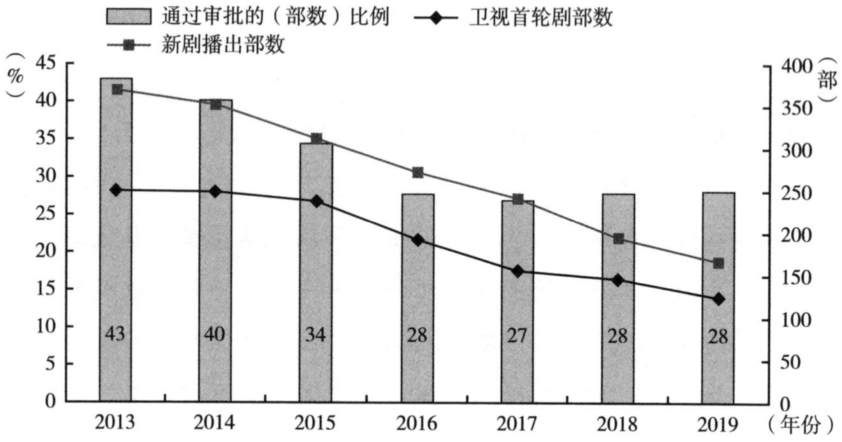

图 1　2013～2019 年电视剧上新部数及审批率走势

说明：审批率 = 通过政府审批的电视剧与备案公示的电视剧部数的比例。
数据来源：CSM 媒介研究。

从 2019 年上星频道晚黄档电视剧在 100 城的单频道平均收视率的区间分布来看，单频道收视率不足 0.5% 的尾部剧占比停留在 82.1% 的高比重值上，可谓长期以来"尾大不掉"；单频道收视率在 0.5% ～1% 区间的中档次剧目占 10%，较之前几年一直在萎缩；单频道收视率在 1% ～2% 区间的优质剧目占比逼近 8%，同比上升 3.2 个百分点，是非常可喜的提升；单频道收视率高于 2% 的顶尖剧目依旧缺席。从中可见，中低档次的电视剧占比总体在缩小，优质剧目则有显著提升。

二　类型的变化：有创新的现实题材成主流

现实题材一直受到政府鼓励及主推，近 2 年更是达到"一家独大"的态势。2019 年全国生产完成并获得《国产电视剧发行许可证》的剧目中，现实题材剧目共计 177 部、7004 集，分别占总部数、总集数的 69.7%、65.8%。同比 2018 年，2019 年上星频道晚黄档首轮剧中，现实题材削减了 18 部，但仍独占 85 部；近代剧有 33 部、保持平稳；古装剧从 7 部缩减到仅 2 部。从具体类型看，管制宽松、政治敏感度低的现实题材的比重居高不下，构成第一大类，言情类题材占比仅微跌 1 个百分点，仍停留在 16% 的高位；都市生活类保持在 11% 的比例。近代剧题材中，具备高收视基因的军事斗争类占比增加 2.8 个百分点，突破 10%。然而反特/谍战类却因创新遭遇瓶颈而出现颓势，占比下跌近 3 个百分点（见图 2）。2019 年政府加强了对敏感题材的监管：重点加强对宫斗剧、抗战剧、谍战剧的备案公示审核和内容审查，治理“老剧翻拍”等不良创作倾向，势必影响未来市场题材风向。

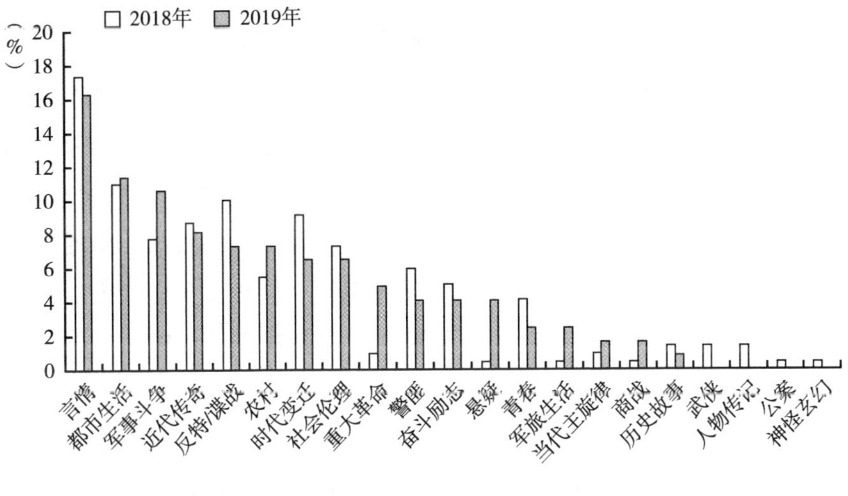

图 2　2018 ~ 2019 年上星频道晚黄档不同题材首轮剧部数比例（19：30 ~ 21：30，100 城市）

数据范围：CSM 媒介研究。

题材创新成为电视剧市场 2019 年度关键词之一。现实题材扎堆，如何避免高度同质化恶性竞争，在“螺蛳壳里做道场”就成了一道必答题，以题材新颖度取胜成为众多上星频道首轮剧之选。2019 年选取填补空白的首秀题材有 20 部，六成剧收视率破 1%，取得了较好的收视效果。例如取材于新中国首次特赦释放反革命罪犯和刑事罪犯、战犯这一重大历史事件的《特赦 1959》、聚焦新中国机车研发故事的《奔腾年代》、见证我国快递业 20 年发展历程的《在远方》、涉及电竞业的爆款言情剧《亲爱的，热爱的》等，从不同角度首次触碰不同行业及题材领域，紧扣社会热点，构建了丰富立体的类型矩阵。

部分上星频道还借鉴热门类型化电影元素，推出类似的电视剧集，例如公路剧、漫改剧等，成为年度一个新亮点，例如《七日生》《一场遇见爱情的旅行》《国宝奇旅》《第二次也很美》等。

三　竞争格局的变化：升级为朋友圈之争

2019 年全国电视剧市场的竞争格局发生了较大变化。从排名前十的上星频道来看，有 6 家频道晚黄档电视剧收视率有所提升，这和 2018 年大部分上星频道收视不同程度下降形成鲜明对比。晚黄档频道电视剧平均收视率突破 1% 的是湖南卫视和浙江卫视，湖南卫视年度同比提升 0. 36 个百分点，以 1. 23% 的收视率重夺冠军宝座；浙江卫视呈现爆发式增长，年度同比激增 0. 44 个百分点，以 1. 02% 的收视率紧随其后，实现历史性大逆袭。江苏卫视和上海东方卫视也实现增长，电视剧平均收视率在 0. 97 ~ 0. 98%；安徽卫视和天津卫视稳中微增；深圳卫视增幅较大，增长 0. 11 个百分点，收视率超过 0. 30%；北京卫视稳中微降，收视率维持在 0. 89% 的水平；山东卫视断崖式下滑，从 0. 48% 下降到 0. 22%，折损一半收视。

一个可喜的现象是，2019 年上述十大上星频道晚黄档收视率超过 1% 的电视剧总量较 2018 年有较大幅度提升（增加 22 部）。重回龙头位置的湖南卫视几乎月月有剧收视率突破 1%，年初的《知否知否应是绿肥红瘦》和都市剧《逆流而上的你》、年中暑期青春剧《少年派》及 9 月以后的 4 部剧《激荡》《谍战深海之惊蛰》《鳄鱼与牙签鸟》《大明风华》，收视率均超过 1. 2%，尤其是年尾的《大明风华》再次打破古装剧荒，在缓解市场饥渴的同时，获得了 1. 75% 的收视率。相比 2018 年无破 1% 剧的境况，浙江卫视在2019年勇猛精进，一举夺得9部席位。此外，江苏卫视从1部增加到8部，上海东方卫视从4部提升到7部，直接带动了频道整体收视效果。北京卫视和中央电视台八套保持不变。

省级上星频道间的电视剧竞争，除了独播剧之外，联播剧之争已经彻底变成了“朋友圈”之争。一线省级上星频道之间合纵连横，构建出不同于以往的固定联盟，强强联盟成为新趋势。其中，浙江卫视、东方卫视、北京卫视这三大卫视之间合作甚密，“押宝”胜算较大，充当了合作轴心的角色。二、三线省级上星频道中，安徽卫视、湖北卫视、山东卫视等卫视联播行为比较活跃，吉林卫视、深圳卫视、江西卫视、宁夏卫视等卫视也有参与，但与一线上星频道形成了泾渭分明的朋友圈。也有个别成功联袂一线上星频道，例如广东卫视和北京卫视于8月26日同步推出《老酒馆》、9月19日播出《外交风云》，分别带给广东卫视61%和18%的收视溢出率①，拉升了平台的竞争力。但更多实力一般的省级上星频道采取的是“圈外搭车”行为，跟播成为年度一景。2019年晚黄档省级上星频道跟播剧共有12部、涉及17部次，二、三线上星频道跟播一线上星频道，三、四线上星频道跟播二线上星频道，在首轮剧播出后间隔几天、次第跟播，分享剩余价值。

四　首轮热播剧的变化：联播剧集体发力，献礼剧领航市场

近2年随着我国电视剧市场创作不断下沉，2019年涌现了一批思想性、艺术性和可视性俱佳的作品。独播剧共计87部，约占2/3，多以当代剧为主，有25部收视率超过1%，湖南卫视独占11席。晚黄金档收视率超过1.2%的独播剧见表1。

联播剧共计37部，约占1/3，有11部总收视率超过2%（见表2）。

---

① 收视溢出率 =（该剧平均收视率 - 播出频道同时段电视剧年平均收视率）/播出频道同时段电视剧年平均收视率 ×100%。

表1　2019年上星频道晚黄档收视率超过1.2%的独播剧（19：30~21：30，100城市）

单位：%

剧目名称	类型	时代背景	首播上星频道	开播日期	收视率	溢出率
大明风华	历史故事	古装剧	湖南卫视	2019/12/17	1.75	42
少年派	青春	当代剧	湖南卫视	2019/6/9	1.43	16
老中医	近代传奇	近代剧	中央电视台综合频道	2019/2/21	1.41	55
谍战深海之惊蛰	反特/谍战	近代剧	湖南卫视	2019/10/22	1.37	11
鳄鱼与牙签鸟	言情	当代剧	湖南卫视	2019/11/18	1.34	9
刘家媳妇	农村	当代剧	中央台八套	2019/2/12	1.32	59
第二次也很美	言情	当代剧	上海东方卫视	2019/11/20	1.28	32
激荡	时代变迁	当代剧	湖南卫视	2019/9/22	1.28	4
特赦1959	其他	现代剧	中央电视台综合频道	2019/7/29	1.28	41
空降利刃	军旅生活	当代剧	江苏卫视	2019/9/15	1.25	28
逆流而上的你	都市生活	当代剧	湖南卫视	2019/2/12	1.23	0
破冰行动	警匪	当代剧	中央台八套	2019/5/10	1.21	46

资料来源：CSM媒介研究。

表2　2019年上星频道晚黄档总收视率超过2%的联播剧（19：30~21：30，100城市）

单位：%

剧目名称	题材	首播上星频道	开播日期	总收视率	总溢出率
精英律师	社会伦理	北京、上海	2019/12/20	2.53	36
奔腾年代	时代变迁	浙江、上海	2019/10/24	2.40	21
小欢喜	社会伦理	浙江、上海	2019/7/31	2.34	18
都挺好	社会伦理	浙江、江苏	2019/3/1	2.28	14
亲爱的，热爱的	言情	浙江、上海	2019/7/9	2.27	14
在远方	商战	浙江、上海	2019/9/22	2.27	14
光荣时代	反特/谍战	北京、江苏	2019/10/13	2.24	20
梦在海这边	奋斗励志	浙江、江苏	2019/12/11	2.21	11
乔安你好	言情	浙江、江苏	2019/11/21	2.15	8
带着爸爸去留学	都市生活	浙江、上海	2019/6/13	2.10	6
陆战之王	军旅生活	浙江、上海	2019/8/26	2.04	3

资料来源：CSM媒介研究。

结　语

2020 年，电视剧市场会迎来新的机遇与挑战：一方面居家抗疫使开机率提升，观众回归传统电视媒体，由于部分综艺节目受限，电视剧成为消遣时光的重要依托，观众对电视剧的收视需求会比较旺盛；另一方面，电视剧制作复工势必会受到影响，未来电视剧供应量可能进一步下降。保持主流价值传输，映射时代、反映现实、反思当下，良币驱逐劣币、精品化思维，将是未来电视剧市场发展的主要基调。

B.15
2019年中国网络视频产业发展报告*

周　逵**

摘　要： 截至2019年6月，我国网络视频（含短视频）用户规模达7.59亿人，较2018年年底增长3391万人，网民使用率达88.8%，在各类互联网应用的用户规模中排名第二，仅次于即时通信工具。2019年中国网络视听行业的产业规模受宏观经济因素影响增速进一步放缓。腾讯、优酷、爱奇艺继续保持第一阵营，而芒果TV作为中国广电系视听新媒体平台建设的标杆，有望跻身第一梯队，与腾讯、优酷和爱奇艺形成更加直接的市场竞争。

关键词： 在线视频　网络大电影　网络剧　网络综艺

一　产业数据解读

2019年，受宏观经济结构性调整等因素影响，中国网络视听行业也迎来了深入的结构调整和重构期。根据第44次《中国互联网络发展状况统计报告》，截至2019年6月，我国网民规模达8.54亿人，较2018年底增长2598万人。我国手机网民规模达8.47亿人，较2018年底增长2984万人，

* 本文系国家社科基金青年项目“媒体融合条件下广播电视业创新发展调查与研究”（项目编号17CXW004）的阶段性研究成果。

** 周逵，中国传媒大学副教授。

其中网络视频用户（含短视频）用户规模达7.59亿人，较2018年年底增长3391万人，网民使用率达88.8%，在网民各类互联网应用的用户规模中排名第二，仅次于即时通信工具。其中长视频用户规模为6.39亿人，占网民整体的74.7%；短视频用户规模为6.48亿，占网民整体的75.8%。[①]

根据课题组的统计和估算，2019年中国网络视听内容产业规模达到675亿元（见图1），与2018年相比增长5.9%，受宏观经济因素影响增速进一步放缓。腾讯、优酷、爱奇艺继续保持第一阵营，而芒果TV作为中国广电系视听新媒体平台建设的标杆，有望跻身第一梯队，与腾讯、优酷和爱奇艺形成更加直接的市场竞争（见图2）。第二梯队中，哔哩哔哩凭借青年文化特色脱颖而出，并在未来有较为乐观的商业前景。搜狐视频、咪咕视频还在探索重新寻找自己的商业定位和市场策略。而中国网络视听行业依然处于总体亏损的状况，在短视频平台的强势挤压下，长视频行业前景和未来商业模式探索的压力陡增。

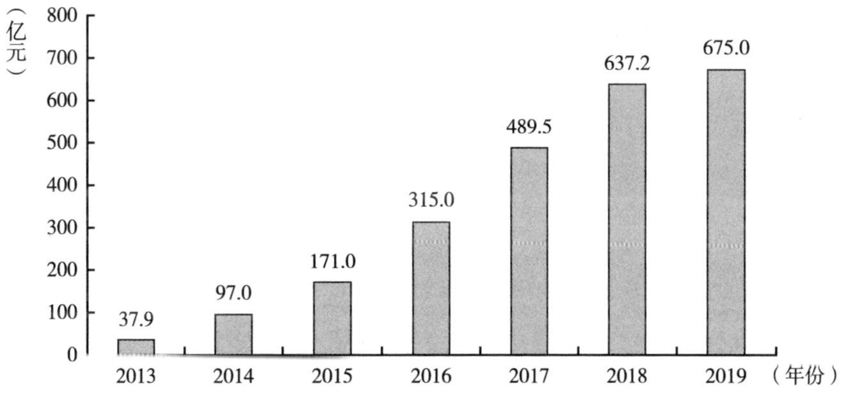

图1　2013~2019年中国网络视听内容产业规模

在企业层面，腾讯控股公布的《2019年第四季度及全年业绩报告》显示，视频业务全年营运亏损减少至30亿元以下。腾讯收费增值服务账户数

① CNNIC：第44次《中国互联网络发展状况统计报告》，2019年8月。

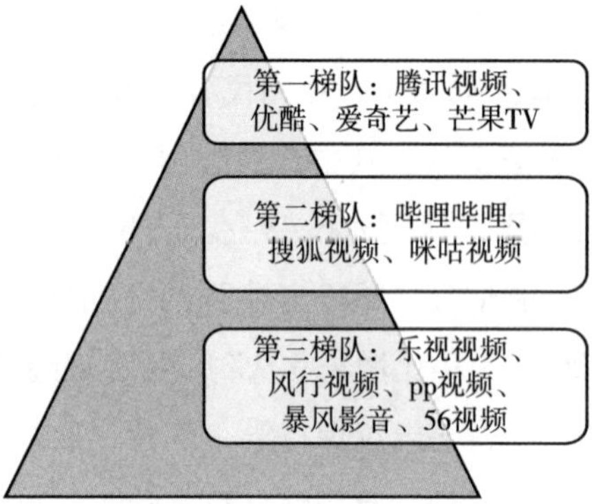

图2　2019年综合视频服务平台整体格局

同比增长12%，达到1.8亿户。受主要节目内容延迟播映影响，视频付费会员及收入增长较2018年有所放缓。腾讯视频付费会员数增长至1.06亿。腾讯2019年加大了对短视频的投入，2019年第四季度短视频应用微视日活跃用户数环比增长80%，日均视频上传量环比增长70%。[①]

优酷方面，根据阿里巴巴发布的《2019财年第四季度财报》以及2019财年的全年业绩，2019财年阿里巴巴集团收入达3768.44亿元，同比增长51%。第四季度来自数字媒体和娱乐的营收为56.71亿元，但运营亏损达到了38.54亿元。2019财年，优酷用户数量进一步增长，同比增长约为88%[②]。

爱奇艺方面，其发布的2019年第四季度及全年财报显示，2019年爱奇艺总营收为290亿元，同比增长16%，其中第四季度营收为75亿元，同比增长7%。第四季度运营亏损为25亿元，亏损幅度大幅收窄。其中，爱奇艺的会员规模和收入再创新高，截至2019年12月31日，爱奇艺总订阅会员1.07亿人，同比增长22%。2019年，爱奇艺会员服务营收144

① 《腾讯财报：视频业务全年营运亏损减少至30亿元以下》，http：//www.techweb.com.cn/it/2020-03-18/2781932.shtml。

② 《阿里发布2019财年业绩：收入达3768.44亿元同比增长51%》，http：//finance.sina.com.cn/stock/relnews/us/2019-05-15/doc-ihvhiews2177134.shtml。

亿元，同比增长 36%。根据爱奇艺上市以来公布的财报，2017 年至今，除了营业毛利润短暂翻正，爱奇艺各项利润指标长期为负，且亏损幅度持续扩大，2017～2019 年 3 年的净亏损分别为 37 亿元、91 亿元、103 亿元。①

芒果 TV 方面，芒果超媒披露业绩显示，2019 年，公司实现营业收入 125.23 亿元，同比增长 29.63%；实现归属于上市公司股东的净利润 11.57 亿元，同比增长 33.62%。芒果超媒的业务主要包括新媒体平台运营业务、新媒体互动娱乐内容制作业务和媒体零售业务。其中新媒体平台运营业务收入为公司主要收入，包括网络视频业务（平台为芒果 TV）和运营商业务（OTT/IPTV 业务以及电信增值业务），而新媒体平台运营业务的运营主体为快乐阳光，收入变现方式主要依靠会员和广告。2019 年，芒果 TV 有效会员数已超 1800 万人，业务整体同比增长超过 100%。②

二　网络视频产业热点解析

1. 网络综艺题材创新寻求突破，多平台类型对标竞争激烈

2019 年中国网络视听市场共上新 201 档网络综艺（见图 3）。在总数量上较 2018 年有所回落，综 N 代依然是综艺市场的主流，各家平台在政策合规性要求的风向下，寻求节目模式的创新，并在情感观察类、偶像养成类、演技竞逐类、乐队选拔类等题材方面展开直接对标，使得整体综艺市场竞争激烈，并出现了数档口碑和商业化俱佳的案例。

2019 年，情感观察类节目成为各大平台最热播的网综类型之一，特别是芒果 TV 先后推出《我家那闺女》《女儿们的恋爱》《我家小两口》《我最爱的女人们》《新生日记》《妻子的浪漫旅行　第二季/第三季》等多档情感

① 36 氪：《爱奇艺亏损持续、增速放缓，长视频盈利魔咒何时可破?》，https://baijiahao.baidu.com/s?id=1659749345340941734&wfr=spider&for=pc。

② 艾媒：《芒果超媒 2019 年营收 125.23 亿，芒果 TV 会员业务增幅超 100%》，https://www.iimedia.cn/c460/69464.html。

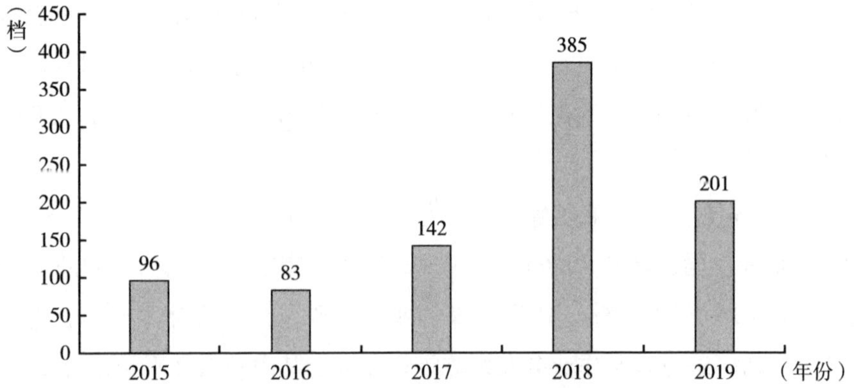

图3　2015～2019年网络综艺节目上线数量

数据来源：骨朵传媒，2015～2017；国家广电总局监管中心，2018～2019。

观察类节目，此外腾讯视频亦推出《女儿们的男朋友》《心动的信号2》《幸福三重奏2》等。情感观察类节目扎堆一方面有参考韩国观察类综艺模式的原因；另一方面，第二现场观察团角色的引入可以在中国综艺节目的政策环境中有效地规避真人秀节目本身“过度娱乐化”的风险，使得节目可以插入第三方的社会观察视角。

偶像养成类节目依然是2019年最受关注的节目品类。自爱奇艺出品的《偶像练习生》和腾讯出品的《创造101》播出后，偶像养成类节目成为政策面和产业面共同关注的综艺模式。2018年7月，国家广播电视总局发布通知，强调对于偶像养成类节目、社会广泛参与选拔的歌唱才艺竞秀类节目，要组织专家从主题立意、价值导向、思想内涵等方面进行严格评估，确保节目导向正确、内容健康向上方可播出，坚决遏止节目过度娱乐化和宣扬拜金享乐、急功近利等错误倾向。政策面的收紧使各家平台不约而同地更改了节目名称，如《偶像练习生》更名为《青春有你》、《创造101》更名为《创造营2019》，同时，优酷也推出选秀类节目《以团之名》。这些偶像养成类节目纷纷淡化偶像、出道等选秀色彩，但夹在双重话语之中的节目创作并没有获得如第一季的热播，男团偶像经济本身的产业链条也尚有较大的开拓空间。

2019年网综领域另一个多家平台竞逐的题材是演技类综艺，包括浙江卫视《我就是演员之巅峰对决》、腾讯视频《演员请就位》、优酷视频《演技派》三档。演技类综艺节目扎堆与《演员的诞生》的成功有关，同时也反映了面对2019年影视行业寒冬，不少演员面临开工不足、被迫转战综艺赛道的局面。优酷推出的《演技派》直接在横店制景，记录了30位新人演员从进组、建组、选拔、试戏到定角的全过程，首创片场实录模式，并加入了“剧综同追”的创新收视模式。而《演员请就位》延续了选秀类节目的模式，话题点也较多。但从总体看，演技类综艺节目模式还需要更大的想象力空间进行模式的原创和突破。

在音乐类节目方面，2019年各大平台纷纷刮起乐队风。爱奇艺以摇滚乐队为主题的《乐队的夏天》以丰富的音乐呈现和不同代际的乐队情怀获得了较高的口碑，豆瓣评分高达8.8分，也使得痛仰、盘尼西林、新裤子等31支乐队破圈而出。优酷也推出了乐队成长类音乐真人秀《一起乐队吧》，腾讯推出了与嘻哈同为小众音乐领域的《即刻电音》。而《中国好声音2019》《我是歌手》等几档老牌音乐类节目则表现出收视疲态，甚至遭遇滑铁卢。

值得注意的是，明星经营类真人秀节目由于与电商结合，开启了全新的赛道想象力。2019年12月，爱奇艺推出了国内首个潮牌经营类综艺《潮流合伙人》，节目通过与国潮品牌的合作，以中国风服饰推广的文化价值为抓手，突破了以往合伙餐厅、旅馆（如《中餐厅》《奇妙的食光》《完美的餐厅》《青春旅社》《亲爱的客栈》等节目）的模式，或许会成为未来各家平台竞逐的又一新赛道。

2. 现实主义与古装题材网络剧成爆款，互动剧引发新赛道想象

《2019年网剧行业调研报告》显示，2019年共上线网剧221部，相比2018年的218部略有增加。在中华人民共和国成立70周年之际，各家平台在国家广电总局的统筹安排下，纷纷制作并排播了一批以“主旋律为主”的年代剧、军旅剧，将新中国成立70年以来的家国叙事和个人奋斗相结合，并赋予其新时代的发展理念和价值内涵。在这样的大背景下，涌现出一批现

实主题题材精品,《大江大河》《逆流而上的你》《都挺好》《青春斗》《少年派》等接连播出的现实主义题材电视剧都成为精品爆款,这在电视剧发展史上是“现象级”的。

古装题材剧依然是2019年网络剧市场最夺目的类型。但国家广电总局对于穿越剧、古装剧等题材的严格管控,使得2019年的古装剧市场频繁出现临时撤档、临时提档上线等非常态的运营情况。《长安十二时辰》《陈情令》《大宋少年志》《宸汐缘》《庆余年》等剧豆瓣评分超过8分,客观上也为该类题材逐渐解禁提供了正面理据,同时印证了政策管控下行业制作水平是平台和制作公司抗风险能力的根本。诸如《庆余年》这样对涉嫌穿越剧的题材进行后期改造也是政策严控之下的无奈之举。

拍摄水平的大幅提升亦是2019年网络剧产业的亮点。如《长安十二时辰》的拍摄采用电影级画质和视觉叙事手法,使得整部剧的环境设定、外形塑造、人物刻画和台词表达等都呈现出世界级的水准。《长安十二时辰》《鹤唳华亭》《东宫》等剧因优良的制作引发良好的口碑,豆瓣评分均在8分以上。

近年来,技术革新、媒介融合使得影视剧叙事能力的拓展成为可能,互动剧品类走入观众的视野。它的出现意味着剧作内容的生产和呈现突破了“第四堵墙”的限制,原本线性的视频叙述过程呈现出树状甚至网状叙述的特点。网民追捧、各大平台纷纷入局,毫无疑问,“互动剧”正成为影视剧行业新的风口,但纵观近年来的国产互动剧却鲜有爆款,产业市场与技术尚显稚嫩,商业变现潜力也有待挖掘。但腾讯视频在此品类中展现出强大的资源联动和元素整合能力。2017年11月腾讯即利用其在游戏领域的积淀联合《新剑侠情缘》手游共同推出武侠互动剧《忘忧镇》;其后推出的《古董局中局之佛头起源》《隐形守护者》进一步模糊了影视剧与电子游戏的界限,体现了其早已显露的“发力视频与游戏深度结合”的“野心”。《古董局中局之佛头起源》作为一部非H5形态的互动剧,在腾讯视频播出后复玩率高达35.5%;在豆瓣,1670人参与评价,获得了8.0的评分。该剧也成功为“古董局中局”IP和腾讯视频导入大批流量。2019年1月18日,芒果TV

上线《明星大侦探之头号嫌疑人》，播放量达1.5万，豆瓣3678人参与评价，综合评分8.5，在付费会员拉新方面也有不俗表现。

3. 网络院线建设：我国互联网时代影视业创新发展的重要抉择

随着“互联网+”行动计划的推进和大数据、人工智能新信息技术的发展，中国消费互联网正向产业互联网拓展和演进，新时代我国电影事业也借由互联网获得创新发展新动能。

《2019年电影行业专题报告》显示，2019年全国有50家院线，上半年TOP5院线票房合计超143亿元，占总票房的46.2%，而近年来万达、大地等前十大院线票房合计占比均在2/3。院线市场集中度提升，头部效应愈加显著，形成电影业的“下游霸权”。反映在电影票房分账比例上，下游院线一般分六成，上游制片方分三成，中游宣发分一成。中国文艺评论家协会名誉主席李准指出，当前中国电影行业存在“按照票房需求配方生产”的现象，院线出于商业回报考虑，往往集中安排预期票房高的影片，导致每年有大量取得“龙标”的电影无法进入影院上映，其中包含很多优秀的、有艺术价值的影片。即便是知名导演、头部影视公司出品的影片，在排期上也要看院线“脸色”。2016年先后发生的《百鸟朝凤》出品方向院线下跪求排片，冯小刚因《我不是潘金莲》疑似遭到万达院线恶意减少排片而“开炮王健林”等事件，都是制片方和院线矛盾激化的反映。这不仅是上下游院线“谁吃肉、谁喝汤”的问题，也反映出我国艺术院线缺位或难以在市场上生存的困境。所以，改变传统院线“一线独大”的现状，推进网络院线发展，形成双院线制，从而促进影视业的创新发展势在必行。

从世界范围看，网络院一线发展也成为近年来的大势所趋。美国在线影视平台和传统影视业取长补短，进一步发展壮大，近年来积极布局互联网的传统影视巨头也表现出更大的发展活力和优势。《美国电影协会报告》显示，2019年美国电影票房为113亿美元，票房占比超过全球的1/4，继续稳居全球第一。同时，在线平台成为新老影视玩家竞相角逐的主战场，形成迪士尼、奈飞、AT&T（收购时代华纳）、亚马逊Prime Video、Comcast（收购环球影城）、苹果Apple TV+六大在线影视平台。影视IP资源强大的传统巨头迪士尼实力最为雄厚，旗下拥有 Disney +、Hulu、ESPN + 三大在线平台。而拥有 1.67 亿人付费用户的“网生代”影视平台奈飞，不断加强在内容自制、独播首播、网院同播、线下院线建设等方面的探索。在第 92 届奥斯卡金像奖上，奈飞提交的电影作品获得 24 项提名。按照奥斯卡组织方美国电影艺术和科学学院规定，这些电影必须在洛杉矶县的商业剧院连续放映至少 7 天，每天至少放映 3 次，在下午 6 点到 10 点至少放映 1 次。为此，美国司法部曾于 2019 年 4 月对奥斯卡组织方提出警告，认为这些规则限制奈飞和其他网络视频公司的奥斯卡奖评奖资格，涉嫌垄断，违反旨在保护市场自由竞争的美国法律。这种以反垄断法律保护电影业市场自由竞争的理念，也值得我国业界重视和借鉴。

在互联网环境下，电影的制片、发行、放映早已不限于传统方式，但由于历史惯性，中国电影行业对电影不同环节、不同渠道的管理还显分散，没有形成促进影视业创新发展和科学治理的合力，已远落后于互联网环境下全球影视业融合发展的趋势。建议以《中华人民共和国文化产业促进法》等法律制定为契机，以解决中国电影产业发展中存在的重要、紧迫难题，促进影视创作、生产、播放、消费各环节的平衡发展和整体性繁荣。明确电影双院线制的法律地位，放开互联网院线许可，鼓励网络院线发展，实现传统院线和网络院线并行的双院线制的协同、融合、共赢，推动新兴互联网平台成为优质视频内容最重要的传播渠道之一，实现线上和线下渠道的融合，有效促进电影创作和优质内容生产和供给，激发和扩大电影消费的市场规模和票房收入。在互联网时代，应大力推动电影产业网络化转型，鼓励网络院线、传统院线在发行放映环节合作共赢，在片源上共建共享。要引导传统院线建立融合、整合、跨界的发展理念，在积极拥抱互联网中发展壮大。①

① 周逵：《网络院线建设：我国互联网时代影视业创新发展的重要抉择》，光明网，https://whcy.gmw.cn/2020-04/01/content_33705466.htm。

B.16

2019年中国短视频行业发展报告

姜涛　李岳*

摘　要： 2019年，短视频行业竞争愈发激烈，用户对优质内容需求持续提升，与此同时，央视频、人民视频等国家级媒体打造的短视频平台已进入市场，大量传统媒体转型吸引专业人士入局，巨头平台的优质资源向两大极端方向聚拢并形成规模效益。网红、KOL资源与电商营销结合，盈利变现效益驱动更多参与者投身其中；短视频内容朝"精、深、垂"方向延伸，不断深化用户对平台的忠实程度，提升用户价值认同感。从媒体格局来看，以内容为核心的短视频行业，无论创作者、创作机构还是承载平台均注重内容价值的传递，从而逐步形成"内容升级之战"。

关键词： 短视频业态　圈层　KOL　MCN

一　市场竞争已不局限于平台内部，"跨界"或成为新风口

1. 短视频平台"两超多强"，国家队入场

2018年至今，以抖音、快手短视频平台为头部梯队的市场格局已基本

* 姜涛，央视市场研究（CTR）总经理助理、媒体融合总经理、CTR媒体融合研究院执行副院长；李岳，央视市场研究（CTR）媒体融合研究经理。

形成，综合各平台官方数据，截至2020年3月，抖音平台日活跃用户已突破4亿，以绝对优势领跑整个行业，快手平台日活跃用户也在年初突破3亿大关。而经过2020年春节期间的营销加码，格局分化愈发明显。处在第二梯队的西瓜视频、抖音火山版在多部贺岁影片的加持下，用户规模和用户使用时长均有较大幅度增长，而更多的后续入局平台则持续在腰尾部徘徊，仍与头部存在较大差距。

2019年11月，中央广播电视总台旗下短视频旗舰产品“央视频”App正式上线，标志着国家队正式进入短视频市场。央视频平台以“有品质的视频社交媒体”为定位，以聚合总台“5G + 4K + AI + VR”的核心技术优势以及视频资源富矿为目标，内容聚焦泛文体、泛资讯、泛知识三大品类，全力打造总台的新媒体旗舰产品，这一行动不仅为总台在媒体融合转型阶段增添了浓墨重彩的一笔，也促使短视频行业迎来了崭新的市场竞争格局。

2. 多类型移动应用程序具备短视频功能，竞争打破平台界限

跳出以短视频为主业态的平台，近两年众多移动应用程序已将短视频、文字和图片并列为第三种基础内容业态，目的是以更生动、清晰、直观的形式呈现给用户。这种跨界现象首先在长视频、新闻资讯、报纸杂志、音频平台等以内容为核心的平台出现，随后不断扩大到社交平台、知识付费平台、电商平台，最后逐渐深入教育、音乐、商务等各垂类应用中。截至2020年3月，在苹果、华为等手机应用商店的18大品类、180个头部应用程序中（每个品类下载量排名前10的应用程序），有七成左右包含了短视频功能，短视频已成为用户日常接触的基础媒介形态。

3. “短视频 + 社交”成为各家屡做尝试的发力重点

随着短视频逐渐成为用户媒介行为的基础业态，以腾讯、百度、今日头条为代表的各巨头纷纷开始尝试“短视频 + 社交”模式。2019年初，“头条系”社交新产品“多闪”上线，2020年初陌陌也推出“对眼”，但目前来看，短视频平台用户的社交意愿不够强烈，且用户之间发生的互动行为多基于熟人或内容本身，真正意义上的社交仍需回归至微信等社交平台，或与开

发者初衷不符。

在各大平台“短视频社交化”屡屡受阻后，在本报告写作期间，微信平台推出了视频号，“社交短视频化”成为又一方向。而视频号的重大突破在于它打通了私域和公域流量，可同时链接公众号、小程序、微信圈子、微信群、朋友圈，同时纳入视频推荐逻辑，这样的方式或打破了“熟人社交”的困局，从而做到兴趣和社交的良好结合，但其能否成为未来的风口还需时间检验。

二　短视频平台与其用户双向塑造趋势愈加明显

从央视市场研究（CTR）针对“短视频用户生活形态”的在线用户调研结果来看，东北地区短视频用户对快手格外青睐。快手建立初期，以“MC 天佑”为代表的 KOL 在平台形成风潮，引领平台形成了独特的“老铁”文化，树立了鲜明的平台标签，并一直延续至今。快手以“记录世界　记录你”为品牌口号，注重真实、接地气和普惠的内容传播。正是由于这种去中心化的特点，快手用户相对抖音覆盖面更广也更下沉，该平台红人也区别于其他平台，以普通人为主，以上种种致使平台和红人之间较易建立信任感，进而让快手成为一个“强带货”平台。而抖音则以“音乐短视频社交平台”确立平台风格，以背景音乐传递视频内容难以诠释的情感，进而引发群体共鸣，形成抖音平台社区化的突破点。从用户地域分布来看，这种音乐化共鸣越来越被三、四线城市的“小镇青年”所接受。抖音也在此不断发力，用“平台挑战”“音乐人计划”等多重方式，持续挖掘、聚拢行业内被埋没的音乐创作者，令抖音品质内容的表现形式不再局限于短视频这一唯一领域，音乐在全渠道的多元传递，无疑让抖音平台得以保持引领流行的“弄潮儿”形象。

跳脱出单一短视频领域，环顾市场，小红书和 B 站则是当之无愧的大流量社区入口。小红书定位为“分享好物”的生活社交平台，颇受新一线城市女性欢迎，从平台传递的内容及用户互动活跃性来看，用户对生活、工作中的“硬核评价、技能及资讯”需求较大，平台对美妆、服饰等女性时尚用品的带货能力较其他平台具有明显优势。而 B 站圈层化则更加明显，“二次元”“垂类”“小众”几乎成为其用户定位的代名词，与此同时，B 站也用其特有的 KOL 资源以及高度契合的小众内容，持续加固用户忠实度。这样看来，市场上大流量的内容平台，在平台与用户不停地摸索中均逐渐明确各自圈层定位，并不断适配，进而完成双向塑造和迭代升级的过程。

三　短视频业态向其他领域拓展，平台内容不断“精益求精”

短视频内容经过前期的爆发式增长，逐渐回归理性，向精品化、专业化升级。以抖音、快手为引领的短视频平台纷纷拉长视频时长，以承载不断丰富的、多层次的内容，从 15 秒到 60 秒，再到 5 分钟，甚至如今已有 15 分钟的视频内容呈现，同时在形式上也开始出现以“个人专辑”为代表的作品集合，内容不断向系列化、定制化发展。

1. 从“微综艺”“微剧”到“直播 + 点播”，短视频平台玩法不断升级

抖音平台上线《每个我》《希望你喜欢》《魔熙先生 +》《寻梦“欢”游记》《归零》等多档微综艺类型短视频，但从用户知晓度和行业反响来看，并未激起明显水花。而快手平台着力发展“一分钟上头的短剧”，2019 年 4 月上线的“快手小剧场”中集结了平台中以短剧为主要内容的账号，用户可通过订阅账号了解更新信息。小剧场以单独的页面出现，主要分为恋爱、动漫、霸总、搞笑等类别，并每天根据用户互动指标综合排序。目前，剧集品类的粉丝量和播放量均位于平台前列。

随着喜剧类内容在短视频平台播放量、粉丝量大幅增加，2020 年 3 月，抖音又联合德云社、开心麻花、笑果脱口秀、嘻哈包袱铺四大国内喜剧机构推出线上“喜剧场”，后又将直播切入，打造王牌喜剧专场“欢乐 DOU 包袱”，直播之后，抖音经过神剪辑把看点浓缩成优质短视频继续助

力内容持续升温。快手则继续发挥直播领域优势，与笑果文化共同推出了直播互动沙发喜剧秀《诞愿人长久》，脱口秀演员李诞、王建国等演员纷纷入场。

2. 传统媒体进入短视频领域，促进平台内容向专业化升级

2019 年，CTR 针对传统媒体的融合传播状况打造了“网络传播力评估体系”，经研究发现，国内 38 家省级以上电视台在多个渠道的新媒体活跃账号中，短视频平台账号数量增长速度最快，较年初增长将近 2 倍，说明传统媒体已将短视频平台作为新媒体传播的发力重点。[①] 又如 2019 年 8 月《新闻联播》入驻快手平台，仅用了 5 个月就吸引粉丝 3000 余万，成为 2019 年度平台粉丝增长最快的账号。同时，它还开辟了“主播说联播”的节目衍生账号，并在视频中频繁使用“老铁们”“霸道总裁”“自带滤镜”等网络用语，深受用户喜爱。大批传统媒体的进驻引发“鲶鱼效应”，促使短视频平台内容向更为专业化的方向发展。

四　平台引领创作者价值升级，向“社会担当”转化

1. 平台引领三农创作者利用创新扶贫模式“自主脱贫”

2019 年抖音、快手等大流量平台纷纷投入国家倡导的“脱贫攻坚战”，在“抖音文旅扶贫计划”“快手村播计划”支持下，平台中的乡村创作者通过短视频作品出售当地农产品，并展现地方文化和旅游等资源，引领扶贫开发创新模式，真正做到由偏重“输血”向注重“造血”转变。

在平台激励计划的推动和流量扶持下，涌现出“华农兄弟”“渔人阿烽”“侗族七仙女”等众多三农 KOL。其作品内容也由单线条的“喊麦”“求赞”，转向恬淡风光、绿色美食、优质特产等多元化内容。从评论反馈来看，用户态度也由早期“围观嘲笑”转向“追求向往”“喜闻乐见”。

① CTR 媒体融合研究院：《〈新闻联播〉跨屏短视频继续霸屏》，2020 年 2 月 21 日。

另外，随着平台对于“村播”的扶持以及农村内容的兴起，越来越多的乡村创作者借助短视频推介农产品拓宽销量，实现脱贫摘帽。[①] 快手官方数据显示，截至 2019 年 8 月，超过 500 万的国家级贫困县人口通过快手获得收益，约 115 万国家级贫困县区人员通过快手卖货，年销售额达 193 亿元。

2. 危机面前显担当，58万自媒体人助力主流媒体传播正能量

2020 年开年的一起国际公共卫生紧急事件，令信息的有效传达以及政策的公开透明显得尤为重要，媒体价值凸显。而在这次重大事件的报道中，超过 58 万的个人或机构创作者借短视频、Vlog、微纪录片等形式参与其中，助力主流媒体，促使真实的“前线”能够更加全方面、多角度、立体化地展示在全民眼前。

五　短视频/直播 + 电商形成“人货场”的盈利生态，敦促内容进一步升级

2018 年起，以抖音、快手为引领的短视频平台，以微信、微博为头部的社交平台，及以淘宝、京东、拼多多等为首的电商平台在短视频后又陆续开启直播功能，完善了“种草”“带货”的多种表现形式。从平台角度来看，短视频以其丰富的内容、题材优势吸引用户留存，搭建起强大的私域流量池，直播则凭借强互动性提升用户黏性，并通过透明的消费场景及强沉浸感为用户提供更强的感官服务，这种强强联手为平台创造了更高收益，形成了电商变现的基础逻辑。从用户角度来看，通过短视频或直播被 KOL 推荐的商品“种草”，发现潜在需求从而实现购买，由过去传统的“人找货”转变成为“货找人”“人找人”（用户寻找自己钟爱的 KOL）的新模式，消费需求进一步升级。

目前，部分内容平台通过电商化逐步实现“人、货、场”盈利生态重

① 快手：《赋能乡村连接幸福——快手精准扶贫报告（2018 ~ 2019）》，2019 年 12 月 17 日。

构。从盈利效果来看，据界面新闻报道，2019 年快手营收约 500 亿元，其中仅直播收入就接近 300 亿元。[①] 2019 年 6 月小红书直播功能开启内测，11 月发布直播平台及好物推荐平台，截至 2020 年 3 月已经出现 20 万粉丝量 KOL，直播单场销售破百万元。这场重构中，构建出更为多元化的消费场景，商品也被赋予更多内容属性，这也促使创作者不断丰富内容的层次和含义，促使目标用户沉浸其中，从而实现消费转化。

六　短视频精品内容的运营能力或成为 MCN 竞争洗牌后的重要出路

从 2019 年第四季度开始，MCN 机构进入竞争加剧阶段，面对不断理性的资本红利，那些缺乏明确定位及核心竞争力的 MCN 机构正面临淘汰危机。众多头部 MCN 在三年的“大浪淘沙”中逐渐摸索出机构的主营业态，但从长期战略观察，对比 MCN 机构与经纪公司、营销机构、制作机构的核心功能，内容的管理和运营才是 MCN 机构最具竞争力的优势。因此，经过此次行业洗牌分化后，对精品内容的识别、扶持、养成、分发、运营、变现具备成熟和完善的工业化体系，或成为 MCN 机构得以长期生存的重要出路。

另外，与短视频红利爆发同步推进的媒体融合转型，促使越来越多自带强大内容生产能力的传统媒体进入 MCN 赛道。据不完全统计，自 2018 年起全国十余家广电媒体开始探索并形成“内容生产 + 网红孵化”的 MCN 业态，如湖南电视台娱乐频道的 Drama TV、长沙广电的中广天择、成都广电的云上新视听等，打造“张丹丹的育儿经”“叨叨酱紫”等多个热门账号。大批传统媒体机构的入局，势必会发挥其精品内容创作的先天优势，同时也赋予其他 MCN 机构更大的对于精品内容运营的市场空间。

① 快手：《2019 磁力引擎年度报告》，2020 年 1 月 20 日。

七　由“国内竞争”向“出海全球”发展，影响力不断扩大

从KOL来看，近年来，以李子柒、办公室小野、滇西小哥等为代表的国内头部KOL，通过其各自MCN的运作，纷纷登陆YouTube、Facebook、Instagram等海外头部社交平台，获得超高粉丝量，并不断受到CNN、BBC等海外主流媒体的报道，形成“外国人眼中的中国”的代表。相比于主流媒体的官方发声以及熊猫、旗袍、茶叶等具象化的宣传，KOL通过“诗和远方”般的唯美乡村生活展示，创新科技、创新想法的娱乐化呈现，打破文化与空间的隔阂，达到更易被理解和接受的文化传播效果。虽然这些账号是否达到了对外输出中华文化的高度仍存在争议，但不可否认的是其在全球极大的影响力及在文化交流中起到的重要作用。

从平台来看，2018年起，抖音平台出海战略明显，其利用自身在国内崛起的经验，不断吸纳大V网红的同时精耕运营，短期内达到了迸发式效果，截至2019年5月，总下载量突破20亿次。为了支撑起不断扩张的海外业务，截至2019年底，字节跳动（抖音母公司）在全球30个国家和地区拥有6万名员工，服务范围覆盖150个国家和地区、75个语种。2020年，字节跳动将在全球招聘1万名员工，推进全球员工总数扩大到10万人的目标，来不断实现其“出海”战略。①

总体看来，短视频行业正在进入平稳发展的阶段，平台、创作者、创作机构作为行业中的各主导方正通过形式、形态的多样化尝试，寻找并满足用户不断提升的内容品质需求，以应对持续加剧的市场化竞争。在多轮的尝试中，各主导方似乎逐步达成共识，短视频行业的升级需以内容品质向“精、深、垂”方向升级为核心，以应对持续升级的市场化需求。

---

① 澎湃新闻：《字节跳动架构调整：张利东张楠执掌中国区，张一鸣重心转海外》，2020年3月12日。

B.17

2019年中国网络剧和网络电影发展报告

司若　吴飞*

摘　要： 2019年网络剧和网络电影产业注重优质内容制作，同时在内容和商业模式上有所创新，多部作品成功走出国门。在营销上，网络剧和网络电影的营销模式推陈出新，精准触达目标用户群体。在政策的引导和规范下，我国的网络剧和网络电影迎来了健康发展。本报告从生产和播出、观众口碑、海外传播等维度，全方位概览2019年网络剧和网络电影市场的发展状况。

关键词： 网络剧　网络电影　生产播出

一　网络剧的发展

1. 生产情况

自2019年2月15日起，投资总额超过500万元的网络剧被纳入国家广播电影电视总局重点网络影视剧管理中。根据国家广电总局的信息，2019年2～12月，在广电总局“重点网络影视剧信息备案系统”中登记并符合重点网络原创视听节目制作相关规定的网络电影共1056部。2019年通过审查的当代剧题材为813部，古装剧165部。在当代剧中，都市剧的比重最大。政策对于古装剧的引导成效显著。

---

* 司若，清华大学新闻与传播学院副教授、博导；吴飞，清华大学新闻与传播学院博士研究生。

2. 供给情况

2019 年，国产剧集的上新数量较 2018 年有所减少。根据艺恩统计，2019 年，国产剧集共上新 377 部，其中网络剧占 64.2%，电视剧占 35.8%（见图 1）。

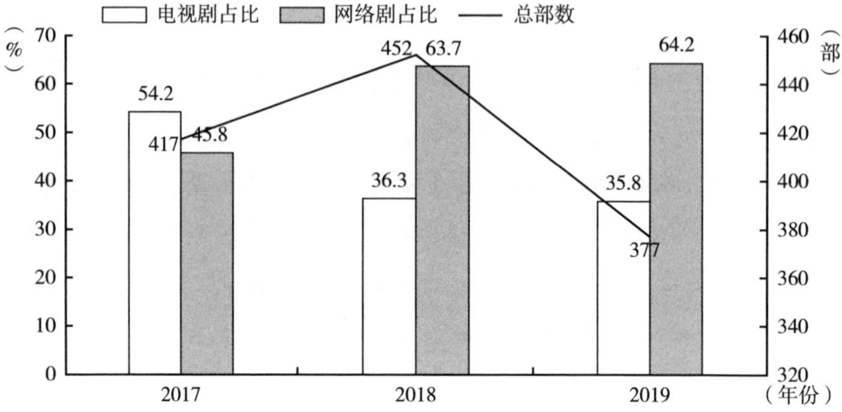

图 1　2017～2019 年国产剧集上新情况

数据来源：《2019 艺恩文娱数据白皮书》，2020。

2019 年，视频网站在推出新剧集方面同比下滑明显。爱奇艺仍然是提供新剧集最多的平台，保持了在业内的领先地位。搜狐视频在推出新剧集方面则遭遇了大幅下滑，降幅达 81%（见图 2）。

3. 播放情况

根据艺恩统计，2019 年网络剧中播映指数最高的网络剧为《陈情令》，《庆余年》《长安十二时辰》等网络剧播放量较大。在有效播放量较高的网络剧中，悬疑、武侠、玄幻等题材占据多数。IP 改编剧在 2019 年取得了极大成功，2019 年艺恩播映指数前 10 位的网络剧全部由小说改编而来。

4. 商业模式的创新

超前点播付费是视频平台推出的新播放模式，当前主要有两种类型：一种是一次性付费购买全部内容，直接收看剧集大结局；另一种是在 VIP 服务的基础上每周付费提前观看数集剧集。

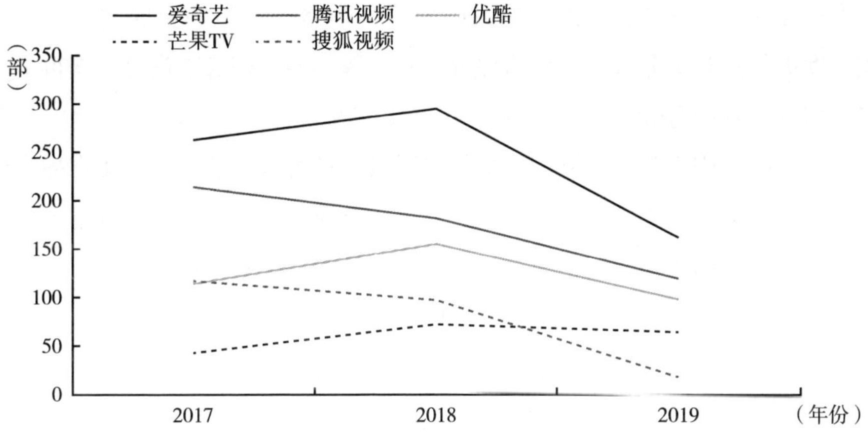

图 2　2017～2019 年视频平台剧集上新数量

数据来源：《2019 腾讯文娱白皮书》，2019。

2019 年 8 月，《陈情令》在接近播出剧情大结局时推出了“付费超前点播”的服务，观众需要花钱才能观看该剧最后数集的内容。2019 年年末播出的《庆余年》推出的“付费超前点播”服务则引发了更大的争议，观众在购买视频网站的 VIP 服务之后，还需要再次掏钱购买提前播出的剧集内容。有法律界人士就此向法院提起诉讼，认为平台用户协议中的“视频网站有权进行 VIP 会员权益的变更、调整、取消、增加”是霸王条款。虽然这一新模式引起了舆论风波，但是视频平台并未放弃这一模式。

5. 产品模式的创新

短视频的发展为传统的网络剧模式带来的全新机遇。竖屏网络剧的产生即融合了短视频和网络剧的元素。2018 年，爱奇艺推出的《生活对我下手了》，开辟了竖屏网络剧这一领域。2019 年，竖屏网络剧这一新形式迎来了进一步发展。爱奇艺推出的《导演对我下手了》《生活对我下手了 2》等竖屏网络剧延续了系列作品的风格。腾讯视频和火锅视频联合出品的《男友播放列表》则标榜为“国内首部主观视角竖屏系列火锅剧”。竖屏网络剧的主题以喜剧、爱情等为主，演员阵容多由网络红人、青年演员等组成。单集长度往往在5分钟左右，而《通灵妃》这部由漫画改编的竖屏网络剧的单集长度更是只有1分钟。从网络评分来看，竖屏网络剧表现尚可，获得了相当一部分观众的喜爱。

互动网络剧则为网络剧的创新带来了另一种可能。这一类剧集在播出到某一节点时会出现不同的选项，观众可根据意愿选择任意选项，剧情会根据选择有不一样的走向。2019年6月20日，爱奇艺推出了第一部真正意义上的互动剧《他的微笑》。随后，腾讯视频和Bilibili推出了互动剧的标准。从部分互动网络剧的豆瓣评分来看，观众对于这类作品评价良好。

在内容生产之外，各大视频网站也推出了一系列激励措施以促进竖屏网络剧和互动网络剧的发展。爱奇艺发布了剧情短视频付费分账模式，腾讯视频发布了“火锅剧”激励规则和合作方式，优酷则发布了鼓励微短剧模式。

在传统视频平台发展竖屏网络剧和互动网络剧的同时，短视频平台也开始向竖屏网络剧和互动网络剧方向发展。快手推出了“小剧场”板块，播出了竖屏网络剧《这个王爷我想退货》；抖音则在2019年年底推出了竖屏网络剧《曼曼今天迟到了吗》。

6. 网络剧的营销

2019年，网络剧的营销成功案例颇多。《陈情令》作为一部IP改编作品，在巩固原著核心粉丝的同时，依托腾讯“火箭少女101”的资源，与粉丝团体进行互动，同时实现多平台联动以覆盖更广范围的大众。《全职高手》通过线下广告投放、组织路演和分享会、线上各平台推广等多种方式，突破了剧集“电子竞技”的主题，让平时不关注电子竞技的观众也愿意观看这一作品，并对电子竞技有所认知。《怒晴湘西》围绕剧中“怒晴鸡”这一核心元素展开营销，同时依托剧集深厚的文化底蕴以吸引观众。《宸汐缘》的营销则通过在线下投放方言版广告，拉近与观众的距离，并通过剧集和广告之间的反差使观众成为主动宣传剧集的“自来水”。随着5G、AR/VR等技术的发展，以及“网红”营销模式的逐渐成熟，网络剧的营销模式将迎来进一步发展。

二　网络电影的发展

1. 生产情况

2019 年 2 月 15 日起，投资总额超过 100 万元的网络电影被纳入国家广播电影电视总局重点网络影视剧管理中。根据国家广电总局的信息，2019 年 2～12 月，在国家广电总局“重点网络影视剧信息备案系统”中登记并符合重点网络原创视听节目制作相关规定的网络电影共 3118 部。根据云合数据和市场公开数据，2019 年，投资成本达到 300 万元以上的影片数量占 48%，投资成本达到 1000 万元的影片有 18 部。网络电影正在摆脱“低成本”的标签，影片质量得以提升。

2. 发行和上线情况

2019 年网络电影发行公司数量为 429 家，同比下降 34%，发行 789 部网络电影，平均每家发行公司发行影片 1.8 部。新片厂、淘梦、映美、奇树有鱼等公司市场地位稳固，前 2 位市场份额合计为 20.8%，前 10 位市场份额合计为 47.1%。传统影视公司如慈文、华谊、完美世界、万合天宜等也有佳作上线，进一步拉升网络电影的品质（见表 1）。

表 1　2019 年网络电影发行公司前十位

单位：%

发行公司	正片播放市场占有率	代表作品
新片场	11.7	鬼吹灯之巫峡棺山
淘梦	9.1	水怪
映美	6.5	蜀山降魔传 2
奇树有鱼	5.5	毛驴上树
凡酷	4.1	智深传 2
溢彩	2.5	巅峰营救
智盛联合	2.5	天剑修仙传
功夫影业	2.1	李白之天火燎原
奥创	1.7	聊斋群妖谱
掌尚娱乐	1.4	青衣道师

3. 观看和播放情况

根据爱奇艺统计，2019 年，网络电影线上观影用户中女性用户同比增长 18%，增速高于男性用户；19 岁以上用户持续增长，其中 31 岁以上用户增幅超过 30%，中年用户成为新增长点；低线城市用户增速更快，同比增幅均高于 15%，未来仍有巨大的市场潜力。网络电影的播放情况则有所上升，据云合数据预计，2019 年网络电影正片播放量累计 48.2 亿次。

同时，网络电影播放的“头部效应”也逐渐明显。根据云合数据统计，2019 年，正片播放超过 5000 万次的影片数量达到 9 部。正片播放超过 500 万次的网络电影类型元素集中在动作、戏剧、奇幻、爱情、武侠、悬疑这 6 种类型上。

爱奇艺依然保持了网络电影的市场占有率，在各平台网络电影累计正片播放量中依然占据过半比例。腾讯视频的网络电影播放同比有所上升（见图 3）。

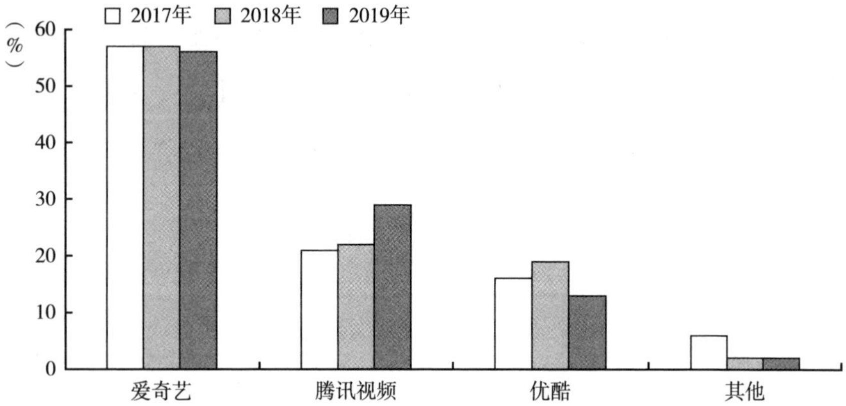

图 3　2017～2019 年各平台网络电影累计正片播放占比变化趋势

说明：统计范围为历年上线网络电影，统计时间截至 2019 年 12 月 20 日，包括已下线影片；2019 年全年为预估数据。

数据来源：爱奇艺电影中心，《2019 年网络电影行业报告》。

在网络电影的分账票房方面，爱奇艺播出的网络电影居前列，在年度网络电影分账排名前 10 位中占据了 9 席（见表 2）。截至 2019 年 11 月，爱奇艺的网络电影中有24部影片票房超过千万元，优酷有10部影片票房突破千万元。

表2　2019年网络电影分账 TOP10

单位：万元

排名	电影片名	分账	类型	播出平台	豆瓣评分
1	鬼吹灯之巫峡棺山	3470.3	动作、惊悚	爱奇艺	3.4
2	水怪	2600.2	奇幻、冒险	优酷	4.4
3	陈翔六点半之重楼别	2232.2	喜剧、爱情	爱奇艺	7.0
4	至尊先生	2089.3	玄幻、喜剧	爱奇艺	4.8
5	三重威胁之跨国大营救	2059.8	剧情、动作	爱奇艺	4.5
6	陈情令之生魂	1969.3	剧情、玄幻	爱奇艺	4.4
7	横行霸道	1829.9	喜剧、动作	爱奇艺	3.4
8	新封神姜子牙	1795.8	剧情、玄幻	爱奇艺	2.8
9	齐天大圣之大闹龙宫	1794.6	玄幻、喜剧	爱奇艺	3.6
10	新封神之哪吒闹海	1793.6	喜剧、动作	爱奇艺	3.9

数据来源：爱奇艺电影中心，《2019年网络电影行业报告》，数据截止日期为2019年11月30日；豆瓣评分数据来源：豆瓣，统计时间为2020年3月26日。

4. 营销支持情况

2019年，视频平台对网络电影的营销支持进一步加强。爱奇艺升级了网络电影的营销模式，将营销模式分为营销分成和联合营销，加强了网络电影领域的合作，为网络电影项目提供了从策略规划、渠道选择到数据反馈的全流程支持；腾讯视频将网络电影升级为自制电影，对网络电影的支持包括资金升级、资源升级和商业模式升级；优酷则发布了“锦绣合制计划”，宣布未来将参与网络电影的投资和宣发，与一流的网络电影公司共同制作精品网络电影，并推出了“优酷怪兽宇宙”这一整体营销，以期吸引观众。

此外，短视频营销也受到网络电影行业的重视。优酷推出的《水怪》《大蛇2》《巨鳄》《大雪怪》等网络电影都参与了抖音短视频营销，部分影片营销短视频播放量突破亿次。

B.18

2019年中国广播收听市场发展报告

马　超*

摘　要： 5G时代，"移动网络+音频"成为广播的新形态，听众的收听途径变得更为多样，新兴的移动音频突破了传统广播的时空限制，其丰富且个性化的内容、多样且高效的互动手段改变了信息传播者和广播听众之间的关系。传统广播直播收听市场在听众结构并未发生明显变化的基础上被进一步压缩。

关键词： 5G　移动音频　直播收听市场

一　直播收听市场不断压缩，收听途径多元化

不可否认，"移动网络+音频"是当前广播的新形态，它使当下听众的收听途径变得尤为多样。不仅如此，新兴的移动音频突破了传统广播的时空限制，丰富且个性化的内容、多样且高效的互动手段改变了信息传播者和广播听众之间的关系，传统广播直播收听市场被进一步压缩。CSM媒介研究收听调查数据显示，传统线性直播流广播的收听率从2012年起呈现出明显的递减态势。

家中和车上是直播收听的两个主要场所，近年来二者在收听竞争中呈现出明显的此消彼长态势。相对而言，家中收听的下降速度明显高于车上收听的增长速度，从而导致整体收听水平的下滑。具体来看，自2018年起非居

* 马超，中国广视索福瑞媒介研究（CSM）客户服务部经理。

家收听首次超过居家收听量，2019 年这一趋势进一步凸显。全国 24 个广播连续调查城市中，2019 年居家收听率为 1.85%，首次跌破 2%，较 2018 年的 2.04% 下降了 0.19 个百分点。与居家收听持续低迷的状况不同，车上收听则保持稳定，收听水平连续 6 年上涨，2019 年车载收听率为 1.50%，较 2018 年的 1.41% 提升了 0.09 个百分点（见图 1）。

手机终端收听和诸多音频 App 的出现，在一定程度上拓宽了传统直播流广播的传播渠道和途径，加速推动“其他场所”成为广播收听量新的增长点，2018 年“其他场所”收听较 2017 年呈现出质的提升。但值得注意的是，智能音频 App 的普及，也为广大用户提供了前所未有的海量音频内容，这在某种程度上形成了对直播收听的分流。2019 年，“其他场所”收听直播流广播节目并未呈现出期待中的持续增长，反而略微下滑。

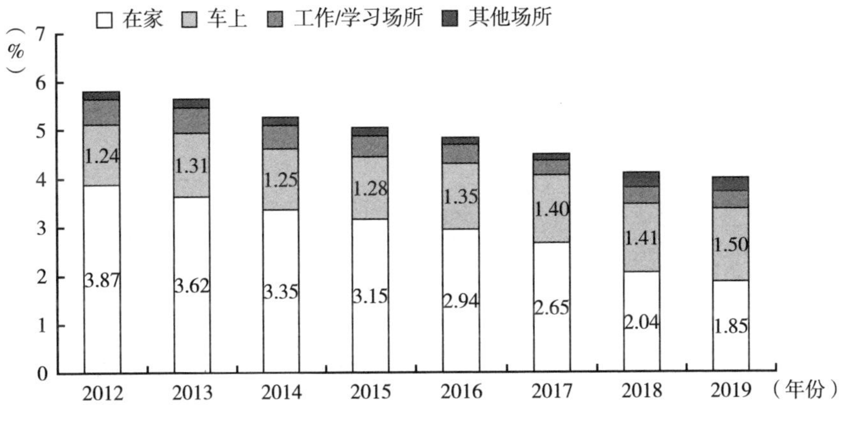

图 1　2012～2019 年全国广播收听市场不同场所收听率（历年广播连续调查城市）

数据来源：CSM 媒介研究。

私人轿车保有率的持续提升，促进了车载收听的增长，但也在几年加速上升后，趋于平缓。不过，5G 时代的到来，汽车也将变得越来越智能，车联网将车内控制、车载娱乐、导航服务、行车记录等功能融于一网，诸多智能手机上的音频 App 得以直接加载于汽车之上，或许可以为车载收听量的进一步提升提供一定空间。

二 早晚高峰车载收听不断挤压居家收听

对比2018年和2019年居家收听与车载收听全天的收听率走势①，早晚上班高峰依旧是车载收听的天下，其他时段居家收听领先，居家收听的高峰集中在早7：00时段和后晚间时段。

2018年和2019年两个主要收听场所的全天收听走势并未发生过大的波动，但不同时段二者的竞争激烈程度也有所差异：居家收听的下滑多发生于车载收听的早晚高峰时段，两个场所收听率此消彼长的态势再次呈现（见图2）。

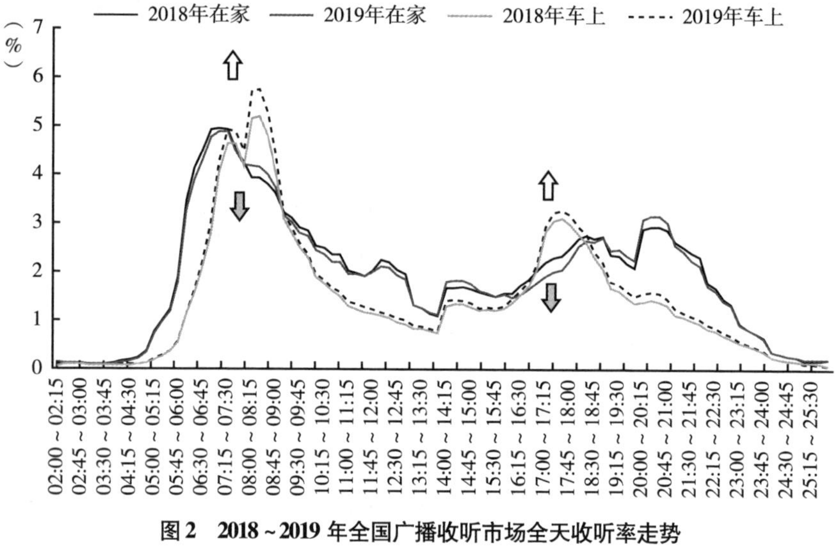

图2 2018～2019年全国广播收听市场全天收听率走势
（历年广播连续调查城市）

数据来源：CSM媒介研究。

虚拟测量仪（MRL）技术的普及使得收听行为测量更加全面，尤其是在收听方式更为多元化的今天，广播测量仪城市的收听表现呈现一些不同于

① 此处运用的数据组合2018～2019年打通的22个连续广播调查城市。

日记卡调查城市的新态势。在2019年全国8个测量仪城市中，车载收听在白天时段已全面超越居家收听，其他收听场所的收听率较日记卡城市也有全面提升（见图3）。

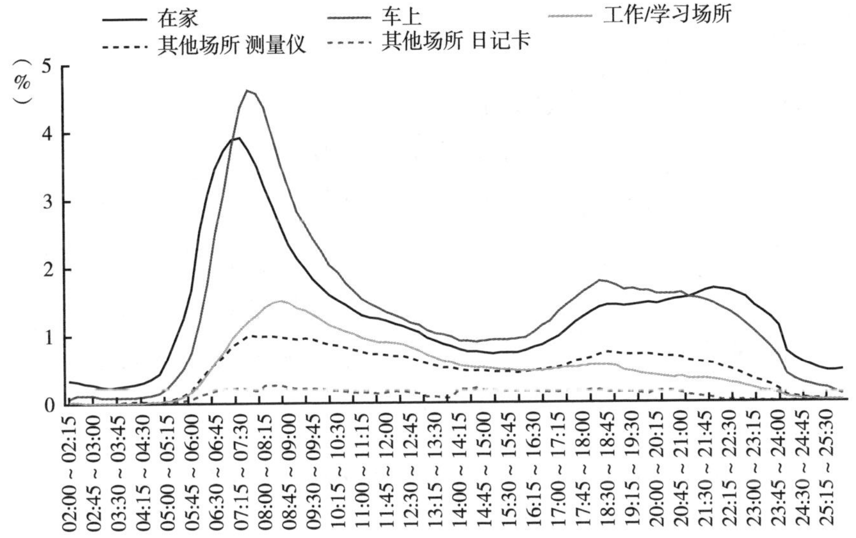

图3　2019年虚拟测量仪（MRL）城市广播收听市场全天收听率走势

数据来源：CSM媒介研究。

三　广播收听呈现地域性差异

受当地社会经济、广播业发展水平、受众媒介消费习惯等多种因素影响，各市场中线性直播流广播收听水平参差不齐。2019年，沈阳、乌鲁木齐和石家庄三地听众每天收听广播时长均在80分钟以上，位居三甲，其中居于榜首的沈阳市场的人均收听时长高达92分钟；而南昌、杭州、重庆、武汉听众每天收听广播的时长则不足40分钟。总体而言，长江以北的城市收听时长普遍较高，是重度广播收听市场。

广州、北京、合肥、长沙、深圳、宁波、杭州、南昌8个市场2019年听众在车上收听广播的时长已经超越居家收听。随着车联网的普及，车载收听将会在更多的城市中成为广播直播流收听的中坚（见图 4）。

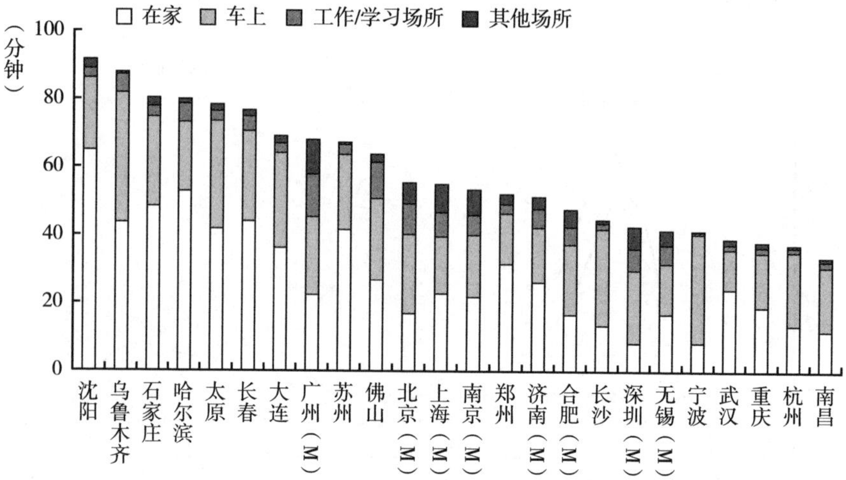

图 4　2019 年不同城市广播收听市场分场所人均收听时长

说明：标有（M）的城市为采用测量仪调查城市。

数据来源：CSM 媒介研究。

2019 年，共有苏州、武汉、长春、石家庄、沈阳、重庆、郑州、大连、广州、上海、南京、北京、无锡 13 个城市的人均收听时长较 2018 年同期有所提升，超过了本报告分析的连续调查城市的一半。其余城市则出现程度不一的下滑，下滑幅度较大的收听场所多为“家中”和“其他场所”。反观车载市场则相对乐观，2019 年近 73% 的城市在车上的人均日收听时长相较 2018 年同期出现增长。其中郑州、苏州、武汉、乌鲁木齐四地，收听时长增幅均在 20% 以上，反映出这些地区车载广播市场仍具有较高的活跃度。由此不难看出，车载收听仍是广播收听市场的重要增长点。

在 CSM 采用虚拟测量仪（MRL）进行广播收听率调查的 8 个城市中，6 个测量仪城市居家收听、工作/学习场所收听与车载收听时长较上一年度普遍有所增加。

四 区域广播优势持续，省市广播竞争日趋激烈

广播具有很强的属地性。2019 年，拥有众多频率的省级电台以占据过半的市场份额，位居诸多频率组之首；市级电台位居第二，占据了 1/3 以上的份额；国家级电台受频率数量局限，份额略低，竞争力较弱（见图 5）。

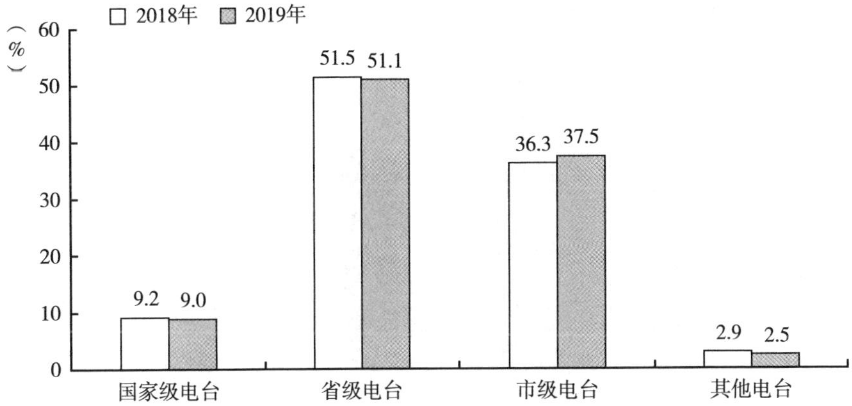

图 5 2018～2019 年全国广播收听市场各级电台市场份额（历年广播连续调查城市）

数据来源：CSM 媒介研究。

2019 年省市两级电台之间的竞争更为直接和激烈，在各城市两者相加所占份额可达 60%～90%。其中最为明显的一个特征就是在省会城市中省级电台占优，以南京、乌鲁木齐、合肥、南昌和哈尔滨 5 个城市最为明显，省级电台所占份额超过六成；而在非省会城市，则是市级电台更为强势，以无锡为例，市级电台占据了九成多的份额，可谓一家独大；在佛山、苏州两个城市，市级电台所占份额也均在八成以上，竞争实力强劲。

五 交通类频率优势突出，音乐类频率竞争力提升

长期以来，拉动广播市场收听的一直是新闻综合类、交通类和音乐类

频率这“三驾马车”，而在近几年，这“三驾马车”的发展轨迹出现了一些新变化。2019 年全国 24 个连续收听调查城市中，音乐类频率增势喜人，呈现出稳步提升的发展态势；交通类频率优势依旧；而新闻综合类频率则相对“消沉”，由最初的主位退居次席，虽然在 2019 年略有提升，但依旧无法重返巅峰。其余如文艺类频率、都市生活类频率则呈现出逐年下滑的态势（见图 6）。

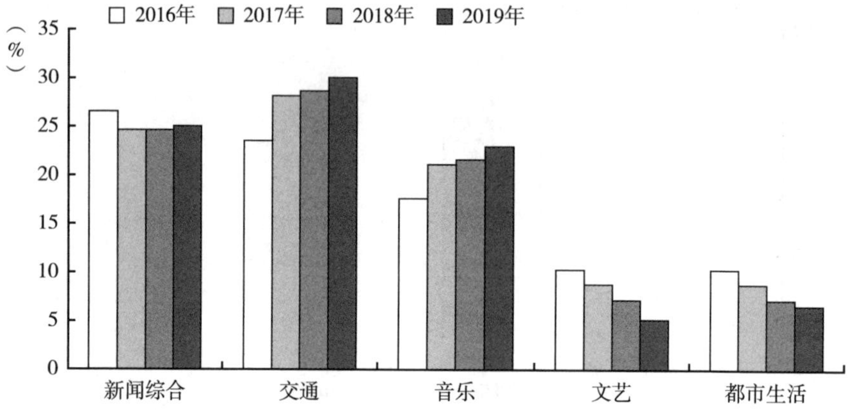

图 6　2016～2019 年不同类型频率市场份额

数据来源：CSM 媒介研究。

各类频率在家中与车上不同时段收听表现各具特色。2019 年，从家中收听来看，早晚高峰时段新闻综合类、交通类和音乐类频率“霸占”了大部分广播市场；车上则是另一番景象，早晚高峰均是交通类和音乐类频率尽显收听优势，其他类频率相对表现平平。

六　强势频率以交通类为主

在全国 24 个连续调查城市中，各地区强势广播频率的类型也有所差异，其中市场份额占据榜首的强势音乐类频率有 4 个，新闻综合类频率有 3 个，其余强势频率全部为交通类频率，共 17 个；而在所有强势的交通类频率中，

1/3 城市的交通频率占据当地近 1/3 的市场份额，其中新疆人民广播电台 949 交通广播 FM94.9、重庆人民广播电台交通频率 FM95.5、长春交通之声 FM96.8 在当地均占据超过 40% 的市场份额（见表 1）。

表 1　2019 年各城市强势频率汇总

单位：%

地区	当地排名最靠前的强势频率	市场份额	频率级别	频率类型
南京	江苏经典流行音乐广播 FM97.5	31.64	省级	音乐类
深圳	深圳人民广播电台音乐广播 FM97.1	27.76	市级	音乐类
上海	上海流行音乐广播　动感 101 FM101.7	26.61	省级	音乐类
沈阳	辽宁广播电视台音乐广播(沈阳台)FM98.6	24.02	市级	音乐类
佛山	佛山人民广播电台 FM94.6	28.30	市级	新闻综合类
济南	济南新闻广播 FM106.6/105.8	23.31	市级	新闻综合类
郑州	郑州新闻广播 AM549/FM98.8	20.98	市级	新闻综合类
乌鲁木齐	新疆人民广播电台 949 交通广播 FM94.9	47.56	省级	交通类
重庆	重庆人民广播电台交通频率 FM95.5	40.90	省级	交通类
长春	长春交通之声 FM96.8	40.70	市级	交通类
苏州	苏州广播电视总台交通经济广播 FM104.8	37.32	市级	交通类
大连	大连广播电台交通广播 FM100.8	36.75	市级	交通类
北京	北京人民广播电台交通广播(FM103.9/CFM95.6)	36.20	省级	交通类
太原	太原人民广播电台交通频率 FM107	31.94	市级	交通类
宁波	宁波电台交通广播 FM93.9 AM612	28.18	市级	交通类
长沙	湖南人民广播电台交通频道 FM91.8/FM100.3	27.58	省级	交通类
哈尔滨	黑龙江交通广播 FM99.8	25.42	省级	交通类
南昌	江西人民广播电台信息交通广播 FM105.4	25.16	省级	交通类
杭州	杭州交通经济广播 FM91.8	25.04	市级	交通类
合肥	安徽交通广播	22.58	省级	交通类
无锡	无锡广播电视台交通广播 FM106.9/AM1008	21.60	市级	交通类
石家庄	河北广播电视台交通广播 FM99.2	19.99	省级	交通类
武汉	楚天交通广播 FM92.7	19.64	省级	交通类
广州	广东广播电视台羊城交通广播台 FM105.2	18.12	市级	交通类

资料来源：CSM 媒介研究。

每个地区都有当地最为强势的广播节目，与前些年早午晚诸多时段均有强势节目居于地区榜首不同，2019 年，除了广州地区珠江经济广播在午间

12：30～13：00时段播出的《小说联播》节目外，其他城市的强势节目全部是早间播出的广播节目，且多被交通类频率垄断，由此可见，早高峰时段逐渐超越晚高峰，成为广大听众广播重度消费时段。其中以新疆交通广播播出的《开心路路通》和苏州交通经济广播播出的《1048即时关注》收听率最高，在当地均获得超过10%的收听率。

结　语

2019年的广播市场格局依旧平稳，但互联网带来的收听方式转变，已经逐渐影响到广播听众消费习惯，收听途径的不断扩大正渗透到车载收听市场。5G融媒时代，用户对媒体的参与性、互动性、体验感等方面的要求不断提高，作为主流媒体的广播电台需要重塑自身的内容生产者角色，以用户为核心，不断调整节目内容和呈现形式，满足用户的需求，让用户真正成为广播电台发展的受益者与参与者。

B.19

2019年中国报纸与期刊产业发展报告

姚　林*

摘　要： 在报纸和期刊广告经营持续下滑的过程中，媒体融合探索也初现端倪，融媒体成为平面媒体新的形态，报业和期刊业头部融媒体的传播力、影响力得到大幅提升。报纸和期刊的版面广告经营正在转化为多元化的产业经营。平面媒体融媒体的发展滞后于媒体融合的现象愈发凸显，报业和期刊业媒体融合及融媒体经营面临新的转折节点。

关键词： 报纸　期刊　广告经营　媒体融合

一　报业、期刊业从版面广告经营到多元化产业经营的转变

1. 报纸、期刊广告下滑趋势在持续

报纸期刊又被称作平面媒体，顾名思义就是依附于纸张的印刷媒体。曾经平面媒体八成以上的经营收入来自广告，平面媒体经营就是广告的经营。但随着传媒环境、广告环境的相继巨变，近几年平面媒体广告持续大幅下滑，且并无止跌迹象，这种以版面广告为基础的经营模式走到了尽头。

CTR广告数据趋势显示，2019年电视广告、报纸广告、广播广告、期刊广告和户外广告等传统媒体广告刊登额均呈下降趋势，分别下降9.5%、24.8%、

---

* 姚林，原央视市场研究（CTR）资深研究顾问。

13.5%、7.1%和18.7%，传统媒体广告刊登额下降10.4%（见图1）。

2019年，报纸广告降幅收窄至30%以下，为5年来第一次收窄；同时，期刊广告降幅维持在个位数。2019年，虽然报纸和期刊广告降幅均出现收窄趋势，但这并不意味着平面媒体广告的回暖，平面媒体广告的刊登额仍呈下降趋势。

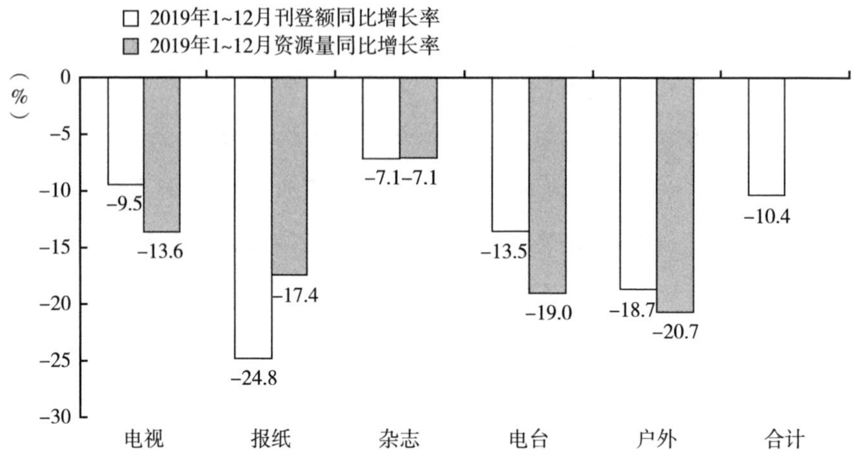

图1　2019年传统媒体广告刊登额及资源量变化趋势

数据来源：CTR媒介智讯。

2. 平面媒体向移动化、数字化、智能化转型升级

在《关于推动传统媒体和新兴媒体融合发展的指导意见》发布后的5年时间里，中国平面媒体的融媒体布局基本完成，其传播力和影响力大幅提升，平面媒体的媒体融合取得阶段性成果。2015~2019年，报纸媒体均呈下滑趋势，2019年末，报纸媒体日到达率为24.2%，与上一年相比基本稳定，而日接触时间也基本稳定在约17分钟（见图2）。

期刊媒体自2018年起周到达率和周接触时间都稳中有升，到2019年，期刊周到达率回升至14.9%，较2018年略微提升，周接触时长基本稳定在18分钟（见图3）。从各年龄层来看，15~34岁的年轻人群带动期刊周到达率回升（见图4）。

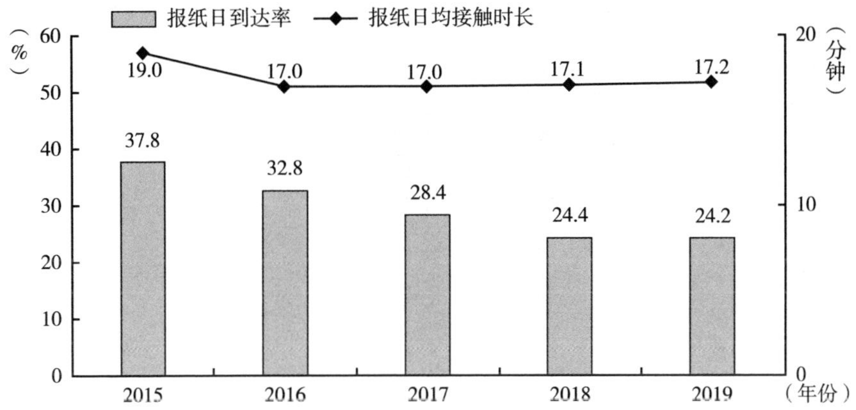

图2　2015～2019年报纸媒体在城市居民总体中的日到达率及日均接触时长

数据来源：CNRS－TGI中国城市居民调查2015～2019年60城市。

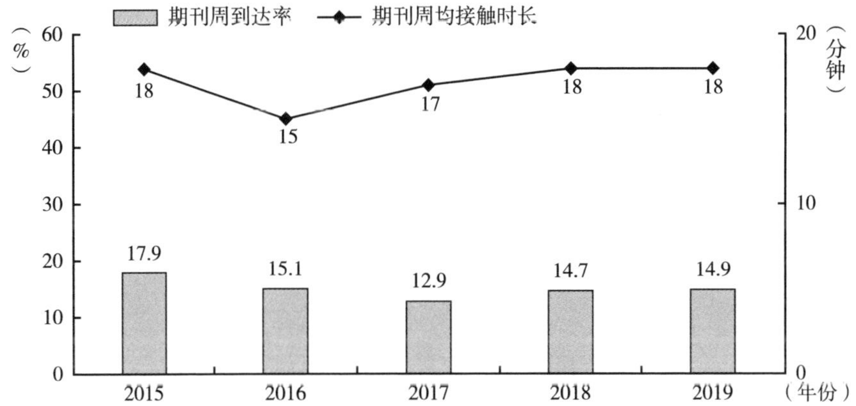

图3　2015～2019年期刊在城市居民总体中的周到达率及周均接触时长

数据来源：CNRS－TGI中国城市居民调查2015～2019年60城市。

由于移动互联网的快速发展，人们的阅读习惯已经发生了改变，平面媒体迎来了前所未有的挑战。为了对抗移动互联网带来的冲击，平面媒体将数字化转型作为一个契机。大型报业集团已开始向数字化、智能化深度转型，人民日报客户端已使用应用人工智能技术的创作大脑；光明日报社将与科大讯飞合作打造智能化有声报纸，实现从“看报”到“听报”的转变。

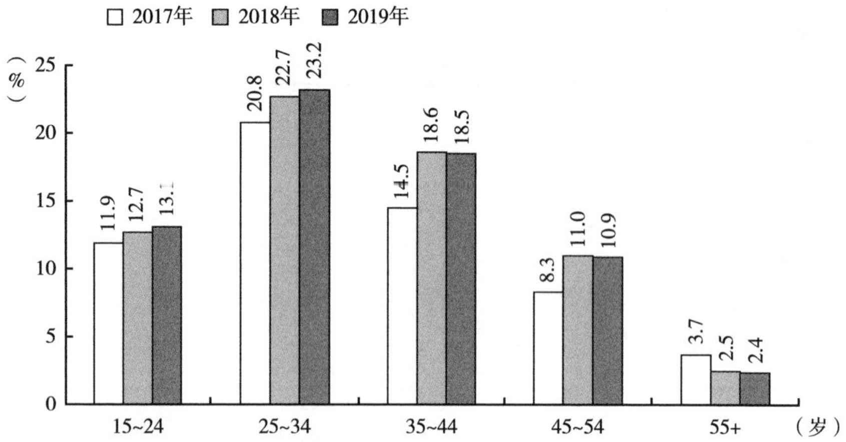

图4　2017～2019年期刊媒体在不同年龄城市居民中的周到达率

数据来源：CNRS－TGI中国城市居民调查2017～2019年60城市。

CNRS－TGI数据显示，2017～2019年，手机端阅读电子报纸和电子期刊的比例逐年上升。预计2019年末，手机端阅读电子报纸的日到达率为33.0%，较2018年上升3.2个百分点；手机端阅读电子期刊的周到达率为25.5%，较2018年上升2.7个百分点（见图5）。

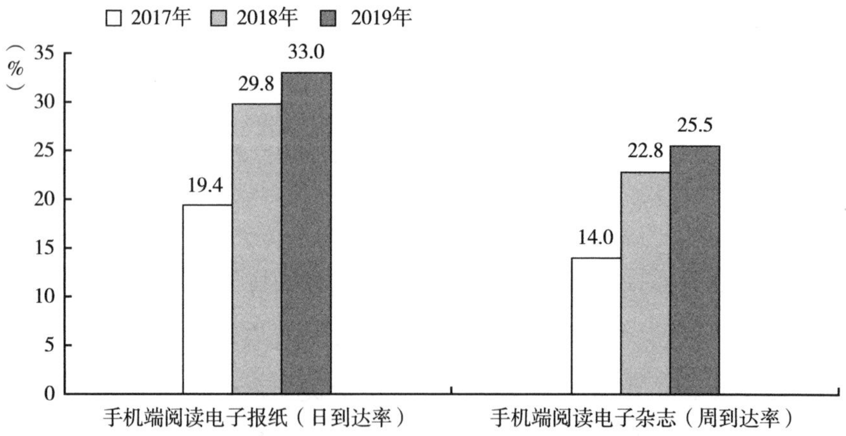

图5　2017～2019年平媒电子版在手机端的到达率

数据来源：CNRS－TGI中国城市居民调查2017～2019年60城市。

面对互联网时代的挑战，平面媒体正积极进行融合转型发展的探索，通过开通网站、聚合新闻客户端、入驻微信平台以及拥抱短视频等方式，许多媒体走出了各具特色的融合之路。

报业融媒体的传播矩阵以网站、微博、公众号、客户端及入驻聚合类新闻客户端等几个方面为基础进行建设。以《人民日报》为例，2019 年，“人民日报 +”短视频客户端正式上线，成为中央媒体首个上线的短视频聚合平台。中国平面媒体通过不断加大自身的创新变革力度，媒体综合实力和影响力将实现新的增长。

主要报社基本完成了传播矩阵的建设。随着新闻纸逐渐转向互联网和手机终端，报业传媒的传播力、影响力得到大幅提升，同时主流价值影响力的版图也得到大幅扩张。主要报纸融媒体的用户覆盖达到传统报纸覆盖的数十倍，这表明报业传播的主阵地已经从新闻纸转向到互联网。

3. 报业多元化产业经营格局在形成

根据中国广告协会报刊分会数据，2018 年 7 月至 2019 年 6 月，全部被调查的国内百余家省级及省级以下报社的平均收入为 2. 64 亿元。从经营收入构成看，逐渐呈现经营多元化的格局，广告收入和发行收入占比分别为 37. 0% 和 30. 2%，多元经营收入占比 21. 8%，新媒体收入占比 11. 0%。广告收入虽然还占据报社收入的榜首，但占比大幅缩减；发行收入占比则有所提高。报业的多元化经营格局正在形成，对广告收入和发行收入的依赖度明显降低。

同时，党政机关报和都市类报纸的经营策略也显示出不同发展路径。

党报的广告收入和发行收入依然是主要收入来源，分别占比 41. 3% 和 37. 7%；新媒体收入和多元化经营收入分别占比 8. 5% 和 12. 5%。虽然党报的广告收入也无法避免下降的趋势，但政务服务营收却大幅提高，来自政务服务的广告收入占比达七成。利用党报属性带来的政务资源，成为其经营的突破口。

都市类报纸的生存和发展虽然更加依赖市场，但是在融媒体的经营道路上已经开始逐步发展。2019 年，都市类报纸的广告收入下降 29. 8%；发行收入占比14.6%；而来自新媒体的收入占比达到15.9%，平均收入达4185万元。2019年，都市类报纸多元化经营收入占比达39.7%，已成为其最大收入来源。多元化经营成为媒体融合平台化的组成部分和成长点，这也表明跨界经营是一个可依靠的选择。

二　报业媒体融合发展到了关键转折节点

虽然报业融媒体建设取得显著成效，但这只是阶段性成果。

第一，大多数报社的融媒体建设还停留在渠道扩张和内容再造的阶段，没有达到“互联网+”的目标。对其他平台的依赖程度很高，其传播力的提升与传播平台的巨大流量密不可分；而自身网站、客户端的传播力还有待提升。

在报业融媒体的建设中，入驻各类平台就需要依托各类平台，获取到的仅是阅读量、点赞量、用户数量等表层数据，不足以支持更深层的数据挖掘，更没有独立算法支撑平台化经营。借助其他平台，快速进入互联网传播环境，或许是融媒体发展的必经之路，但这种融入步骤只是扩张了发布渠道、增加了间接用户量，传统媒体想要彻底转变、全面转型，就必须改造基因。

第二，融媒体建设无法避开经营。经营就是考察市场对融媒体的接受度，没有市场的接受，融媒体的传播就会大打折扣。尤其对市场化依赖程度较高的都市类报纸来说，经营是媒体融合的必经之路。未来几年将是传统媒体在经营转型上的攻坚阶段，也将成为媒体融合成败的关键。

2020年，传统媒体的媒体融合将进入深水攻坚的关键转折点，包括形成融媒体新的传播生态，及向平台型媒体的逐步转变；在经营方面，从报纸传统广告经营向融媒体互联网平台经营则成为关键。

三　融媒体经营必须遵循互联网经营的规律

随着融媒体传播力的不断提升，传播力、影响力如何转化为经营成果这个问题逐渐成为报业机构面临的共同困惑。就用户规模来讲，头部报业和期刊融媒体的用户规模已突破千万，是平面媒体兴盛时期读者规模的10倍以上。虽与互联网头部平台亿级用户规模有所差距，但是已经成为可以依赖而进行互联网经营的巨大流量。尽管如此，流量变现在外部原因和多种内部原因的影响下，仍显得异常困难。

1. 融媒体矩阵未形成聚合

融媒体的本质是传播介质的整合，并形成聚合传播效能。但现阶段报业媒体的融媒体布局还停留在入驻平台阶段，甚至很多报业媒体内部，各新媒体账号的后台数据都没有实现互通。内部融合不彻底，大环境下的融合停滞不前。矩阵还停留在拼图阶段，虽然拼图趋向完整，但板块之间的缝隙却难以忽略。

除了内部融合受阻，一些报业融媒体进入互联网环境之后，不选择参与互联网市场竞争，而是依然把同城、同省的其他报业机构当作主要竞争对手。这种狭隘的竞争理念其实是报业竞争格局历史的延续，十分顽固。在互联网时代，这些功能重叠的报业融媒体依然不能做到从艰难独活发展成为一体化的聚合。

2. 融媒体功能没有转化为功能型平台

虽然现阶段报业的融媒体发展成为常态，且随着用户规模扩大，传播效率也大幅提升，但其主要功能仍然是以发布为主。互联网背景下，媒体融合不是具备发布功能就能提升主流价值影响力，所以融媒体不应只是各种发布渠道的融合。相对于对传播方式的改变，互联网更重要的是改变生产方式、消费方式甚至生活方式和社会结构。因此媒体融合应该是以媒体的连接性为基础逻辑的跨行业（跨界）融合。无界传播也应该成为融媒体经营的基本逻辑，通过无界传播构建新的生活方式，融入生活场景、生活细节。

3. 融媒体经营没有改变经营方式

融媒体仍沿用传统媒体的经营方式也是其难以突破的重要原因。媒体融合中，存在一个常见误区概念，即“全媒体”。实际上，并不是构建了“全媒体”体系就具备了互联网环境下的经营基础。所以拥有新媒体渠道也不意味着把握了互联网化的经营。

在互联网经营中，广告即服务、经营功能化、营销服务化已经成为基本趋势。视频广告、搜索广告、电商广告等形式已经成为互联网广告的基本形式，这些创新广告形式，以流量转化为导向，一方面模糊了营销服务和广告的边界，另一方面也吸引了更多元化的广告主。

所以，对报业融媒体经营来说，最重要的是了解新广告形式的内核并运用，不能停留在传统的经营方式上，也不能游离在互联网经营的核心之外。

4. 互联网化的经营需要技术的支持

融媒体现阶段还无法形成平台媒体的重要原因，就是建立了融媒体矩阵但不具备技术驱动力。大多数报业融媒体虽然拥有发布功能，但是缺少互联网经营的基本要素，如不具备用户画像和推送功能，缺少搜索工具和服务与多元化经营的链接等，也就不具备流量管理的基本条件。

互联网发展的一个基本驱动力是科技进步，技术的改变也影响着经营方式和经营逻辑。互联网经营的一个基本要求是精准投放，而这也是以大数据和算法为基础的。从技术角度讲，后台没有大数据和算法的支撑，就不能形成用户管理，也就无法实现服务化营销，难以将流量变现。所以，融媒体经营互联网化必须建立在大数据和算法的基础上。

B.20

2019年中国图书出版产业发展报告

魏玉山*

摘　要： 2019年是党和国家出版管理体制改革基本完成并按照新体制运行的第一年，有关出版工作的新的政策、新精神陆续出台，新的管理机制全面运行，图书出版业的发展进入一个新阶段。内容创新、规模控制、调整结构、加快新技术运营及新产品开发是2020年乃至未来一个时期出版业发展的趋势。

关键词： 图书出版　出版管理体制改革　主题图书

一　图书出版业基本情况

1. 图书出版产业规模继续保持较快增长

2018年，图书出版实现营业收入937.30亿元，较上一年增长6.56%，在构成新闻出版产业的8个门类中增长速度最高，也远远高于新闻出版产业营业收入的增速（3.1%），其增速与同期国民经济增速基本持平。同时，图书总印数达到100.1亿册（张），首次超过100亿册，较上一年增长8.3%，这也是一个令人欣慰的数据，在各种数字产品快速增长的时代，读书人，或者钟情于纸书的人依然在坚守传统。

在图书零售方面，网店仍然保持较高速度增长，实体店继续呈现负增长。基于互联网的普及以及大众网络购书习惯的持续养成，2019年网店渠

* 魏玉山，中国新闻出版研究院院长、研究员。

道码洋占总码洋比例已达70%，成为图书销售的主要渠道[①]。

2. 图书品种结构继续调整

中央关于控制品种提高质量的政策进一步落实，2019年全国561家图书出版单位报送228020种选题，较2018年减少7022种。[②]

从2018年的统计数据看，全国出版新书品种比2017年减少3.1%，新书总数下降到24.7万种；重印图书品种达27.2万种，增长5.7%，自2017年重印图书在品种上超过新书后，这已经是第二年实现了超越，且差值不断扩大。[③] 2019年，新书品种规模达19.4万种。

从22类图书来看，只有马列主义、毛泽东思想类图书的所有指标与2018年相比，实现了两位数及以上的增长：新书品种增长19%，重印图书品种增长37%，总印数增长约120%。这一类图书虽然在总体中所占比例不大，但是增长十分突出。

3. 主题图书增长继续领先

2018年，主题图书继续快速发展，在诸多指标方面创造了新高。35种主题图书全年印数过100万册，占年度印数100万册及以上一般图书[④]的近60%，比上一年提高近28个百分点。在印数总榜单中，主题图书同样亮眼，印数前10名图书中主题图书占据7个名额。

4. 原创图书仍然需要加力

国家倡导并积极推动中华优秀传统文化创新性发展及创造性转化，在2019年中共中央办公厅、国务院办公厅联合印发的《关于加强和改进出版工作的意见》中，创造性转化、创新性发展与“双百”（百花齐放，百家争鸣）、“两为”（为人民服务，为社会主义服务）一起，并列为出版工作的指导思想，足见中央对文化创造、创新的高度重视。但是从出版统计的数据来

① 《北京开卷：2019中国图书零售市场报告》，http：//www.199it.com/archives/997065.html。

② 《2019年全国图书选题分析综述》，中国新闻出版广电网，https：//www.chinaxwcb.com/info/551963。

③ 国家新闻出版署：《2018年新闻出版产业分析报告》，2019年8月。

④ 排除课本、中小学学习辅导材料等学生用书的书籍，通称“一般图书”。

看，图书出版的创造、创新仍亟须加强，其理由有两点：一是图书重印比例持续增长，在一些出版社重印图书的品种已经占到总品种的60%甚至70%，一些门类的图书重印品种也已经远远超过新书品种，如文化、科学、教育、体育类新版75381种、重印134153种，语言、文字类新版8114种、重印13253种，数理科学、化学类新版3061种、重印6728种，工业技术类新版20451种、重印28885种，交通运输类新版2692种、重印3049种。二是在畅销书排行榜上，新书数量低于重印图书，引进图书、重印图书长期占据榜单的现象突出。

二　图书出版业热点与亮点

1. 庆祝新中国成立70周年图书品种丰富，内容广泛

2019年是新中国成立70周年，出版界为庆祝新中国的生日，进行了充分的准备工作，策划了大批的选题，据国家新闻出版署2019年4月发布的2019年全国各出版单位的选题汇总分析报告，全国各出版社共申报了1024种庆祝新中国成立70周年的选题。① 这些图书既有全面展示新中国成立70周年发展的通史性著作，也有从各个领域、各个地区反映巨变的图书，为全面了解70年提供了丰富的作品。如当代中国出版社出版的《中华人民共和国简史（1949～2019）》《新中国70年》；中国社会科学出版社出版的《新中国人口学研究70年》《新中国技术经济研究70年》等；新华出版社出版的《国家记忆　新中国70年影像志》；人民出版社出版的“新中国经济发展70年丛书”；中国统计出版社出版的《辉煌70年　新中国经济社会发展成就1949～2019》；中国财政经济出版社出版的《新中国70年发展的财政逻辑（1949～2019）》等。

2. 语文、历史、道德与法治(思想政治）三科教材实现全覆盖

在党中央的决策部署下，从2017年开始，国家教材委员会成立，对中

---

① 《快看干货！2019最权威的全国出版选题汇总解读来了!》，http：//www.sohu.com/a/308079983_99957183。

小学语文、历史、道德与法治（思想政治）三科教材，实行国家统编、统审、统用。三科教材从中小学普及到告知，实现了12年基础教育的全覆盖。三科教材的统一，使原来存在多年的40多套教材变成了3套。当然三科教材的统一出版，也对一些有教材出版权的出版社产生了巨大的影响，有的出版社、出版集团因此每年的收入减少几亿元。

3. 出版与科技的融合发展进一步深化

2019年8月，相关部门印发了《关于促进文化和科技深度融合的指导意见》，进一步推动出版业与以数字化、网络化、智能化为基点的技术深度融合发展，在内容可视化呈现、互动化传播、沉浸化体验技术应用系统平台与产品开发方面取得新进展。出版业与科技的融合是一个系统的、全面的、持久的过程，非一朝一夕能够完成。技术地融合在图书发行、图书印刷、图书制作、图书阅读等各个环节都大有可为。2019年，出版单位在专业知识服务、VR/AR图书、听书等领域都有新产品、新服务面世，丰富了人们的阅读体验。

三　2020年图书出版业发展趋势

2020年注定是不平凡的一年，注定是要给人们留下记忆的一年，不仅是国家“十三五”规划的收官之年，出版业“十三五”规划的结束之年，各方面的建设成果陆续完成并开始发挥功效，还是我们“两个一百年”建设目标中，第一个“一百年”建设目标实现，即全面建成小康社会之年，是我们迈向第二个“一百年”的关键时间节点。

展望2020年出版业的发展，有三个方面值得关注：一是把内容的创造与创新放在首位，走可持续发展之路；二是要控制规模，调整结构，走高质量发展之路；三是加大新技术运营与新产品开发力度，满足人民阅读的新期待，走融合发展之路。① 目前来看，这三个方面仍然是2020年乃至未来一个时期出版业发展的趋势。

---

① 魏玉山：《以出版融合促进高质量发展》，《编辑学刊》2020年第1期。

B.21
2019年中国网络游戏产业发展报告

陈信凌　肖倩云*

摘　要： 经历过“寒冬期”的中国游戏市场，终于在2019年迎来行业回暖，市场规模和用户规模均保持良好的发展态势。游戏“出海”继续扩展新版图，5G、云游戏等新技术驱动产业迎来新发展，未成年人网络防沉迷生态系统进一步完善。电子竞技游戏市场迎来“黄金时代”，移动游戏市场活力无限，精品化战略也为部分发展缓慢的游戏市场带来生机。未来中国游戏产业将面临更多机遇，游戏直播行业全面发展，知识产权生态赋能游戏产业发展，电竞教育或将成为解决游戏产业人才供需矛盾的关键。

关键词： 云游戏　精品化战略　知识产权　电竞教育

一　产业发展概况

1. 市场实际销售收入与占有率

中国音数协游戏工委（GPC）、国际数据公司（IDC）联合发布的《2019年中国游戏产业报告》① 显示，2019年中国游戏市场实际销售收入为

* 陈信凌，南昌大学教授、博导，新闻与传播学院院长，教育部新闻传播学类专业教学指导委员会委员；肖倩云，南昌大学新闻与传播学院硕士研究生。

① 如无特殊说明，本文数据均来自GPC、IDC发布的《2019年中国游戏产业报告》。

2308.8 亿元，较 2018 年增长 164.4 亿元，同比增长 7.7%（见图 1），行业发展逐渐回暖，整体保持稳中向好、稳中有升的良好态势。

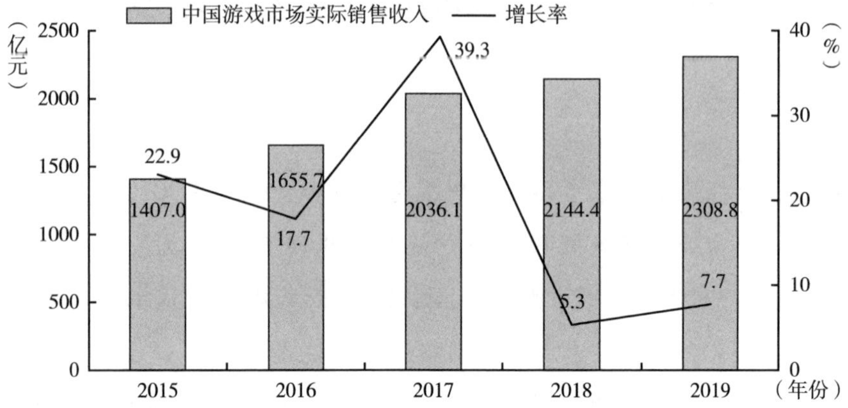

图 1　2015～2019 年中国游戏市场实际销售收入及增长率

数据来源：GPC、IDC，《2019 年中国游戏产业报告》，2019。

2. 细分市场

2019 年，中国移动游戏市场、客户端游戏市场和网页游戏市场发展各有新变化。其中中国移动游戏市场实际销售收入上升趋势稳定，网页游戏市场近几年市场萎缩明显（见表 1）。

表 1　2019 年中国网络游戏细分市场实际销售收入、增长率及市场占有率

单位：亿元，%

项目	市场实际销售收入	同比增长	市场占有率
移动游戏	1581.1	18.0	68.5
客户端游戏	615.1	-0.7	26.6
网页游戏	98.7	-22.0	4.3
其他	13.9	-76.3	0.6
合计	2308.8	7.7	100

资料来源：GPC、IDC，《2019 年中国游戏产业报告》，2019。

3. 用户规模

2019 年中国游戏用户规模为 6.3 亿人（见图 2），增速放缓。移动游戏用户规模为 6.2 亿人，同比增长 3.3%；客户端游戏用户规模为 1.42 亿人，同比下降 5.3%；同时，由于用户逐步向移动游戏市场转移，网页游戏的市场份额也在逐年压缩，用户规模逐步下降至 1.9 亿人，同比下降 13.6%（见表 2），市场萎缩明显。

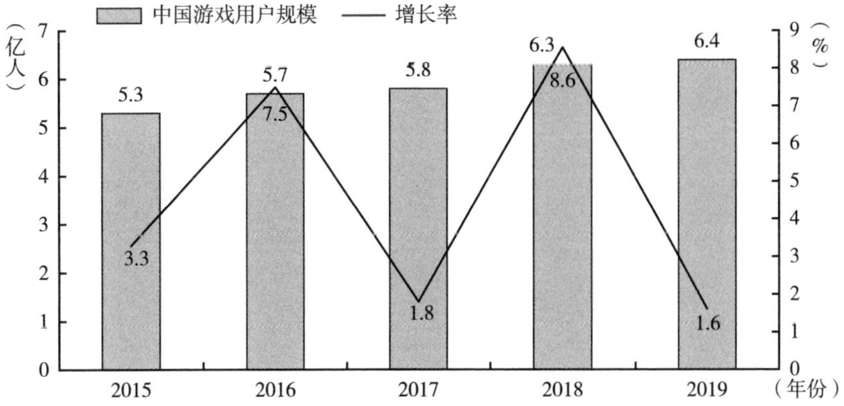

图 2　2015 ~ 2019 年中国游戏用户规模及增长率

数据来源：GPC、IDC，《2019 年中国游戏产业报告》，2019。

表 2　2019 年中国网络游戏细分市场用户规模及增长率

单位：亿人，%

项目	用户规模		增长率
	2018 年	2019 年	
移动游戏	6.0	6.2	3.3
客户端游戏	1.50	1.42	-5.3
网页游戏	2.2	1.9	-13.6

资料来源：GPC、IDC，《2019 年中国游戏产业报告》，2019。

二　产业发展热点解析

1. 游戏“出海”扩展新版图

2019 年中国游戏企业持续布局海外市场，自研游戏海外市场实际销售收入为 115.9 亿美元，同比增长 21.0%（见图 3）。目前游戏出海的国家中，欧美、日韩仍为主力市场，中东、东南亚、拉美等地区也具备一定发展优势，甚至拥有更大发展空间。

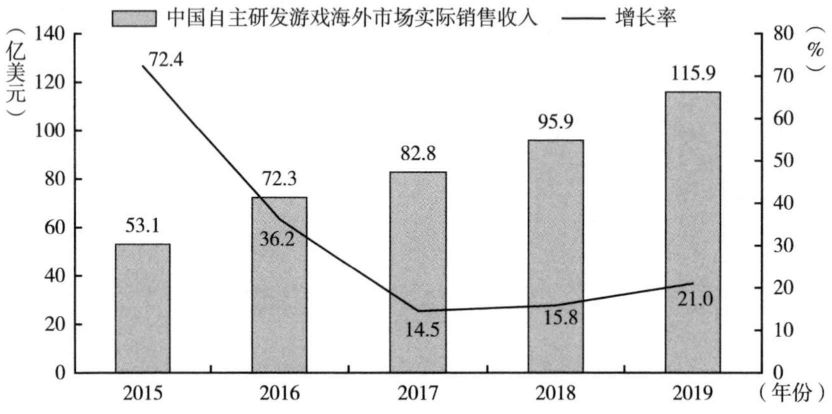

图 3　2015～2019 年中国自主研发游戏海外市场实际销售收入

数据来源：GPC、IDC，《2019 年中国游戏产业报告》，2019。

2019 年，在苹果应用商城（iOS）日收入前 100 名的企业数量的榜单中，印尼、泰国和印度分别有 107 家、106 家和 84 家中国游戏企业进入过榜单；而在日收入前 100 的游戏数量榜单中，则是印尼、泰国和沙特分别以 170 款、166 款和 130 款中国游戏进入过榜单。

中国游戏企业通过积极的海外拓展，以“精品原创 + 差异化定位”的战略，成功塑造了一批优秀国产游戏品牌。例如，国内游戏企业自主研发的《刺激战场》成功打入欧美市场，登顶上百个地区下载榜和进入畅销榜前列；《荒野行动》在日本上线近两年依然保持在苹果应用商城（iOS）

畅销榜TOP5；《王者荣耀》和《无尽对决》两款MOBA（多人在线竞技）游戏长期位列东南亚各地区畅销榜前三；战棋类游戏《梦幻模拟战》和放置游戏《剑与远征》等非SLG和休闲类产品均在海外获得成功。[①] 随着国内游戏出海战略不断成熟，加上与海外企业平台之间的良好合作，相信国产游戏未来将会吸引更多海外“粉丝”，形成海外市场“多点开花”的良好局面。

2. 新技术驱动迎来产业新发展

2019年，5G、云游戏、VR/AR等前沿技术在游戏领域陆续得到应用。目前，国内市场如腾讯即玩、咪咕等云游戏平台服务商，腾讯游戏、网易游戏等新一代游戏开发商都在积极布局5G、云游戏产业；国际市场包括以微软、索尼为代表的云游戏平台，以Amazon（亚马逊）、IBM（国际商业机器公司或万国商业机器公司）为代表的云服务平台，以AT&T（美国电话电报公司）、T-Mobile（德国电信子公司）为代表的网络运营商已率先抢滩云游戏产业，并占据生态系统的关键一环。国内外企业纷纷聚焦云游戏，原因在于云游戏弱化了对用户端的硬件要求，大大降低了游戏门槛，从而将重构游戏产业链。同时云游戏也对企业的技术能力提出了更高要求，未来只有高品质的游戏，才能借助云游戏平台触及广泛玩家群体。[②]

AR和VR游戏市场虽仍处于培育阶段，但具有极大的发展空间。2019年中国AR和VR游戏市场实际销售收入分别为0.7亿元和26.7亿元，同比增长分别为40%和49.2%，增速较快；用户规模分别为142万人和83万人，同比增长分别为14.5%和22%（见表3），由于基数较小，且受制于环境和技术等因素，用户数量均无法形成规模。随着未来硬件技术的成熟和网络传输能力的提高，中国AR\VR游戏市场或将迎来新的发展机遇。

---

① GPC、IDC：《2019年中国游戏产业报告》，2019。

② 梅雅鑫、张鹏：《云计算2019：5G+AI+云成趋势　云游戏或成下一风口》，《通信世界》2019年12月25日。

表 3　2019 年中国 AR\ VR 游戏市场实际销售收入、用户规模及增长率

项目	实际销售收入(亿元)		实际销售收入增长率(%)	用户规模(万人)		用户规模增长率(%)
	2018 年	2019 年		2018 年	2019 年	
AR 市场	0.5	0.7	40.0	124.0	142.0	14.5
VR 市场	17.9	26.7	49.2	68.0	83.0	22.0

资料来源：GPC、IDC，《2019 年中国游戏产业报告》，2019。

三　产业竞争力透视

1. 电子竞技迎来“黄金年代”

2019 年中国电子竞技游戏市场实际销售收入为 947.3 亿元，增长率为 13.5%。其中移动市场实际销售收入 581.9 亿元，增长率为 25.8%，保持较快增长；客户端市场受到移动市场挤压，收入降至 365.4 亿元，同比下降 1.7%（见表 4）。当前电子竞技商业化价值凸显，游戏用户向电子竞技赛事观众大量转化，观众的观赛需求将会有巨大增长，同时媒体对赛事的传播也将进一步拓展电子竞技内容消费的市场潜力。

表 4　2019 年中国电子竞技游戏市场实际销售收入及增长率

单位：亿元，%

项目	实际销售收入		增长率	
	2018 年	2019 年	2018 年	2019 年
移动端	462.6	581.9	33.5	25.8
客户端	371.8	365.4	-3.2	-1.7
合计	834.4	947.3	14.2	13.5

资料来源：GPC、IDC，《2019 年中国游戏产业报告》，2019。

2019 年中国电子竞技用户规模为 4.4 亿人，同比增长 2.3%，增速逐年下降，行业转向沉稳发展。为刺激用户规模增长，电子竞技赛事将改变以往集中在单一城市举办的局面，进而在多个城市建立电子竞技俱乐部场馆，如此一来，不仅能有效促进各地用户规模增长，还能有效提高游戏用户的品牌忠诚度，增强用户黏性。

2. 移动游戏市场活力无限

2019 年中国移动游戏市场实际销售收入上升至 1581. 1 亿元，增长率为 18%；用户规模 6. 2 亿人，增长率为 3. 3%。在固定人口空间下，使用移动设备的游戏用户基本饱和，中国移动游戏市场正式转入存量时代。虽然没有了人口红利优势，但中国移动游戏市场相较于日本、美国等游戏大国仍有很大提升空间。

游戏类型上，休闲益智类因研发成本低、周期短的特点，以 31. 4% 的数量占比稳居移动游戏市场第一（见图 4）；MOBA 类游戏数量虽少，但《王者荣耀》等火爆游戏占据了一定的市场份额；射击类游戏异军突起，依托《绝地求生》系列现象级产品一路飙升，稳占移动游戏市场一隅。

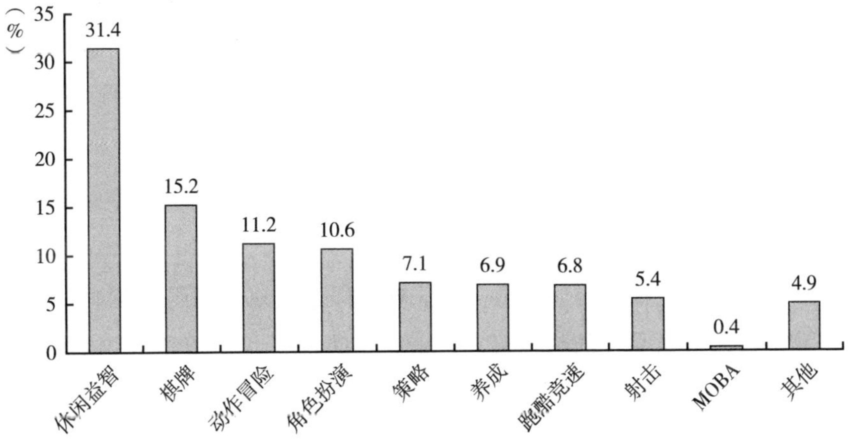

图 4　2018 年 1 月 ~ 2019 年 3 月中国移动游戏类型数量占比分布

数据来源：艾瑞咨询，《2019 年中国移动游戏行业研究报告》，2019。

政策上，由于中国游戏版号政策的调整，游戏厂商对已获上线许可的产品的重视程度有所提升。经过积极的战略调整，移动游戏市场收入增长率仍有 18%，这意味着移动游戏市场依然有稳健的上涨动力。由此可见，制定严格的行业规范，可以对游戏市场的发展起到更好的监管和促进作用。①

---

① 艾瑞咨询：《2019 年中国移动游戏行业研究报告》，2019。

未来移动游戏将会与新技术更加紧密地融合，如逐步推出云游戏平台加快产业布局；或是打破游戏跨平台障碍，多端联动提升用户黏性；又或是尝试开发“游戏 + 区块链”提升用户体验。总而言之，移动游戏利用新兴技术发展将是大势所趋。

3. 精品化战略带来新的生机

中国游戏产业发展整体上大步向前，但是也有部分游戏市场发展遭遇瓶颈，发展速度缓慢。针对这一现象，精品化战略的实施或能为此类市场谋得新出路。

面对客户端游戏市场发展动力不足的现状，优质游戏的出现无疑为市场注入了生机：2019 年初，国产互动叙事游戏《隐形守护者》成为 PC 平台最有人气的游戏之一，使互动叙事这一游戏品类被整个游戏行业关注；2019 年 9 月，客户端游戏《太吾绘卷》抢先体验版上线一年后销量达到了 200 万套，获得玩家诸多好评。过去存在的创新不足、题材雷同、追逐快钱等问题在客户端游戏领域正逐步消解。[①]

2019 年，中国二次元游戏市场实际销售收入 215.6 亿元，增长 12.9%；用户规模 1.16 亿人，增长 11.5%（见表 5）。二次元游戏市场保持稳定增长与用户忠诚度高、消费意愿强有一定关联，但是更重要的因素在于二次元游戏市场始终注重精品化的战略运营：或是引进海外优质 IP 避免山寨；或是改编本土精品 IP 吸引粉丝；此外还通过“逆向操作”，即以游戏为起点衍生漫画、动画，以此实现二次元市场不同领域之间的融合。

表 5　2018 ~ 2019 年中国二次元游戏市场状况

项目	实际销售收入（亿元）	实际销售收入增长率(%)	用户规模（亿人）	用户规模增长率(%)
2018 年	190.9	19.5	1.04	15.9
2019 年	215.6	12.9	1.16	11.5

资料来源：GPC、IDC，《2019 年中国游戏产业报告》，2019。

① GPC、IDC：《2019 年中国游戏产业报告》，2019。

B.22

2019年中国动漫产业发展报告*

孙平　孙锐**

摘　要： 2019年，我国动漫产业总产值超1900亿元，市场继续扩大，产业发展趋于良性。中国产动画电影出现超级爆款，票房良好的进口片大多来自美、日两国，成熟IP系列电影占比较大；电视动画继续走精品化、系列化路线，童话题材占比最大；网络动画以视频平台为核心形成IP矩阵，服务日趋细化、多元，全产业链条服务于二次元群体；衍生品市场呈现快速增长趋势。

关键词： 动漫产业　动画电影　电视动画　网络动画　动漫衍生品

一　动画电影：IP系列占比大，超级爆款出现

2019年，我国动漫产业①总产值超1900亿元，较2018年的1700亿元增

* 本文系2020年教育部人文社会科学研究规划项目“我国动画片民族性认知与呈现的历史变迁”（项目编号20YJA760068）的阶段性成果。

** 孙平，北京电影学院中国动画研究院副研究员，硕士生导师；孙锐，北京电影学院中国动画研究院硕士研究生。

① 2006年国务院转发了文件《关于推动我国动漫产业发展的若干意见》。其中对动漫产业定义为：以“创意”核心，以动画、漫画为表现形式，包含动漫图书、报刊、电影、电视、音像制品、舞台剧和基于现代信息传播技术手段的动漫新品种等动漫直接产品的开发、生产、出版、播出、演出和销售，以及与动漫形象有关的服装、玩具、电子游戏等衍生产品的生产和经营的产业。本概念因历史阶段的变化需要修正，本报告在此定义基础上将游戏产业板块划出报告范畴，将网络动画漫画产业板块纳入。

长11.8%，[①] 市场规模持续扩大。2019年全国院线上映电影约547部，总票房642.66亿元。[②] 上映动画电影共73部，总票房112.1亿元，其中国产动画电影28部，总票房68.5亿元。[③] 在各种类型影片市场份额以及国产、进口横向比较中，中国国产动画电影上映数量及票房占比有所上升（见表1）。

表1 2019年中国院线动画电影票房排行TOP10

单位：亿元

序号	国产动画电影	票房	序号	所有上映动画电影	票房	制作地区
1	哪吒之魔童降世	50.13	1	哪吒之魔童降世	50.13	中国大陆
2	熊出没·原始时代	7.17	2	冰雪奇缘2	8.60	美国
3	白蛇:缘起	4.56	3	熊出没·原始时代	7.17	中国大陆
4	罗小黑战记	3.15	4	大侦探皮卡丘	6.32	美国、日本
5	全职高手之巅峰荣耀	0.86	5	千与千寻	4.93	日本
6	钢铁飞龙之奥特曼崛起	0.44	6	白蛇:缘起	4.56	中国大陆
7	猪猪侠·不可思议的世界	0.36	7	驯龙高手3	3.67	美国
8	赛尔号大电影7:疯狂机器城	0.30	8	罗小黑战记	3.15	中国大陆
9	潜艇总动员:外星宝贝计划	0.24	9	天气之子	2.88	日本
10	巧虎大飞船历险记	0.24	10	名侦探柯南:绀青之拳	2.32	日本

资料来源：根据阿里影业灯塔专业版数据整理。

国产动画电影票房的大幅增长与《哪吒之魔童降世》单片的票房过50亿元直接相关。综合来看，本片的成功发行属于个案，与光线传媒的院线发行能力、电影的营销方案、二次元用户追捧、影片自身定位准确有直接关系。《熊出没》系列动画电影，在票房上虽然与《哪吒之魔童降世》拉开了巨大差距，但作为成熟IP，票房较2018年也有稳定的增长。从影片创作来源看，IP

① 周驰：《2019年国漫项目“神仙打架”资本加码，冲击2000亿总产值》，https://www.sohu.com/a/311955637_305277。

② 刘阳：《中国电影 稳健前行（文化市场新观察）》，《人民日报》2020年1月2日。

③ 根据阿里影业灯塔专业版数据整理。

系列动画电影的开发占动画电影总数的约1/3，大多有稳定或上升的票房成绩。在各类动画电影题材类型中，冒险类占比最高，达32%（见图1）。

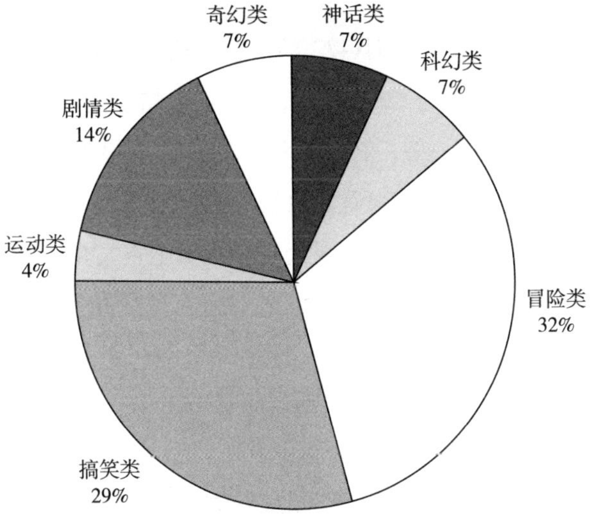

图1　2019年动画电影题材类型占比

2019年我国上映的动画电影中引自日本17部、美国5部、法国5部、德国5部、俄罗斯2部、其他国家5部。美国和日本依然是我国动画电影主要引进来源地区（见表2）。

表2　2019国外引进院线动画电影票房TOP10

单位：亿元

序号	影片名称	票房	制作地区
1	冰雪奇缘2	8.60	美国
2	大侦探皮卡丘	6.32	美国、日本
3	千与千寻	4.93	日本
4	驯龙高手3	3.67	美国
5	天气之子	2.88	日本
6	名侦探柯南:绀青之拳	2.32	日本
7	航海王:抗热行动	2.05	日本
8	玩具总动员4	2.03	美国
9	愤怒的小鸟2	1.47	芬兰
10	哆啦A梦:大雄的月球探险	1.32	日本

资料来源：根据阿里影业灯塔专业版数据整理。

二 电视动画：创作精品化，题材类型趋多样化

2019 年备案电视动画片共计 472 部，总时长达 188186 分钟。2019 年的电视动画片在整体数量上较 2018 年（460 部）略微提升，其中童话题材（46%）依然是主要题材类型，教育题材（22%）明显上涨。

从备案电视动画的出品方来看，央视动画有限公司、北京爱奇艺科技有限公司、北京妙音动漫文化股份有限公司、佛山爆谷文化传播有限公司、浙江中南卡通股份有限公司、广东咏声动漫股份有限公司等 20 余家公司备案电视动画时长均超过 1400 分钟。其中央视动画居首位，备案 13 部，共 13258 分钟，题材类型涉及现实、神话、童话、历史、科幻等。

三 网络动画：国产 IP 系列培育成熟，极具市场号召力

2019 年 2 月，《国家广播电视总局办公厅关于网络视听节目信息备案系统升级的通知》发布。通知称“网络剧、微电影等网络视听节目信息备案系统”已升级，新增“重点网络影视剧信息备案系统模块”，投资总额超过 500 万元的网络动画开始制作前，制作机构须登录“重点网络影视剧信息备案系统”，自行登记备案。2019 年度，根据国家广播电视总局已经公开披露的信息，一共有 250 部项目进行备案，有 38 部成功上线。其中，2019 年第 2 ~4 季度分别上线为 1 部、15 部、22 部。[①]

从备案情况来看，网络动画主要的出品方为中国动漫公司及网络平台[②]，题材类型主要集中于童话、科幻、玄幻、神话、历史、都市等。上海花原文化传播有限公司出品的《狐妖小红娘》系列点击量达 38. 9 亿次；重

① 三文娱：《备案 250 部上线 38 部，2019 年重点网络动画项目有这些》，http：//www. 3wyu. com/23332. html。

② 三文娱：《备案 250 部上线 38 部，2019 年重点网络动画项目有这些》，http：//www. 3wyu. com/23332. html。

庆甲辰影视动画有限公司出品的《魔道祖师》系列点击量达29亿次；上海阅文影视文化传播有限公司出品的《全职高手》点击量达16亿次，《斗破苍穹》（三季平均）点击量16.1亿次。此外，啊哈娱乐（上海）有限公司《伍六七》系列、上海幻电信息科技有限公司《大王不高兴》系列、深圳市腾讯计算机系统有限公司出品的《武庚纪》和《斗罗大陆》系列等都是十分成熟的IP，具有较强市场号召力。

腾讯动漫、B站、优酷动漫、爱奇艺动漫四大平台已经从动漫播出平台向动漫综合平台发展，站内有丰富的动画资源、二次元新闻、线上同人作品、周边店铺、演出及漫展的购票通道等，为中国新时代的ACGN① 群体提供综合线上服务。

据不完全统计，2019年，腾讯视频约有网络动画144部，其中以男性向特征的作品居多；B站上线网络动画片有93部，相比2018年增加约20部。其中动画题材主要以古风、现代、奇幻为主，其次还有偶像、少女、美食等小众题材；优酷动漫有网络动画有156部，题材种类丰富，较为平衡。

2019年，网络动画在质量上都有显著提升，有大量优质IP出现，例如由漫画改编的漫动画《19天》《我才不是恶毒女配》《大王不高兴》等。在题材上，不再局限于日常生活，增添了机甲科幻、电子竞技等多元的主题。在风格上，逐渐摆脱了日漫、美漫，形成了中国风格。网络动画画面的清晰度和流畅度有所提高。

在短视频风行的网络环境中，低成本的漫动画逐渐成为在各大视频平台广泛传播的形式。漫动画相比动画制作流程速度更快，在漫画App站内更容易获得流量与热度。

四　动漫画衍生品：产品细分化，呈持续增长态势

根据艾瑞数据分析，2019年泛二次元用户约为3.9亿人。二次元群体

① ACGN是英文Animation（动画）、Comic（漫画）、Game（游戏）、Novel（小说）的合并缩写，主要流行于华语文化圈。

对作品的热情支持充分表现为互动与消费，动漫衍生品是作品与粉丝之间产生经济效益的重要媒介，动漫 IP 衍生的周边商品会在一定程度上巩固作品的热度和流量。随着“90 后”“95 后”年轻的消费者步入社会，其对 IP 的热爱进而进行消费的行为促进了中国动漫产业的发展。中国动漫衍生产品市场发展空间巨大。从 2011 年开始，国内动漫衍生品市场规模的年均增长率约为 20%。当前，以动漫衍生品和玩具为主营业务的 14 个上市公司当中，大多数公司实现盈利，如智高文创、精英动漫等主板上市企业，净利润增长超过 100%。在新三板挂牌的迪生数娱、维真视界、镇艺文娱的净利润增速也在 100% 以上。①

2019 年，我国动漫画市场继续扩大，产业发展趋于良性。随着动画电影超级爆款的出现，资本出现继 2015 年《大圣归来》之后再一次流向动画行业的趋势；电视动画继续走精品化、系列化路线。2020 年初，中央广播电视总台所属央视动漫集团在京揭牌成立，它将成为我国动画原创、开发优质 IP、传承弘扬中华优秀文化的重要出品方之一；网络动画以视频平台为核心形成 IP 矩阵，服务日趋细化多元，全产业链条服务于二次元群体；动漫画衍生品市场呈现快速增长趋势。

① 经济之声：《中国动漫　未来可期——动漫衍生品产业里的“金矿”》，https：//baijiahao.baidu.com/s? id=1633012291740077772。

2019年中国网络电商市场发展报告

陈媛媛　金文恺*

摘　要： 2019年，中国网络零售额突破10万亿元。电商行业头部集团格局稳定，新企业依旧竞争激烈，各大企业进一步加大对三、四线城市的渗透力度。阿里巴巴、京东等持续加大技术投资，拓展新领域发展，通过技术提高数据的价值转化率。新营销模式助推网购市场繁荣发展，直播电商风生水起，短视频、KOL、KOC、私域流量等构成零售营销新要素。

关键词： 网络购物　电子商务　新零售　直播电商

一　网络零售额突破10万亿元，新零售引领变革发展

随着互联网对商业渗透的加深，网络零售业和中国的内需增长深度绑定，2019年，网络零售行业继续保持增长态势，但增长率较上一年有所下降。2019年全年社会消费品零售总额达41.16万亿元，较2018年增长约8%。全国网络零售额为10.63万亿元，继续保持2位数增长，同比增长16.56%（见图1）。其中，实物商品网络零售额8.52万亿元，同比增长19.5%。[①] 伴随直播电商在2020年的火爆以及新市场环境下网购消费的增长，2020年中国网购零售增长率将呈现上升态势。

---

* 陈媛媛，清华大学传媒经济与管理研究中心助理研究员；金文恺，清华大学新闻与传播学院博士研究生。

① 国家统计局：《2019年社会消费品零售总额增长8.0%》，http://www.stats.gov.cn/tjsj/zxfb/202001/t20200117_1723391.html。

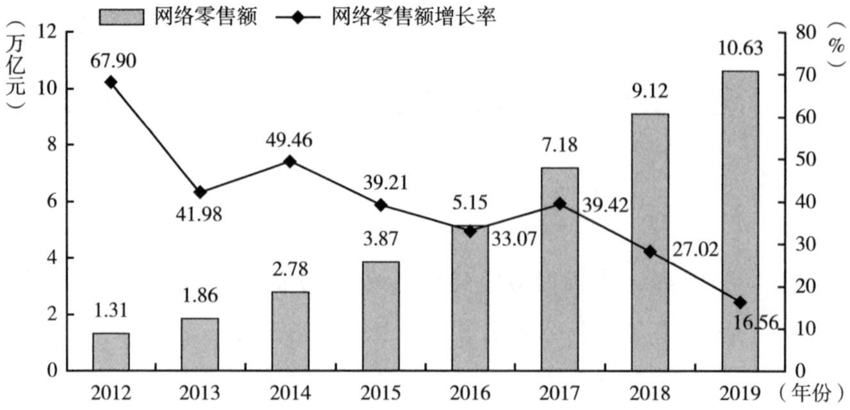

图 1　2012～2019 年中国网络零售额及其增长率

数据来源：商务部及国家统计局，2012～2019。

从全球范围来看，全球电商市场在不断扩大，依据商务部发布的《2019 全球跨境电商发展报告》，预计到 2021 年，网络零售额将达到 4.878 万亿美元，其中亚太地区的发展更是令人瞩目，其 2021 年网络零售额预计占全球网络零售额的 70%。在网络支付、营销模式创新等方面“中国模式领跑全球”。

2019 年年底，国家提出促进产业和消费“双升级”，将消费内需与制造业升级挂钩，以此进一步发挥居民消费潜能，产业和消费协同发展，“新零售”思维也逐渐深耕到传统制造业。

二　头部电商格局稳定，下沉市场活跃用户增长显著

2019 年度，阿里巴巴、京东、拼多多继续领跑整个市场，阿里巴巴和京东占据半壁以上网购江山，主要电商平台实物商品交易额（GMV）都有较为强劲的增长。原本以购物平台起家的阿里巴巴、京东等企业正在逐渐成长为集数字商业、数字金融、大数据、智慧物流、云计算等于一身的商业基础设施。近年来以拼购、团购、低价等模式突袭的拼多多 2019 年表现依旧抢眼，全年成交额和营收较上一年翻番，年活跃用户数已超过了京东（见表 1）。

表1　2019年中国主要电商平台GMV及活跃用户数

单位：亿元，亿人

主要电商平台	2019年		2018年	
	GMV	年度活跃用户	GMV	年度活跃用户
天猫	26120(2019财年)	6.54	21310(2018财年)	5.52
淘宝	31150(2019财年)		26890(2018财年)	
京东	20854	3.62	16788	3.05
拼多多	10066	5.85	4716	4.18
苏宁易购	3797	4.90	3367	4.07
唯品会	1482	0.69	1310	0.61

资料来源：企业公开财报，其中天猫、淘宝为阿里巴巴2019财年（2018年3月~2019年3月）数据。

截至2019年年底，中国电商上市公司共有66家，其中B2B电商10家、B2C电商28家、跨境电商7家、生活服务电商21家，总市值共计6.45万亿元。其中B2C电商平均市值高达1859.29亿元。[①] 阿里巴巴市值居首，达39620.61亿元，京东、拼多多、小米集团跻身B2C千亿市值企业俱乐部（见表2）。2019年新上市的B2C电商有7家，包括微盟集团、如涵控股、云集、三只松鼠、什么值得买、小熊电器、壹网壹创。

表2　2018~2019年中国部分B2C电商上市公司市值*

单位：亿元

2018年		2019年	
公司名称	市值	公司名称	市值
阿里巴巴	24352.26	阿里巴巴	39620.61
京东	2041.41	京东	3581.87
拼多多	1709.18	拼多多	3061.02
苏宁易购	917.04	小米集团	2314.61
唯品会	217.85	苏宁易购	941.20

① 网经社－电子商务研究中心：《2019年中国电商上市公司市值排行榜》，2020年2月。

续表

2018 年		2019 年	
公司名称	市值	公司名称	市值
南极电商	184.61	唯品会	660.11
蘑菇街	133.52	南极电商	267.80
国美零售	122.98	三只松鼠	258.10
宝尊电商	105.47	乐信	171.29

说明：零售电商类（28 家）：苏宁易购、寺库、聚美优品、南极电商、中国有赞、拼多多、宝宝树集团、团车网、趣店、如涵、三只松鼠、什么值得买、国美零售、御家汇、云集、阿里巴巴、京东、唯品会、优信、小米集团、1 药网、蘑菇街、乐信、宝尊电商、微盟集团、歌力思、小熊电器、壹网壹创。

资料来源：网经社。

2019 年 11 月 26 日，阿里巴巴集团在香港上市，对于阿里的全球化发展具有积极的推动作用。2019 年底（2020 财年第三季度），阿里巴巴总收入为 1614.56 亿元，实现了 38% 的增长，其核心商业中的中国零售商业达 1104.58 亿元（见图 2），依然保持着强劲的增长，同比上升 36%。淘宝直播作为中国直播电商领域内的最早开拓者，2019 年创造了 2000 亿元的成交额和 4 亿用户的参与，而“直播 + 电商”作为新的购物场景将继续引领 2020 年网络购物发展。

2019 财年内，京东净收入、净利润、现金流再次突破新高，全年实现净收入 5769 亿元，同比增长 25%，全年净利润 122 亿元。稳步的发展也得益于近年来京东的两个关键战略：“下沉”和“以供应链为基础的技术与服务”。目前看来，京东“服务”向转型已初显成效，2019 年京东全年净服务收入为 662 亿元，同比大幅增长 44.1%。

2019 年第四季度，拼多多单季度用户净增数为 4890 万人，增长量超越阿里巴巴、京东，后两者单季净增用户分别为 1800 万人和 2760 万人。在体量上，凭借前期的市场广告投入和社交裂变模式，拼多多一路狂奔进入行业 TOP3，2018 ~2019 年的各季度的 GMV 增长量均超过两位数（见图 3）。从 2019 年下半年开始，拼多多推出“百亿补贴”计划，从 GMV 来

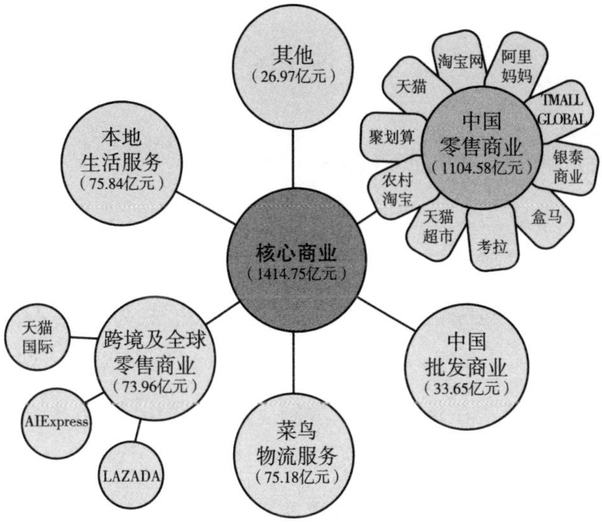

图 2　阿里巴巴 2020 财年第三季度（截至 2019 年底）核心商业构成

看，在百亿元补贴主导的市场费用中，其使用效率整体上要优于原先的广告投放①。

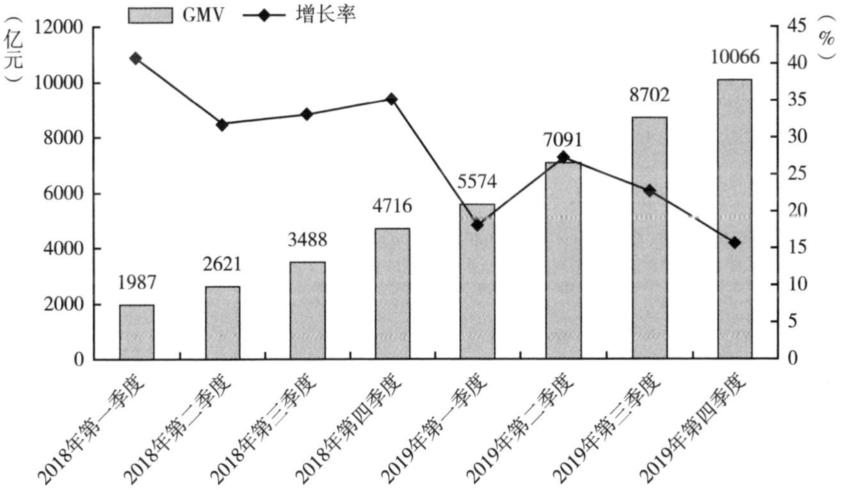

图 3　2018 年第一季度至 2019 年第四季度拼多多 GMV 及增长率

① 《拼多多开始调整运营思维》，钛媒体，https://baijiahao.baidu.com/s?id=1661284704934100233&wfr=spider&for=pc。

三 热点分析

1. 电商成为商业重要变现手段之一

网络营销收益成为传统营收之外企业营收的重要增量，企业从各个渠道进入电商领域。对于视频行业而言，在流量积累的基础上，电商成为继广告、用户付费等之外的经营新切入点，内容带货在2019年有一个跳跃式发展。对于传统媒体，电商也为其打开了除去内容和广告外的新窗口。以传统媒体企业公众号为例，在做内容的基础上都开辟电商接口，例如《三联周刊》的生活市集、《博物》的博物小馆自然市集、BTV养生堂的健康购等。企业、品牌对私域流量的应用逐渐成熟，这种“圈层营销”也成为他们进入电商的重要手段。

2. 技术、服务竞赛升级

包括支付技术、智慧物流、智慧供应链、大数据营销等在内的技术使运营变得更有效率，所以电商企业越来越重视技术研发方向的投入。流量驱动、商业模式驱动对于互联网企业来讲已经是一个成熟的体系，受众增长、盈利能力也必将有拐点，因为商业模式会被复制，流量会被分割，所以“技术”成为企业发展新动能。① 在数字经济时代，企业的技术红利终将转化为经营红利。阿里巴巴2017年成立了达摩院，3年投入1000亿元资金，用于科技研发；京东集团2019年前三季研发投入高达130亿元，2019年底，成立京东云与AI事业部，将与零售、物流、数字科技组成京东四大核心业务版图②；拼多多2019年投入38.7亿元的研发资金，较2018年同比增长247%。

3. 跨境电商依旧为风口

跨境电商业务“群雄争霸”时代开启。从市场份额来看，阿里巴巴由

① 王刚：《技术转型，京东稳了?》，https：//www.leiphone.com/news/201911/ZDlKwZEf0ubwnqB1.html。

② 《财报之后京东技术服务再发力 统一番号“智联云”》，https：//baijiahao.baidu.com/s?id=1660618254423521448&wfr=spider&for=pc。

于收购了网易卡拉（收购后更名为考拉海购），其跨境市场份额占据五成以上，其他如海囤全球、唯品会（国际）、苏宁国际等电商之间的市场份额相差不大，所以竞争依旧激烈。跨境电商线上、线下的新零售布局也将是未来一段时间的看点。

4. 直播成为网络营销新玩法

短视频、KOC、KOL、私域流量等构成网络零售新要素，兴起于2016年、火爆于2019年的电商直播也成为全场景零售的主要营销模式之一。据相关数据统计，淘宝直播全年GMV突破2000亿元，快手、抖音等平台也有百亿元级别的不俗表现。

相较于电视购物，电商直播的及时互动性弥补了电视单向展示的不足，且“粉丝效应”“宠粉效应”“明星效应”“亲试亲测”“镜头记录”等优势让消费者购物冲动提升。在红利的吸引下，除了电商、视频平台，如今微信、微博、陌陌等社交平台，电视台、广播电台、报纸等媒体都涉足电商直播。

未来一段时间，直播电商的影响面会继续扩大，而市场内的“二八”现象也将是一个不得不面对的现实，除了本身具有信誉效应、私域流量的政府机构、专家、媒体、网红等“带货人”，消费者对普通带货人货品的质量、服务保障还是心存疑虑，所以如何与头部直播带货人竞争也对新进入者提出了考验。同时，基于现有直播间带货的模式，多场景、多形式的带货也将涌现。

B.24
2019年中国传媒上市公司分析报告

胡 钰 徐雪洁 王嘉婧*

摘 要： 截至2019年底，传媒上市公司数为143家，总市值达到14607.47亿元。传媒板块从2016年开始连续调整3年后，首次年累计录得正涨幅。上市公司在经历2018年的大规模亏损后，开始逐步扭亏或减亏，前三季度整体实现营业收入4368.78亿元。传媒行业持续受到并购及商誉的影响，形成较大规模的利润波动。

关键词： 传媒上市公司 传媒资本市场 商誉

* 胡钰，清华大学新闻与传播学院教授、博导；徐雪洁，山西证券传媒行业分析师；王嘉婧，清华大学文化创意发展研究院特约研究员。

一 传媒资本市场发展背景

根据国家统计局官网发布数据，2019 年全国规模以上文化及相关企业共 5.8 万家，实现营业收入 86624 亿元。按可比口径计算比上一年增长 7.0%，保持平稳较快增长（名义增长，未扣除价格因素）。从产业类型来看，文化制造业实现营业收入 36739 亿元，同比增长 3.2%；文化批发和零售业 14726 亿元，同比增长4.4%；文化服务业 35159 亿元，同比增长 12.4%。

按照行业类别划分，文化及相关产业 9 个行业的营业收入均实现增长。其中，增速超过 10%的行业有 3 个，分别是新闻信息服务营业收入（6800 亿元，比上一年增长 23.0%）、文化投资运营（221 亿元，增长 13.8%）、创意设计服务（12276 亿元，增长 11.3%）。按照领域划分，文化核心领域实现营业收入 50471 亿元，比上一年增长 9.8%；文化相关领域营收 36153 亿元，增长 3.2%。

二 传媒上市公司二级市场表现

截至 2019 年 12 月 31 日，中信行业分类传媒板块上市公司数为 143 家，总市值达到 14607.4717 亿元。2019 年，全部 A 股流通市值加权平均涨跌幅为 27.65%，创业板为 36.90%；传媒行业涨幅为 18.34%（见图 1），处于全行业涨跌幅中下游水平。但是，这是自传媒板块从 2016 年开始连续调整 3 年后，首次年累计录得正涨幅，尤其是在 2019 年年末二级市场明显回暖。

细分子行业方面，动漫板块流通市值加权平均涨跌幅最大，全年上涨 47.10%。互联网板块紧随其后，上涨 40%。院线和数字阅读呈下跌趋势，分别下跌 2.17% 和 8.11%。相较于 2018 年同期，2019 年各细分板块涨跌幅表现明显更优（见图 2）。

上市公司方面，截至 12 月 31 日，95 家上市公司年内累计收涨，值得买以 260.46% 的涨幅领涨全行业，与国联股份、壹网壹创、新媒股份、中

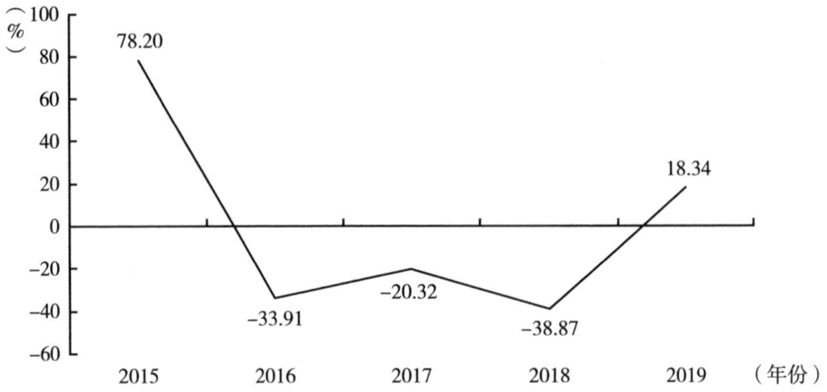

图1　2015～2019年传媒板块区间涨跌幅趋势

资料来源：Wind。

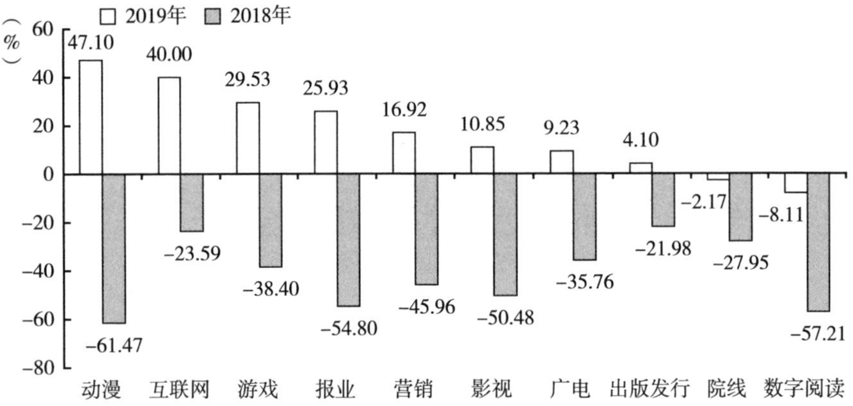

图2　2018～2019年传媒子行业涨跌幅趋势

资料来源：Wind。

信出版等次新股及三七互娱、人民网、号百控股、梦网集团、中广大择、吉比特和顺网科技等共计12家上市公司涨幅在100%以上，利欧股份、数码科技、金财互联、掌趣科技、每日互动等20家上市公司涨幅在50%以上。55家公司累计收跌：暴风集团、＊ST游久、中昌数据、ST天润、天神娱乐、＊ST东网等上市公司跌幅居前，跌幅在40%以上（见表1），从涨跌幅情况来看，存在业绩亏损、风险事件暴雷等问题的公司年内跌幅较大。

表1　2019年12月31日年涨幅及跌幅TOP10公司

公司名称	涨幅 TOP10	公司名称	跌幅 TOP10
值得买	260.46	暴风集团	-56.47
国联股份	215.70	*ST 游久	-49.89
壹网壹创	206.47	中昌数据	-48.58
三七互娱	190.16	ST 天润	-46.93
人民网	173.25	天神娱乐	-45.23
号百控股	166.93	*ST 东网	-43.07
梦网集团	154.56	聚力文化	-39.06
新媒股份	152.30	乐视网	-32.13
中信出版	135.03	ST 中南	-31.12
中广天择	128.45	大晟文化	-31.11

资料来源：Wind。

估值指标方面，2019年传媒板块估值逐步修复，截至2019年12月31日传媒板块市盈率（TTM，整体法，剔除负值）为28.65倍，较2019年初19.14倍的市盈率已有明显修复，但仍处于近年来估值中值与底部区间位置（见图3）。

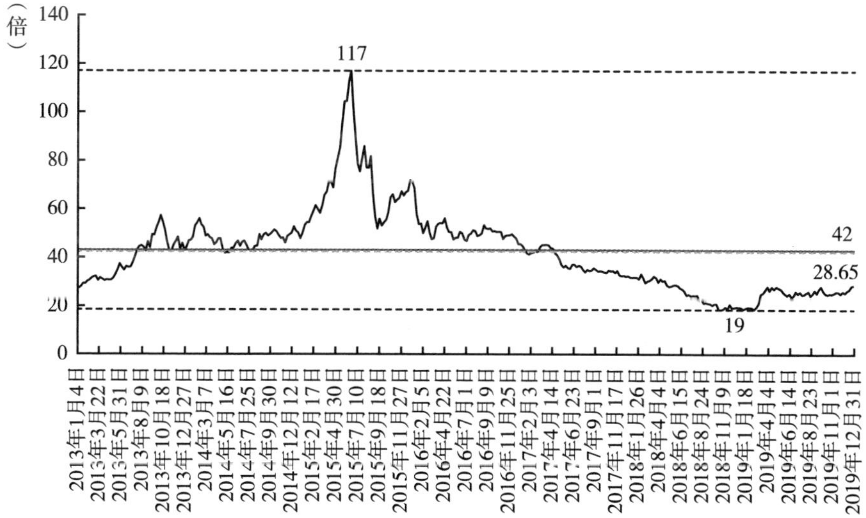

图3　传媒板块近5年市盈率TTM（整体法，剔除均值）

资料来源：Wind。

细分子板块方面，截至2019年12月31日，除数字阅读与出版发行板块外，各子板块估值较年初均有不同程度的提升；横向比较来看出版发行板块处于行业估值较低水平，市盈率不足15倍，其次为游戏板块，市盈率为29倍，由于部分龙头公司业绩回暖确定、估值较年初修复明显；影视、营销、院线板块市盈率分别为37倍、34倍和31倍，其中影视板块在2019年前三季度以来电影票房回暖及政策边际改善的带动下估值较上半年有所提升，报业、数字阅读及互联网估值则处于相对较高水平，分别为52倍、51倍和46倍。

三　传媒上市公司业绩表现

1. 传媒行业表现

2019年前三季度，传媒行业139家①上市公司整体实现营业收入4368.78亿元，同比增长3.17%，同比增长速度明显放缓；实现归属母公司股东净利润341.75亿元，同比下降21.23%。从2016年到2019年前三季度数据来看，传媒行业归属母公司股东净利润已连续四年增速下滑并在2018年首次出现负增长，2019年降幅扩大。

毛利率方面，2019年前三季度行业整体毛利率为24.94%，较2018年同期下降1.04个百分点。前三季度单季度毛利率呈下降趋势分别为26.04%、25.17%、23.77%。费用率方面，前三季度行业销售费用率、管理（含研发）费用率、财务费用率分别为8.12%、8.11%、0.58%，较2018年同期分别提升0.59个、0.16个和0.05个百分点（见图4）。值得注意的是，利润表中资产减值损失（含信用减值）及投资收益2019年前三季度发生较明显变化，其中资产减值损失规模为36.28亿元，同比增长46.11%；投资收入规模55.41亿元，同比减少40.12%。现金流量方面，前

① 部分上市公司业绩亏损规模较大导致行业整体业绩统计偏误，或主业已与传媒行业不相关，故在业绩统计中剔除。

三季度行业经营活动产生现金流净额为244.92亿元，同比增长44.49%（见图5）。除第一季度外，第二季度至第三季度行业经营现金流整体情况良好。

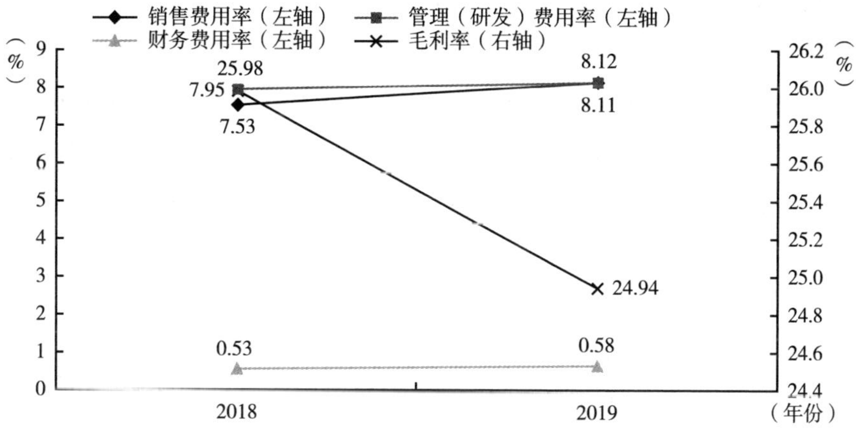

图4　2018年前三季度、2019年前三季度行业毛利及费用率

资料来源：Wind。

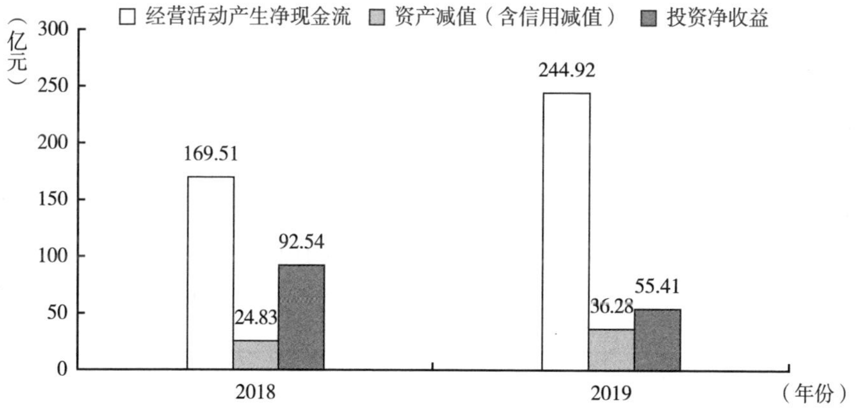

图5　2018年前三季度、2019年前三季度行业其他财务数据情况

资料来源：Wind。

商誉方面，截至2019年9月30日，以中信行业口径统计的行业商誉规模为1403亿元，较2018年末增长8.33%，就规模而言排名市场第2/29位，增速排名第8/29位；商誉/总资产比重为12.94%，较2018年末增长4.61个百分点，商誉/净资产比重为20.61%，较2018年末增长7.46个百分点，比重排名均为全市场第1位。细分子行业商誉方面，游戏板块商誉规模最大，达536.47亿元，较2018年末增加15.10%；院线板块商誉规模较2018年末增长最多，增长38.50%至140.02亿元；动漫、游戏、院线、营销、影视板块商誉/总资产和商誉/净资产比重高于行业整体，最高分别达34.12%和49.22%（见表2）。公司方面，众应互联、中昌数据、金科文化、艾格拉斯等公司商誉/总资产占比超过50%，华谊嘉信、长城影视、天神娱乐、众应互联等公司商誉/净资产占比超过100%。

表2　2019年前三季度传媒行业商誉情况

	商誉(亿元)		商誉/总资产		商誉/净资产	
	2018年12月31日	2019年9月30日	2018年12月31日	2019年9月30日	2018年12月31日	2019年9月30日
动漫	39.91	44.99	29.09%	34.12%	43.27%	49.22%
游戏	466.11	536.47	28.66%	28.99%	41.46%	42.76%
院线	101.10	140.02	19.77%	22.87%	31.12%	34.59%
营销	313.73	317.88	20.73%	20.20%	35.97%	34.16%
影视	156.35	144.68	14.99%	14.01%	26.09%	24.11%
报业	19.86	19.87	9.68%	9.93%	16.12%	15.69%
互联网	63.44	64.61	6.30%	5.86%	9.56%	9.04%
出版发行	54.34	53.88	2.98%	2.75%	4.49%	4.31%
广电	16.45	16.47	1.14%	1.11%	1.92%	1.84%
数字阅读	0.39	0.35	0.92%	0.85%	1.17%	1.08%
传媒行业	1295.07	1403.00	8.33%	12.94%	13.15%	20.61%

资料来源：Wind（传媒行业整体以中信行业分类统计）。

2. 细分行业表现

营业收入方面，2019年前三季度，营销板块营业收入1195.23亿元，互联网板块营业收入为1125.49亿元，二者收入规模均超千亿元，依旧保持着庞大的营业收入规模，排名传媒子板块前两位（见图6）。增长速度方面，游戏和互联网板块前三季度营收增速居前；归母净利润方面，出版发行和游戏板块居前（见图7）。

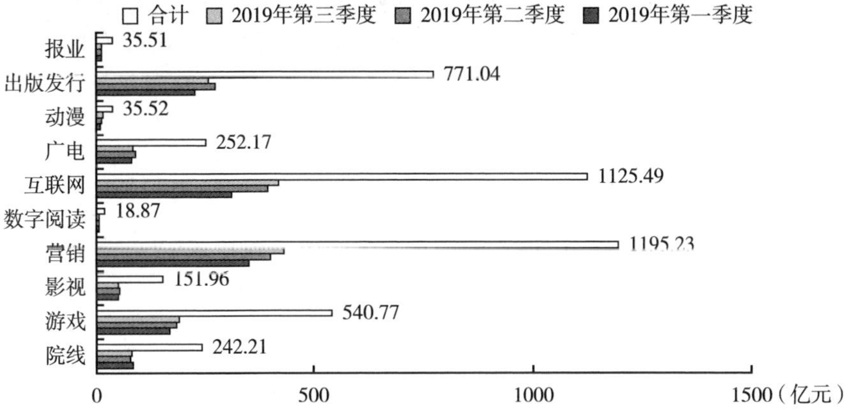

图6　2019年前三季度细分板块营业收入比较

资料来源：Wind。

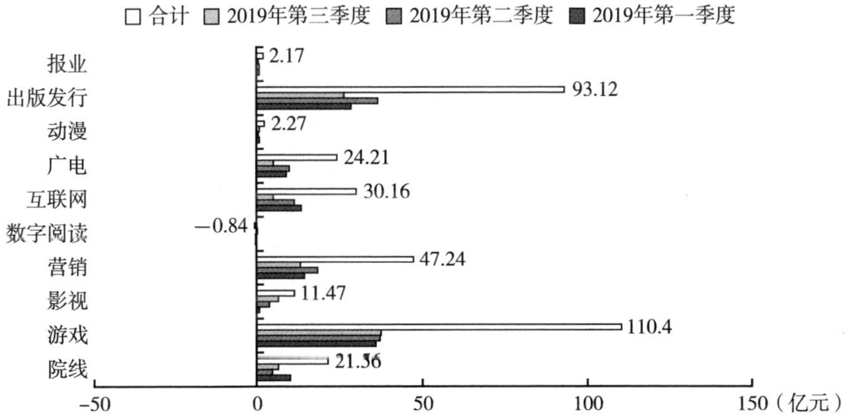

图7　2019年前三季度细分板块归母净利润比较

资料来源：Wind。

从单季度数据来看，游戏板块第一季度至第三季度营业收入表现最为稳健，同比增速持续提升，第二季度至第三季度环比实现增长，营销、互联网与动漫板块营业收入第二季度至第三季度也实现环比增长。归属母公司股东净利润方面，游戏板块第一季度至第三季度均实现环比增长，并且在第三季度实现同比增长；影视板块归属母公司股东净利润同比增速在第三季度转正，院线板块第三季度利润较第二季度也有所提高，实现环比增长。数字阅读板块表现低迷，前三季度亏损，归属母公司股东净利润为 -0.84亿元。

3. 2019年年报预告情况

根据上市公司发布的2019 年业绩预告显示，在已披露预告的上市公司中近半数公司预计 2019 年扭亏或减亏。预计传媒板块 2019 年整体业绩较 2018 年情况将有所改善，盈利公司普遍增长情况较好，但行业仍将面临商誉减值等资产减值计提压力，出现亏损情况，不同细分领域产业发展及发展环境改变导致不同板块表现继续分化。营销板块扭亏情况较好，互联网板块、影视板块、游戏板块仍将面临整体亏损。

传媒行业在 2013 ~2016 年经历的并购热潮，行业初次经历大规模并购的洗礼，但由于未能做出成熟的准备，许多并购标的不达预期，对于上市公司的影响持续至今。游戏、影视、营销等前些年普遍实行外延式扩张策略的行业，持续受到收购标的发展不达预期、商誉等资产减值影响。华录百纳 2018 年因为蓝色焰火的经营问题等情况，导致了 34.17 亿元的巨额亏损，2019 年摆脱并购阴霾后，预计实现 1.10 亿 ~1.15 亿元的归母净利润。长城影视则是因为部分子公司经营业绩未达预期，对其商誉计提减值准备，2019 年归属母公司净利润预计增亏至 9.00 亿 ~7.00 亿元。收购重庆笛女阿瑞斯影视传媒公司对幸福蓝海造成重创，笛女影视应收账款存在不实现象导致公司进行商誉减值计提，2018 年归母净利润 5.32 亿元，2019 年公司预计将实现扭亏，但由于笛女影视部分影视剧项目未能完成发行目标，加之其借款利息较高，幸福蓝海 2019 年净利润预计仅有 500 万 ~1050 万元。

2019 年仍旧有部分上市公司，由于计提商誉减值及其他资产减值损失，净利润大规模下降。例如利欧股份、佳云科技、联建光电、广博股份、三五互联、祥源文化、恺英网络、中昌数据、万达电影、艾格拉斯等上市公司，均不同程度地计提大额商誉减值。

四 2020年行业发展预期

2019 年的传媒行业在整体承压的背景下，仍然有一些上市公司表现亮眼，在政策趋严、资本冷静的情况下，取得了不俗的成绩。其中，部分企业在 2016 年资本热潮逐渐退却后，始终保持着稳健的增长。在总结 2019 年传媒上市公司表现的基础上，预期 2020 年行业发展将呈现以下趋势。

预期之一，优质内容愈发具有引领性。处于整体震荡调整时期的传媒行业，在政策加大规范管理力度的过程中由过去粗放型的产能增长正在逐步转化为精品化的生产模式。优质内容依然能够持续贡献价值。光线传媒在 2019 年共参与投资、发行和协助推广了 18 部影片，总票房达 138.67 亿元。凭借《哪吒之魔童降世》《我和我的祖国》《误杀》等精品作品，电影业务收入较 2018 年同期大幅增加，归属母公司股东净利润达 9.53 亿元。

预期之二，头部企业愈发具有稳健性。行业头部企业抗压能力强，尤其是游戏等行业中，市场份额向头部企业聚集效应较为明显。头部企业拥有更强的内容开发能力和更加充足的资金准备，能够更快速地适应行业监管要求，调整自身经营模式。中小企业则在经历着震荡洗牌。

传媒行业近年来在政策严控、热钱褪去的多重考验下，重塑行业的经营逻辑。同时，行业正在逐步摆脱曾经由过度资本扩张而导致的阴影。在此过程中，部分上市公司仍能够交出优异的成绩单则说明，完善的公司治理结构，健康、可持续的生产逻辑才能打造稳健的行业头部企业，是符合传媒行业发展的经营之道。

预期之三，互动型新媒体愈发具有营利性。传统媒体市场，尤其是二、三线媒体的竞争能力持续下降。引力传媒、龙韵股份等公司传统广告营销业务受创，出现了年度利润的首次亏损。事实上，传统媒体广告在 2019 年承压较重，需求逐步向具有更高转化率和更佳投放效果的互动型新媒体转化。以短视频消费为特征的新媒体使用习惯强迫传统媒体必须实现转型，转变为更具时代感的新兴媒体形态。

预期之四，行业发展愈发具有风险性。受到国际竞争因素、国内政策因素、技术发展变迁因素以及不可预测的突发因素影响，传媒行业的发展愈发具有风险性，这既会给行业发展带来制约因素，让行业发展的不可控性增强，也会进一步挤压行业的泡沫，剔除一些虚高的成分。对于行业投资、并购行为来说，理性程度会不断提高。更重要的是，经过风险的洗礼与约束后，留下来的行业人员专业性更强，这对于推动中国传媒行业持续、健康发展具有积极意义。

B.25

2019年中国传媒资本市场发展报告

郭全中　郭凤娟*

摘　要：　在我国外部环境相对稳定、传媒产业整体向好的背景下，我国资本市场上的传媒上市企业整体表现转好但分化严重，而我国传媒业市场的投资数量和金额都出现了大幅度下滑。传媒业投融资的主要亮点在于：战略投资比重加大、互联网巨头成为投资核心力量、海外布局成为新趋势。

关键词：　传媒业市场　传媒业投融资　传媒上市企业

一　外部环境相对稳定，传媒产业整体向好

2019年，我国经济继续保持较高增速，资本市场化改革快速深化，传媒产业虽有分化但整体向好，为传媒资本市场提供了相对稳定的外部环境。国内资本市场市场化改革快速深化。

第一，科创板正式推出。2019年7月22日，中国科创板成功开板且首批25家公司上市交易，最大亮点是“注册制”试点。截至2019年12月23日，科创板上市公司共68家，募集资金829.46亿元。在科创板试点注册制之下，券商不仅需要承担保荐功能，还需要担负询价定价、发行承销和销售的责任，这促使券商全面并深入参与企业的成长全过程。在注册制试点在科

* 郭全中，中共中央党校（国家行政学院）文史教研部高级经济师；郭凤娟，北京资产评估协会科员。

创板这一“试验田”积累经验的同时，有望向其他板块复制，2019 年 11 月 8 日，中国证监会发布修订《创业板上市公司证券发行管理暂行办法》并公开征求意见，明确提出“按照注册制的理念，推动再融资制度改革”。

第二，资本市场启动供给侧改革。2019 年 5 月 11 日，证监会新任主席易会满在《中国上市公司协会 2019 年年会暨第二届理事会第七次会议》上提出，要探索创新退市方式，实现多种形式的退市渠道，对严重扰乱市场秩序、触及退市标准的企业，坚决退市，一退到底。2019 年 A 股有 12 家上市公司退市，数量很高。除了退市之外，资本市场上的“壳”公司数量增多且卖壳、买壳的交易更为频繁，据不完全统计，2019 年 A 股有超过 160 家上市公司发生了实际控制人变更，占比 4%，平均每 1.5 个交易日就有 1 家上市公司变更实际控制人，尤其需要指出的是，国有企业是主要的买主，有 50 家实际控制人变更为国有企业，占比接近 30%。

第三，股票衍生品市场扩容。2019 年 12 月 23 日，沪深 300 股指期权在中国金融期货交易所上市，这是我国首个股指期权；同日沪深 300ETF 期权也将在上海和深圳证券交易所首日上市，这是中国股票衍生品市场自 2015 年以来的首度扩容。股票衍生品市场扩容能够帮助投资者灵活调整资产组合的风险收益结构，优化投资者结构，完善价格形成机制，进一步提高我国资本市场资金配置效率。

第四，国际主要指数纳入更多 A 股且沪伦通开通。一方面，国际主要指数纳入更多 A 股。2018 年 6 月 1 日，A 股正式被纳入 MSCI 新兴市场指数，其后富时罗素和标普道琼斯也把 A 股纳入其主要指数，且纳入比例不断提升、纳入个股不断增多。2019 年 9 月 10 日，国家外汇管理局宣布全面取消合格境外机构投资者（QFII）和人民币合格境外机构投资者（RQFII）投资额度限制，外资加速流入，A 股的投资者结构将会发生变化。另一方面，继陆港通之后沪伦通开通。2019 年 6 月 17 日，沪伦通正式通航。所谓沪伦通，是指上海证券交易所与伦敦证券交易所的互联互通机制，符合条件的两地上市公司，依照对方市场的法律法规，发行存托凭证。通过沪伦通机制发行上市的 CDR 产品将为我国投资者带来成熟市场的优质股票，较好地分散A股市场长期以来的高波动风险及单一市场风险。沪伦通与之前的QFII和RQFII之间的本质不同在于，QFII和RQFII是通道式且单向的资本市场对外开放，而沪伦通、中日ETF则是双向开放。

第五，主要金融机构外资持股比例逐步放开。2018年以来，我国加快放开主要金融机构外资持股比例限制，而据证监会最新数据显示，2020年1月放开期货公司限制，2020年4月1日将放开基金公司限制，2020年12月1日将放开证券公司限制。

二　我国传媒业投融资情况分析

受经济、政策等因素的影响，2019年我国传媒业投资数量和金额都出现了大幅度下滑，且互联网巨头主导的战略投资占比更高。

1. 文娱板块投融资事件大幅度下降，战略融资占比多

第一，投融资事件大幅度下降。根据不完全统计，截至2019年11月底，我国文娱板块共发生投融资事件489起，相比2018年减少了152起。从细分领域看，2019年，媒体以88起投资的数量位居第一；影视以55起处于第二位；动漫以49起位列第三。需要指出的是，媒体虽然仍占据文娱投资细分领域的第一位，但与2018年的179起相比（IT桔子数据），已经下降了一半以上。

第二，战略融资比重增加。根据不完全统计，从投资事件轮次来看，2019年，A轮融资事件共计92起，天使轮融资共计67起，虽然二者作为早期融资项目占比共计38%，投资数量仍是最多的，但与前两年相比，早期项目融资数量下滑比例也最高。随着2018~2019年泡沫破裂且财务投资套现退出的难度加大，资本开始更加理性，投资机构更加青睐商业模式明晰成熟的中后期项目，从统计数据上也可以看出，融资额度较高的中后期项目融资数量相对稳定。在中后期项目中，战略投资项目达到63起，在全部投资事件中的占比达到了12.3%，尤其是腾讯、阿里、百度、京东、字节跳动、快手等大公司参与了一部分战略投资事件，也使战略融资在一级市场中比重

进一步增加。

2. 我国 TMT 并购市场活跃度降低

第一，我国 TMT 并购市场交易数量和总交易金额都大幅度下降。IT 桔子的数据显示，2019 年，我国 TMT 并购市场共发生并购交易 493 起，较 2018 年的 775 起下降 36.39%；总交易金额 538 亿美元，较 2018 年的 833 亿美元下降 35.41%。

第二，大型并购交易数量也大幅度降低。根据 IT 桔子的数据，2019 年，10 亿美元以上的交易共 8 起，较 2018 年的 12 起下降 33.33%。

第三，A 股 TMT 并购交易数量大幅度下降一半。根据 IT 桔子的数据，2019 年，我国 A 股 TMT 并购市场共发生并购交易 168 起，同比减少 50%；总交易金额为 149 亿美元，同比减少 34%。

3. 上市融资的有12家

据不完全统计，2019 年上市融资的传媒类企业主要有阿里巴巴、微盟、猫眼娱乐、斗鱼直播、新媒股份、网易有道、中信出版等 12 家，其中，在香港港交所上市的有阿里巴巴等 6 家，在美国纳斯达克上市的有 3 家，在美国纽交所上市的有 1 家，在深圳深交所上市的有 2 家，具体见表 1。

表 1　2019 年上市融资的传媒公司

上市公司	上市时间	上市地点	融资金额
微盟	2019-01-15	港交所	10.60 亿港元
猫眼娱乐	2019-02-04	港交所	18.24 亿港元
如涵控股	2019-04-03	纳斯达克	1.25 亿美元
新媒股份	2019-04-19	深交所	11.61 亿元
斗鱼直播	2019-04-22	纳斯达克	10.80 亿美元
兑吧	2019-05-07	港交所	5.87 亿港元
羚邦星艺	2019-05-21	港交所	2.24 亿港元
中信出版	2019-07-05	深交所	6.50 亿元
网易有道	2019-10-26	纽交所	3.00 亿美元
中手游	2019-10-31	港交所	10.10 亿港元
36 氪	2019-11-08	纳斯达克	2415.00 万美元
阿里巴巴	2019-11-26	港交所	1012.00 亿港元

资料来源：根据上市公司资料整理。

在上市融资的12家上市公司中，以下几家具有代表性。在香港第二上市的阿里巴巴是2019年募资额最大的上市公司，共募资1012亿港元，占香港IPO市场全年募资总额的32.4%，是港交所有史以来第三大IPO，同时还是新上市制度下第三家同股不同权的上市公司，也为首个同时在美股和港股两地上市的中国互联网公司。虽然阿里巴巴是电子商务公司，但是由于其主要收入来源于广告，所以此处也把其列入传媒公司。中手游曾是中国第一家赴美上市的手游公司，2015年中手游科技私有化退市，再到港交所上市。新媒股份在深交所创业板市场上市，主要运营与广东IPTV集成播控服务、互联网电视集成服务和内容服务配套的经营性业务。中信出版集团股份有限公司在深圳证券交易所挂牌交易，此次募集的资金中，4.1亿元用于“内容+”知识产权投资与运营平台建设项目，2亿元用于智慧生活服务体系建设项目。

4. 上市公司成为投资的核心主体

2019年，由于传媒业市场整体遇冷，虽然阿里巴巴、腾讯、百度等已上市的互联网巨头在传媒业的投资数量和金额大幅度下降，但其依然是传媒业市场投资的重要力量，且其他传媒类上市公司也有不少的投资（见表2）。

第一，阿里巴巴、腾讯和百度投资数量多、金额大。一是阿里巴巴通过自己及其子公司等关联方分别投资了分众传媒、网易云音乐、B站、趣头条等。其中，腾讯之前也参与了B站和趣头条两家的投资。二是腾讯投资了快手、微盟集团、有赞、快看漫画、销售易等。三是百度投资了汉得信息等。

表2　2019年传媒类上市公司投资的企业

投资公司	被投资公司	投资金额
阿里巴巴及其关联方	分众传媒	7.99%的股份
阿里巴巴、云锋基金	网易云音乐	7亿美元
阿里巴巴旗下的淘宝中国	B站	2400万股
阿里巴巴	趣头条	1.71亿美元
阿里巴巴	上海幻电	不详
腾讯	快手	10亿~15亿美元
腾讯旗下子公司THL H Limited	微盟集团	9682万股

续表

投资公司	被投资公司	投资金额
腾讯	有赞	近10亿港元
腾讯	快看漫画	1.25亿美元
腾讯	销售易	1.2亿美元
腾讯领投	VIPKID	1.5亿美元
百度	汉得信息	5.5亿元
百度领投	北京凯声文化	超5000万美元
京东集团	新潮传媒	近10亿元
中国移动全资子公司中移资本控股有限责任公司	芒果超媒	16亿元
世纪华通	盛大游戏	298亿元
中文传媒	慈文传媒	9.29亿元
映客直播	积目	8500万美元
平治信息	网易云阅读等业务	1.5亿元
猫眼娱乐	欢喜传媒	3.9亿港元
B站	超电文化	多数股权
猎聘	问卷星	8.2696亿元
昆仑万维	闲徕互娱	22.7亿元
保利文化	数字王国	5.5亿港元
万达电影	万达影视	105.24亿元
浙数文化	四川迅游网络	5亿元
浙数文化	羚萌直播	2.32亿元
欢聚时代	上海创思	不详
电魂网络	厦门游动	2.9亿元
盛天网络等	上海天戏互娱	4.2亿元

资料来源：根据上市公司资料整理。

第二，其他上市公司也进行了大量的投资。一是世纪华通以298亿元收购盛大游戏，本次交易的业绩承诺2018～2020年实现的扣非后归属于母公司所有者的净利润分别为21.36亿元、24.94亿元和29.68亿元；二是京东集团投资了新潮传媒近10亿元；三是中国移动通过16亿元战略投资成为芒果超媒的第二大股东；四是中文传媒收购另外一家上市公司慈文传媒。

5. 其他重要投融资事件

除了阿里巴巴、腾讯等互联网巨头以及其他上市公司之外，字节跳动、快手等也进行了一些重要投资。一是字节跳动投资虎扑Pre－IPO轮融资，字节跳动持股比例为30%，跃升为虎扑的第二大股东；投资互动百科成为其第一大股东。二是快手领投知乎F轮融资。三是弘毅投资新华网3亿元，这也是为数不多的民营资本投资国有传媒企业（见表3）。

表3　2019年其他重要投资事件

投资方	被投资公司	投资金额
字节跳动	虎扑	12.6亿元
字节跳动	互动百科	22.2%的股份
字节跳动等	北京多氪信息	2400万美元
字节跳动	上海墨鹍数码科技有限公司	不详
字节跳动	极课大数据	不详
红杉资本和高榕资本	头条系音乐App音遇	数千万美元
快手领投	知乎	4.34亿美元
弘毅投资	新华网	3亿元
博流资本	一点资讯	4.48亿美元
CMC	趣头条旗下米读小说	1亿美元
四川文产基金等	封面传媒	5亿元
兴开国际、盛大资本等	钛媒体	近亿元
信文资本等	北京长江文化	1.34亿元
中金公司等	北京影谱科技	6.8亿元
东方弘泰等	上海高竞文化	数千万元
中银投资、阿里巴巴等	北京旷视	7.5亿美元
宜信财富母基金	北京兴致体育	3亿元
复星星元领投	北京热云科技	过亿元
沂景资本	亿欧网	8000万元
以太基金等	北京中基富海	3000万元
得盛资本	木棉说	3000万元
Topic基金	北京分子互动	数千万元
兰馨亚洲	上海悦普	2500万美元
新东方	视知	数千万元

资料来源：根据网络资料整理。

6. 2019年海外投资布局

2019年，互联网巨头在各个领域大力进行海外布局。在传媒业方面，腾讯及其旗下的阅文集团是海外布局的重要力量，腾讯在游戏领域收购挪威游戏公司 Funcom 29% 的股权，进而成为该公司第一大股东；在社交领域投资印度内容和社交网络应用 ShareChat 2 亿美元（见表 4）。

表 4　2019 年我国传媒公司海外布局

投资公司	被投资公司	投资额
阿里巴巴	Vmate	1 亿美元
腾讯	挪威的 Funcom	3886 万美元
腾讯	印度的 ShareChat	2 亿美元
腾讯	Reddit	3 亿美元
阅文集团	泰国公司 OBU	1051.12 万美元
欢聚时代	BIGO	约 14.5 亿美元
字节跳动	英国的 Jukedeck	不详

资料来源：根据网络资料整理。

7. 其他融资方式

传媒类企业还采取了其他融资方式：一是通过增发募资，虎牙直播和趣头条都通过增发股票募资；二是通过发行债券和中期票据募资（见表 5）。

表 5　2019 年其他融资方式

融资公司	融资方式	融资金额
爱奇艺	可转换优先债券	12 亿美元
腾讯控股	拟在 12 个月内发行全球中期票据	200 亿美元
虎牙直播	增发 A 类普通股	约 5.5 亿美元
趣头条	增发美国存托股票	1000 万股

资料来源：根据网络资料整理。

三　互联网巨头的传媒业投资布局

1. 阿里巴巴、腾讯出手最多，文娱传媒领域投资额高

第一，腾讯投资数量最多，阿里巴巴投资额最多。天眼查数据显示，2019 年，包括腾讯、阿里、百度、京东、字节跳动等互联网巨头，共投资

了185起，其中，腾讯以94起居于首位，阿里巴巴以34起居于第二位，字节跳动以19起居于第三位。根据和讯财经报道，2019年，阿里巴巴、腾讯和京东均保持了数百亿元投资规模，其中阿里巴巴以1146.10亿元居于第一位，百度的投资额也达到了88.32亿元，字节跳动的投资额为22.17亿元。

第二，企业服务投资数量最多，文娱传媒投资金额最高。IT桔子的数据显示，2019年，在互联网巨头中，企业服务相关投资总数为39起，涉及金额为53.4亿元；文娱传媒领域投资总数为28起，涉及金额却高达164.1亿元。其中，阿里巴巴在文娱传媒共计投资7家平台，累计金额为80.7亿元；腾讯则投资了17家平台，累计投资金额为74.4亿元。

2. 互联网巨头在传媒领域的具体布局

第一，腾讯围绕其主营业务加大布局。一是整体来说，2019年腾讯在传媒领域的投资出现了断崖式下滑；二是腾讯在传媒业投资的领域极其广泛，分别覆盖游戏、短视频、动漫、直播、影视、音频等细分赛道。在游戏领域投资仅9起，同比下降52.63%，其中国内投资3起，国外投资6起。例如，以2亿元收购了英国上市游戏公司Sumo Group。在动漫领域投资了4笔，主要是1.25亿美元投资在漫画领域深耕4年的快看漫画。在短视频领域，重点投资了快手。在影视领域，重点投资了曾打造火爆全国的偶像女团竞演养成类综艺节目《创作101》的好枫青芸公司，腾讯持有其10%股份并成为其第二大股东。

第二，阿里巴巴采取的是先投资，再并购，最后全资收购的高介入模式。2019年，阿里巴巴在文化传媒领域主要领投了网易云音乐等，入股了分众传媒、B站、趣头条等。

第三，字节跳动积极进行投资布局。字节跳动在快速发展的同时，积极通过投资来强化自身的生态系统，2019年，主要投资了虎扑、互动百科等。其中，字节跳动投资虎扑12.6亿元，持股比例为30%，成为虎扑的第一大股东。此外，通过投资互动百科也强化了自身的搜索领域的能力，并且以5.3亿美元投资理想汽车，其对无人驾驶的期盼呼之欲出。

第四，百度对传媒业投资数量少。2019年，百度对外发起了14起投资，重点是企业服务、人工智能、内容等领域。根据IT桔子数据，威马汽车、东软控股以及知乎，是被投资金额最高的三家，都超过了10亿元。百度在传媒业领域投资了知乎、果壳、凯叔讲故事、七猫小说等头部优质企业，其中对知乎投资了4.34亿美元。

第五，京东开始布局传媒业。作为电子商务公司的京东，长期以来投资重点在于布局多元线下零售场景和下沉市场，2019年，京东先后战略投资了Go－Jek、特斯联、五星电器、新潮传媒、迪信通、彩生活、生活无忧、汽车街等多个项目，其中，对Go－Jek、特斯联、五星电器、新潮传媒的投资额都超过10亿元，而新潮传媒更是京东在传媒业少见的重大投资。

第六，B站频频进行投资。B站作为二次元的领先平台，投资更多聚焦动漫IP、影视制作以及衍生品，与Z世代内容消费相关。

四　传媒业投资趋势分析

1. 重点转变为战略投资及并购整合

当下，在流量红利衰竭的背景下，互联网平台和企业纷纷开始注重精细化运营和产品创新，而通过战略投资及并购整合来打造生态和实现战略成长就成为新趋势。战略投资可以更好地打破流量制约、资金保守的瓶颈，进而实现价值的提升。据不完全统计，2019年，有超过20%的融资交易出现了战略投资人的身影，而拥有最广泛用户群体、最丰富的业务场景和用户数据的互联网生态巨头就是较好的战略投资人。其中，快手领投、百度跟投知乎就是较好的案例。

2. 互联网巨头积极进行海外布局

在国内市场增量空间越来越小和竞争日趋激烈的情况下，互联网巨头纷纷开启国际化进程，进行海外布局。目前，互联网巨头在海外布局时，为了降低时间成本，多采取并购海外标的的方式快速抢占国际市场。互联网巨头一方面可以快速获取市场，另一方面能够利用其先进技术为并购标的赋能。在传媒业海外布局方面，字节跳动获得了较好的效果。字节跳动国际化主要围绕自身的核心业务开展，主要有资讯、短视频、2B 三个核心方向，2019 年主要收购了音乐领域的 Jukedeck。

3. 短视频和垂直类自媒体是重点

2019 年，短视频一直保持之前的热度继续成为投资重点，而随着自媒体平台的日趋饱和，垂直类自媒体也成为资本追逐的新热点，而短视频类的垂直自媒体更是备受青睐，快手、影谱科技、视知等都是其中的佼佼者。IT 桔子数据显示，2019 年上半年媒体及阅读领域投资事件数量合计 31 起，交易金额超过 41 亿元；视频/直播领域发生 21 起投资事件，涉及交易金额超过 13 亿元。

4. 互联网巨头们联合投资

虽然阿里巴巴系和腾讯系之间的竞争很激烈，但是在投资领域，滴滴、美团等 21 家企业背后都有阿里巴巴系和腾讯系共同投资的身影，而 2019 年，B 站、趣头条、快手又成为双方新的共同投资标的。

阿里巴巴及腾讯共同投资标的主要来自互联网、文娱影视等行业。对于优质标的，双方均是多轮出资。例如，在滴滴出行方面，腾讯曾 4 次投资，阿里投资 2 次。三是双方曾在华谊兄弟等公司中同时出手。当然，无论是腾讯系还是阿里巴巴系都在投资中获益良多。例如，自 2008 年成立以来，腾讯投资的公司目前已有近 70 家成功上市，有 100 多家成为“独角兽”。

B.26

区块链技术在传媒产业的应用与影响*

张 锐 修雨薇**

摘 要： 区块链与传媒产业存在双向联系，区块链技术通过共识机制与智能合约赋能传媒产业，而传媒产业在新闻、影视等领域的应用诉求反哺区块链技术的发展。本文以区块链技术为背景，从信源认证、内容生产、推广分发、版权管理四个环节出发，分析区块链如何对传媒产业链进行重构，并为营造公开透明的传媒产业生态提供新的可能。

关键词： 区块链 传媒产业 价值链重构

一 区块链技术应用现状

区块链技术原理从智能货币中剥离出来，在金融领域成功试水之后，被广泛应用于各行各业。斯万（Melanie Swan）认为区块链突破了当下的信息技术，将会应用于货币领域、金融领域、非金融领域三大层面之中①。因此，可将区块链的应用场景划分为金融、供应链管理、文化娱乐、智能制

* 本文为国家社科基金规划项目“新一代信息技术对新闻传播的运行方式影响研究”（项目编号 18BXW037）的阶段性研究成果。

** 张锐，北京电影学院管理学院副教授，大数据研究所所长；修雨薇，北京电影学院管理学院硕士研究生。

① 〔美〕梅兰妮·斯万：《区块链：新经济蓝图及导读》，新星出版社，2016。

造、社会公益、教育就业、医疗健康、精准营销八类。①

区块链是一个跨学科、跨领域的迭代性技术，其传播学、管理学的基础背景，使该技术与传媒产业存在双向联系：区块链技术通过共识机制与智能合约赋能传媒产业，而传媒产业在新闻、影视等领域的应用诉求反哺区块链技术的发展。目前，对于区块链在传媒行业领域的研究才刚刚展开，但不可否认的是，区块链技术的介入，将重塑传统的传媒产业价值链。其凭借去中心化、去信任化的特征，以及智能合约、共识机制等技术基础，维护传媒行业在信源认证、内容生产、发行推广、版权保护、交易与利益分配各环节的公开化、公平化与透明化（见图1）。

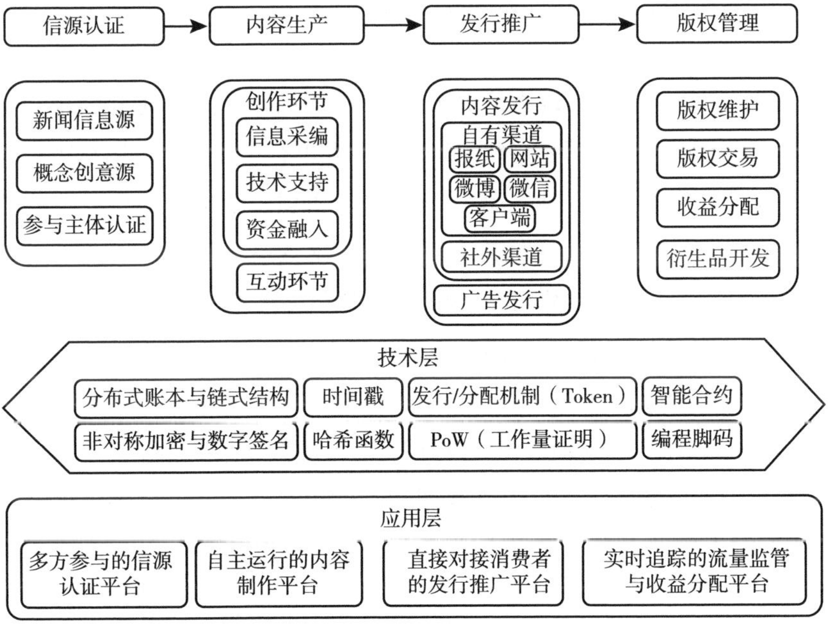

图1　区块链技术下的传媒产业价值链模型

① 工业和信息化部：《中国区块链技术和应用发展白皮书》，2016；工业和信息化部：《2018中国区块链产业白皮书》，2018。

二　区块链技术下的媒体信源认证

社交媒体的飞速发展，助长了虚假信息的泛滥，并在回音室效应下扭曲了一部分公众的观念。国内外一些媒体公司尝试运用区块链技术来解决公众的信任危机。

1. 对发布内容的多点审核

区块链技术可以为新闻信息源的透明度审查提供技术支撑，即通过共识机制对新闻生产者工作内容的可靠性进行评估，使各个节点上的管理部门能够清晰地了解新闻生产的全过程①。例如，日本 Tech Bureau 公司运用私有链技术开发的平台“猕讯”，通过赋予记者、主管、第三方机构不同的功能权限，来维护新闻撰写、编辑、修改的真实性。

另外，区块链技术可以将信源认证与激励机制相结合，通过代币交易使生产者、发行者、受众都参与到作品的真实性审查过程中，共同承担溯源平台带来的利润与风险。例如，波兰的区块链初创企业 Userfeeds② 通过“多方参与、公开审查”的可靠性排名算法建立作者声誉系统，过滤那些被操控的虚假新闻；美国科技公司在 Aurgur 平台上发行代币“REP”，激励新闻行业各参与主体追根溯源，共同维护真实透明的新闻生产环境。

2. 实时可追溯的信源认证平台

区块链可追溯、不可篡改的特性使其在治理假新闻、净化新闻传播环境方面起到重要作用。③ 因此，该技术可以净化舆论环境，帮助传媒机构与受众对内容源头的采集信息进行认证。

首先，区块链技术可以凭借去中心化的核心特征保护内容生产者的创意

① 丁晓蔚、何秋妍：《论区块链技术对传媒业的影响》，《现代传播（中国传媒大学学报）》2019 年第 12 期。

② 吴果中、李泰儒：《用区块链技术打击虚假新闻——Userfeeds 与 PressCoin 模式介绍》，《新闻战线》2018 年第 13 期。

③ 张淑玲：《基于破坏性创新的区块链媒体扩散瓶颈与衍化路径分析》，《中国出版》2018 年第 21 期。

成果。传媒机构可以将创意源头或新闻素材上传到区块链上，并通过编码技术在文件中植入不可被篡改的原始证明；并在链上实时更新内容源的后续开发信息与相关证明，促使内容的生产与传播过程透明化。

其次，区块链技术通过加密技术保护内容采集者的信息，使公开透明与隐私保护并存。即将新闻内容的元数据（作者、评估证明、标签等）传送到“链外”（多台计算机节点）存储，在保障信息不可篡改的同时，方便内容核查信息的及时调取与高效追踪。国内新兴的内容推介与交易平台Primas，运用区块链技术优化数字作品的指纹识别功能（Primas DNA），通过双重认证方式确保媒体作品的著作权，并还原作品的转载与授权信息。

三　区块链技术下的分布式内容生产

碎片化的生产环境，限制了传媒行业的进一步扩张。区块链技术对媒体平台的“破坏式创新”优化了传媒行业的组织架构，升级了各媒体参与者的职能，从制作过程与参与过程两方面提升了内容生产的透明度与公开性。

1. 公开化的内容创造方式

创作者在内容生产过程中的公开性，首先体现在生产方式上。区块链技术基于其在智能制造领域的成果，帮助内容生产方建立用户需求驱动的生产模式①，提升各生产部门的合作效益。例如，为独立新闻服务的平台Civil将新闻运作分割为编辑室、工作站与事实核查三部分，运用区块链技术帮助新闻编辑室快速匹配读者偏好、播报主题与运行资金。其次，区块链技术通过PoW（共识机制）与发行机制，促使传媒产业建立及时披露、实时核查的协作平台，使项目支出与分配的每一笔资金都有迹可循。例如，BigCouch公司开发的电影私有链平台（FilmChain），② 下放一定权限给项目负责人与

① 谭小荷：《基于区块链的新闻业：模式、影响与制约——以Civil为中心的考察》，《当代传播》2018年第4期。

② *Unblocking the Chain*, *Blockchain in TV & Film Production*, *Finance and Distribution*, By Ampere Analysis, 2019.

监督人，力图通过以太坊整合民间资源，管理货币的回收和分配。

2. 透明化的公众参与方式

公众参与生产的透明性，主要体现在以代币与打赏为主导的用户激励模式上。首先，区块链技术基于加密技术与注意力经济理论，通过引用、转发等形式创新内容的再生产方式，净化行业风气，使优秀作品能够获得合理的收益。例如，美国区块链新闻平台 Bitpress[①] 通过“用户赏金”满足用户核实媒体文章真实性的诉求，并建立以需求为主导的开放性新闻生产循环模式。其次，区块链技术运用去中心化的价值理念重构价值生产者、分发者与消费者的关系，以分配虚拟代币的方式建立自给自足的商业运作模式，弱化媒体角色的边界[②]。例如，社交平台 Steemit（2016 年上线，用户达 100 万）、瑞典音乐流媒体平台 Spotify（收购区块链企业 Mediachain），利用激励手段（VIP 特权、赠品等）转变用户角色，撰写高质量的文章与评论，使平台与受众实现最直接的利益反馈与变现。

3. 去中心化、分布式的内容制作平台

内容创新一直是传媒行业发展制胜的重要因素。区块链作为产业创新的技术突破口，可以打破时空限制，帮助传媒机构建立去信任化的协同生产流水线；与此同时，合理配置媒体采编资源，发挥规模经济效益以生产高质量的定制内容。

首先，区块链解放了新闻内容生产力，作为推动“中央厨房”[③] 融合媒体生产方式的重要力量，其创设具有相对中心化特征的联盟链[④]架构，服务于新闻生产价值网络；依托智能合约与权威媒体机构建立合作，促进新闻内容生产实现共享化、标准化、分包化。区块链技术还能维护多方参与新闻生

① 郭恩强、梁杰兵：《区块链对新闻生产的重构——以“透明性”为中心的研究》，《新闻大学》2019 年第 2 期。

② 谭小荷：《加密经济重构媒体生态？区块链驱动下的新闻商业模式创新——基于 PressCoin 的案例》，《新闻界》2018 年第 6 期。

③ 中央厨房为一种以品牌建设为核心的新闻生产模式，通过建立全媒体平台，实现“一次采集、多种生成、多渠道传播”的新闻生产与传播方式。

④ 联盟链指在共识过程中受预选节点控制的区块链。

产的透明性、公开性，防止单方或联盟成为新闻内容的仲裁者。

其次，区块链的私有链架构可以解决影视作品收益回收周期较长带来的投资方与生产方信任缺失问题，[①] 即运用智能合约技术依照协议内容记录、收集、分配每一笔资金，使投资方能够实时追溯资金流向，以外部监控的方式提高影视项目运营效率。

最后，区块链技术帮助艺术创作者建立公平的价值分享平台，简化中间商角色，通过智能合约将艺术家与受众连接起来，使其在作品创作前期获得更多资金赞助；并建立以艺术家为中心的声誉匹配数据库，给予创作者自主定价的权利，以赏金、订阅费等鼓励再创作。

四　区块链技术下的智能推广分发

1. 精准匹配的广告效益追踪方式

广告业务投放不精准、受众效益不显著一直是困扰传媒行业推广宣发的重要问题。而区块链有利于媒体广告效益的精细化、透明化，使传媒机构能更好地将广告营销融入媒体项目的开发运作之中。例如，迪士尼、NBC 环球等重量级媒体组成联盟，将自身广告业务从传统组织结构分离，创建区块链洞见平台（Blockchain Insights Platforms）。[②]

区块链技术可以集合产品与用户的数据优势，实现场景广告效果的实时监测。[③] 例如，美国广告公司 MetaX 与区块链公司 ConsenSys 合作推出数字广告供应链跟踪协议 Adchain；美国有线电视公司康卡斯特、维亚康姆与查特传播联合建立 Blockgraph 广告平台等。

2. 直接对接消费者的分发平台

在区块链技术出现之前，数字化的新闻作品与文化产品都依赖流量平台

---

① 魏家猷：《区块链技术对电影创作的影响及问题探析》，《电影文学》2018 年第 15 期。

② 〔美〕保罗・维格纳、迈克尔・凯西：《区块链：赋能万物的事实机器》，凯尔译，中信出版集团，2018。

③ 张收鹏：《区块链技术在传媒业的创新应用》，《新闻战线》2018 年第 23 期。

这一中间机构进行传播，内容制作方只能间接地了解受众需求；技术壁垒与跟踪成本制约了内容生产方对广告业务的开发运营。区块链技术可以帮助传媒行业建设“直接对接消费者”的内容发行体系，即满足企业定制化的广告投放需求，与专注于渠道网络服务的 MCN① 公司合作（见图 2），建立精准营销与个性化的广告投放平台，通过代币机制变现消费者的注意力经济，运用智能合约技术锁定每一笔广告交易，并追踪其实际广告效益②。

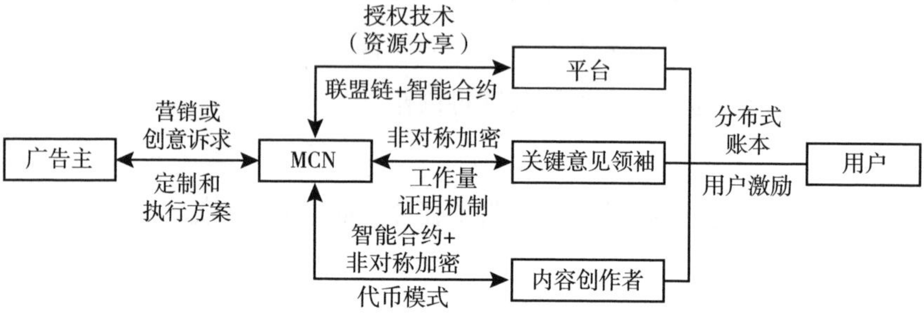

图 2　以自媒体联盟（MCN）为中心的内容分发模式

与此同时，传媒机构可以将作品的生产全过程通过时间戳技术录入区块链条中，并运用分布式的广播机制分发到各个传播节点中，帮助平台过滤带有操纵性以及偏见的信息——被私自篡改的内容无法与哈希值匹配。这种方式可以减少生产者与受众之间的信息壁垒，建立有序开发的内容分发平台。

另外，区块链技术高速的数据传输与处理技术能够提高业内多元媒体的运作效率（数据的离链存储与在链处理），在为传统媒体生产的优质内容保驾护航的同时，发挥新媒体的渠道优势，促进媒体内容的多样化生成与一键式传播。

① MCN 为一种多渠道网络服务，通过整合市场中多样的专业生产内容，形成矩阵网络，保障生产者内容的持续输出、平台推广以及注意力经济变现。

② 蒋卫阳：《区块链 + 媒体业的 N 种可能》，《传媒评论》2018 年第 4 期。

五 区块链技术下的版权管理

版权管理一直是传媒行业中的一个重要板块，相比于传媒产业链的其他领域，区块链技术在版权层面的应用更为丰富。

1. 区块链与版权管理的天然适配性

传媒行业版权管理的复杂性体现在两个层面：一是管理内容的多样性，包括新闻作品、文学作品、影视作品等；二是参与主体的多元化，例如创作者、拥有者、传播者、使用者等。任锦鸾和蔡霖[①]认为区块链可以解决盗版横行的问题，通过时间戳与不对称加密技术建立确权机制，确保版权的归属方与唯一性；并运用智能合约与分布式账本营造透明可追溯的版权交易环境，以此提高产品在确权与交易两环节的处理效率。

2. 透明高效的内容监管与收益分配平台

首先，区块链可以实现数字资产的去中介化，建立产品全生命周期（确权—用权—授权—维权—扩权）的平台业务链条。为防止局部挪用，艺术家可以将自己整个作品的哈希值通过操作代码上传到不可篡改的区块链上，建立具有法律意义的所有权证书。

其次，区块链通过开发去中心化的 App，使创作者绕开流媒体平台，在平台上对版权内容进行加密，以点对点的价值交易掌握 IP 数据，并直接接收来自消费者的流量信息，核实平台资金分配的合理性。

另外，区块链优化了版权交易的流程，使用户撰写的原创文章与精彩评论也成为收益分配的重要内容。这不仅赋予受众获取奖励与回报的权利，还培养了他们对碎片化内容有偿使用的习惯。

---

① 任锦鸾、蔡霖：《基于区块链的数字资产价值开发模式研究》，《现代传播（中国传媒大学学报）》2019 年第 2 期。

结 语

区块链凭借天然特性与技术优势，为传媒行业解决信任危机，建立平等、公正的生态环境。它可以有效防止回声室效应与舆论高地现象的发生，在保护行业参与者隐私的同时，让人人都拥有参与信源核查与内容创作的权利；并帮助创作者们建立加密化的许可证明，以高效地回收产品版权收益。

但区块链本质上是一门信息技术，其与传媒行业的结合也具挑战性：分布式网络是否会成为中心化模式由“权力主导”向“技术操控”转变的另一种形式，在政府管控与法律监督的缺口中诱发新一轮的公信力危机？如何打破区块链技术的应用边界，说服传媒机构花费更高去信任化成本来控制信任风险？传媒行业过于庞大的信息承载需求是否会使链式结构不堪重负？这些问题都对区块链技术对传媒行业的适配性提出考验。

因此，在中国仍处于理论建构、实验测试阶段的区块链技术，在传媒行业中的应用还有很长的路要走。这更需要政府管理机构、行业参与者、受众等多方参与者的积极配合，建设区块化的传媒产业价值链条。

B.27
2019年广电媒体融合传播效果分析报告

王 婷 薛文晞*

摘 要： 2019 年广电媒体从增量改革已跃变为存量技术及内容改革，媒体融合进入产业融合 3.0 阶段。如何测量和评估广电行业的媒体融合发展的进展与阶段性成绩是当下媒介、政务领域都非常关注的问题。从 CTR 网络传播力监测评估来看，广电媒体的视频类产品及生产布局在扩大，逐步在构建视听融合、新闻 + 多元化服务融合的产品模式，但头部产品的传播力和互联网企业的同类产品相比依然面临较大的压力。本报告重点分析了 2019 年 38 家省级以上广播电视台网络传播的现状和特点，希望能从行业观察的角度厘清现状、挖掘趋势，为广电媒体在新阶段的融合转型建言献策。

关键词： 网络传播力 媒体融合 视频 + 视听融合

一 2019年广电媒体融合传播效果评估体系榜单

2019 年，CTR 媒体融合传播效果评估体系榜单聚焦主要央媒与 38 家省级以上广电机构网络传播力，每个渠道下设两个指标：媒体覆盖规模相关指

---

* 王婷，央视市场研究（CTR）媒体融合研究总监；薛文晞，央视市场研究（CTR）媒体融合高级研究员。

标，媒体实际到达人群相关指标。同时依据适配行业发展原则，在五大渠道基础上，将短视频平台单独作为一个渠道呈现，并通过在线基础调查和德尔菲法（专家调查法）相结合的方法调整确定各渠道的权重，分别为：微博15%，微信25%，自有客户端22%，官方网站5%，短视频15%，其他第三方平台18%。

根据CTR监测数据，2019年38家省级以上广播电视台（包含5个计划单列市）在六大渠道正常更新的新媒体产品约1.2万个，2019年网络传播力排名前三的媒体机构分别为：中央广播电视总台、湖南广播电视台和上海广播电视台（见表1）。

表1　2019年38家省级以上广电机构网络传播力TOP10

排名	评价对象	网络传播力	排名	评价对象	网络传播力
1	中央广播电视总台	93.29分	6	广东广播电视台	53.70分
2	湖南广播电视台	68.28分	7	浙江广播电视集团	53.67分
3	上海广播电视台	56.20分	8	江苏省广播电视总台	53.65分
4	北京广播电视台	54.92分	9	江西广播电视台	52.82分
5	黑龙江广播电视台	54.63分	10	河南广播电视台	52.28分

说明：因网络传播力体系监测的账号以机构（频道、栏目）为关键词检索方式获取，2019年广播电视台机构名称关键词全部由**电视台更新为**广播电视台，原广播机构相关账号暂未纳入，下同。

资料来源：2019年CTR融媒体监测数据。

二　分渠道新媒体产品发展概况

1. 微博平台媒体融合

2019年38家广电机构运营微博活跃账号约1400个。38家广电机构在微博传播力排名中，排名前三的机构分别为中央广播电视总台、湖南广播电视台和上海广播电视台（见表2）。

表 2　2019 年 38 家广电机构微博传播力 TOP10

排名	评价对象	排名	评价对象
1	中央广播电视总台	6	浙江广播电视集团
2	湖南广播电视台	7	山东广播电视台
3	上海广播电视台	8	安徽广播电视台
4	北京广播电视台	9	河北广播电视台
5	江苏省广播电视总台	10	广东广播电视台

资料来源：2019 年 CTR 融媒体监测数据。

2019 年底，粉丝量超千万的微博账号由年初的 14 个增至 16 个，其中中央广播电视总台的“iPanda 熊猫频道”和“央视网”微博账号分别在第三季度、第四季度成为粉丝量超千万的新增账号，其他 14 个粉丝量超千万的账号为：CCTV5 体育新闻、CCTV 音乐、春晚、第一时间、湖南卫视、环球资讯广播、经济之声、看看新闻 KNEWS、快乐大本营、央广军事、央视财经、央视体育、央视新闻、中国之声。从互动效果来看，38 家广电机构全年微博互动量突破 11 亿人次，其中中央广播电视总台全年互动量为 5 亿人次、湖南广播电视台为 3 亿人次、上海广播电视台为 1 亿人次，此外，浙江广播电视集团、北京广播电视台和江苏省广播电视总台的全年互动量均突破千万人次。

2. 微信平台媒体融合

2019 年，38 家省级以上广电机构微信传播力排名中，中央广播电视总台、黑龙江广播电视台和广东广播电视台排名前三（见表 3）。

表 3　2019 年 38 家广电机构微信传播力 TOP10

排名	评价对象	排名	评价对象
1	中央广播电视总台	6	北京广播电视台
2	黑龙江广播电视台	7	江西广播电视台
3	广东广播电视台	8	贵州广播电视台
4	上海广播电视台	9	内蒙古广播电视台
5	辽宁广播电视台	10	陕西广播电视台

资料来源：2019 年 CTR 融媒体监测数据。

2019 年 38 家广电机构正常更新的活跃微信公众号约 2000 个。中央广播电视总台的“央视新闻”公众号是 38 家广电机构中唯一一个季度阅读量上亿人次且连续三个季度阅读量保持增长趋势的公众号；黑龙江广播电视台“新闻夜航”与中央广播电视总台的“央视财经”公众号平均季度阅读量均在 6000 万人次以上，位列 38 家广电机构微信公众号季度阅读量第二、第三。38 家广电机构发布的微信公众号文章累计获得 52.6 亿人次阅读。2019 年季度趋势与 2018 年基本一致，下半年整体阅读量高于上半年。38 家广电机构共创造 1.2 万篇阅读量超过 10 万 + 文章。

3. 短视频平台媒体融合

2019 年 38 家广电机构短视频平台传播力排名中，中央广播电视总台、湖南广播电视台和北京广播电视台排名前三（见表 4）。

表 4　2019 年 38 家广电机构短视频平台传播力 TOP10

排名	评价对象	排名	评价对象
1	中央广播电视总台	6	上海广播电视台
2	湖南广播电视台	7	山东广播电视台
3	北京广播电视台	8	江苏省广播电视总台
4	浙江广播电视集团	9	安徽广播电视台
5	河南广播电视台	10	福建广播影视集团

资料来源：2019 年 CTR 融媒体监测数据。

2019 年 38 家广电机构在抖音、快手、秒拍和西瓜视频平台上的活跃账号共计 2298 个，短视频账号平均粉丝量稳步增长，截至 2019 年底，38 家广电机构短视频活跃单账号平均粉丝量为 89 万，季度间增速为 4.7%。中央广播电视总台“央视新闻”抖音账号 2019 年 11 月 20 日开通当日粉丝增长即过千万，“央视新闻”秒拍账号和湖南广播电视台“快乐大本营”抖音账号年度粉丝增量亦在千万以上。

4. 其他第三方平台媒体融合

2019 年 38 家省级以上广电机构其他第三方平台传播力排名中，中央广播电视总台、湖南广播电视台和北京广播电视台排名前三（见表 5）。

表 5 2019 年 38 家省级以上广电机构其他第三方平台传播力 TOP10

排名	评价对象	排名	评价对象
1	中央广播电视总台	6	江西广播电视台
2	湖南广播电视台	7	河南广播电视台
3	北京广播电视台	8	江苏省广播电视总台
4	浙江广播电视集团	9	山东广播电视台
5	上海广播电视台	10	湖北广播电视台

资料来源：2019 年 CTR 融媒体监测数据。

截至 2019 年底，38 家广电机构在第三方各平台中共入驻账号约 4931 个，其中综合新闻平台入驻账号数量占比 52%；综合视频平台占比 44%；音频平台占比 3%，与 2018 年相比（综合新闻占比 68%、综合视频占比 31%、音频占比 1%），综合新闻账号占比有所下降，综合视频和音频账号占比有所提升。从粉丝量变化来看，2019 年第三方平台在音频平台的平均粉丝量较 2018 年有明显增长，增幅为 18%，综合新闻平台和综合视频平台的平均粉丝量均有不同程度的下降。整体来看，38 家广电机构在音频平台的布局力度有所加大。

5. 自有产品融合发展

截至 2019 年底，38 家广电机构可正常访问的自有客户端共有 214 款。累计下载量达亿级的 App 产品共有 5 款，其中中央广播电视总台 3 款（央视新闻、央视影音、1905 电影网），湖南广播电视台 1 款（芒果 TV），广东广播电视台 1 款（触电新闻）。

38 家广电机构可正常访问的官网有 134 个，全年平均单网站日均独立访客数为 7.6 万人，全年呈现波动下滑趋势。

三　2019年主流广电机构融合传播的特点

1 主流媒体网络传播视频化趋势显著

2019 年，视频已成为传统媒体在新媒体渠道发布内容的重要传播手段。除短视频平台外，38 家广电机构在微博平台发布的“视频”相关博文超 10 万条。广电机构加大在短视频产品上的布局，头部产品已远超其他类型媒体。38 家广电机构第一季度粉丝量超千万的账号有 9 个，第四季度增长到 30 个，占比由 0.9% 上升至 1.3%。2019 年 8 月 24 日，中央广播电视总台的《新闻联播》入驻抖音平台代表着主流媒体积极拥抱短视频媒体的融合态度，《新闻联播》抖音号开通第一天即涨粉超千万。

2. 媒体融合进入“动本体，改存量，一体化改革”的深化阶段

随着媒体融合的纵深推进，传统媒体的融合态势已经从增量改革升级为存量改革，一体化融合的特征逐渐触及利益核心环节，涉及机构重组、部门重建、人员重制等。

中央广播电视总台“融”字当头整合提速，在中央批复的中央广播电视总台“三定”方案中，总台一共下设 25 个中心，其中新媒体中心就有 3 个，分别为“融合发展中心”“视听新媒体中心”“新闻新媒体中心”。这一设计主要是为了改变“村村点火，户户冒烟”的现状，对于受众少、影响力弱、陈旧老套的新媒体账号关停并转，扭转各台账号众多、管理分散、发展水平很不平衡的局面。

广东广电、湖南广电、安徽广电、河北广电等主流广电机构积极探索融媒体工作室机制改革，以专业化、垂直化内容分类为原则，形成各具特色的融媒体品牌。从制度保障、组织管理、人员调配、设备硬件、办公场地、媒体资源方面着手，鼓励融媒体工作室发展创新。

整体来看，38 家广电机构在多个平台尾部产品[①]占比较高，网络传播力较弱，建议广播电视台集中力量做好头腰部产品，适当精简一些长期传播力较弱的账号，提升整体融合传播效果（见表6）。

表6　各渠道尾部产品数量及占比

单位：个，%

	微博	微信	自有客户端	官网	短视频	第三方
尾部产品数量	814	1450	140	89	1344	3413
尾部产品占比	56	74	65	66	58	69

3. 媒体融合进入产业融合的3.0阶段

媒体融合到了 3.0 阶段，传媒市场出现了多种融合模式，有中央级媒体的平台化模式、芒果 TV 的全媒体布局模式、南方财经全媒体集团的产业融合模式，也有“无线苏州”的本地化服务模式、向媒体行业外延伸的 TMT（Technology & Media & Telecom）模式，还有跨介质整合的模式、多元经营模式、混合所有制模式等。

2019 年 4 月 28 日，珠海整合广电、报业等媒体资源挂牌成立国内首家全媒体国有传媒企业；8 月 14 日，浙江绍兴挂牌成立首家“广电 + 报业”模式市级媒体；10 月 9 日，《淮北日报》和淮北广电整合为淮北传媒中心；12 月 9 日，《湖州日报》和湖州广电整合成立湖州市传媒集团；12 月 19 日，《江西新闻》、长江云、《河南日报》等 19 家媒体成立全国首个省级主流融媒体共同频道“省际联播”，实现省级融媒体互利共赢、信息共享和联动传播，覆盖用户超过 1 亿人。“广电 + 报业”的整合不仅有利于主流媒体做好舆论工作，还有利于推进媒体内部体制机制改革，从而推动传统媒体在深度融合的过程中实现转型升级。

5G 技术落地为内容生产、传播渠道提供技术支持，台网融合和智慧广

① 尾部产品：粉丝量低于 10 万的微博账号，季度阅读量在 10 万人次以下的微信公众号，季度日均独立访客数小于 1 万的官方网站，粉丝量在 10 万以下的短视频账号，粉丝量低于 1 万的其他第三方平台账号，平均月度活跃用户数低于 1 万的自有客户端。

电建设加速。根据《中国广电 5G 试验网建设实施方案》，中国广电首批试点城市确立了包括北京、上海、广州、深圳在内的 16 个城市，计划总投资为 24. 9 亿元。2019 年 1 月，山东广电网络与华为共建的“5G 联合创新应用实验室”揭牌，2 月，四川广播电视台与华为签署 5G、超高清产业等领域战略合作协议。截至 2019 年底，已有 18 家广电网络与华为签约，在深化“5G + 4K”等新技术、新业务方面展开深度合作。

四　广电媒体融合传播发展展望

视频化传播持续蓬勃发展，加速广电机构 MCN 产业化。湖南娱乐的 MCN 成功经验启发了其他广电系机构，黑龙江广播电视台成立融媒体机构试水短视频和直播带货，山东广播电视台推出闪电 MCN 机构（Lightning TV）试水短视频，北京、浙江和成都广电也纷纷涉足 MCN 行业。微信视频号于 2020 年初上线，已有不少电视台公众号试水，期待微信视频号成为未来广电媒体在微信平台视频传播布局的发力点。各家电视台旗下各类节目、主持人等在纷纷入驻抖音、快手，拓宽电视内容宣传渠道的同时，更是加强了内容与用户的联结，广电媒体也越来越适应互联网的生态规则和语言体系。在创新技术的加持下，短视频将会持续高速发展，广电系 MCN 快速产业化。

技术创新持续推动传播和服务的创新。5G 技术及基础设施的落地，使视频直播在清晰、流畅和稳定方面有极大提升，AI、云计算和大数据分析等技术的应用使直播场景进一步拓展。2020 年，借助 5G 和 AI 等技术发展的线上产品需求暴增，大众对直播的认知已然从娱乐转到了教育、商务、医疗等多方面。

“直播 +”大型商业活动呈现新常态，公益直播带货掀热潮。传统线下销售转型线上直播卖货，通过数字化转型实现盈利。2020 年初中央广播电视总台创新推出“名嘴主播 + 网红主播”合体的直播公益行动，引来各级广电媒体跟风操作，能否在竞争日益激烈的媒体环境下抓住战略机会，实现新的突破，需要广电媒体重新从技术、媒介环境转型及商业供应链的整合能力等角度来思考。

国家间文化交流成常态，快速抢滩海外市场新蓝海。2020 年初，央视新闻创作的微纪录《独家！总台央视记者探访武汉金银潭医院隔离病房》被美国、英国、加拿大等国家和地区的 477 家媒体广泛选用，播出 1700 余次。CGTN（中国国际电视台）创作的纪录片《武汉 24 小时》是北美总站根据总台一线记者的采访素材创作而成的纪录片，该片成为外国人了解中国的一扇窗口。随着互联网的发展，全球一体化进程持续推进，主流广电媒体在向数字媒体转型过程中，突破了传统媒体渠道限制，如何更好地实现海外传播，彰显文化自信，吸引资源和人才落地，需要广电媒体拓宽视野，从国内市场走向国际市场，进而促使媒体融合发展迈向新高度。

B.28

2019年中国广播融媒体市场发展趋势

黄学平*

摘　要： 2019年广播融媒体已进入了高速发展的时期，各级广播电台逐渐找到自己的融媒体发展模式，形成了具有声音特色、内容特色、地域特色的融媒体形态，并逐步扩大了用户规模，增强了自身影响力。借助收听智能终端与科技水平的革新，广播媒体正在向适应互联网时代特点的新方向稳步迈进。

关键词： 广播融媒体　网络音频　媒体转型

一　广播融媒体发展现状

1. 互联网活力不断攀升，广播融媒体乘东风共成长

移动互联网的持续深化带动了网络音视频的消费。喜马拉雅在2019年9月的激活用户数已经超过6亿人，活跃用户日均收听时长达到170分钟。2019年11月蜻蜓FM创始人张强在2019年WISE大会称，蜻蜓FM全场景生态月活跃用户数达到1.3亿人，智能设备单日收听总时长达2500万小时。

网络音频平台用户量的不断上涨，带动了广播频率在这些平台上的在线直播用户量。赛立信调查数据显示，2019年在线音频活跃用户量达5.01亿

* 黄学平，赛立信媒介研究有限公司总裁。

人。截至2019年12月，手机网民数有8.97亿人①，移动互联网网民手机上网收听网络直播的比例达30.1%，据此估算，2019年广播在线直播用户规模达2.70亿人。随着5G的到来和技术的迭代，广播不断提升自身融媒体产品质量及技术水平，逐渐在媒体转型的道路上越走越稳。

2. 广播融媒体实践道路的探索

通过互联网平台传播的广播打破了三大传播局限：区域、时间、声音。“融媒体”繁荣发展态势之下，广播在传播渠道、传播方式、受众群体、内容生产模式及盈利模式等方面都发生了极大的改变广播媒体在移动互联网上的影响力不断提升，广播的媒体融合小见成效。

（1）“中央厨房”的打造

广播媒体如何搭建这样的“中央厨房”平台在近年来逐渐明晰。中央级媒体以“中国广播云采编平台”领头，整合中央人民广播电台融媒体指挥中心、中国之声、央广网、地方记者中心、多家地方台的采编工作，“中央厨房”构建已趋于成熟；省级广播电台也多有创举，如山东广播电视台整合原电视新闻中心、公共频道、体育频道、国际频道、齐鲁网五大优势平台资源成立融媒体资讯中心，并彻底打破所有人员原有的身份归属、条框分割和频道界限，实行混编作战；浙江广播电视集团以“中国蓝云”平台为主要技术依托，打造“一云多端、一键多发、一呼多应”的“广播电视+”新型作业模式；北京广播电视台的“中央厨房”则是一个合资公司，北京时间股份有限公司与北京新闻媒体有限责任公司整合合作，利用北京广播电视台等主流媒体的内容资源，搭建包括“内容、渠道、平台、服务”的“互联网+”广播电视的媒体生态系统。

（2）“两微一条一抖一端”的矩阵传播模式

近年来，全国省市级广播电台在打造手机客户端方面做出了许多尝试，其中不乏取得优异成果的佼佼者，并且各有特色。如上海广播电视台旗下阿基米德FM，在平台上聚合了多地或本地多档优秀节目，对音频节目场景化

① CNNIC：第44次《中国互联网络发展状况统计报告》，2019年8月。

划分、精细化剪辑之后进行二次分发，通过丰富的内容播送形式、多样化的平台互动，使传统广播节目的收听与互动在融媒体平台得到延伸；浙江广电集团打造的“喜欢听”网罗浙江广电集团8家广播电台20多档品牌节目的直播，集纳了目前市场上的微信、视频直播等平台的多项互动功能，成为全新的广播节目互动平台，为广播频道的栏目和主播提供更专业有效的新媒体互动服务；北京广播电视台“听听FM”在近年来逐步转变为包容精品节目内容、音视频直播、网络原创等多样化内容的综合性平台，实现从“大而全”到“小而美”品质内容平台的转变；江苏广播电视总台借“大蓝鲸”客户端为本台的音频节目提供直播流出口，同时着力打造节目互动社区，为传统广播提供互动的平台，并在互动中产生众多包含“专业生产内容＋用户原创内容”（PGC＋UGC）的内容，为节目提供新的素材；湖北广播电视台“九头鸟FM”则部署了本土化策略，依托“长江云平台”，集纳湖北省百套广播频率，以庞大的数据库为基础，精准分析用户的使用情况，满足移动互联时代的用户需求。

除自办的手机客户端以外，众多广播电台同时在“两微一条一抖”等社交平台上耕耘，实现向用户提供“声音、文字、图片、视频”的立体传播，“移动网络电台＋自营App＋微信公众号＋微博＋抖音＋官网”矩阵传播模式大大加深了互联网受众对广播融媒体产品的认知，提升广播融媒体云端的影响力。

经过多年的运维，广播媒体在社交平台上推送的产品更多样化，也大大提升了用户的黏性。以微信平台为例，不少广播电台的微信公众号已经跻身专业热门公众号之列。赛立信广播融媒体云传播效果数据①显示，省级电台微信文章的读者用户黏性大大增强，内蒙古、安徽、广东、吉林等电台下半年的文章比上半年获得的在看率提高许多（见图1），证明微信端读者对主流媒体在新媒体领域传播的内容也越来越认可。

---

① 赛立信融媒体传播效果数据包括云听、云迹、云交互三方面的数据，云听数据全部来源于蜻蜓、喜马拉雅、听伴FM等网络聚合平台的广播在线直播数据，电台自办App不包括在内。

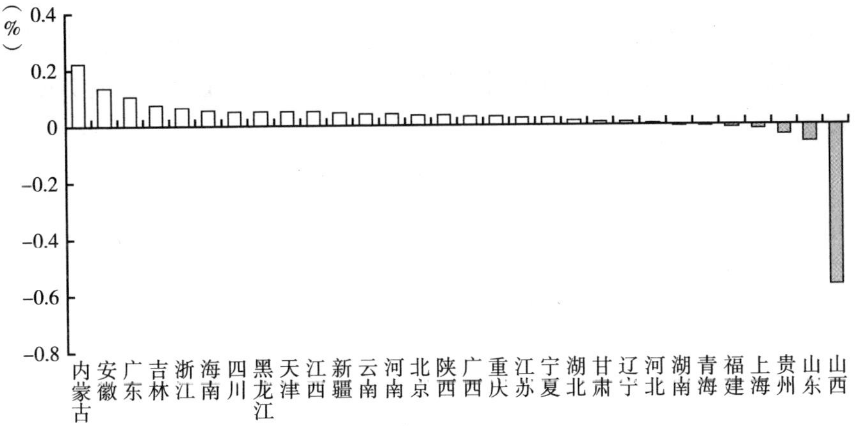

图1　2019 年下半年较上半年广播频率微信公众号在看率变化幅度

数据来源：赛立信广播融媒体云传播效果数据，2019。

（3）广播融媒体商业盈利模式的初步尝试

传统广播是以节目、听众、广告为主要要素的“三位一体”运营模式，但融媒体语境下，这样的运营模式显然无法延续，融媒体产品的变现是广播人一直在思考的问题，并且在不断的尝试中。

O2O2O（Onair to Online to Offline）营销。旨在让广播节目与虚拟平台、实体消费相结合。第一个“O”是 Onair，即广播节目，第二个“O”是 Online，指融合互联网的技术，呈现广播节目和商业信息的关联点，促进互动，增强听众黏性，最终引导至 Offline 的消费。以楚天交通广播的节目《逛街》为例，节目打造的是“逛着听”的概念，“90 后”主持人把“说、演、表、互动”融入节目，用声音带着听众走遍武汉的老街特色小店，绘声绘色地向听众讲述小店的特色，与此同时，在频率 927 的商城平台中，通过图文介绍每个节目中提及的小店，节目还制作各类视频在斗鱼、抖音等平台播送，利用线上平台派发优惠券，联动线下活动营销，打通线上、线下，实现软广及营销效果最大化，从而实现节目创收与小店消费的双赢。

节目线下用户引流，实现电商平台创收。安徽音乐广播的《嘻哈二人行》节目每天有3分钟的碎片化购物短片，其间用风趣幽默的方式推荐特色商品，限时售卖，有效地将节目用户引流至微信服务号搭建“嘻哈搜货”平台，结合商城每天及每月的促销活动与主题活动，在电商平台成功实现用户引流与下沉。

线上、线下拉动用户，提升营销活动的商业价值。活动营销是近年来广播媒体重要的创收方式，不少广播媒体的活动已经成为品牌活动。近年来借助融媒体平台，拉动线下、线上的互动，活动营销效果达到最佳。宁波电台为“阿拉的海”水上乐园开业做的活动就是一个较为典型的案例。活动期间，宁波电台系列频率的微信公众号进行大量的活动推送，聚集线上人气之余，导流线下乐园消费。通过系列的线下、线上活动，广告主获得近100万元的转化，充分体现广播媒体营销活动的商业价值。

强化IP头部内容资源，打造广播“新声态”。“精品内容+全方面营销”引爆IP热潮，在热度不断之下达到品牌广告传播的效果。2018年世界杯期间，喜马拉雅一档独家音频快讯栏目《燃爆世界杯》，除了内容精彩以外，节目还结合内容、场景、渠道全方位进行“百威”品牌投放，实现三“超”营销：①超级定制：为节目量身定制无缝植入广告：节目前品牌冠名、节目中融入百威球迷欢、节目尾声设置“百威&最燃时刻”；②超级互动：以定制H5小游戏模式带动球迷深度参与互动，球迷互相邀请参与活动中传播百威品牌，提升球迷黏度；③超级曝光：在首页入口、APN、开屏、焦点图、贴片等位置多维度实现品牌曝光。该节目在世界杯期间点击量过9亿次，“百威”的广告效果更是不言而喻。

二　广播融媒体发展特点

1. 场景差异化，广播伴随性优势依旧凸显

移动互联网时代，听众的收听方式更多样化，在开车、运动、上下班通勤及户外散步等场景下，用户对媒介的需求集中在听觉方面。在这些场景中，收听在线广播或其他音频产品依旧是用户的第一媒介选择。数据显示，

用户在开车、运动、上下班通勤时较多收听在线音频，在排队、等人、用餐、睡前、居家休闲时则是更多看在线图文、在线文章、在线视频等。从不同场景下的用户阅读/收听行为可以看到，在线音频的伴随性更为突出，与图文、视频相比，在线音频的消费场景更为多元化、碎片化，与广播的特点是相吻合的。可见，广播因其伴随性特点在移动互联网时代仍然是其他任何媒体包括新媒体都无法替代的。

2. 内容生产精细化，化“大众”为“小众”

融媒体语境下，广播的内容制作也针对整个市场与受众的实际需求发生了相应的变化，广播在融媒体平台覆盖的用户群体更加多元化，包含的形式也更为丰富，如音乐、娱乐、知识类以及有声小说等，广播融媒体产品的生产逐渐向内容精品化、形式多样化的方向发展。

融媒体时代，受众的个性化意识大大增强，他们依照年龄、喜好等分成不同的圈层，同时，他们能够选择自己想要接收的内容，并且能够对内容进行转发分享，成为信息的主动传播者。在这样的格局下，广播融媒体转型也开始由“大众化”变“小众化”，将原有内容提炼、重组、分类，结合收听群体在不同场景下的收听特性，根据受众的需要对信息传播进行专业化的细分，为不同圈层的受众提供多样化、专业化的产品，满足小众的个性化消费需求。

3. 地域特征明显，广播节目本地化特色延续

广播节目的贴近性一直是吸引听众的重点因素，广播媒体受众受其生活环境因素影响，对本土政治、经济、文化拥有更大的兴趣，同时存在潜在热情参与的可能。虽然互联网打破了广播覆盖的区域界限，但节目的本土化特点依然明显，线上收听的用户较多还是本土人群，更关注电台融媒体产品的也是本土人群。根据赛立信广播融媒体云传播效果数据，省级与城市电台频率的用户还是以当地的听众居多，当地听众占比大多在75%以上，说明在互联网时代，广播节目的目标用户更多还在于当地用户，广播节目本地化特色在融媒体平台仍旧延续。

4. 受众群体年轻化，互动形式多样化

互联网平台、智能收听终端的听众有别于传播收听终端与车载收听终端，目标听众呈现年轻、活跃、网络化的特点，他们的收听更为碎片化、更讲究参与度。数据显示，“80 后”“90 后”“00 后”是互联网的主力用户群，广播电台的在线直播吸引的用户也多为中青年听众群。通过对比2017～2019 年广播电台在线直播用户的画像，可以看到以下趋势：35 岁以下是主力，但年龄呈上行趋势，“80 后”和“70 后”用户占比逐渐增多；女性用户占比在持续上升；高学历人群在逐步攀升。

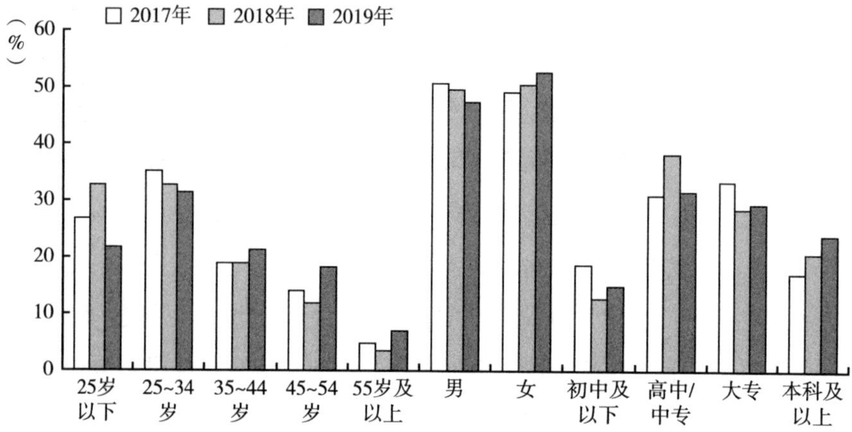

图 2　2017～2019 年广播在线直播用户画像

数据来源：赛立信媒体受众调查，2017～2019 年。

三　广播融媒体发展尚存的问题与思考

1. 广播融媒体发展速度不均衡

赛立信云传播数据显示，在广播融媒体云端在线收听到的 1500 多个频率中，超过 80% 的点击量集中在不到 20% 的电台频率中，大部分的流量集中于几个影响力大的头部频率，流量的集中度相当明显，月均点击量过 500 万次的头部频率的流量占比达 52.0%。当前各级、各地广播电台融媒体建设差距明显，部分电台拥有了较大的影响力，但更多广播电台融媒体发展仍处在中低水平，头部频率逐步形成了寡头竞争的格局。

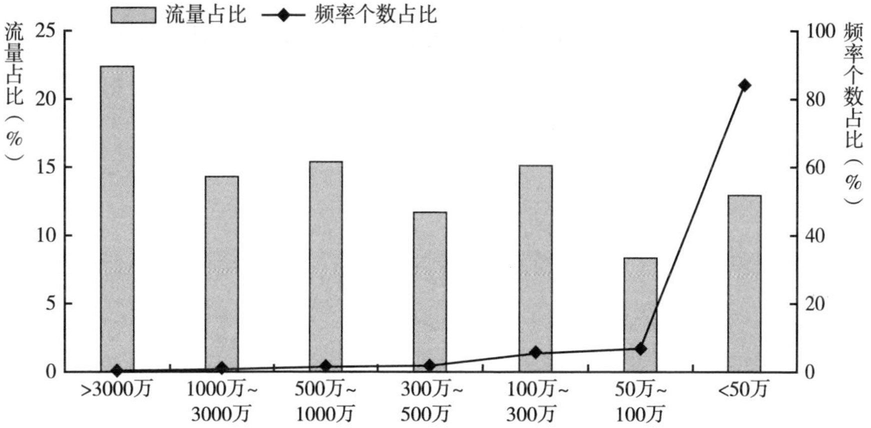

图3　2019年广播频率在线月均点击量

数据来源：赛立信广播融媒体云传播效果数据，2019年。

2. 缺乏理论知识，体制转型困难重重

广播人在媒体融合领域一直都是"摸着石头过河"，缺乏互联网转型方面的理论知识，各级广播电台与新媒体这类依托互联网诞生的"网络原住民"相比，相形见绌，广播媒体融合过程中难以以市场要素与之相匹配。

传统广播电台在进行融媒体转型升级的同时，各项制度设计也应随着融合步伐的渐次深入因事而化、因时而进、因势而新，尽快适应新媒体传播机制；不仅要对产品革新，亦需要对思维革新、体制革新，如在原有制作流程系统体制的基础上，进一步更新、细化、完善新的财务制度、人员考核制度等，并优化内容生产流程，维护良好的市场运营环境，强化融媒体语境下的广播活力。

3. 广播融媒体产品商业模式不成熟，无法实现规模化的变现

随着互联网的普及与新媒体的快速发展，广播媒体长久以来的主要营收途径——广播广告受到极大的冲击，原有的以硬广为支撑的商业模式濒临崩塌，传统广播运营压力增大，形成新的广播融媒体产品商业化模式迫在眉睫。

在这个问题上，优化融媒体节目内容、打造多元产业链条、增强渠道引流能力依旧是最根本的解决办法。此外，传统广播媒体还可以积极利用大数据技术针对受众喜好、收听习惯等进行精准分析，依据受众需求、节目性质等进行节目内容、广告内容的巧妙制作与合理设计，细分受众领域，化“大众化”内容为“小众化”，并灵活运用粉丝经济，拓展用户付费模式等，促进融媒体产品商业模式的转型。

B.29

2019年省级电视台新闻融合传播指数研究报告

刘　宁*

摘　要： 2019年，从中央到地方，各级传统媒体在融合发展的道路上继续积极探索，省级电视台作为媒体融合发展的重要组成，加快建设脚步，为打造新型主流媒体、进一步扩大主流影响力版图做出了诸多努力。本报告结合CSM媒介研究新闻融合传播指数相关数据，重点梳理2019年省级电视台在新闻融合传播、引导舆论方面的动作与成效，尝试探析当下及未来电视媒体新闻融合传播的发展特征。

关键词： 媒体融合　省级电视台　电视新闻

2019年度CSM省级台新闻融合传播指数对31家省级电视台的500余档电视新闻栏目、近2000个以新闻内容为主的微信、微博、短视频账号及近50个电视台自有新闻客户端进行了综合评估。指数显示，2019年省级台新闻媒体融合整体呈稳步推进态势，各台在坚守电视主阵地的同时积极探索新媒体传播领域发展，但整体发展情况仍不均衡。部分电视台深化改革推进力度，加大融媒内容生产，传播效果显著，探索出了具有一定特色的融媒发展路径。

* 刘宁，中国广视索福瑞媒介研究（CSM）融合传播研究部研究主管。

一 新闻融合传播指数

2019 年，各级媒体在融合发展的道路上继续积极探索，部分省级台深入探索特色化融媒发展路径，新闻传播影响力尤为突出，新闻融合传播指数领跑全国。指数排名前 10 位的电视台依次为上海台、广东台、北京台、山东台、江苏台、浙江台、湖北台、辽宁台、安徽台、黑龙江台。

上海台作为“新闻立台”的代表，重点发力“三微一端”，传播效能不断提升，用户沉淀成效显著，斩获全年省级台新闻融合传播指数榜首；广东台电视新闻节目传播优势突出，微信、客户端传播效果不断提升，新闻融合传播指数高居第二位；北京台电视新闻栏目高学历观众占比最高，在新媒体品牌建设过程中，全年短视频、微博传播也爆款频出，名列新闻融合传播指数第三；山东台、江苏台新闻传播领域继续深度、高效融合，打造融媒新闻品牌，领先短视频、微博、自有客户端等新媒体传播，分列新闻融合传播指数第四位、第五位。

从月度指数走势来看，2019 年大部分电视台新闻融合传播指数整体呈现波动上扬的趋势，其中上海台、广东台、山东台的新闻融合传播成效明显，指数增长幅度较大，已进入融合升级的快速通道。同时，2019 年省级台的新闻融合传播总体上呈现出了较明显的头部效应，31 家省级台中有 17 家新闻融合传播指数不及各台平均水平，台间差距较大。具体以“三微”新闻账号传播数据为例，2019 年在新闻传播量上居“三微”渠道前 10 位的省级电视台，所收获的新闻短视频传播量①、微信传播量、微博互动量，分别占到了全部省级台新闻账号的 86%、79%、95%。

① 互动量为转发量、评论量、点赞量的总和，传播量为播放量或阅读量与互动量的总和。

二 新闻融合网络传播指数

从综合评估“三微一端”传播效果的新闻融合网络传播指数来看，上海台、北京台、江苏台、浙江台、广东台、山东台、黑龙江台、河南台、湖北台、江西台等位列前10，网络传播效果突出。值得注意的是，河南台、黑龙江台、江西台、陕西台、贵州台等全年新闻融合网络传播指数排名均赶超了新闻融合电视传播指数，在不同的新媒体领域也都走出了具有自身特色的建设道路，实现了“弯道超车”。

河南台重点发力贴近用户生活的民生新闻，“河南民生频道”“河南都市频道”等地面频道融媒体传播成效显著，新闻融合短视频、微博传播指数均跻身前10位。黑龙江台“新闻夜航”品牌优势明显，稳定高效的内容输出吸引用户长期关注，在“两微”传播中优势尤为明显；江西台集中力量发展融媒体传播，“江西网络电视台”等账号在新闻短视频传播中渐显实力，新闻融合网络传播指数跻身前10位；陕西台密切跟踪报道本地新闻热点，在“两微”传播上凸显了《第一新闻》《陕西都市快报》等本地新闻栏目的品牌影响力，新闻融合网络传播指数排名比新闻融合电视传播指数排名高出10个位次；贵州台新媒体渠道内容分发重点有所不同，短视频内容选题范围更广，辐射至全国范围，旗下账号“百姓关注”等在多个重大新闻主题中表现亮眼，与融媒品牌“动静贵州”等共同推动全台移动传播。

在“三微”传播中，短视频成为省级台新闻传播的发力重点，省级台新闻类“三微”账号在2019年全年共发布了约265万条短视频、71万条微博及39万篇微信公众号文章，分别约占发布总数的71%、19%、10%，分别产生了约878亿次短视频传播量、6100万次微博互动量及18亿次微信文章传播量。从分渠道指数来看，新闻融合短视频传播指数均值分别比微信传播指数均值、微博传播指数均值分别高出8%和31%，也体现出了省级台整体在短视频内容建设方面效果较佳。

三　新闻融合短视频传播指数

上海台、北京台、河南台、江苏台、湖北台、安徽台、山东台、江西台、浙江台、贵州台在短视频领域的传播融合效果拔群，依次占据2019年新闻融合短视频传播指数前10位。

在“看看新闻”融媒体品牌的带领下，上海台2019年在9个短视频平台①发布了近50万条新闻短视频，产生了超250亿次传播量，占全部省级台总传播量的三成。北京台“时间视频”系列品牌重拳出击新闻短视频、直播，传播效果显著，全年短视频传播量突破140亿次，为全台传播贡献近九成流量。江苏台融媒体品牌“荔枝新闻”“荔直播”密切追踪社会热点，全年短视频传播量近76亿次，全台短视频的单条传播量破百万次，居全部省级台之首。2019年，约占账号数总量20%的省级台原生网络新闻短视频账号，发布了所有省台全年新闻短视频总数的36%，产生的视频播放量占所有账号的62%，原生品牌影响力可见一斑（见表1）。安徽台“微观视讯”“安徽海豚播报”、山东台“闪电新闻”、四川台“四川观察”、江西台“江西网络广播电视台”等网络原生品牌亦对各自全台的短视频传播有突出贡献。

表1　进入2019年传播量前20位的省级电视台新闻类短视频账号

账号所属电视台	新闻类短视频账号
上海台	看看新闻、全球眼 News、究竟视频、正能量 News
北京台	时间视频、时间国际视频、时间财经、时间新闻视频
湖北台	长江新闻号、长江号外、湖北经视
江苏台	荔直播、荔枝视频、荔枝新闻、江苏新闻
贵州台	百姓关注
山东台	闪电新闻、山东齐鲁频道
河北台	河北广播电视台
陕西台	都市快报

资料来源：CSM 媒介研究。

① 9个短视频平台包括抖音、快手、今日头条、好看视频、秒拍、土豆视频、腾讯视频、腾讯新闻、网易新闻，其中抖音平台数据不包含播放量。

除依靠网络原生新媒体品牌推动短视频传播外，其他电视台也逐步探索出了各自特有的短视频发展道路。河南台以“河南民生频道”“河南都市频道”等地面频道账号为主力，主打平民视角下的民生新闻，累计粉丝量达7000万，高居所有省台第一，全年互动量也高达3.5亿次，在抖音、今日头条等高流量平台表现尤为抢眼。湖北台大力推动电视新闻栏目品牌的短视频传播，“长江新闻号”“长江号外”依托具有全球视野的电视新闻栏目，发力差异化新闻短视频，全年在今日头条单个平台的传播量达到了46亿次，助力湖北台全年新闻短视频传播量在省级台中位列第四。贵州台公共频道“百姓关注”短视频账号主推正能量新闻短视频，在全国性重大新闻主题传播中表现突出，在抖音、快手两大高流量平台的互动量居省级台新闻账号的前两位。

四　新闻融合微信传播指数

在渠道建设较早的“两微”领域，2019年省级台新闻内容的传播格局与短视频传播有所不同。从2019年省级台新闻融合微信传播指数来看，前10位分别为黑龙江台、广东台、上海台、辽宁台、山西台、陕西台、内蒙古台、海南台、贵州台、江西台，整体格局稳定，月度指数波动不大。黑龙江台凭借“新闻夜航”的压倒性优势长期高居榜首（见表2），该台王牌微信公众号“新闻夜航”2019年全年阅读量高达2.5亿次，稳居省级台新闻账号首位，其阅读量高出第二位近1倍。

省级台新闻栏目所开设的微信号入局较早，尤其是地面频道新闻栏目账号，以更具贴近性的、服务性的内容，释放出本地新闻的传播价值。广东台公共频道“DV现场”立足当地粤语特色民生栏目，借地缘优势在“香港修例风波”等主题的传播上表现强劲，微信公众号全年阅读量超1.2亿次，跻身头部阵营。上海台新闻综合频道“新闻坊”定位“城市社会新闻”，在主推本地新闻的同时，穿插全国范围城市内容，年度阅读量同样破亿次。辽宁台都市频道“新北方”“新闻正前方”密切关注民生动态，高频发布本地气象动态等公共服务性内容，吸引用户长期关注，助推全台新闻融合微信传播指数高居省级台第四位。内蒙古台新闻综合频道“都市全接触”、海南台新闻频道“直播海南”等基于本地地面频道新闻栏目的账号，也跻身省级台新闻微信号传播量头部。2019 年 CSM 省级台新闻微信传播指数数据中，地面频道账号共计 203 个，占全部省级台新闻微信号总数的 63%，全年收获阅读量超 15 亿次，占全部省级台新闻微信号的 86%。山西台“山西新闻联播”作为省级台阅读量前 10 位新闻公众号中唯一的上星频道栏目账号，密切关注山西本地的时政动态，全年阅读量破 6100 万次，同样助力该台跻身省级台新闻融合微信传播指数前 5 位。

表 2　进入 2019 年传播量 TOP 20 省级电视台新闻类微信公众号

账号所属电视台	新闻类微信公众号
黑龙江台	新闻夜航、龙视新闻在线、黑龙江卫视
上海台	新闻坊、第一财经资讯
广东台	广东公共 DV 现场
辽宁台	新北方、新闻正前方
江西台	都市现场
贵州台	百姓关注
陕西台	陕西都市快报
海南总台	直播海南
山西台	山西新闻联播
内蒙古台	都市全接触、MTV 新闻天天看
云南台	YNTV2 都市条形码
广西台	广西新闻频道
浙江台	1818 黄金眼
湖北台	湖北经视
安徽台	AHTV 第一时间

资料来源：CSM 媒介研究。

五 新闻融合微博传播指数

从2019年省级台新闻融合微博传播指数排名来看，前10位分别为北京台、浙江台、上海台、江苏台、山东台、陕西台、黑龙江台、河南台、福建台、辽宁台。从全年发展趋势来看，指数的波动幅度较大，传播效果易受爆款内容热度不一的影响。积极而有序的微博渠道建设能够促进各台更有效地抓住社会热点，继而激发出新闻内容的互动传播价值。

北京台微博账号"时间视频"在2019年抢先发布了"女主播乔碧萝变脸大妈"等一系列热点新闻内容，引发话题发酵，成为年度互动量最高的省级台新闻账号，助推全台全年新闻微博获省级台首位。浙江台"1818黄金眼"跟踪报道了"杭州租客带走女童"等新闻话题，不仅在短视频平台大放异彩，微博也屡获热搜，账号全年互动量也高达550万次，居省级台新闻栏目微博账号的首位。陕西台重视微博平台传播，全年新闻微博发布量超过8万条，居全部省级台之首，"第一新闻""陕视新闻""陕西都市快报"等账号所发布的若干本地新闻内容也在热门微博之列（见表3）。

表3 进入2019年互动量前20位的省级电视台新闻类微博账号

账号所属电视台	新闻类微博账号
北京台	时间视频、北京卫视、法治进行时、大佬时间
上海台	看看新闻 KNEWS
江苏台	荔枝新闻、江苏新闻、南京零距离
浙江台	1818黄金眼、浙样红TV、钱江视频
山东台	山东卫视、齐鲁网
黑龙江台	新闻夜航
陕西台	陕视新闻、陕西都市快报、第一新闻
四川台	四川观察
河南台	都市频道
广东台	今日最新闻官方微博

资料来源：CSM媒介研究。

六　新闻融合自有 App 传播指数

除“三微”传播外，省级台也在建设自主可控的新闻传播平台中不断发力。从用户规模、传播效能来看，2019 年省级台新闻传播平台总体上仍与商业平台有明显差距，但部分客户端用户使用情况已有扩大态势。2019 年，上海台“看看新闻”、广东台“触电新闻”、江苏台“荔枝新闻”、浙江台“中国蓝新闻”、山东台“闪电新闻”月活跃用户数量不断增加，月度新闻融合自有 App 传播指数不断攀升，年度新闻融合 App 传播指数分列第一位至第五位。

CSM 2020 年初用户媒介消费与使用预期调查报告数据显示，特殊时期的信息传播，进一步强化了传统媒体公信力，48.8% 的用户表示以后会更多地使用传统媒体网站/客户端。这一结果也为省级台新闻客户端的发展释放出积极信号。

另外，在国家政策指引下，湖北“长江云”、江苏“荔枝云”、云南“七彩云”、浙江“中国蓝云”等以省级广电牵头搭建的重要平台，通过各自先进的融媒产品为所在省域县级融媒体中心建设提供支持，使省台融合传播动脉延伸至市、县级的毛细血管。

结　语

媒体融合发展任重道远，对省级广电媒体而言，新闻传播领域的融合发展也是“攻坚战”“持久战”。2020 年已来，媒体传播格局是否还有意想不到的发展，传统媒体的新闻融合又将带来怎样的时代变化，值得我们期待。

B.30
2019年电视大屏 IPTV、OTT 设备收视观察

刘洁婷*

摘　要： 随着数字技术的飞速发展，我国电视家庭收视设备逐步多元化。2019 年，IPTV 加入新的牌照方加速发力，OTT（智能电视和互联网盒子）稳步增长。智能收视设备为观众提供了越来越丰富的服务选择，与此同时，电视大屏广告也融入了数字广告基因，电视开机、回看、点播视频等场景下，均蕴含多种广告投放机会。差异化的使用方式和内容资源，使收视设备、内容与观众的关系变得复杂而微妙。本报告从设备的覆盖、收视、观众等角度，梳理 2019 年 IPTV 及 OTT（智能电视和互联网盒子）的发展情况。

关键词： 电视大屏　IPTV　OTT

一　数字化收视设备覆盖情况

1. IPTV 和 OTT（智能电视和互联网盒子）家庭覆盖稳步提升

2019 年 CSM 基础研究数据显示，全国电视观众家庭中，IPTV 覆盖占比最高、增长最快，达 46.1%。DVB（有线数字电视）[①] 覆盖占比继续收缩，

---

* 刘洁婷，中国广视索福瑞媒介研究（CSM）事业发展部经理。

① DVB（有线数字电视）：含普通数字有线和双向数字有线机顶盒设备。

同比下降6个百分点；OTT（智能电视和互联网盒子）① 覆盖继续扩张，占比达44.9%（见图1）。

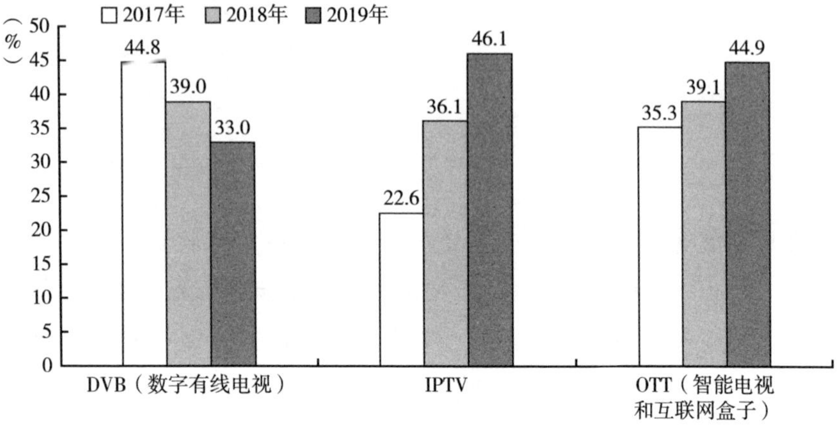

图1　2019年中国家庭电视收视设备覆盖情况

数据来源：CSM 2019年全国基础研究。

随着数字技术水平的提高和产业水平升级，收视设备种类、运营模式也逐渐丰富。从数据上看，各设备的覆盖占比总计超过100%，且IPTV和OTT的覆盖合计增量高于DVB的覆盖减量，这意味着在观众家中多设备、混合用的收视场景愈加普遍。同时，由于观众收视时间持续减少，设备闲置时间不断增加，各运营商、内容方之间的竞争加剧也随之显化。在设备混用的收视场景下，观众与设备、内容的关系较以往更为复杂。

2. 有线双向电视用户规模逆势增长

有线电视从信号传输形式上可分为传统有线电视、有线数字电视、有线双向电视。其中，有线双向电视服务可提供直播频道收视和回看、点播等互动服务；非有线双向电视服务只提供直播频道收视服务。

近年来，各地有线电视运营商积极推动有线数字网络双向改造工作，配合硬件升级、系统优化及配套设施建设，逐步扩大有线双向电视的覆盖范

① OTT（智能电视和互联网盒子）：含联网设备和非联网设备。

围，提高服务能力。根据《中国有线电视行业季度发展报告》数据，截至2019年第三季度，全国有线电视、有线数字电视用户规模持续下滑，有线双向电视用户数逆势上涨。有线双向电视渗透用户规模，即已实现双向网改并具备开通互动业务能力的用户数达1.028亿户，占有线电视用户用量的48.4%（见图2）。①

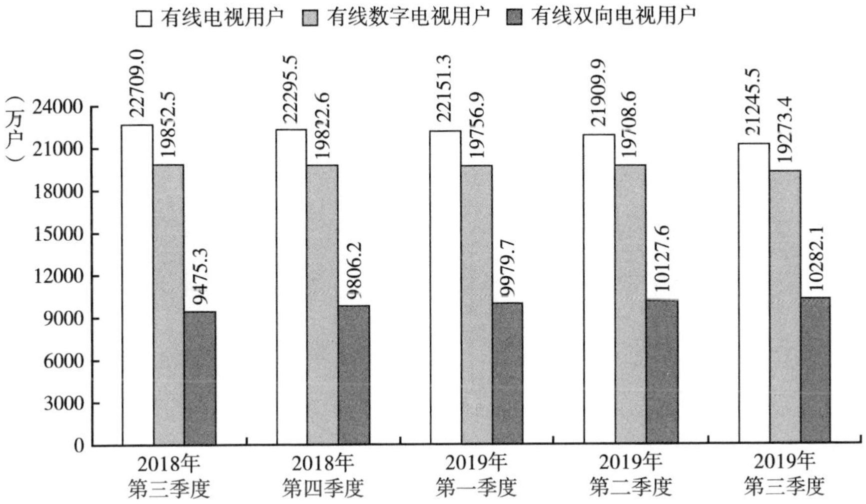

图2　2018年第三季度至2019年第三季度全国有线电视双向覆盖规模及渗透规模

数据来源：格兰研究、中国广播电视网络有限公司，《中国有线电视行业季度发展报告》（第18期）。

有线电视双向化是"智慧广电"战略的一部分，它帮助有线电视向数字化、智能化迭代，是留存存量用户、探索融合发展新模式的手段之一。从数据上看，2019年第三季度有线双向电视渗透用户数同比增长8.5%，与IPTV、OTT等设备的覆盖规模增速相比处于劣势。伴随5G时代的来临，有线电视面临的转型发展压力更加凸显，但同时也带来了更大的发展机遇。

① 格兰研究、中国广播电视网络有限公司：《中国有线电视行业季度发展报告》（第18期），2019年11月。

3. 联网智能电视及 OTT 盒子家庭覆盖及联网率稳定增长

CSM 基础研究数据显示，2017 ~2019 年 OTT 设备（智能电视和互联网盒子）联网率呈现稳步增长的态势。2019 年全国使用 OTT 设备进行联网收看的家庭占所有电视家庭的 27.8%，占所有拥有 OTT 设备的家庭的 61.9%，联网率超过六成（见图 3）。

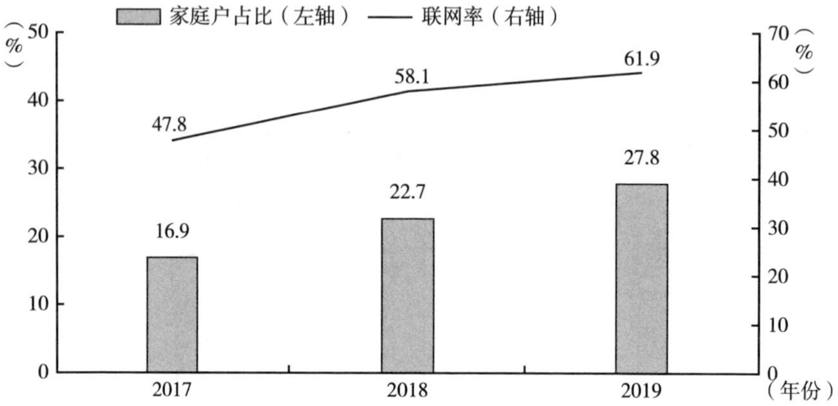

图 3　2017 ~2019 年 OTT 联网家庭户占比及联网率

数据来源：CSM 2019 年全国基础研究。

同时，这也意味着仍有约四成家庭拥有 OTT 设备但不联网使用。OTT 设备的联网情况源于观众使用习惯因素，也受到我国互联网普及率的影响。智能电视作为近几年新兴发展起来的互联网设备之一，一方面需要观众使用能力的支撑，即观众对设备的使用、操作的水平；另一方面依赖于家庭宽带的普及，即观众家中的宽带网络和无线网络条件。

二　数字化收视设备收视来源及贡献

1. 电视大屏端直播频道贡献77%的市场份额，其他来源收视占比23%

2019 年 CSM 55 测量仪城市组电视大屏收视中，77% 来自直播频道收视，23%来自其他来源收视。OTT互动平台[1]贡献8.1%的市场份额，IPTV互动平台[2]贡献7.7%的市场份额。OTT虽在设备覆盖上略低于IPTV，但在互动平台收视份额上并未逊色。由观众在有线双向电视机顶盒上的互动行为及数字频道等其他来源收视组成的“新其他”占据7.2%的市场份额。

2. IPTV端超过三成收视来自互动平台，互动收视偏好高于电视大屏整体水平

2019年，在CSM 55城市组观众通过IPTV设备产生的收视中，66.8%来自直播频道的收视，33.2%来自互动平台收视。互动平台收视主要包括观众在IPTV端使用点播、回看等时移收视行为。与直播频道在电视大屏整体所占77%的市场份额相比，IPTV端直播频道的市场份额约低10个百分点。从另一个角度说，观众在IPTV端的互动收视偏好高于电视大屏整体水平。

三　数字化收视设备观众构成

1. IPTV直播频道及互动平台观众构成

2019年，在使用IPTV设备的观众中，收看直播频道和互动平台的观众性别构成相近，男女比例均在50%左右。IPTV互动平台观众与直播频道观众相比年轻化特征更为显著，4~44岁观众占比为50.8%，高于直播频道的37.8%（见图4）。

2. OTT[3]互动平台观众构成

2019年，在OTT设备使用互动平台的观众中，女性均略高于男性，OTT互动平台观众相对年轻，4~44岁观众占比达60.8%，远超IPTV端和DVB（有线数字电视）相同目标观众占比（见图5）。

---

① OTT互动平台：智能电视和互联网盒子等OTT设备系统中提供的视频点播等互动服务。

② IPTV互动平台：IPTV设备系统中提供的视频回看、点播等互动服务。

③ 本节所分析的OTT包含智能电视与互联网盒子。

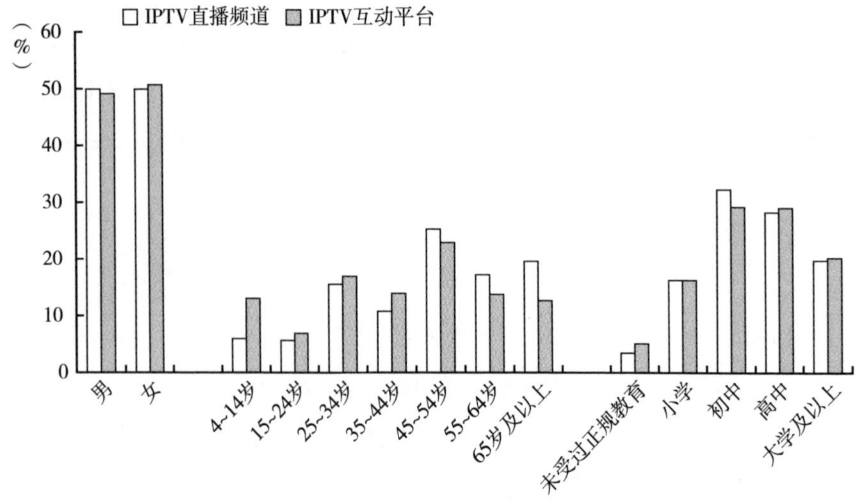

图4　2019年IPTV直播频道和互动平台观众构成（55测量仪城市组）

数据来源：CSM媒介研究。

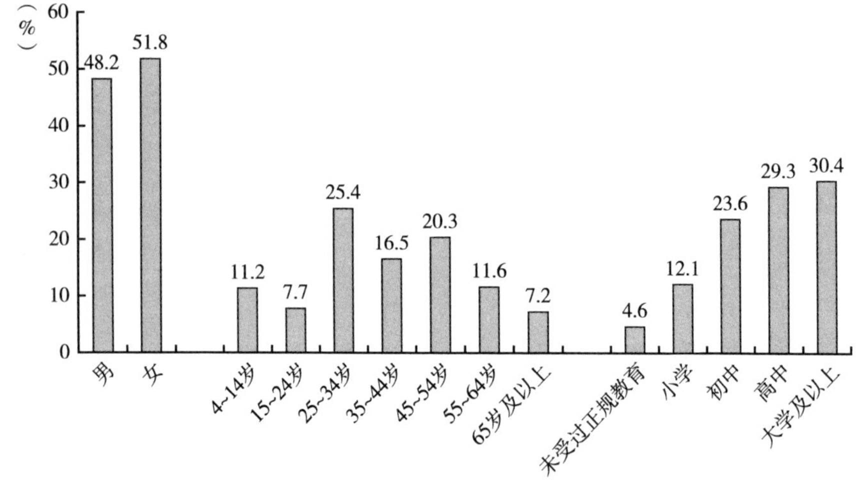

图5　2019年OTT互动平台观众构成（55测量仪城市组）

数据来源：CSM媒介研究。

四 智能电视开机行为及观众构成

1. 智能电视开机观众到达情况

智能电视是家庭客厅媒体，存在多人收视场景。智能电视的设备覆盖规模不等同于智能电视开机观众规模。同时，智能电视的开机时间、频次、观众数量也存在较大的变化因素。2019 年，CSM 55 测量仪城市组智能电视开机到达率为 22.5%，即全年在智能电视端至少有一次开机广告曝光机会的观众占所有观众的 22.5%。具体到每月，平均有 16.8% 的观众至少有一次开机广告曝光机会；具体到每天，则有 7.1% 的观众有机会接触到开机广告。

观众的开机行为在全天不同时段水平不一。从 2019 年智能电视开机分时到达曲线看，18：00～19：00 打开电视机的观众最多，19.1% 的观众曾至少一次在该时段打开电视并有机会接触到开机广告。而跟随观众作息习惯，1：00～5：00 打开电视的观众最少，仅有不到 5% 的观众有机会在这个时段接触到开机广告（见图 6）。

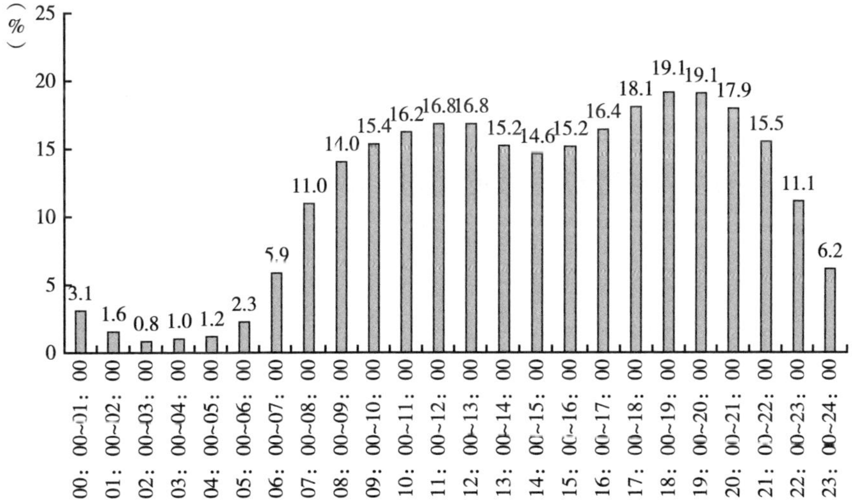

图 6　2019 年 CSM 55 城市组智能电视开机观众分时到达率

数据来源：CSM 媒介研究。

2. 智能电视开机观众构成

智能电视机开机观众指至少有一次接触开机广告机会的观众。2019 年，智能电视开机观众中，男女观众占比相近，男性观众占比较女性高 2 个百分点。智能电视开机观众以 25 ~34 岁的青年观众居多，占比达 30%。

结　语

2019 年，有线双向电视的增长未能扭转有线电视整体用户量的下滑趋势，DVB（有线数字电视）、IPTV 及 OTT 的用户覆盖从 2018 年的三足鼎立渐渐变为 IPTV 和 OTT 两强初显。IPTV 的高速发展、OTT 联网率的提升，为观众直点播混合收视的进一步发展营造良好环境。

设备覆盖决定了收视机会，而收视行为则掌握在观众手中的遥控器上。从数据上看，2019 年 OTT 和 IPTV 互动平台贡献了可观的收视份额。观众在不同设备上对直播频道和互动平台的收视习惯有所差异。不同的设备吸引了不同的使用者，直播、互动平台、智能电视开机的观众构成均显示了差异化特征。

2019 年，CSM 将升级信号来源测量技术后的电视大屏收视数据初步向市场推出，为内容评估和广告投放提供标准化参考。随着电视大屏端跨设备、跨行为内容分发的越发成熟，广告投放模式的日渐完善及数据应用的加速普及，多设备、混合收视的收视场景将为观众提供更好的电视大屏端收视体验。

B.31

电视收视数据与消费者数据融合分析研究

宋妍妍　刘洁婷*

摘　要： 中国媒体环境变化迅速，电视作为品牌与消费者沟通的重要媒体渠道，其地位受到空前挑战。媒体与消费者之间的关系，一直是营销人关注和探索的重要课题。凯度消费者指数和CSM通过数据融合的方式，将消费者购买行为和电视观众的收视数据打通，从消费者的角度深挖媒体价值，帮助品牌优选内容，精准评估广告效果。

关键词： 数据融合　电视媒体　收视率　消费者细分

探索媒介目标与购买者的关系是营销人关注的重要课题。随着调查数据的丰富，用消费者信息来加深对媒介目标的理解，一方面帮助媒体发现营销价值；另一方面也协助广告主和代理公司精准定位购买者关注的信息，精准评估广告效果。这也正是实际购买者收视率所专注的命题。目前市场对广告精准投放的需求越来越大，而电视广告采买依然主要围绕人口属性（比如性别、年龄等）展开，因此传统电视媒体常被认为是无法实现精准投放的。那么，将消费者购买行为的维度融入收视率体系，更精准地从电视端与细分人群沟通就成为关键。

---

* 宋妍妍，凯度消费者指数媒介产品总监；刘洁婷，中国广视索福瑞媒介研究（CSM）事业发展部经理。

一　电视媒体的新价值

1. 电视端观众购买品类广泛，存在消费升级的需求

上星频道广告可以有效引发很多品类产品的家庭购买行为，以北京卫视为例，在购买者喜欢购买的十大品类中，既有近几年销量增长明显的宠物食品，也有一直注重电视投放的白酒品类，还有在电商渠道卖得火热的口红。同时，北京卫视的观众也喜爱衣物柔顺剂、头发定型产品、橄榄油、红酒等消费升级型品类，这说明观众对高品质的生活有一定追求（见图 1）。所以，北京卫视应考虑针对高端品牌、品牌高端产品线，或满足消费升级需求的产品进行招商。

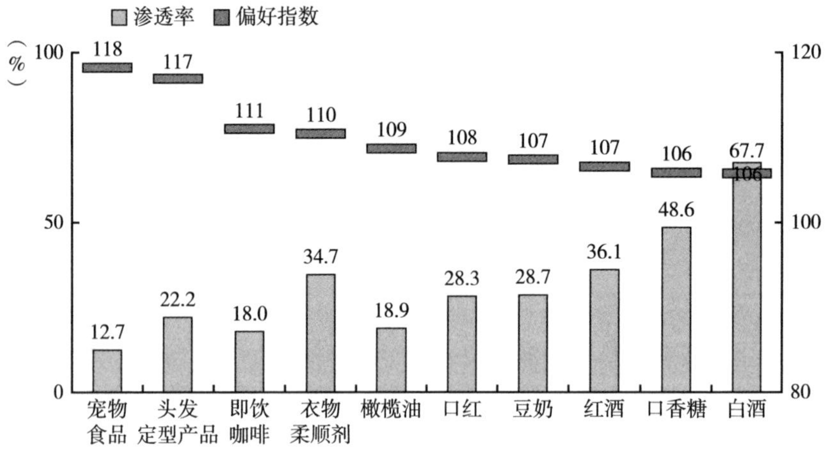

图 1　北京卫视观众十大偏好品类及渗透率

数据来源：凯度消费者指数 2018 年媒介问卷。

2. 影视节目植入广告成为覆盖消费者的有效方法

从节目角度，《中餐厅》是一档优质的美食类综艺，2019 年播放的《中餐厅（第三季）》由蒙牛纯甄酸牛奶冠名。从观众对乳制品品牌的购买行为看（见图 2），纯甄酸牛奶无论是在消费者渗透率还是在消费者偏好度方面，

都处于较高的位置。但除了纯甄之外，《中餐厅（第三季）》的观众对畅轻、蒙牛优益 C、三元的偏好度也高于均值。所以品牌在预算允许的情况下，可以通过对《中餐厅》这样美食节目的植入或围绕该节目进行广告投放等方法，实现品牌现有消费者和潜在消费者的有效覆盖。

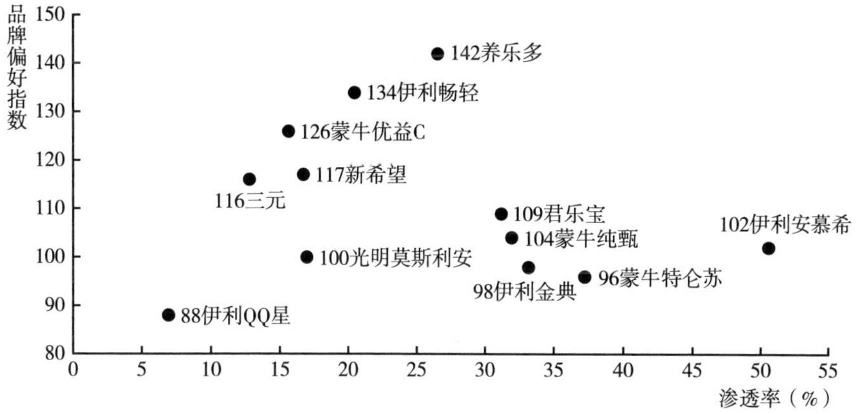

图 2　《中餐厅（第三季）》观众品牌渗透率及偏好

数据来源：凯度消费者指数 2018 年媒介问卷。

3. 传统电视媒体在触达消费者方面仍有优势

近年来，一些广告主大幅度减少在传统电视上投放的广告预算，甚至头部卫视的黄金剧场开始也面临"裸奔"的窘境。但凯度消费者指数的研究数据表明，传统电视媒体在触达大量有消费实力的消费者方面仍有明显的优势。如在浙江卫视中国蓝剧场的观众购买品牌中，既有诸如旺旺、统一、海天等本土品牌；更包括了一些国际大牌，如欧莱雅、联合利华、资生堂等；同时，浙江卫视中国蓝剧场的观众对国潮品牌也有所偏爱。不仅本土广告主可以通过电视媒体锁定购买者，国际大牌也可以通过卫视找到相应的购买者。

4. 明确电视广告的角色和与消费者的沟通频次

凯度消费者指数过去三年多的媒介"品效合一"研究（消费者媒介影响力模型）表明，电视依然是与购买者沟通的重要媒体。在跨媒体投放中，有一半的购买者触达依然要依靠电视来单独拉动，而数字媒体扮演的角色，则是在电视端基础之上的增量（见图3）。如果放弃电视媒体的投放，将会失去一半与购买者沟通的机会。

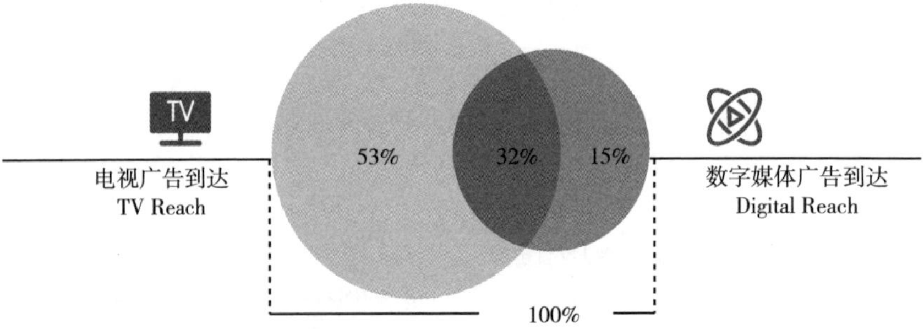

图3　电视广告和数字媒体广告到达分布

数据来源：凯度消费者指数2018年媒介问卷。

目前，广告主在电视端的比较常用的投放做法是“3+”，也就是让购买者至少看3次广告。但从凯度消费者指数的研究来看，品牌产品在电视端与购买者沟通6次，观众才容易有购买欲望方面的转化表现（见图4）。

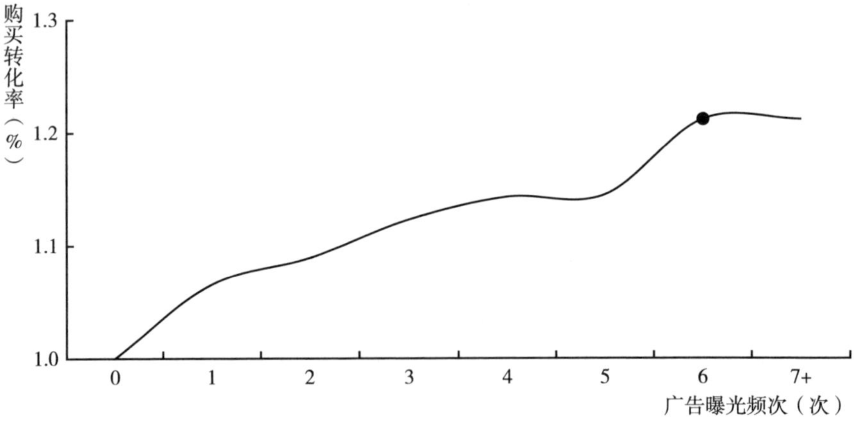

图4　电视端消费者4周平均购买转化情况

数据来源：凯度消费者指数2018年媒介问卷。

二 实际购买者收视率的定义与作用

1. 实际购买者收视率的定义

凯度消费者指数研究采用连续性消费者样组洞察消费者行为，提供市场监测、分析和定制化市场研究解决方案；CSM 致力于电视收视市场研究，提供收视调查服务。凯度消费者指数除了研究消费者购买行为之外，也调查了样本的媒体接触习惯，因此可以完成对样本的基于人口属性和电视收视习惯的画像；CSM 同样对其样本的人口属性和电视收视习惯有连续的追踪。通过对人口属性和电视收视习惯这两个共同变量的分析，运用数据融合的统计方法，实现两个连续样本库跨域的数据融合。将凯度消费者指数中的购买行为标签，包括品类购买者和品牌购买者甚至定制细分购买者，融合至 CSM 的收视率系统中去，融合之后的产品，就是实际购买者收视率（Real Consumer Rating，RCR）。实际购买者收视率，旨在从实际购买者的角度定义收视率，与现有的自然属性观众的收视率有效结合，并提供有益的补充，帮助品牌进一步定义目标观众，从而让广告投放更有的放矢。

2. 实际购买者收视率的优势

为特定的品类提供广告投放媒体差异化参考。传统定义下的媒介目标人群收视偏好与购买者收视偏好是存在差异的。2019 年第二季度，北京地区的传统属性目标观众所关注频道中，北京卫视最为突出，洗衣液购买者最关注的同样是北京卫视（见图 5）。但分析发现，中央电视台新闻频道也是洗衣液品牌应该有效利用的平台。如果从传统定义下的媒介目标人群收视偏好出发，中央电视台新闻频道就会被忽视；但从购买者收视偏好出发，就会加大对中央电视台新闻频道的广告投入。

更精准衡量广告在购买者中的影响力。同样以北京地区为例，从某品牌 2019 年第二季度的电视广告投放来看，相较于传统属性定义群体，该品牌在洗衣液购买者中获得了更高毛评点，比传统属性定义提高 6.7%（见表

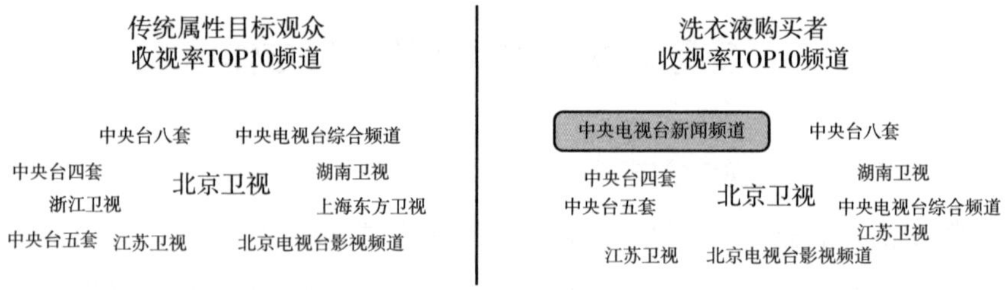

图5　传统属性目标观众收视率前10频道与洗衣液购买者收视率前10频道

数据来源：CSM，《实际购买者收视率》，北京地区，2019年第二季度。

1），说明其广告效果在品类购买人群中的声量更大。针对购买者评估广告投放，可令广告影响效果的评估更加精准。

表1　传统属性目标观众与洗衣液购买者毛评点

目标受众	毛评点
传统属性目标观众	4248.34
洗衣液购买者	4531.17

数据来源：CSM，《实际购买者收视率》，北京地区，2019年第二季度。

实际购买者收视率的作用可以归纳为三点：首先，以购买者为核心定义媒介目标，分析对购买者的媒介触达，优化对电视大屏投放的效果评估；其次，帮助媒体更加准确地抓住观众的消费特征，最大化挖掘平台价值；最后，广告主和广告代理公司可以从购买者的角度衡量广告投放为品牌带来的价值，精确进行购买者细分，将品牌策略实施于电视媒体。

B.32
数字进化中广告市场生态分析

陈 怡　杜国清*

摘　要： 以互联网为载体的数字革命，促成广告市场生态环境和生态系统的数字进化。2019 年经济不确定性的增强，更加速了广告市场三大主体从冲突走向协调，广告市场生态结构和特征呈现出新的变化和走向。本报告立足于2019 中国广告市场生态调查以及中国广告主营销趋势调查，对数字进化中的中国广告市场进行了深度剖析和解读。

关键词： 广告市场　数字化广告　广告主营销

一　广告花费下滑，数据赋能全链路营销

面对 2019 年经济形势的不确定性，广告主收紧营销广告费用。2019 年增加营销推广费用的广告主仅为 33%，[①] 跌至 10 年来最低点（见图 1）。除刚需行业之外，大部分行业面临市场需求疲软、竞争加剧的局面，因此大部分企业营销预算呈现低增长。

1. 广告主倚重直播带货，回应对销量的渴望

在整体营销预算谨慎的背景下，广告主在评判广告有效性方面，更加重

---

* 陈怡，中国传媒大学广告学院助理研究员；杜国清，中国传媒大学广告学院教授。

① 如无特殊说明，本文数据均出自《广告主营销趋势调查报告》（中国传媒大学广告学院、央视市场研究及国家广告研究院）及《广告市场生态调查报告》（中国传媒大学广告学院）。

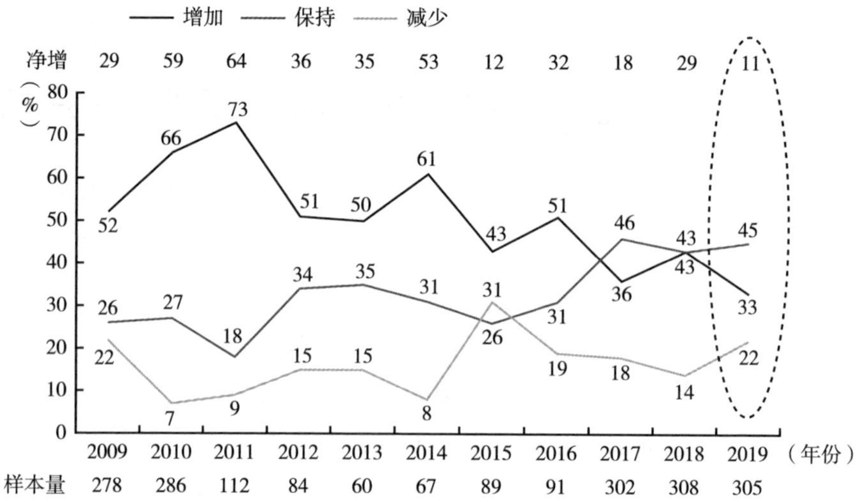

图 1　广告主对当年营销推广费用占比的预期

视实效转化。销量/销售额/市场占有率提升、曝光和转化率、广告 ROI、市场渗透率提升、消费者忠诚度提升这些实效指标排在前位（见图 2）。

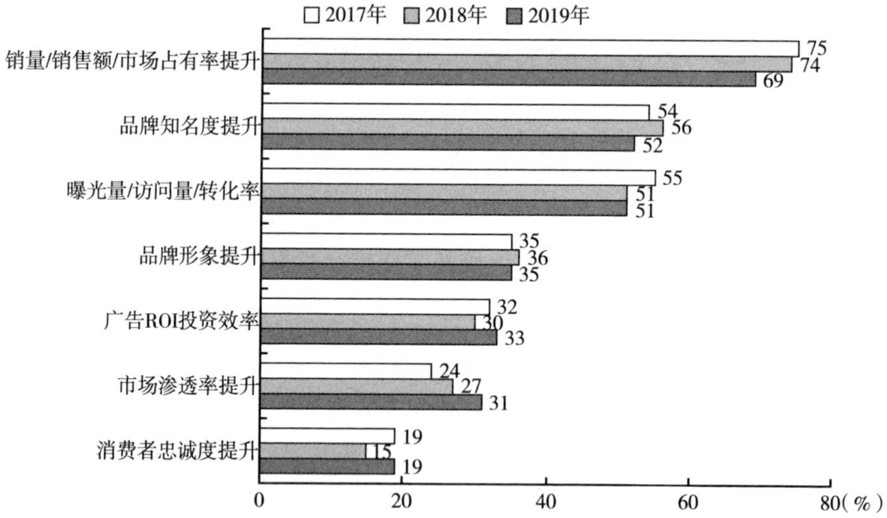

图 2　广告主判断广告活动有效性的标准

对于短视频和直播营销的热衷，成为 2019 年广告主实效营销的有力证明。广告主营销趋势调查①数据显示，2019 年约 80% 的广告主用过短视频/直播这种营销传播手段。

2. 内容营销常态化，创意制胜效果显著

无论是借力 IP 的跨界营销、植入营销还是社交平台上的“种草”短视频，内容营销价值得到广告主广泛认可。2019 年有超过六成的广告主认为内容营销创意灵活，超过五成的广告主认为内容营销具有较强的二次传播力。

内容战略作为品牌营销传播的三大支柱之一，在传播碎片化的今天显得尤为重要。在数据、算法等技术工具加持下，广告主能够有效实现用户的深入洞察，从而匹配个性化、更赋吸引力和感染力的内容。内容营销用话题引发关注，用 IP 为品牌拉新和赋能，通过社交平台在用户心中“种草”，从而提升用户对品牌好感和产品购买意愿。在新零售打造的商业体系之中，内容将人、货、场进行链接，形成一个完整且优质的营销闭环。

3. 智能营销试水，数据决策赋能全链路营销

2019 年企业更加注重数据决策，注重用户体验全链路设计和全产业链赋能。广告主营销趋势调查数据显示，2019 年 52% 的被访广告主已有或正在建设营销数据平台，对于大型企业来说这一比例已经超过 60% 。

随着前沿技术的发展，大数据在采集、传输、分析等方面取得突破；数据平台之间的合作加速了大规模异构数据的融合。在技术推动下，信息的对称性与透明度提升，商业流程参与主体有了更多自我表达和实现的空间；商业决策的速度和科学性以及流转效率的提升有了更大可能。

二　媒体内容收入提升，数据技术助推广告产品创新

数字进化中，各类媒体的适应性主要表现在对新媒体形态的尝试和运用

① “2019 中国广告主营销趋势调查”为中国传媒大学广告学院、央视市场研究横向共建项目（项目编号 HW19003）。

上。93.8%的被访媒体进行了广告产品创新调整，按照选择率由高到低，依次为增加线下活动产品（63.3%）、增加“两微一端”（56.7%）、增加植入/软性广告（51.7%）、增加短视频产品（48.3%）、运用新技术手段（16.7%）。人民网、中央广播电视总台等主流媒体纷纷推出短视频平台。芒果TV以“真人秀+广播”的模式推出“可视化广播”《朋友请听好》。百度、阿里巴巴、字节跳动等互联网大平台，依托新技术手段升级信息流广告产品，在精准营销和全链路营销上实现新突破。百度依托AI百度大脑，深度学习用户搜索和浏览痕迹，精准感知用户意图，匹配多重标签，从而推送千人千面的广告展示页面，其间为广告主提供数据追踪服务，帮助客户更高效地提升转化。阿里巴巴打通UC浏览器、优酷、淘宝、天猫等信息流广告媒体，依托庞大的用户数据基础和专业精准的算法技术，助力广告主进行更为智能化、精准化的营销投放。

媒体数字进化的第二大特点就是做强内容经营，流量、广告双丰收。随着粉丝经济的发展以及观众内容付费意识的增强，内容收费将成为媒体的主要经营来源。优质内容带来大流量，媒体的议价能力增强，从而广告价值得以提升。根据广告市场生态调研数据，虽然2019年媒体广告收入构成中，硬广告的占比仍为第一，但2020年媒体预期减小硬广告比重，同时大幅提升植入/软性广告、大型活动收入的比重（见图3）。数字技术不仅可推动媒体实现具体产品的创新和升级，更会对媒体内容经营乃至媒体定位产生重大影响。

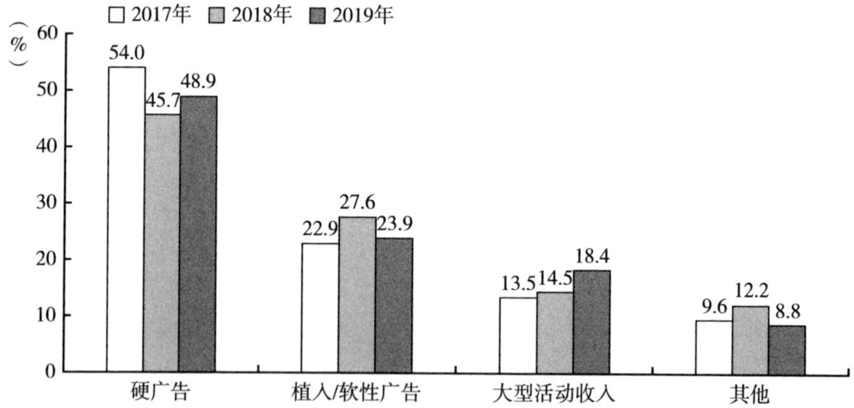

图3　2017～2019年媒体广告收入构成情况

三　广告公司数字化转型遭受降维打击

1. 广告公司数字业务开展过半，但仍未成为盈利主角

2019 年广告公司的数字化转型向前迈进了一大步。一部分广告公司对原有业务进行数字化重塑。在洞察方面，广告公司将多方数据接入，对消费者进行精准洞察。在传播方面，积极利用数字渠道进行营销传播，纷纷成立数字营销部门。还有部分广告公司在原来的价值链条中增加新业务，为客户提供电商服务、客户关系管理等服务。2019 年提供数字媒体策划和技术支持、广告监测及效果评估业务的广告公司比例陡增（见图 4）。广告监测及效果评估业务也大都集中在数据媒体和数字营销领域。

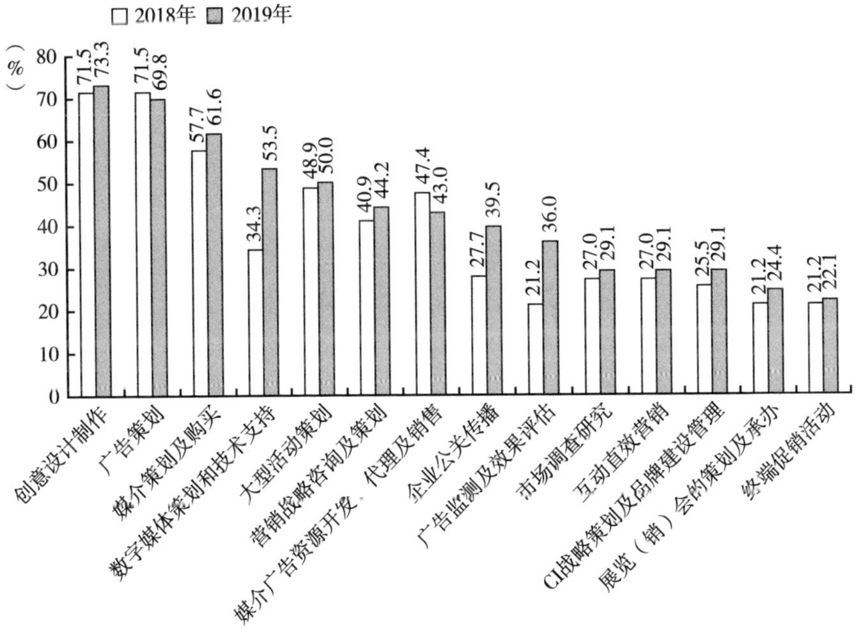

图 4　2018～2019 年广告公司提供业务服务情况

2019 年，从传统业务转型的广告公司，深耕数字业务，在原有基础之上建立新模式，深度考量具体效果；在效果监测方面，与第三方公司进行合

作，增强效果监测的可信度，探求传播效果的变化。广告公司通过数字化转型重新确立自身价值，以希望得到认可，但业务上的变革还远未结束，与大数据、人工智能等新技术的深度融合仍是形成核心竞争价值难以逾越的鸿沟。广告市场生态调查的数据也印证了这一点，仅有6.3%的被访广告公司的数字媒体策划和技术支持业务已成为对公司利润贡献最多的业务。

2. 广告公司经营遭遇降维打击

2019年，广告公司一方面奋力实现数字化转型，另一方面遭遇了来自多方的打击，经营和生存空间受到空前的挤压：首先，同为广告主的支持机构，媒体与广告公司的界限不断交融，在对内容的强需求下，媒体凭借自身的优质内容和对把握受众接触习惯的特点直接对接广告主，提供相关服务；其次，媒体回收广告经营权，众多媒体代理类广告公司业务骤减；再次，2019年直播营销成广告主新宠，拉新、种草、卖货样样精通，广告公司的策划、设计和终端促销等服务纷纷下岗。总而言之，广告公司利润贡献最多的业务领域都受到来自不同主体的挤压和挑战，这使广告公司2019年的经营雪上加霜。

四 共生模式实现协同进化

1. 资本青睐户外公司，助推新零售闭环升级

2019年，广告公司发展资金主要来源中，广告主投资的选择率为15.8%，相比2018年，从第三位上升到第二位，选择率也提升3个百分点。2018年阿里巴巴以及其关联方以150亿元战略入股分众传媒。2019年百度21亿元投资新潮传媒，京东追加对新潮传媒的投资。京东自身并购户外广告行业的技术平台“快发云”，并改名为京东钼媒，京东钼媒将自身定位为一个基于物联网的智能营销服务体系，即数字户外广告整合交易平台。电商平台作为新零售的线上平台，已经具有了较高的数据营销水平，此次整合数字户外资源，旨在建立线上、线下打通的全链路营销闭环。

2. 第三方服务生态的打造

阿里妈妈首次实现千人千面的程序化创意。基于阿里巴巴 10 年来的累积数据和技术能力，2019 年春节期间百事为每一个消费者定制一条属于自己的“独家印记”短片，首次真正实现千人千面的程序化创意。利用阿里巴巴的受众划分，程序从 60 段视频短片中甄选出 9 段实时拼接，定制出符合人物特征的独特视频创意，共计 16 万个视频被实时渲染，这是阿里妈妈在序列化创意领域的一次创新探索，为未来该领域的发展提供了标杆性借鉴。

五　生态环境新变化催生新格局

1. “宅经济”环境下，广告市场危中有机

2020 年初的整体经济市场环境对广告主的行业发展前景及自身经营形势带来一定影响。虽然广告主对自身经营保有一定信心，但在营销推广费用的调整方面并不乐观。2020 年选择增加营销推广费用占比的广告主比例较 2019 年将继续下滑。

“宅经济”环境下，家庭消费场景及线上消费成为主要消费场景。2020 年的广告行业又将迎来涅槃，发挥自身在策划、创意等领域的专业优势，跨界合作抱团取暖，围绕新兴消费和营销需求发掘机会，深入推进数字进化，才能危中寻机、成功渡劫。

2. 技术契机催生生态新格局

基于云计算、物联网、大数据、人工智能、区块链等新技术的持续发展，以网络媒体为核心的融合将不断加深，媒介传播资源、用户市场和产业资源都会重组和融合。随着 AI 与 5G 技术的发展，程序化、精准度、表达形式的提升对广告而言是有利的。广告主营销趋势数据显示，79% 的广告主看好 5G 发展对大屏电视发展带来的前景。随着数据中台战略的启动，广告市场生态的数字进化未来可期。

B.33
2019年网络整合营销与MCN行业发展报告

大岛樱子　邓小院*

摘　要： 2019年是中国MCN行业快速发展的一年，MCN机构数量持续增长，市场规模稳步扩张，对产业上下游的渗透和影响加剧。一方面，以李佳琦、薇娅为代表的网红直播带货成为MCN变现的爆发点，短时间内实现了对市场的快速教育，成为2019年数字经济增长的亮点；另一方面，李子柒、办公室小野等成功打入海外市场，使更多MCN机构看到了中国本土市场以外的商业机会。从2018年开始，以湖南广电为代表的传统媒体着手布局MCN，使MCN领域的竞争格局更趋复杂。

关键词： MCN　网红　电商直播

一　MCN行业发展现状

MCN（Multi－Channel Network）的概念源自YouTube，原意为多频道网络，指的是连接网红与YouTube平台的中介公司。MCN的出现改变了互联网平台传统的内容生产方式，对广告业、电商以及品牌商而言，这都是一次意义重大的变革。值得一提的是，在中国，MCN的概念和范畴并不十分明

* 大岛樱子，清华大学新闻与传播学院博士研究生；邓小院，清华大学传媒经济与管理研究中心助理研究员。

确。一些企业以MCN机构的身份在各大平台运营，一方面持续为平台提供内容，另一方面从平台获得流量和广告收益，但并不承认自己的MCN属性。截至2019年6月底，中国MCN机构数量已经超过6500家。[①] 在数量和规模迅速增长的同时，MCN的性质和职能也日渐清晰。MCN机构的定位在于连接上游的内容生产者与下游的互联网平台，其首先是内容中间商；同时，MCN致力于培养网红，因此被认为是"标准化的网红工厂"。每个知名网红背后，都有MCN机构的身影，如"口红一哥"李佳琦背后是美ONE，"淘宝第一女主播"薇娅背后是杭州谦寻，被央视点赞的李子柒则签约了微念科技。

在商业模式上，MCN定位各有差异，主要营收来源也不尽相同。但多数MCN采用广告营销、内容电商、流量分成、平台补贴、打造IP、知识付费等多元的组合变现方式。2019年中国MCN市场规模达到168亿元，较2018年增长50%（见图1）。[②]

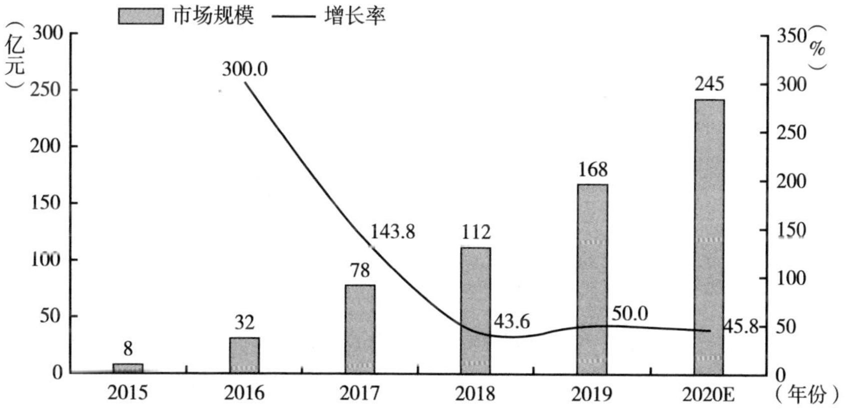

图1　2015～2020年中国MCN市场规模大数据分析

数据来源：艾媒咨询，2020年。

---

① 快手大数据研究院：《2019快手MCN发展报告》，2019年6月。

② 艾媒咨询：《2020～2021中国MCN产业运行大数据监测及趋势研究报告》，2020年1月。

在企业营收方面，根据克劳锐针对315家中国MCN机构的生存状况调研，2018年超过三成被调研MCN的营收规模在5000万元以上，营收规模破亿元的MCN数量占比高达6%。在收入构成上，2018年MCN变现仍以广告营销为主，但随着内容电商潜力持续释放，营收中内容电商的比重也会逐步提高（见图2）。[①]

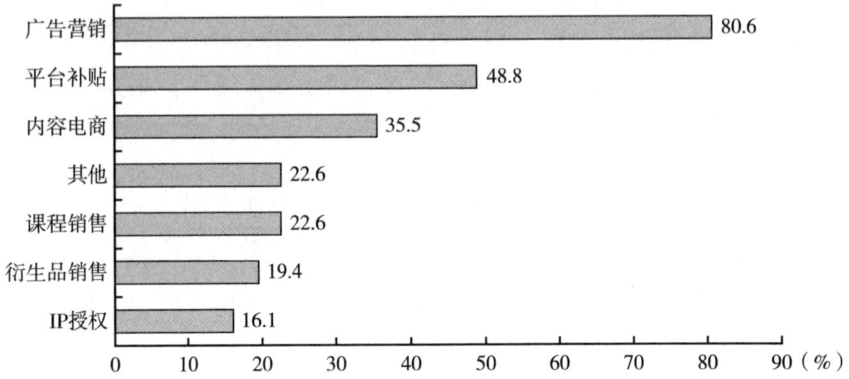

图2　2018年中国MCN机构主要变现方式

数据来源：克劳锐，2019年。

二　MCN行业热点解析

1. 平台补贴助推MCN发展

内容行业发展到2017年，消费端和分发端发生了巨大改变，算法推荐、个性化分发成为行业通行的方式，各平台对优质内容的争夺加剧。MCN作为专业的第三方机构，拥有规模化的内容创作能力、对多方资源的整合能力，同时也有通过平台获得流量甚至商业化的原动力，自然成为平台合作的首选。

在这样的背景下，今日头条、阿里巴巴、微博、腾讯等相继推出MCN激励政策。平台从曝光、流量和品牌等方面扶持MCN快速发展，并给出

① 克劳锐：《2019中国MCN行业发展白皮书》，2019年3月。

Push、保底曝光、头条推荐等高权重资源。这些扶持计划极大地鼓舞了MCN创业机构，一些PGC机构也正是在此期间向MCN转型升级，中国MCN机构数量实现了跨越式增长（见表1）。

表1　2016～2018年国内各平台MCN扶持计划

平台	MCN计划名称	发布时间	补贴	资源与权益
今日头条	10亿短视频计划	2016年9月	10亿元	优质原创短视频10万次以上加权推荐
阿里大文娱	大鱼计划	2017年3月	20亿元	每月1000名万元创作奖,广告分成
微博	垂直MCN合作计划	2017年5月	30亿元	曝光推荐,涨粉推荐,官方合作伙伴身份
腾讯	百亿计划	2017年11月	100亿元	100亿产业资源,100亿流量,创作分成
今日头条	千人百万粉计划	2017年11月	—	扶持1000个拥有100个粉丝的账号
百度	百万年薪计划	2018年1月	—	优秀创作者1年100万元以上收益
网易	内容补贴计划	2018年1月	10亿元	平台50%资源,曝光、流量、品牌倾斜

资料来源：根据公开资料整理。

2. 网红直播带货火爆

随着网络直播的兴起，电商和短视频平台看到直播的盈利潜力。网红作为拥有庞大粉丝受众的群体，具有从流量向场景转化的先天优势，其商业价值受到平台、MCN和品牌方的重视。

淘宝直播数据显示，2019年“618”期间，淘宝直播带动商品销售130亿元，开播商家数量同比增长近120%，开播场次同比增长150%。2019年“双11”期间，淘宝App中观看直播的用户共计4133万人，同比增长130.5%，当天带动近200亿元成交额，约占“双11”成交额的7.5%。

与此同时，网红直播的火热也催生了一批现象级网红。2019年“双11”期间，李佳琦和薇娅直播间同时观看人数超过3000万，其中薇娅实现成交额超27亿元，李佳琦带动的商品成交额超10亿元，超强的带货能力直逼顶级商场。“全网第一带货王”辛巴是快手的网红，2020年他的带货目标是突破千亿元。

3. 热门垂类同质化竞争严重

国内MCN机构在垂类的覆盖上重合度较高。美妆、时尚、美食是多数MCN的重点领域，如美ONE、如涵控股、微念、无忧传媒等均深耕美妆、时尚垂类，且均由重量级头部账号运营（见表2）。热门领域账号扎堆的情况，一方面与网红直播带动的商业收益有关，另一方面因为这些垂类门槛相对较低，账号培养成本也相对较低。而游戏、教育等垂类门槛相对较高，因此MCN涉足相对较少。

表2 头部MCN机构重点领域与代表账号

MCN名称	重点领域	代表网红/账号
如涵控股	美妆时尚 生活方式 母婴	张大奕、虫虫Chonny、delicious大金
微念	美食生活 时尚美妆	李子柒、香喷喷的小烤鸡、森巴兔
网星梦工厂	时尚 美妆	陈一捅就破了、Aiya爱娅
美ONE	美妆 美食 穿搭 旅游	李佳琦
谦寻	美妆 美食 时尚	薇娅、小侨Jofay、张沫凡MOMO
Papitube	搞笑 生活方式 美食	Papi酱、玲爷
无忧传媒	时尚 美食 音乐	多余和毛毛姐、麻辣德子、张欣尧

资料来源：根据公开资料整理。

4. 广电媒体尝试转型MCN

2018年初，长沙广电旗下的中广天择MCN成立，在美妆、情感、影评、知识、特效等多个垂直领域布局。中广天择2019年半年报显示，所有视频内容分发至26家平台，全网粉丝总数达到2027万人，总播放量达30.7亿次。

2018年10月，湖南娱乐频道开始孵化MCN机构Drama TV，入驻抖音、快手、微视、头条号、百家号、淘宝直播等平台，在母婴、美妆、美食、娱乐等领域进行布局。目前Drama TV共签约达人200多位，成功打造了“张丹丹的育儿经”“叨叨酱紫”“维密也小曼”等IP。在2019年12月举办的融媒体创新峰会上，湖南广播电视台娱乐频道总监李志华透露，预计 2020 年频道 MCN 收入将超过传统电视广告，占比超过 50%。[①]

除此之外，山东、成都、浙江、黑龙江等地的广电也开始了 MCN 的创新尝试。2019 年底，山东广电与抖音推出“这就是山东”闪电 MCN 平台——Lightning TV，以及孵化项目“光芒计划”。目前已培养“生活帮”“闪电新闻”等多个粉丝量超过 500 万的账号。成都广电打造的云上新视听，业务范围包括“IP 研发孵化、IP 商业化增值与运营、全媒体深度整合营销”，打造了“你不懂川菜”“云上星娱乐”“主持人的日常”等 IP。

三 MCN 行业发展趋势

1. 明星、名人加入电商直播，MCN 迎来更激烈的竞争

艾媒咨询数据显示，明星或网红带货转化率在 75% 以上，直播电商行业发展火爆，预计到 2020 年中国直播电商销售规模将达 9160 亿元，约占中国网络零售规模的 8.7%（见图 3）。

2020 年 3 月 19 日，罗永浩通过个人微博宣布正式进军电商直播，并寻找厂商合作。消息一经发布，引发较高关注。就在罗永浩宣布入驻抖音前三天，携程董事局主席梁建章也在抖音开播。2019 年“双 11”期间，李湘、王祖蓝等明星已入局电商直播，并取得了不错的成交业绩。

名人、明星加入直播带货，对 MCN 机构而言将要面临更大的竞争压力。在平台流量有限的情况下，新加入者必然会分走一杯羹。而名人、明星自带流量，拥有数额庞大的粉丝群体，相比网红公信力更强，因此在转化率和品牌形象方面也更有优势。可以预见的是，在影视大环境低迷的背景下，会有越来越多的明星通过电商直播来获得收入。2020 年，MCN 在直播带货领域的竞争中将直面更多对手。

① 广电独家公众号：《独家揭秘湖南广电如何打造 MCN 机构：整个频道向综合性 MCN 机构转型》，2019 年 10 月 29 日。

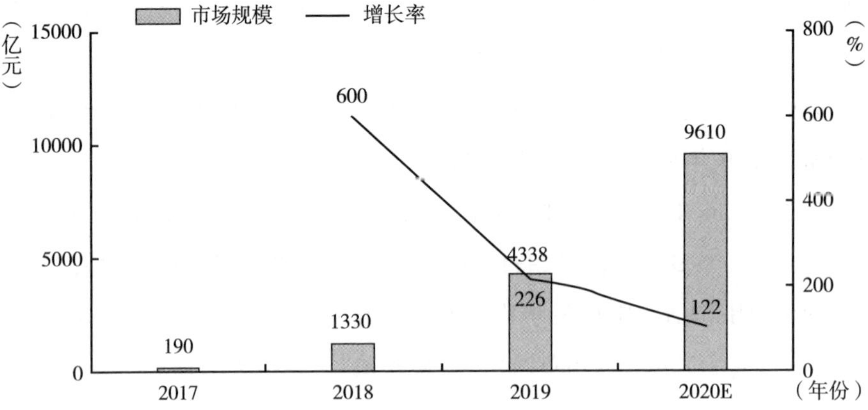

图3　2017～2020年中国直播电商市场规模

数据来源：艾媒咨询，2020。

2. 国际化成为新方向

早在2017年，洋葱视频旗下的办公室小野就开通了YouTube和Facebook账号，是国内较早定下“国际化”战略的账号。截至2020年3月，办公室小野的YouTube粉丝量已经超过850万。“李子柒”的YouTube账号开通于2017年8月，截至2020年3月粉丝量达944万，超过CNN、BBC和FOX。从她的YouTube视频列表可以看到，单期视频的播放量少则三四百万次，多则三四千万次，其中最热的视频标题是“Peanut and Melon Seeds, Dried Fruit, Snowflake Cake—Snacks for Spring Festival”，观看次数达到5050万。

李子柒、办公室小野等成功“出海”的案例，让国内MCN机构看到海外市场的潜力。然而，“出海”并没有看上去那么容易：首先，国内运营方式并不一定适用YouTube。国内MCN运营中互推互粉、刷量等手段并不鲜见，一些账号存在数据真实性问题。而YouTube的推荐机制更侧重视频质量本身，质量高的视频往往可以获得更高的观看时长，获得的流量和分成也更加可观；第二，海外平台更加需要精细化运营。从办公室小野的经历来看，并不是入驻YouTube就可以迅速走红。据洋葱视频团队介绍，办公室小野背后有着近50人的专业团队，从内容策划、后台到标题都是“精耕细作”。

3. 5G 商用有望给 MCN 业态带来改变

可以预见的是，随着 5G 上网速率的提升，4K/8K 视频、全景直播将成为可能。以电商直播为例，高分辨率、高可靠、低时延的技术条件下，用户沉浸感与互动性增强，转化率相应得到提升。此外，4G 网络下 VR/AR 等技术应用受限，而 5G 与 VR/AR 的结合将使线上购物的场景和体验更加丰富，通过打破时间和空间限制，真正让用户身临其境。在内容、形态发生改变的同时，分发渠道、用户触达都会发生改变，现有的资源也会重新分配。MCN 行业在 5G 条件下的应用想象空间广阔。

4. MCN 商业化将触及汽车、房产等关键性行业

阿里研究院发布的《2020 淘宝直播新经济报告》显示，淘宝直播引导成交增速最快的是汽车、大家电等传统意义上的“线下”的商品品类。从直播渗透率来看，家电、汽车等行业也在 2019 年下半年异军突起（见图 4）。楼市、汽车、房产企业希望借着电商直播的“东风”提振销量。粉丝人气加上价格优惠，以及平台的互动玩法，网红卖车、卖房将成为新的热点。而对深耕细分垂类、具备专业能力的 MCN 机构来说，也将迎来更大的市场和机会。

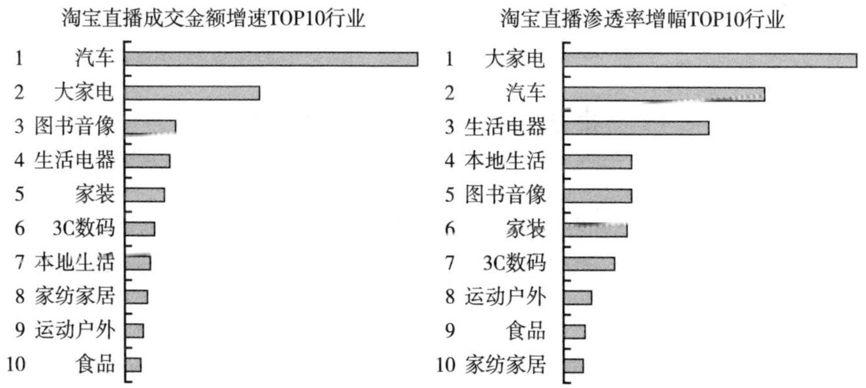

图 4　淘宝直播成交额增速 TOP10 行业和渗透率增幅 TOP10 行业

数据来源：阿里研究院，2020。

B.34
2019年全球数字经济发展报告

韩 博*

摘 要： “发展”与“不均衡”是2019年全球数字经济的关键词。全球数字经济迅速发展，以平台为核心的数字经济发展模式与全球数据价值链已经成熟，各国关注重点也逐渐从发展数字经济本身深入数字经济的驱动器——“数据”的保护问题，研究者进一步尝试从“实际福祉”而不仅从货币价值的角度重新衡量数字经济。但我们也应注意到，各领域内的主导型平台地域分布不均衡，全球数据价值链的结构不利于发展中国家发展。数字经济的发展成果集中在中美两国，而2019年美国对中国高科技企业的限制，加剧了数字经济的不稳定性。

关键词： 数字经济 平台 全球数据价值链 数据治理 数字经济测算

一 平台的崛起与不均衡的分布

截至2020年4月，国际上可靠、清晰的数字经济数据更新至2018年。2018年，数字经济占GDP比重，英国、美国、德国分别为61.2%、60.2%、60.0%，韩国、日本、爱尔兰、法国均超过40%，新加坡、中国、芬兰、墨西哥也都超过30%。美国拥有全球第一的数字经济规模，为12.34万亿美元；中国第二，为4.73万亿美元（见图1）。[①]

---

* 韩博，清华大学新闻与传播学院博士研究生。

① 中国信息通信研究院：《全球数字经济新图景（2019）》，2019年10月。

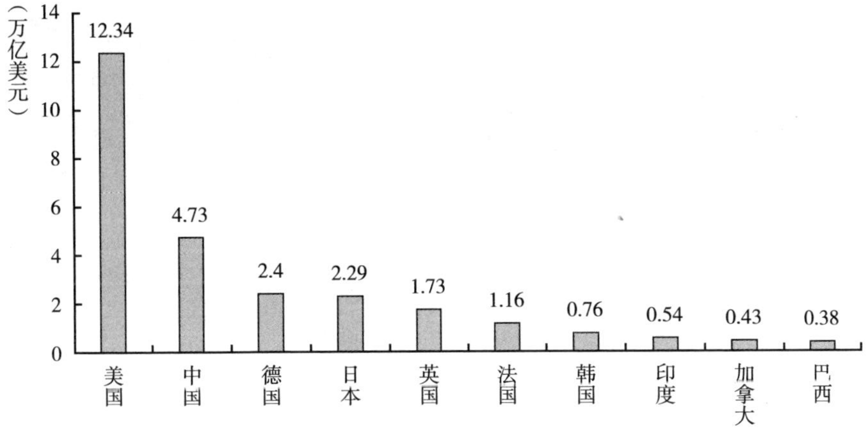

图1　2018年数字经济规模前10名国家

2019年，全球经济数字化比例迅速提高。世界经济论坛预测，到2022年，全球GDP的60%以上将由数字化产生，在未来10年中，经济中创造的新价值估计有70%将基于数字化平台。① 平台型公司发展迅速、体量巨大，公司市值的大幅度、快速增加可以说明其活跃性。截至2019年3月31日，平台型公司（消费者服务与科技类型公司）占据10年间市值绝对增幅最大公司前10名企业的7个席位（见表1），而这些公司同时在全球十大市值最高公司中占7个席位（见表2）。②

表1　2009～2019年全球100强公司中市值绝对增幅最高的10家（截至2019年3月31日）

单位：10亿美元

排名	名称	国家	所属行业	2009～2019年市值变化	2019年市值
1	Amazon. com(亚马逊网)	美国	消费者服务	843	875
2	Apple(苹果)	美国	科技	802	896
3	Microsoft(微软)	美国	科技	742	905

① World Economic Forum, *Shaping the Future of Digital Economy and New Value Creation.*

② PriceWaterhouse Coopers, *Global Top 100 companies by market capitalisation*, 2019年7月，数据截止日期：2019年3月31日。

续表

排名	名称	国家	所属行业	2009～2019 年市值变化	2019 年市值
4	Alphabet(谷歌母公司)	美国	科技	707	817
5	腾讯(Tencent)	大中华区	科技	425	438
6	Berkshire Hathaway(伯克希尔·哈撒韦公司)	美国	金融	360	494
7	Facebook(脸书)	美国	科技	394	476
8	阿里巴巴(Alibaba)	中国	消费者服务	304	472
9	维萨(Visa)	美国	金融	272	314
10	JP Morgan(摩根大通)	美国	金融	232	331

资料来源：PriceWaterhouse Coopers，2019。

表 2　全球市值前 10 名公司（截至 2019 年 3 月 31 日）

单位：10 亿美元

排名	名称	国家	所属行业	市值
1	Microsoft(微软)	美国	科技	905
2	Apple(苹果)	美国	科技	896
3	Amazon. com(亚马逊网)	美国	消费者服务	875
4	Alphabet(谷歌母公司)	美国	科技	817
5	Berkshire Hathaway(伯克希尔·哈撒韦公司)	美国	金融	494
6	Facebook(脸书)	美国	科技	476
7	阿里巴巴(Alibaba)	中国	消费者服务	472
8	腾讯(Tencent)	中国	科技	438
9	Johnson & Johnson(强生)	美国	卫生保健	372
10	Exxon Mobil(埃克森美孚)	美国	油气	342

资料来源：PriceWaterhouse Coopers，2019。

目前世界范围内平台的聚集与分布不均匀，主要体现在以下几个方面。

首先，在地理位置上，主要的数字经济平台集中在中美两国。最活跃的平台，美国占大多数且占据前 3 名。中美两国拥有全球 70 个最大数字平台市值的90%。[①] 目前，全球约有50%的人口根本不参与数字经济，G20的全球基础设施中心估计，到2040年，全球信息和通信技术基础设施的资金缺口将近1万亿美元。[②]

其次，分领域来看，各个领域“赢者通吃”现象较为严重，占主导地位的平台在相关领域形成了较大程度的“垄断”。截至2020年2月，在社交媒体领域中脸书是当之无愧的霸主，拥有全球社交媒体62.11%的份额；在搜索引擎领域，谷歌拥有92.07%的市场份额，相比竞争对手bing(2.44%)、雅虎（1.62%）、百度（1.49%）遥遥领先[③]。以谷歌为例：一方面，谷歌使用用户的搜索数据来改进其搜索引擎算法，而市场的新进入者明显没有类似优势。即使新进公司开发出能够吸足够流量的平台，也将面临竞争压力，最终可能会被主导平台收购；另一方面，主导平台通过收购实现“跨界发展”的现象非常明显，形成了内部闭环。从1998年至2020年1月22日，谷歌已收购了223个商业实体，收购总值超过190亿美元[④]，谷歌拥有安卓操作系统、Youtube视频等众多服务，这些服务又将相关数据发回谷歌，最终的结果就是“强者更强”。

从2018年3月开始的中美贸易摩擦，展现出数字经济领域“数字强国”——中国、美国多领域的竞合关系。平台经济在国民经济中地位的不断提升、数字经济领域地区间发展的不平衡，使平台在承载数字经济的同时，成为数字经济治理的主要对象，引发了以数据治理为核心、以地缘政治为背后考量因素的数字经济治理模式。

二　数据治理的进展与倾向

数字经济的核心资源是数据。2017年，《经济学人》杂志发表了题为

---

① *Digital Economy Report 2019*，UNCTAD，2019年4月。

② World Economic Forum，*Shaping the Future of Digital Economy and New Value Creation.*

③ Statecounter GlobalStates，*Social Media Stats Worldwide*；*Search Engine Market Share Worldwide.*

④ Google Acquisitions，https：//acquiredby.co/google－acquisitions/，访问日期：2020年3月8日。

《世界上最有价值的资源不再是石油，而是数据》① 的文章，从此“数据就是新石油”的观点成为共识。平台的驱动以数据为核心，平台的改进靠数据的积累与分析，可以说掌控了数据就从根本上掌控了数字经济的命脉。

治理数据是治理数字经济的重要手段。从数据的产生流程来看，数据产生于物理空间，生产的实体信息经过数字化进入虚拟空间，再通过算法、协议等不同编码方式呈现给受众。目前的数据治理议题均围绕数据的生产流程——生产、储存、运输、应用来进行。

数据的生产治理在2019年出现了新趋向——技术禁用，即直接拒绝特定通信设备与技术在本国落地。以华为事件为典型的技术禁用事件，不仅展示出中美之间的贸易摩擦，更重要的是显示出各国对数据的重视。针对先进通信技术（且本国没有相关替代技术），国际上有两种应对方式，一种如美国，将华为等企业列入“实体名单”并禁止国内企业与其合作，迫使其退出国内市场；另一种是同意“有限合作”，但做出严格限制，如英国政府提出华为的设备不出现在“核心”设备中，且市场份额不超过35%。② 相对于数据储存等要求，拒绝或限制一国的通信设备与技术从根本上消除、减少了数据收集的可能性，属于从源头上进行的数据治理，其目的是保护本国的数据，但牺牲的是自由市场、契约精神与技术进步。

数据的存储与流动问题一直是数据治理的核心问题，中美两国的观点代表了世界上的两种趋势。美国战略与国际研究中心（CSIS）的观点代表了美国的基本观点，其在《全球数字经济下的数据治理原则》③ 中提出了7条原则，其中第一条为：“保护跨国界和司法辖区之间的数据自由流动，并保

① *The World's Most Valuable Resource is No Longer Oil, but Data*, *The Economist*, 2017年5月6日。

② 海伦·沃勒尔：《英国批准华为有限度参与5G网络建设》，FT中文网，2020年1月28日。

③ 威廉·A. 卡特（William A. Carter）、埃罗尔·亚博珂（Erol Yayboke）：*Data Governance Principles for the Global Digital Economy*, Center for Strategic and International Studies（CSIC），2019年6月4日。

障人员、货物和服务的流动性”，第七条：“要求数据处理者应遵守其运营所在司法辖区的所有法律规定以及独特的文化和习俗，无论数据的收集、存储、处理或使用地点如何，只要这些法律或习俗不违反任何上述原则。”可以明显看出第七条以前面的原则为前提，其核心依然是坚持数据的“自由流动”——禁止数据本地化要求。2019 年 G20 发布的《大阪数字经济宣言》① 体现了中国数据治理的基本立场：“为了建立信任和促进数据的自由流动，有必要尊重国内和国际的法律框架。这种基于信任的数据自由流动将利用数字经济带来的机遇。”从上面两份文件可以看出，中美两国都是尊重数据自由流动，但流动的前提条件不同，美国的前提条件是禁止要求数据本地化的自由流动，中国是尊重现有法律的自由流动，这是目前世界上对数据储存与流动的两种主流观念。

数据应用治理围绕隐私治理而展开。2019 年，全球各地的数据保护条例纷纷落地（见表 3）。中国的《个人信息保护法》（专家建议稿）于 2019 年 10 月开始征求意见，其中明确了政府、企业、行业、社会等多方主体共同构建和维护个人信息保护秩序的框架。在基本原则方面采纳了国际上通行的知情同意、目的限定等个人信息保护原则，法律通过后将为未来的个人隐私保护提供依据。2020 年 1 月 1 日开始实行的《密码法》对商业加密技术的相关国家审核做出了规定。

表 3　2019 年世界部分国家隐私保护法案进展情况

国家	法律名称	新核心理念	进展情况
美国	《加利福尼亚消费者隐私法》（CCPA，*California Consumer Privacy Act*）	知道什么信息被采集，信息是否被出售，以及可以退出整个服务，并且要求采取加密技术传输信息	2020 年 1 月 1 日实施
德国	《联邦数据保护法案》（*Federal Data Protection Act*）	必须任命长期从事个人数据处理工作的数据保护官	2019 年 11 月 20 日修订

① G20：《二十国集团关于贸易和数字经济的部长声明》，2019 年 7 月，https://www.sohu.com/a/326519514_500652。

续表

国家	法律名称	新核心理念	进展情况
德国	《数字医疗法案》(*Digital Healthcare Act*)	规范网络医疗应用程序	2019年12月18日公布
丹麦	"安全一揽子计划"(Safety Package)	加强公共场所视频监控	2020年1月重新发布
日本	《日本个人信息保护法》(*Personal Information Protection Commission of Japan*)	加强与数据访问和删除有关的数据主体权利,引入强制性数据泄露通知,以及对违反IAPP的行为施以更严厉的制裁	2020年审议
印度	《个人数据保护法》(PDPB,*Personal Data Protection Bill*)	国家数据本地化存储、政府和数据保护机构在关键事项上的自由裁量权、关乎国家安全利益的广泛豁免以及刑事执法	2020年审议

资料来源:根据2020年2月国际隐私专业协会(IAPP, the International Association of Privacy Professionals)发布的报告《2020全球数据隐私立法预测》(*2020 Global Legislative Predictions*)整理。

由于数据治理的主体依然是国家,其治理过程中的地缘政治倾向引起了较为广泛的关注。在技术领域,5G的地缘政治属性最为明显,德国波恩大学全球研究中心认为,主导全球5G竞争的是中美两国,同时,5G已成为盟友对美国表达忠诚的试金石①。欧亚集团(Eurasia)认为5G的安全性并非集中于标准本身,而是哪些公司提供设备及设备的建造地点,目的是阻止中国在高科技领域的影响力继续发展。② 法国国际关系研究所(IFRI)提出:智慧城市不仅是企业之间经济和技术竞争的战场,也是政治和社会制度之间的竞争以及新的势力范围和地缘战略竞争的战场,并将日益成为国家之间的国防竞争领域。③ 目前,技术,特别是高端信息技术,无法脱离政治因素而独立存在。

① 德国波恩大学全球研究中心(The Center for Global Studies, CGS):《5G的地缘政治与全球竞赛》(*Geopolitics and the Global Race for 5G*),2019年5月。

② 欧亚集团(Eurasia):《5G与地缘政治》(*The Geopolitics of 5G*),2018年11月。

③ Alice Ekman:《中国智慧城市:新地缘政治战场》,法国国际关系研究所(IFRI),2019年12月。

三　数据变现：全球数据价值链

联合国贸易和发展会议在其报告中指出，全球数据价值链（Global data value chain）已经形成，并且极不平衡。[①] 全球数据价值链的核心是数据变现，按照价值链的上下游，可以分为原始数据提供者、数据公司及其生产的增值数据产品、数据产品的消费者（见图2）。[②]

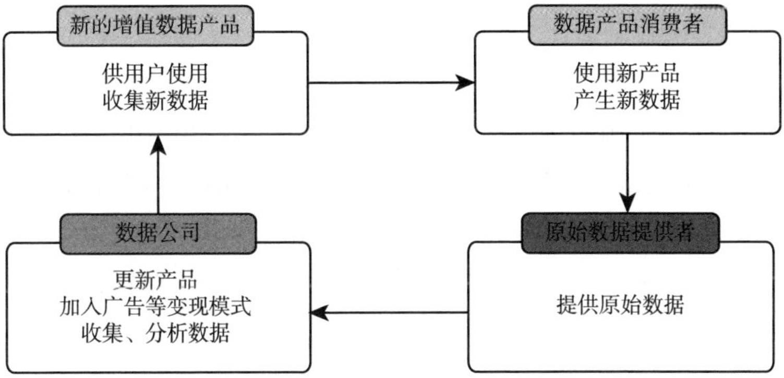

图2　全球数据价值链

全球数据价值链发展不平衡，大多数欠发达地区只是原始数据的提供者：一方面，经济落后地区从事数据标记等“数据工厂”服务，如Samasource公司雇用肯尼亚人，对人、汽车、道路标志、车道标记、天气状况进行标记，从而使智能驾驶汽车充满“智能”[③]；另一方面，免费的技术往往由高技术国家提供，看似免费，但低技术国家提供了个人数据作为交换。英国的巴比伦公司（Babylon）与英国卫生部合作，为卢旺达用户提供

① *Digital Economy Report 2019*，UNCTAD，2019年4月。

② S Weber：*Data，development，and growth. Business and Politics*，19（3）：397－423。

③ Dave Lee：*Why big tech pays poor Kenyans to programme self－driving cars.* BBC News，2018年11月3日。

免费的在线医疗服务（例如咨询和预约）与相关技术①，其实质是变相获取用户的相关数据。欠发达地区在高新技术领域的落后境况，使这种不均衡状态不易改变。

数字（互联网）广告与云计算是数据变现的两种主要模式。数据变现的收益向主要大型平台集中，在一定程度上加剧了全球数据价值链的不均衡性。

四　数字经济测算②

目前数字经济的测算方法主要集中于对经济行为进行分类，最终测算各分类的 GDP。来自麻省理工学院斯隆商学院的 Erik Brynjolfsson 与他的团队注意到 GDP 的衡量方法存在两方面问题：首先，数字经济活动本身不好测量，例如维基百科或大部分 App，其市场价格通常为零；其次，GDP 测量的是家庭、企业和政府购买的所有最终商品的实际价值（货币价值），但无法测算实际福祉（well – being）。因此“消费者剩余”（Consumer surplus）的概念被重点提出，用以补全 GDP 的相关不足，以更好地体现数字经济产品的实际价值。

消费者剩余为消费者购买商品的意愿与他们实际支付的金额之间的差额。例如，如果 1 个人愿意为 1 双鞋支付最多 100 美元，而实际只需要支付 70 美元，那么该人将从该交易中获得 30 美元的消费者剩余。经济学家认为，消费者剩余的变化是衡量消费者福祉（或福利）变化的量度。总体福祉包括消费者福祉和生产者福祉，但平均而言，生产者只能从创新中获得总

① *GP at hand – like service in Rwanda surpasses 2 million members. Digital Health*, https：// www. digitalhealth. net/2018/05/gp – at – hand – like – service – in – rwana – surpasses – 2 – million – members/. .

② 根据国布鲁金斯学会的哈钦斯财政与货币政策中心（Hutchins Center on Fiscal and Monetary Policy）的报告《如何测度数字经济价值?》（*How Should We Measure the Digital Economy*?）整理得出。

福利收益的约2.2%，而消费者则可以获取剩余的剩余收益[①]，因此消费者剩余变化可以代替总体福祉的变化。

实际研究中，笔者通过在线调查，用被调查者的回答“愿意以多少钱，作为在一定时期内不使用某一数字产品的条件”的答案来代表消费者剩余。从研究的结果看，数字经济创造了大量的消费者剩余价值。用户每月为视频流服务（例如 Netflix、Hulu、HBO 等）支付 10～20 美元或每年支付 120～240 美元，但视频流服务产生的消费者剩余是用户为访问它们而支付的费用的5～10 倍。这种测算方式为我们衡量数字经济提供了新的角度。

五 未来发展趋势

数字经济的发展离不开数据支持，数据的重要性已经为各国所重视。2020 年，随着各国数据隐私保护法的逐渐落地，数据治理将进入有法可依的新阶段。然而新阶段又存在新挑战，其核心是法律背后各国发展水平的与治理思维的差异。

面对现存的平台集中、全球数据价值链不平衡等问题，如何以各国的数据保护立法为基础，形成进一步的国际规则，是未来的核心问题之一，也是推动数字经济真正实现全球化发展的重要保证。全球化的数字经济建设，依然在路上。

---

① Nordhaus W. D. , *Schumpeterian Profits in the American Economy: Theory and Measurement*. NBER Working Paper No. 10433 (National Bureau of Economic Research, Cambridge, MA).

全球传媒市场报告

Media Industry Development Reports of Overseas

B.35
2019年全球传媒产业发展报告

杭 敏　项奇仁*

摘　要： 2019 年，全球娱乐及传媒产业数字化转型进程加快，数字化与个性化成为两大关键词。一方面，新兴数字传媒产品市场规模不断扩大，传统传媒产品也加大了数字化转型和探索的步伐；另一方面，以深度学习为支点的人工智能算法使得传媒产品可以精准匹配内容与受众，推动传媒产业愈趋个性化。同时，随着全球数据消费的激增，各类数据安全隐私问题也接踵而至，社交媒体巨头被推至风口浪尖。

关键词： 全球传媒产业　数字化　个性化　人工智能　数据隐私

* 杭敏，清华大学新闻与传播学院副院长，教授、博导；项奇仁，清华大学新闻与传播学院博士生。

一　全球娱乐及传媒产业发展综述

2019年，全球娱乐及传媒产业持续稳定发展，根据普华永道发布的产业数据，全球娱乐及传媒产业总产值达到2.2万亿美元，2018～2023年的年复合增长率将达4.3%。① 根据统计预测，全球GDP在2018～2023年的增长率为3.5%左右（见图1）。② 在未来的几年中，全球娱乐及传媒产业的产值增长速率仍将高于全球GDP增速率，这将是影响驱动全球经济发展的重要因素之一。

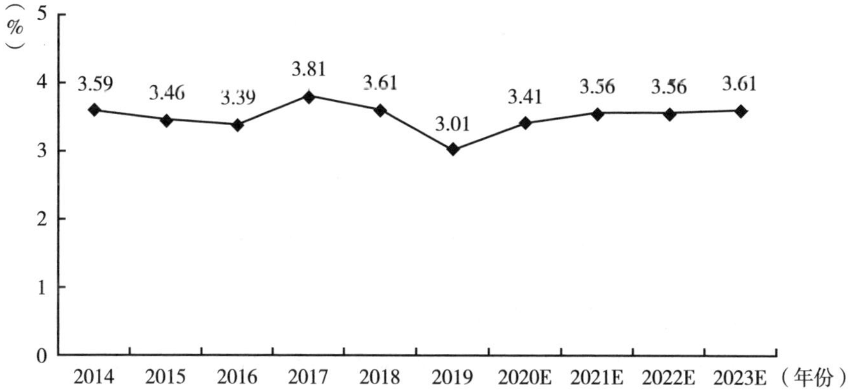

图1　2014～2023年全球GDP增长率

纵观全球娱乐及传媒产业在2019年的发展，两个不可或缺的主题是个性化与数字化，整个娱乐传媒业态正在以消费者需求为驱动而变迁。2019年，全球娱乐及传媒产业的商业模式发生了巨大变化，不再一味沿袭之前的大众传播方式，而是更多考虑受众的个性化需求。依托于人工智能算法技术的个性化推送等技术已经成为大型传媒公司的核心技术。在2019年，受众

① https：//www. pwc. com/gx/en/industries/tmt/media/outlook. html.

② https：//www. statista. com/statistics/273951/growth－of－the－global－gross－domestic－product－gdp/.

行为也发生了显著的变化，不再是线性地被动接收信息，而是更多主动按自身需求、喜好和时间来选择信息。日益个性化的世界给娱乐及传媒产业的各个细分市场带来了重要影响和大量机会。另外，全球娱乐及传媒产业中数字收入的占比逐年上升，在2017 年突破50% 大关，到2023 年预计将占娱乐及传媒产业总收入的 61. 6% （见图 2）。[①]

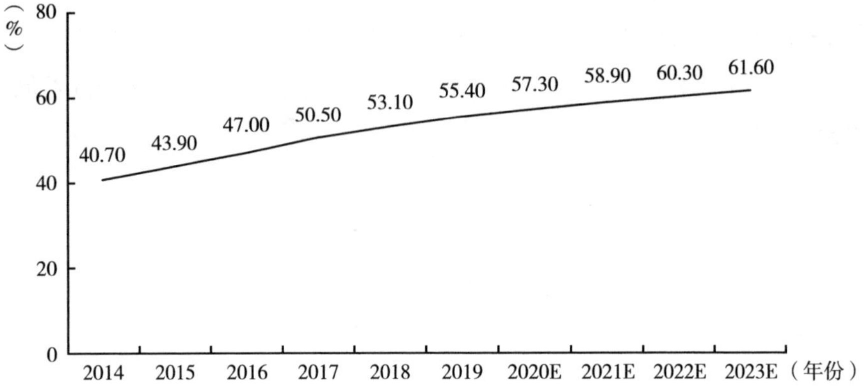

图 2　2014 ~ 2023 年数字收入占娱乐与传媒产业收入比重情况

尽管总体来看全球娱乐及传媒行业发展势头良好，但是各个细分市场差异较大。虚拟现实技术（VR）将是增长速度最快的细分市场，预计 2018 ~ 2023 年的年复合增长率将超过 20% ，会持续引领全球娱乐及传媒产业的发展。增长速率紧随其后的是 OTT 视频业务，年复合增长率接近 14%；之后则是互联网广告、电子游戏与电子竞技等，年复合增长率均超过 5%；再次则是增长率低于 5% 的电影院线、户外广告、音乐广播、B2B、传统电视广告以及图书出版。传统电视与家庭视频业、报纸以及杂志业的产业规模预计还会进一步缩小，但是报纸和杂志产业规模的缩小速率有下降的趋势。[②] 此外，未来几年中，全球娱乐及传媒产业还将呈现几大趋势：第一，在 2018 年就已经超过了传统广告收入的移动互联网广告收入，将会在未来几年中收

① https：//www. pwc. com/gx/en/industries/tmt/media/outlook. html.

② https：//www. pwc. com/gx/en/industries/tmt/media/outlook. html.

入递增，占有越来越重要的份额；第二，移动业务飞速发展，至2020年，智能手机产生的数据消费将超过固定宽带产生的数据消费；第三，数字广告的地位会愈发重要，预计到2023年广告主会在这一市场投入超过50%的预算；第四，中国的娱乐及传媒市场将会在全球范围内占据更重要的位置，预计未来五年内中国市场的绝对增长值将会超过美国市场；第五，到2021年中国将会超过美国成为全球最大的智能音箱市场；第六，预计到2021年，亚太地区在OTT视频方面将会超过北美成为全球最大的市场。[①]

二　全球娱乐及传媒产业各行业发展状况

（一）报纸、杂志和图书出版业

近20年来，报业市场规模持续缩小。在加拿大，政府已经通过研究预测了报业消亡后的社会民主状况；而在美国，每周报纸印刷量从1994年的6000万份降到了2018年的3500万份（包括数字报纸）。2019年全球报业收入约为1070亿美元，从业人员约78万人，2014～2019年平均年复合增长率约为-2.7%。报业市场中向好的是近年来全球报业有触底反弹的趋势，市场规模缩小的速度在逐步变缓。据估测，到2023年降速将放缓至2.2%（见图3）。[②] 这背后主要有两点因素的作用：一方面，近年来社交平台上信息内容的真实性不断受到公众质疑，根据美国皮尤研究中心的调查，约82%的美国人认为社交媒体平台上的新闻并不价值中立，因而更支持三类新闻机构的账号，即经常产出高品质文章的账号、具有大量关注者的账号、有一定政治立场的新闻账号；[③] 另一方面，新兴市场中以印度为代表的发展中国家报业日趋兴盛繁荣，2017年印度报业市场总收入约为2900亿卢比，到

① https://www.pwc.com/gx/en/industries/tmt/media/outlook/segment-findings.html.

② https://www.pwc.com/gx/en/industries/tmt/media/outlook/segment-findings.html.

③ https://www.journalism.org/2019/10/02/americans-are-wary-of-the-role-social-media-sites-play-in-delivering-the-news/.

2020 年将达到 3540 亿卢比，年复合增长率接近 10%。[①] 与报业类似，全球杂志业在过去的 5 年中也面临数字化的颠覆与经济转变带来的机遇与挑战。在消费者信息需求不短缺的情况下，各类免费在线内容都在挑战杂志的地位。2019 年全球杂志业收入为 620 亿美元，近 5 年的复合增长率为 -3.9%，同时相关企业与从业人员的数量也进一步减少。[②]

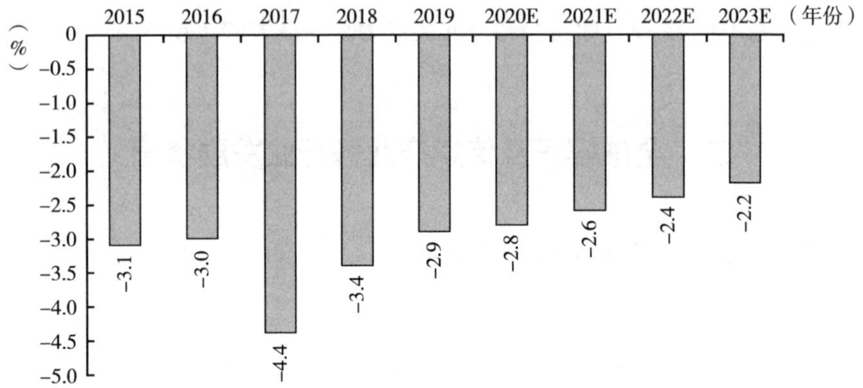

图 3　2015～2023 年全球报业收入年增长速度

2019 年，全球报业持续向数字化转型，数字付费用户的数量显著增加并将继续增长。2013～2018 年，全球报业的数字订阅用户增长了 307%，其中，移动端用户的数量占据了 56.4%。[③]

与报业与杂志不同，全球图书出版业 2019 年收入约为 1190 亿美元，从业人员约为 31 万人，2014～2019 年年均复合增长率约为 0.3%，整体而言行业处于一个平稳发展的状态。[④] 从图书的形式来看，在 2023 年以前纸质

① https：//www. statista. com/statistics/830131/india – newspaper – revenue/.

② https：//www. ibisworld. com/global/market – research – reports/global – magazine – publishing – industry/.

③ https：//blog. wan – ifra. org/sites/default/files/field _ blog _ entry _ file/World% 20Press% 20Trends% 202019. pdf.

④ https：//www. ibisworld. com/global/market – research – reports/global – book – publishing – industry/.

书仍将是图书消费的主要形式，但是越来越多的人会选择在旅途或在家中收听有声图书。①

（二）电视业

全球电视行业可以分为传统付费电视行业与 OTT 视频业，OTT 视频业的兴起使得传统捆绑式的付费电视行业受到了极大冲击。

全球传统付费电视的收入在 2016 年达到了顶峰，为 2050 亿美元，据预测，尽管至 2024 年付费电视用户数量会比 2010 年高出 3.8 亿人，但收入会跌至 1770 亿美元，相当于 2010 年的水平。放眼全球，大部分国家以及地区的付费电视行业收入有不同程度的下降，其中美国付费电视业收入将在 2018 ~2024 年减少 210 亿美元，跌幅达 22%；英国将减少近 10 亿美元的收入，跌幅达 14%。②

与传统电视业相反，OTT 视频业在过去的几年中迅速成长，2010 ~2019 年，OTT 视频业的全球营收从 61 亿美元猛增到约 848 亿美元，预计在 2024 年将达 1588 亿美元的水平。③ 从国家来看，中国和美国 OTT 视频业的绝对增长最快：中国在 2018 年增长了 36 亿美元营收，美国则增长了 65 亿美元的营收，中美的增长规模超过了世界上其他国家的增长规模总和。④ 按照这个趋势，OTT 视频业的营收将会在短时间内超过传统付费电视的营收。而随着 OTT 视频业在全球的进一步发展，其提供的内容将变得更加多样化，付费电视将会面临更大的挑战。在过去的几年中，传统付费电视与 OTT 视频之间的界限对于受众来说日益模糊，许多观众并不在意通过何种手段观看视频节目，而是在意能否看到高质的内容。因此，对于未来的电视业来说，提升内容质量将是发展的关键。

① https：//www. pwc. com/gx/en/industries/tmt/media/outlook/segment – findings. html.

② https：//www. researchandmarkets. com/reports/4774420/global – pay – tv – revenue – forecasts.

③ https：//www. statista. com/statistics/260179/over – the – top – revenue – worldwide/.

④ https：//www. multichannel. com/news/global – ott – revenue – reaches – 68 – billion – dollars.

（三）音乐和广播业

全球音乐行业与广播业摆脱了持续多年的低迷，到2019年经历了连续5年的增长，并将持续增长。同时，2019年对于音乐与广播业来说是里程碑式的一年，在2019年，由于音乐在线播放平台的快速发展、智能音箱的逐渐普及以及播客的流行，唱片音乐的销售额首次超过了现场音乐（演唱会等形式）销售额。作为一种新兴形式，播客中的广告时间比广播要少很多（播客为平均每小时2分钟广告，广播为平均每小时10分钟广告），但是广告主更愿意为播客投入高昂的广告金额，这主要是因为播客的受众参与度要高于广播受众参与度。2019年，播客广告的收入首次超过了10亿美元。具体来看，全球音乐行业在2019年的营收达到了567亿美元，广播业在2019年的营收则达到了454亿美元。预计到2023年，全球音乐行业与广播业营收将分别达到652亿美元与483亿美元（见图4）。①

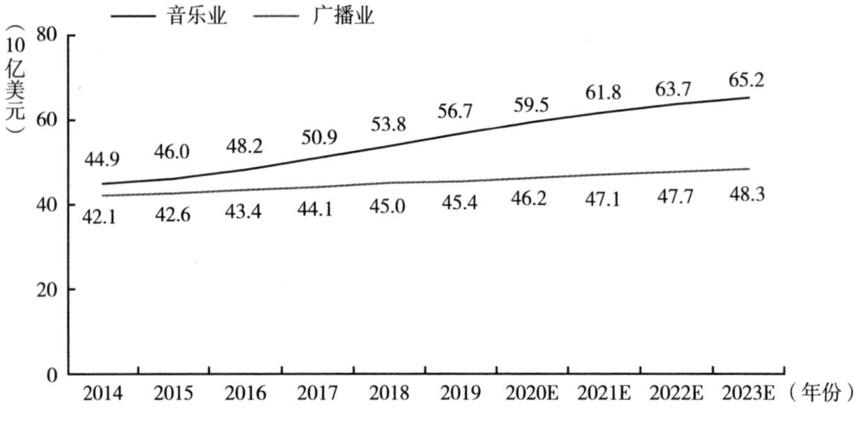

图4　2014～2023年全球音乐与广播业营收

在全球范围内，由于流媒体音乐平台的逐渐流行，唱片音乐的下载量在急剧下降，在2018年下降了23%，并会在未来的5年内持续下降；同时，

① https：//www. pwc. com/gx/en/industries/tmt/media/outlook/segment－findings. html.

智能音箱的运用越来越广泛，推动了受众收听包括音乐与广播在内的各种形式的音频。从国家与地区来看，北美与西欧等发达市场将持续推进音乐产业收入的增长，但是亚太地区将会成为增长最快的流媒体音乐市场。[①] 日益成熟的人工智能技术（AI）也将为音乐产业带来变革，从制作端到收听端改变全球音乐产业。

广播业发展总体而言比较平稳。根据德勤的报告，2019 年，发达国家超过 85% 的成年人至少一周收听一次广播，全球有总计接近 30 亿人每周收听至少一次广播。[②] 同时，广播在各个年龄段都有相当数量的受众，在年轻受众中的表现尤为突出；按照目前趋势，到 2025 年，18 ~ 34 岁的美国人收听广播的时间将会超过观看传统电视的时间。

（四）电影业

根据普华永道的数据，2019 年全球电影产业的收入为 1030 亿美元，包括家庭娱乐影音部分的收入和院线票房部分的收入。[③] 根据数据分析公司 Comscore 的报告，全球电影业票房收入在 2019 年再创新高，达到 425 亿美元，其中北美票房为 114 亿美元。电影票房收入在包括中国、日本、韩国、法国、德国、俄罗斯、墨西哥、西班牙、巴西和意大利在内的绝大多数国家都在增长。电影院线由于其较之线上观影更胜一筹的体验，即使在互联网时代仍是受众消费娱乐生活中不可或缺的部分，并将持续吸引观众贡献票房。[④]

全球电影业主要有以下几点趋势：第一，好莱坞持续发行巨额成本的大制作电影，将吸引更多受众回归拥有高质量放映设施的院线；第二，Netflix

① https：//www. pwc. com/gx/en/industries/tmt/media/outlook/segment – findings. html.

② https：//www2. deloitte. com/cn/zh/pages/technology – media – and – telecommunications/topics/tmt – predictions – 2020. html.

③ https：//www. ibisworld. com/global/market – research – reports/global – movie – production – distribution – industry/.

④ https：//www. comscore. com/Insights/Press – Releases/2020/1/Comscore – Reports – Highest – Ever – Worldwide – Box – Office.

等流媒体平台的影响力越来越大，并持续投资原创电影，而随着这些流媒体平台包月订阅制度的流行，电影院线也开始考虑施行包月会员制度，会员可以无限或有限在影院观影；① 第三，中东和非洲的电影银幕数量持续快速增长，预计在 2019 ~2023 年银幕数量的年复合增长率将达 7.3%，其中，沙特阿拉伯地区在经历了长达 35 年的电影禁令后，荧幕增长尤为迅速。②

（五）广告业

在过去的 10 年中，增长一直是全球广告业的主旋律。2019 年，全球广告支出达 5920 亿美元，预计在 2020 年全球广告支出将达到 2010 年支出的 1.5 倍，即 6150 亿美元。从 2010 年开始，全球广告支出增速几乎一直高于全球 GDP 的增速，为 GDP 增长提供巨大助力（见图 5）。然而并非所有国家或地区的广告支出都在增加，预计在 2020 年，德国、西班牙以及意大利的广告支出会减少。中国与印度的广告支出都在迅速增加，拉丁美洲的广告支出则主要增加在互联网广告上。传统印刷媒体广告则会持续下降，平面报纸和杂志的广告支出将会在 2020 年分别下跌 7.1% 和 6.3%；电视和广播广告预计会继续平稳增长。③ 在全球广告支出中，占据最大比重的分别是互联网广告、电视广告和户外广告。

（1）互联网广告

据统计，全球互联网广告支出在 2019 年达到了 3062 亿美元，并将会在 2023 年达到 4248 亿美元（见图 6）。④ 在互联网广告支出中，可以看到广告支出主体从传统固定端转移到移动端的趋势。随着广告支出转移到移动端，互联网广告的形式也在发生变化，出现了诸如原生广告、推送广告等多种类型。除此之外，随着各种新型连接设备（如智能音箱、智能电视等）的出

---

① https：//www. forbes. com/sites/danafeldman/2019/07/28/how - netflix - is - changing - the - future - of - movie - theaters/#7a286cc95f46.

② https：//www. pwc. com/gx/en/industries/tmt/media/outlook/segment - findings. html.

③ https：//www. dentsuaegisnetwork. com/reports/global_ ad_ spend_ forecasts_ jan_ 2020.

④ https：//www. pwc. com/gx/en/industries/tmt/media/outlook/segment - findings. html.

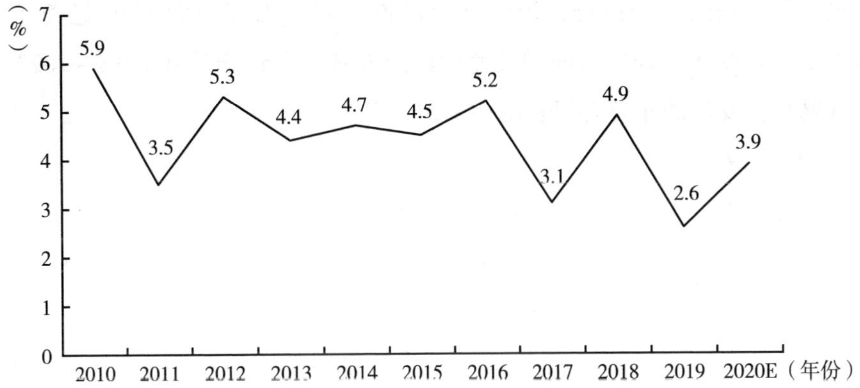

图5　2010～2020年全球广告支出增速

图6　2014～2023年全球互联网广告支出

现，用户与数字媒体服务的交互形式也发生了改变，这也为互联网广告带来新的变化。

谷歌在全球仍是最大的互联网广告供应商，在2019年售卖了约为1037亿美元的互联网广告，约占据全球总互联网广告支出的1/3；排在其后的是脸书，在2019年售卖出了约673亿美元的互联网广告；排在第三位的是中国的阿里巴巴，2019年互联网广告销售额约为292亿美元。[①] 美国仍然是全

① https：//www. emarketer. com/content/global－digital－ad－spending－2019.

球最大的互联网广告市场，2019 年互联网广告支出额约为 1170 亿美元①；然而美国互联网广告支出的增长速度已经放缓，预计全球在 2018 ~ 2023 年互联网广告支出的年复合增长率为 9.5%。②

（2）电视广告

全球电视广告业发展比较平稳，2019 年电视广告总支出达到 1663 亿美元，预计在 2023 年达到 1777 亿美元的水平。从趋势来看，传统电视广告的收入将呈现递减状态，而网络电视广告的收入将呈现递增状态。总体而言，网络电视广告的增加额超过了传统电视广告的减少额，因此电视广告业总体仍然处于上升状态。在全球范围内，美国仍是世界上最大的电视广告市场，但是其占据全球电视广告市场的份额将从 2018 年的 43% 下降到 2023 年的 41%，新兴市场所占份额将越来越大。③

（3）户外广告

作为一种传统广告形式，户外广告在近年来仍然保持着高速增长的趋势，自 2009 年的 259.5 亿美元增长到 2019 年的 399 亿美元，并预计在 2021 年达到 422.3 亿美元的规模。④ 户外广告能够保持高速增长的部分原因是户外广告能够从全球数字化进程中受益，尽管不能像手机投放广告那样个性化，但是户外广告可以通过数字显示广告牌反映不断地变化（例如天气与交通状况），从而使广告效果更为突出。随着户外广告牌向数字化转型，2021 年非数字化的户外广告的收入将开始下降。同时，从全球来看，2018 ~ 2023 年，亚太地区将为全球户外广告贡献一半以上的增长额，这主要得益于以中国为首的国家正在快速兴建的基础设施，这将极大地增加户外广告屏的数量。⑤

① https://www.statista.com/outlook/216/109/digital-advertising/united-states#market-revenue.

② https://www.pwc.com/gx/en/entertainment-media/outlook-2019/entertainment-and-media-outlook-perspectives-2019-2023.pdf.

③ https://www.pwc.com/gx/en/industries/tmt/media/outlook/segment-findings.html.

④ https://www.statista.com/statistics/273716/global-outdoor-advertising-expenditure/.

⑤ https://www.pwc.com/gx/en/industries/tmt/media/outlook/segment-findings.html.

（六）社交媒体

据统计，全球在2019年有43.88亿互联网使用者，在其中就有34.84亿活跃社交媒体使用者；而在使用者中，又有32.56亿人通过手机来连接社交媒体。同时，社交媒体的使用具有相当高的黏性，用户平均使用社交媒体的时间在2014年每天仅为1小时37分钟，这一时间在逐渐增加，2019年增至每天2小时16分钟。[①]

在不同的社交媒体平台中，脸书是全球使用最频繁的社交媒体平台，脸书在2019年的活跃用户数量为22.71亿，而在脸书上粉丝最多的账号已有超过2亿的粉丝。[②] 除了脸书外，全球几个用户数量最多的社交媒体平台分别为Youtube、Whatsapp、Instagram以及微信，这几个社交媒体平台的用户数量均超过了10亿。

随着社交媒体逐渐渗透入现代人生活的各个领域，社交媒体平台也成为人们日常获取新闻的场域。根据皮尤研究中心2019年报告，约有55%的美国成年人从社交媒体上获取新闻，约有28%的美国人经常从社交媒体上获取新闻。[③] 在社交媒体占据了大量的公共与私人话语空间时，对社交媒体新闻内容质量的质疑也逐渐增加。报告显示，仅有18%的美国人认为社交媒体上的假新闻不足为虑，其余人认为社交媒体中的假新闻是一个值得注意的问题，其中55%的美国人认为假新闻是社交媒体上存在的重要问题。同时，在社交媒体平台中，脸书是美国人获取新闻最常用的平台，其次是YouTube。

（七）新兴传媒业

（1）数字货币

数字货币，与实体货币相反，指的是一种电子货币形式的替代货币，它

---

① https：//p. widencdn. net/kqy7ii/Digital2019 – Report – en.

② https：//p. widencdn. net/kqy7ii/Digital2019 – Report – en.

③ https：//www. journalism. org/2019/10/02/americans – are – wary – of – the – role – social – media – sites – play – in – delivering – the – news/.

具有与实体货币相类似的特征，但又具有可以即时交易以及无边界所有权的特征。数字货币包括虚拟货币、加密货币以及中央银行数字货币等，这些货币可以用来购买有形商品和服务，也可能仅限于某些社区，如在线游戏等。其中，加密货币是近年来较为火热的概念，诸如比特币、以太坊、瑞波币、莱特币等都属于加密货币。2018 年全球加密货币市场估值 8564 亿美元，预计 2019 ~2024 年复合增长率将达到 11.9%。[①]

在数字货币领域有诸多参与者。2019 年 6 月 18 日，GitHub 发布了脸书所主导的数字货币 Libra 的测试白皮书。Libra 是一个匿名的账户系统，邀请了互联网领域的领军人物及多家机构作为其合规负责人，进行相关交易的检查和监督管理；如果超过半数的合规负责人持不信任态度，Libra 就无法正常运作。通过这种去中心化的手段，脸书在一定程度上实现了区块链技术和共识机制的一种平衡。然而，一旦 Libra 数字货币成功实现了其目的，成为全球通用货币，就会在某种程度上打击一些主权脆弱的货币，剥夺部分央行货币政策的独立性，甚至对整个国际金融体系和国际货币金融结构产生影响。

（2）电子游戏

电子游戏业作为近年来流行的休闲娱乐产业，其全球营收在各个细分领域快速增长。根据游戏行业分析公司 Newzoo 的估算，[②] 2019 年全球游戏市场产值为 1520 亿美元，年增长率约为 9.6%。按照终端类型进行分类，全球游戏产业中最大的市场为移动端游戏市场，占据约 45% 的份额，收益为 685 亿美元，并且在不断挤占端游的市场，其中手机游戏收入占据了 80%，达到了 549 亿美元；平板电脑游戏收入则占据剩下的 20%，达到 136 亿美元。其次则为主机游戏（游戏机游戏），占据了 32% 的市场份额，并且一直保持相对稳定的状态。再次是电脑游戏，共占据 23% 的份额，并且可能在

① https：//www. prnewswire. com/news - releases/global - 850 - billion - cryptocurrency - market - to - 2024 - growing - usage - of - cryptocurrency - in - trading - remittance - and - payment - 300910798. html.

② https：//newzoo. com/insights/trend - reports/newzoo - global - games - market - report - 2019 - light - version/.

2020 年被移动端游戏不断抢占份额而导致市场萎缩。此外，美国自 2015 年以来首次超越中国成为最大的游戏市场，主要得益于其 2018 年游戏机销售额的大幅增长。

到 2022 年，移动游戏市场（平板电脑和智能手机市场的总和）的总收入将达 954 亿美元，年复合增长率 11.3%，几乎占据游戏市场的一半（49%）。智能手机游戏市场规模的增长将带动移动游戏市场规模，预计复合增长率 12.8%，在 2022 年营收将达到 797 亿美元，其余 157 亿美元来自平板电脑游戏。其中大部分增长由新兴市场贡献。主机游戏市场预计在 2022 年达到 611 亿美元，年复合增长率预计 9.7%。主机游戏收入的增长预计会被下一代 Xbox、PlayStation 以及 Switch 的新版本发布而带动。此外，游戏机庞大的安装基数也会持续提供利润。随着游戏市场的壮大，电脑端游戏也会持续增长，但是其增长速度预计只有 3.5%，到 2022 年将达到 395 亿美元的营收。[①]

（3）虚拟现实

虚拟现实（VR）产业在全球范围内仍是一个蓬勃发展的产业。在 2019 年产业全球产值达到了 115 亿美元，2020～2025 年间预计有 48.7% 的年复合增长率，在 2025 年达到 879 亿美元的产值。同时，头戴式商用 VR 设备将会是未来加速 VR 行业增长点。[②] 作为一个新兴产业，VR 产业在向大众普及的方向上还有一些技术问题需要克服，在未来需要通过技术进步来提供具有多种功能的 VR 解决方案，增强受众的使用感受。从 VR 设备角度来看，可移动手机 VR 设备在四年内仍将是设备销售的主体，2019 年其全球销售量为 4100 万件，预计在 2023 年销售将达 4900 万件。同时，家用 VR 设备将会在未来 4 年内迅猛发展，从 2019 年的 700 万件增加到 2023 年的 1800 万件。从全球各大市场来看，亚太将成为未来 VR 应用最多的地区，而中国到 2023 年将成为全球最大的 VR 市场。[③]

---

① https：//newzoo. com/insights/trend – reports/newzoo – global – games – market – report – 2019 – light – version/.

② https：//www. mordorintelligence. com/industry – reports/virtual – reality – market.

③ https：//www. pwc. com/gx/en/industries/tmt/media/outlook/segment – findings. html.

三 全球娱乐及传媒产业发展的特征与趋势

（一）人工智能技术助力传媒业发展

近年来，人工智能（AI）席卷全球，被认为是新时代的基石。根据MIT的一项调查，有75%的企业高管认为AI将帮助公司开辟新业务，85%的高管认为AI是获得竞争优势的保证。① 根据普华永道的AI报告，至2030年，人工智能产业为全球经济的贡献额可能高达15.7万亿美元，将对各行各业产生极大的影响。

在过去的一年中，人工智能技术对传媒产业从内容制作环节到受众接受环节的整条产业链都产生了重大影响。从内容生产端来看，人工智能可以帮助记者进行辅助创作，也可以对重复性报道进行自主创作；人工智能可以进行热点追踪，预测热门选题，为内容创作者提供信息帮助；人工智能也可以在影视创作中进行自动更换背景，缩短影视作品制作周期。从内容分发环节来看，人工智能能够帮助实现内容与受众的精准匹配，帮助传媒企业实现内容的精准推送，使得传媒产品越来越个性化，同时也能够帮助广告商提高广告投放的精准度和有效率。

（二）数字化在各传媒细分领域影响深远

从2017年开始，数字化产值就占据了传媒与娱乐产业总产值的一半以上，预计到2023年会占据全球传媒与娱乐产业总产值的61.6%。全球传媒产业数字化进程迅速，主要原因在于：首先，许多新兴传媒与娱乐产品本身就是数字化产品，例如电子游戏、短视频和社交媒体等。这些细分市场符合时代需求，发展极其迅猛，在全球娱乐娱传媒产业中占据了越来越大的比重。其次，部分传统传媒及娱乐产品通过数字化可以获得更高的收益，

---

① https：//sloanreview. mit. edu/projects/reshaping - business - with - artificial - intelligence/.

例如电影的数字化。再次，部分传统媒体受到数字化的冲击，旧的运营模式已经不再适用，只能谋求数字化转型。典型的例子就是报业，随着数字化进程加快，传统纸质报业的发行量与收入急剧下滑，只能谋求数字化转型。在数字化转型过程中，各类媒体也在不断探索可持续化的商业模式。例如，很多报纸在数字化初期采取了付费墙的手段，但是现在则把更多注意力放在让读者直接付费，以及收取会员费的商业模式上。

（三）数据消费激增，数据隐私保护成全球共识

随着全球传媒及娱乐产业对数据有越来越多的需求，数据保护以及网络安全等数据隐私领域受到了越来越大的关注。据统计，[①] 全球 2019 年的数据消费量为 17 亿 MB，预计在 2023 年将达到 44 亿 MB。数据消费的激增是由互联网在全球的进一步拓展以及经济型智能手机的大量销售带来的。在这些数据消费中，占据最大份额的消费是对视频的消费，视频数据消费共占据 81% 的数据消费量。随着 5G 技术的普及，高数据传输速度和短时间响应能力将进一步改变互联网的数据消费方式。

随着各国开始意识到数据保护的重要性，相关的法案也在逐步出台。其中一个里程碑式的条例就是 2018 年欧盟颁布的《通用数据保护条例》（GDPR），从数据保护的各个方面做出了严格的限定。[②]

（四）用户生成内容时代来临

用户生成内容，即 UGC（User Generated Content），成为流行的内容生产方式。UGC 内容随着互联网的兴起而兴盛，用户可以通过互联网来分享自己创作的文字、图片、视频以及表情包等多种形式的内容。在全球庞大网民数量的支持下，UGC 模式的平台极易积累大量内容。随着手机的普及和技术的进步，普通网民更容易在日常生活中浏览互联网，也更容易记录与分

① https：//www. pwc. com/gx/en/industries/tmt/media/outlook/segment－findings. html.

② https：//gdpr－info. eu/.

享自己的生活，同时自制内容的成本进一步降低，使普通用户也可以制作高质量的视频内容。在国内，2016 年上线的 UGC 短视频平台抖音在 2019 年日活用户已经突破 4 亿，2012 年上线的 UGC 短视频平台快手在 2019 年日活用户也突破 3 亿；在国外，最大的 UGC 视频平台 YouTube 的月活跃用户已经突破了 20 亿。

（五）融合仍是传媒业的重要主题

在未来的几年中，媒体融合仍将是全球传媒及娱乐产业发展的主旋律，传媒、技术和电信等各行业之间的边界正在逐渐模糊。新兴传媒公司在不断拓展其业务，传统传媒公司也在向数字化进军。传媒行业在内容与形式上都在加快融合。流媒体服务公司、传统电视公司和社交网络公司都在争夺传统体育和电子竞技的转播权利。此外，电视公司、电信公司、科技公司、OTT 运营商和电影制片厂也在为内容而竞争。同时，广播电台、播客公司和流媒体服务竞相提供广播和播客内容。例如流媒体视频平台网飞在 2019 年正式加入了美国电影协会（MPAA），这是第一家加入 MPAA 的非电影公司。再如老牌的娱乐传媒公司迪士尼在 2018 年底宣布其将上线流媒体服务平台 Disney +；2019 年 11 月 12 日，迪士尼集团流媒体平台 Disney + 在美国、加拿大、荷兰正式上线。这些既是传统媒体集团在流媒体时代的融合策略，也标志着新兴领域中不断加剧的竞争。因此，加快发掘新的盈利模式是传媒公司在这个不断变化的时代中不变的战略。

B.36

2019年美国传媒产业发展报告*

史安斌　王沛楠**

摘　要： 在经历了近年来传播技术变革与产业生态优化的热潮之后，2019年的美国传媒产业回归理性发展，传媒创新技术的热潮逐渐降温，媒体机构发展的重心回归内容与用户，但不同的媒介形态发展特征各异。平台巨头进军加密货币的野心初显，垂直细分型社交媒体的崛起打破了行业垄断；IP资源促进了影视行业流媒体竞争格局的再次洗牌；电影业则在向多元文化的道路迈进。本报告在相关行业统计数据的基础上，对报刊新闻、广播电视、互联网与社交媒体、出版、电影和广告、游戏等重点行业的发展状况进行分析和梳理，重点关注5G通信和区块链技术对传媒业带来的影响，揭示2019年美国传媒产业发展的脉络与态势。

关键词： 美国传媒产业　传统媒体　平台媒体　新媒体技术

一　报刊与新闻业

2019年纸媒数字化转型的进程日趋明朗，虽然传统板块的收入仍占大

---

* 本文为教育部哲学社科重大攻关项目“新时代中华文化走出去策略研究”（项目批准号18JZD012）的阶段性成果；中国人民大学新闻学院硕士生童桐、清华大学新闻与传播学院硕士生张金牛、王禹航、郭泽众和本科生杨晨晞对本文亦有贡献。

** 史安斌，清华大学新闻与传播学院副院长、教育部青年长江学者特聘教授；王沛楠，清华大学新闻与传播学院博士研究生。

部分，但数字广告和数字用户订阅的收入增幅明显。① 其中，《纽约时报》截至2019年年底已经拥有500万数字订户，并且提前一年实现8亿美元的年度数字产品收入目标，比2015年翻了一番。报业时代的“灰衣贵妇”继续在数字化变革的大潮中独领风骚，为传统主流媒体的融合发展树立了成功的范例。

此外，社交平台挤压传统媒体生存空间的势头仍在持续。调查显示，超过2/3的美国人使用智能手机来接收新闻。苹果新闻（Apple News）和Upday等移动新闻聚合平台的影响力日渐增长。在苹果手机用户中，使用“苹果新闻”的用户比例（27%）超过了《华盛顿邮报》App（23%）②。未来几年，报纸广告和发行收入将降低约55%。相比之下，印刷版和数字订阅的收入将占报刊业总收入的65%以上，从而彻底颠覆传统报刊依靠广告收入的盈利模式。③

在“灰衣贵妇”保持其光鲜亮丽的外表背后，地方报纸和“小微”社群媒体的生存困境并未改观。《纽约时报》和《华盛顿邮报》吸引了超过一半的美国新闻媒体订户，这意味着数字化将会进一步加剧地方媒体的衰落，导致了“新闻荒漠”——基层县市和社群没有属于自己的新闻媒体——的趋向进一步扩散。

在数字化业务创新方面，“付费墙”模式虽然经过了多年的发展，但因其严重影响用户体验而广受质疑。面对这一困境，部分媒体选择通过捐赠模式来代替“付费墙”模式，但这一比例并不高。第二种选择是通过捆绑和聚合来打包销售，目前实践者主要是《泰晤士报》等英国媒体。但考虑到“苹果新闻”App早已在北美市场将300多家报刊的内容“打包”聚合，这一模式在美国市场的前景也不容乐观。④

2019年众多传统报刊机构在营销领域加大投入。《纽约时报》《大西洋

① https://www.fticonsulting.com/insights/reports/2019-publishing-year-review.

② http://www.digitalnewsreport.org/.

③ https://www.fticonsulting.com/insights/reports/2019-publishing-year-review.

④ http://www.digitalnewsreport.org/.

月刊》等在“纸媒大裁员”的背景下，扩大营销部门的规模，从快消品和电子等其他行业“挖角”复合型人才，并与 Facebook、Google、Instagram 等互联网公司合作，提升其数字营销的专业水平。在数字内容管理上领先一步的《华盛顿邮报》在其自主研发的 Arc 系统的基础上增加了订阅功能，获得了大量用户数据，将数字营销与内容管理有机结合①。

二　广播、电视业

对于美国广电业来说，2019 年仍是艰难的一年，收视规模仍在进一步缩减。就传统的“三大电视网”而言，依靠平昌冬奥会赛事直播登上 2018 年收视人数排行榜榜首的美国全国广播公司（NBC）的收视人数在 2019 年出现了巨大的下滑，同比下降 19%，排名降至第二。哥伦比亚广播公司（CBS）和美国广播公司（ABC）的收视人数与 2018 年相比皆减少了 4%，分别列第一位和第三位。值得注意的是，处于“第一梯队”的“三大电视网”2019 年的收视总人数均创下 5 年来的新低，CBS 和 NBC 的收视人数更是连续 5 年呈下降趋势②。

在数字电视方面，2019 年堪称流媒体平台的“混战元年”：一方面，Netflix 的霸主地位受到 Hulu 和 Amazon 的挑战，二者的订阅量正在迎头赶上③；另一方面，多家行业巨头的入局和积极筹备入局对 OTT 行业造成了一定程度的冲击。

Disney 通过收购 Hulu、上线 Disney +，加上已在 2018 年上线、主打体育内容的 ESPN +，Disney 旗下如今已经拥有 3 个广受欢迎的流量平台，其

① https：//www. lanjinger. com/d/124691.

② https：//variety. com/2019/tv/news/network – ratings – top – channels – fox – news – espn – cnn – cbs – nbc – abc – 1203440870/.

③ https：//www. forbes. com/sites/danafeldman/2019/08/21/netflix – is – expected – to – lose – us – share – as – rivals – gain/#7b32168d66d6.

产品矩阵进一步巩固了其“流媒体王国”的地位。① 苹果公司在 2019 年 11 月上线的 Apple TV + 也不容小觑。与其他竞争对手相比，其订阅价格更有吸引力。② Comcast 旗下的“NBC 环球”公司在 2020 年 4 月推出自己的流媒体平台“孔雀”（Peacock）。完成了对时代华纳收购的 AT&T 计划于 2020 年 5 月推出 HBO Max，将包括 HBO、华纳兄弟影业、CNN 在内的多个的优势资源打包上线。诸多“新玩家”的入局无疑将加剧“老庄家”的危机感。

总体来看，2019 年美国流媒体用户的占比已经高达 74%。③ 调查显示，1/4 的用户订阅 2 个或 2 个以上平台的服务。④ 因此，流媒体市场仍能容纳更多“新玩家”的入局，并且进一步挤压有线电视的生存空间。

广播业方面，播客仍是值得关注的重点领域。前两年播客行业兴起时所遭遇的种种问题一度让人怀疑其发展前景，但声控智媒的普及和传统主流媒体机构的加入，带动了用户的持续增长，2019 年的播客行业迎来了新一轮发展热潮。流媒体音乐服务平台 Spotify 收购了 Gimlet 等播客公司⑤。号称打造“播客界 Netflix”的 Luminary 公司完成了 1 亿美元融资后正式入市。同时，在广播巨头 iHeartMedia 2018 年收购了制作《你应该知道的事情》（*Stuff You Should Know*）等“爆款”的 Stuff Media 工作室后，仅次于 iHeartMedia 的第二大广播公司 Entercom Communications 也于 2019 年收购了 Pineapple Street Media 和 Cadence13 两家播客公司。

播客用户继续保持上升势头。70% 的美国家庭和 51% 的美国人收听播客，其中 32% 的人每个月都使用播客服务，而 2018 年这一数值只有 26%，

① https://www.theverge.com/2019/8/6/20757626/disney-plus-espn-hulu-bundle-price-date-streaming-service.

② https://www.techhive.com/article/3452456/apple-tv-plus-details-and-fine-print.html.

③ https://www.statista.com/statistics/318778/subscription-based-video-streaming-services-usage-usa/.

④ https://www.cnbc.com/2018/03/29/nearly-60-percent-of-americans-are-streaming-and-most-with-netflix-cnbc-survey.html.

⑤ https://techcrunch.com/2019/08/21/after-a-breakout-year-looking-ahead-to-the-future-of-podcasting/.

同比涨幅为10年来最高。

目前美国有85万个活跃的播客，3000万个播客单集。在收听场景中，在家收听的人数是最多的，占比达49%。[①] 就具体的播客品牌而言，Google旗下的Pandora排名第一，Spotify和iHeartRadio分列第二、第三位。在移动播客App的收听规模上，Spotify排名第一，超过半数。[②] 在内容方面，音乐类播客仍然是最受听众欢迎的（39%），其次为新闻资讯（36%）。[③] 每日新闻播客成为新的内容增长点。包括《纽约时报》、BBC在内的多家传统主流媒体和谷歌等新媒体公司纷纷拓展其相关业务，分别推出了简报、摘要、深度报道、交互式报道等多种样式。

在盈利模式上，绝大多数播客仍然依赖广告。但内容付费成为新的增长点。例如，Luminary依靠独家内容推出“无广告会员”模式；Spotify的“免费增值”服务也力图吸引更多的付费订户。目前来看，播客行业的问题在于单打独斗的“小作坊”模式仍然占据主导，缺乏有影响力的大品牌和像前两年《系列剧》（*Serial*）那样的现象级“爆款”，在夯实与第三方平台之间的默契关系和在巩固用户黏性方面还有相当大的提升空间。

三 互联网与社交媒体

2019年全球移动端用户突破51亿人，占世界总人口的67%；网络用户则突破43亿人，占世界总人口的57%。其中活跃的社交媒体用户达34亿人。[④] 北美地区仍是全球网络普及率（95%）和社交媒体普及率（70%）最高的地区。[⑤]

2019年互联网已经跃升为美国第四大产业，排在“房地产和租赁”、

---

① https：//www. podcastinsights. com/podcast – statistics/#Podcast_ Listener_ Stats_ USA.

② https：//techcrunch. com/2019/08/21/after – a – breakout – year – looking – ahead – to – the – future – of – podcasting/.

③ https：//www. edisonresearch. com/the – podcast – consumer – 2019/.

④ https：//nira. org. ng/events/reports/icann – report.

⑤ https：//www. amz123. com/thread – 315886. htm? sort = asc.

“公共管理”和“制造业”之后，其所创造的 GDP 超过 2 万亿美元，占比达 10.1%。超过 600 万美国人在互联网行业工作，占就业总人口的 4%。互联网行业还间接为其他行业提供了 1310 万个就业机会。[①]

全美 3.1 亿网民当中，86% 的网民每天会使用网络。其中排名前 5 名的网站分别为搜索引擎 Google、Facebook、YouTube、Amazon 以及 Yahoo。全美 2.3 亿社交媒体用户中，97% 在过去一周之内曾经登录社交媒体与他人进行沟通。[②] 其中，Facebook 和 Instagram 仍然是最受欢迎的两大社交平台，但其优势地位正被撼动，调查显示，仅有 21% 的用户认为 Facebook 是其不可或缺的社交应用之一，这一数字在 2017 年是 26%。不同代际用户于使用习惯呈现分化趋势，15～25 岁的用户中使用 Facebook 的比例下降到 31%，而使用“图片墙”（Instagram）和“阅后即焚”（Snapchat）的分别达到 85% 和 81%，认为 Facebook“不可或缺”的比例降至 18%，而在 26 岁以上的群体中，认为 Facebook“不可或缺”的比例超过了 1/3。[③]

TikTok（抖音海外版）2018 年夏天进入美国市场，仅用一年多的时间就成为“苹果应用商店”和 Google Play 上的第二大 App，安装量达 7.38 亿次，仅次于 WhatsApp（8.94 亿次）[④]。LinkedIn 凭借在细分领域长期积累的良好口碑，则牢牢占据着 B2B 公司最受欢迎的社交网站的位置。深耕游戏群体的直播网站 Twitch 则继续保持其优势地位。2019 年 Pinterest 发展势头迅猛，美国用户数量达到了 8240 万人，成为全球最大的图片类社交分享网站之一。由此可见，深耕细分领域和提升用户体验成为今后社交媒体平台进行“差异化竞争”的关键所在。

近年来在青少年用户中爆红的社交平台 Instagram 美国用户增长率首次降至个位数，从 2018 年的 10.1% 降至 2019 年的 6.7%。面对增长停滞的压力，该平台力求通过提升用户体验扭转颓势。Instagram 设计了“发现”等

---

① https://www.useit.com.cn/thread-24915-1-1.html.

② https://nira.org.ng/events/reports/icann-report.

③ http://www.199it.com/archives/963944.html.

④ http://app.myzaker.com/news/article.php?pk=5e21a2658e9f092ae9081bc6.

新标签取代“点赞”。这番调整可谓立竿见影，2019 年其广告收入实现了两位数的高速增长。①

在新闻应用方面，互联网巨头并未给“独角兽”留下更多空间，Facebook 是美国成年人（52%）最常获取新闻的社交媒体，紧随其后的是 YouTube（28%）、Twitter（17%）和 Instagram（14%），相比之下，LinkedIn、Reddit 和 Snapchat 等“后起之秀”在新闻应用方面的表现乏善可陈。② 此外，用户对社交媒体新闻的信任度显著下降，最不受信任的是 Facebook、Instagram 和 Twitter“三巨头”。

用户对社交媒体新闻抱怨最多的是其倾向性和质量。大多数人认为，美国社交媒体上的新闻明显“左倾”（即偏向自由派）且整体质量较低。53%的受访者认为，社交平台上的新闻缺乏多元性，过于片面，51%的人认为假新闻是严重的问题，担心新闻审查（35%）和用户被禁（24%）的比例并不高。③ 但实际情况正好相反，2019 年美国政府机构和民间机构加大了对社交媒体的干预力度，数字平台正在被“多方围堵”。TikTok 的用户隐私安全以及内容审查问题受到了美国政府机构的“特别关照”。为了提升其公信力，Facebook 则推出“高品质新闻”的专栏和假新闻标记等新功能。④ 可以预见，未来社交媒体在内容合规、数据存储和隐私保护等方面所遭遇的监管和舆论压力将会与日俱增。

四 出版业

2019 年的北美出版业总体发展平稳，但产业内部供应链亟待优化。据美国出版商协会（APA）的统计，1～10 月全行业总销售额达 125.7 亿美

① https://www.emarketer.com/.

② https://www.journalism.org/2019/10/02/americans-are-wary-of-the-role-social-media-sites-play-in-delivering-the-news/.

③ https://www.journalism.org/2019/10/02/americans-are-wary-of-the-role-social-media-sites-play-in-delivering-the-news/.

④ https://mp.weixin.qq.com/s/TYk3IMCx-Jcaj5kG_awcUA.

元，同比增长3.6%；净收益为11.3亿美元，较2018年的11.4亿美元小幅下降0.88%[①]。

传统出版业总体向好，市场份额达80%，保持了其行业主导地位。2019年1~10月纸质书销量为6.89亿册，而2018年全年为6.96亿册。考虑到统计时长的因素，2019年度纸质书销量预期不会下滑[②]。与2018年10月相比，精装书收入增长29.3%，达1.483亿美元；平装书收入同比增长21.7%。中小学教材教辅书收入为1.208亿美元，同比增长10.3%；而大学教材教辅书收入同比下降67.9%，为2410万美元。

近年来，纸质书在与电子书的竞争中一直占据上风，但从2018年底至今，纸张短缺造成的印刷延误、印刷厂产能紧张等不利因素导致纸质书的供应链迟滞甚至断裂。随着数字技术的发展和环保诉求的深入人心，工厂关闭导致印刷用纸的产量5年来持续下降。造纸厂纷纷转向为亚马逊等电子商务公司生产利润更高、需求更大的包装盒。这样看来，纸质书的优势地位被电子书取代只是时间上的问题[③]。

相比之下，美国电子书销售在2013年达到顶峰后逐年下降，2019年其市场份额降至8.5%。有声书一直是电子书中的一个亮点，销售额同比增长15.1%，达到4960万美元，占全行业份额的5.3%。从2012年起，有声读物的市场占有率每月都在稳步增长。

整体来看，尽管Amazon垄断了美国书籍销售的主渠道，但消费者对纸质书的热情不减。线下实体店的休闲和社交功能仍然无可替代。Amazon自2015年至今陆续在全美各大城市开设了17家实体书店便是顺应这一趋势的体现。[④]

2020年预计有声类图书仍将继续稳步增长。图书的“按需印刷”将逐渐成为主流，相关产业链也将不断得以完善。这项业务的发展将为作者及出

① https：//culture. ifeng. com/c/7tWSye99Ogi.

② https：//www. npd. com/wps/portal/npd/us/industry – expertise/books/.

③ https：//culture. ifeng. com/c/7tWSye99Ogi.

④ http：//ipubl. com/site/gjcb/mg/info/2019/1234. html.

版商降低成本，其商业模式将向“小订单”模式靠拢。同时，由作者主导的“自出版”“众筹”等商业模式也将出现更多的成功案例。长远来看，与传媒业其他领域相比最为“抱残守缺”的出版业终将融入数字化升级的大潮。

五　电影业

2019 年，好莱坞继续扩大其在全球电影市场的领先优势。北美地区全年票房为 114.5 亿美元，较上一年下跌 4%。鉴于这是北美票房连续五年超过 110 亿美元，虽有小幅下跌仍难掩好莱坞整体上的繁荣态势。海外票房首次突破 300 亿美元大关，达到 311 亿美元，上升 4%。好莱坞海外市场的扩张助力全球电影票房创下 425 亿美元的历史新高。

2019 年好莱坞各大影业公司之间的竞争进入了“一超多强”的时代。年初，Netflix 正式加盟美国电影协会（MPAA），标志着流媒体改变传统电影业生态的开端。一直走小众路线的狮门（Lionsgate）影业成为行业“新贵”，年度票房超越众多资深同行，持续了半个多世纪的“好莱坞六大片厂”的格局被改写。

2019 年拥有众多大 IP 的迪士尼一骑绝尘的王者地位无人能够撼动，其全球收入达到了 111.191 亿美元，占全球市场份额的 26%，北美市场份额的 33%。如果将其在 2018 年 7 月收购的 20 世纪福克斯公司的票房也计算在内，迪士尼占据了近 1/3 的全球电影市场份额①。

除迪士尼外，其他几大片厂的业绩有喜有忧。华纳兄弟公司上半年出品的小成本限制级（R 级）影片《小丑》（*Joker*）与《小丑回魂 2》（*It*：*Chapter Two*）成为年度亮点，其中《小丑》刷新了 R 级片全球票房纪录，成为史上利润率最高的“漫画改编”影片，并获得了奥斯卡奖、金狮奖等奖项的专业

① https：//www. hollywoodreporter. com/news/2019 - global - box - office - hit - record - 425b - 4 - percent - plunge - us - 1268600.

肯定。但其在下半年多部影片的不佳表现拖累了整年的票房业绩。

2019 年环球影业市场表现最好的同样是 R 级片。惊悚片《我们》（*Us*）以 1.75 亿美元收官。动画片《驯龙高手 3》（*How to Train Your Dragon 3*）也有不俗表现，但年底发行的大制作《猫》（*Cats*）票房和口碑均遭惨败。索尼影业 2019 年票房小幅增长，其表现最好的是依靠迪士尼“漫威热”而获得颇多关注的《蜘蛛侠：英雄远征》（*Spiderman*：*Far From Home*）。《勇敢者游戏 2》（*Jumani*：*The Next Level*）和《好莱坞往事》（*Once Upon a Time in Hollywood*）也获得了较为理想的票房。连年掉队的派拉蒙不仅仍未能挽回其颓势，还被后起之秀超越。狮门影业 2019 年的票房大涨 98%，得益于其所发行的几部限制级（R 级）影片的良好表现。在北美票房获得 1.66 亿美元的 R 级片《疾速备战 3》（*John Wick 3*：*Parabellum*），投资仅为 5500 万美元。《利刃出鞘》（*Knives Out*）等影片的票房惊喜连连，更是让这家“小字辈”一举超越派拉蒙和福克斯，跻身“六大片厂”的行列（见表 1）。

纵观各大电影公司 2019 年的表现，小成本的 R 级电影呈现出不可抵挡的崛起之势，其市场表现总体上优于大制作的指导级（PG－13）电影。按照以往的行业成规，影片一旦被定为 R 级，便会大大影响其票房表现。但《小丑》等片的票房、口碑双丰收和“狮门”的异军突起改写了这一行规，其背后反映的是北美观众对于以视效特技见长的“炸弹大片”（blockbuster）的“审美疲劳”，而以暴力惊悚见长的 R 级片则吸引了更多的大银幕观众。

表 1　2019 年美国主要电影公司票房成绩

单位：亿美元，%

排名	电影公司	北美总票房	涨幅
1	迪士尼	37.0	21
2	华纳兄弟	15.6	－19
3	环球	15.1	－16
4	索尼	13.2	3
5	狮门	7.7	98
6	派拉蒙	5.6	－26
7	20 世纪福克斯	5.5	－49

就单片表现来看，迪士尼占据了绝对优势，前十名中有七部来自迪士尼，《复仇者联盟：终局之战》（*Avengers*：*Endgame*）取代《阿凡达》（*Avatar*），成为有史以来票房收入最高的电影，全球票房收入为27.9亿美元。

从2020年开始，20世纪福克斯发行的电影也将完全纳入迪士尼影业的票房业绩。“后漫威”时代的迪士尼能否能够捍卫其王者地位，流媒体平台又将如何继续在电影市场上攻城略地，将是新的一年美国电影业值得期待的变化。

六　广告业

得益于美国经济总体上的良好表现，2019年全美广告业收入出现连续第四年的平稳增长（6.2%），达到2440亿美元（见图1）[①]。在传统媒体用户下滑和互联网行业对广告业务愈发重视的双重背景下，广告主的投放选择进一步向互联网及移动端迁移。

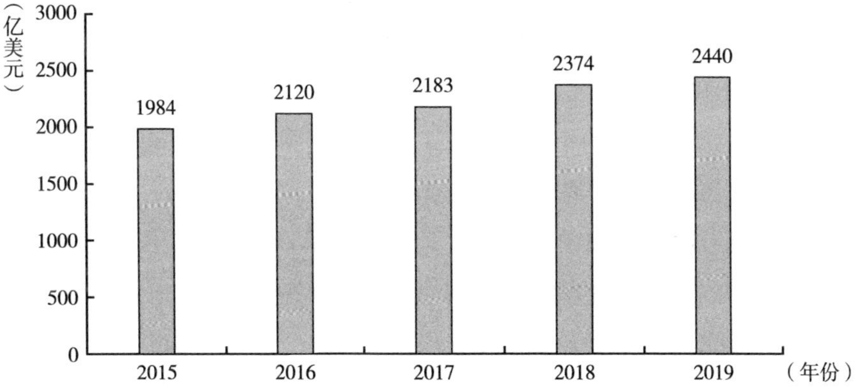

图1　2015～2019年美国广告业收入

① https：//digiday. com/marketing/groupm - sees - slower - ad - growth - 2020/.

其中，电视广告支出同比下降6.6%，总额为605亿美元，在广告业总支出中的占比连年下降。网络广告支出总额达到1293.4亿美元，比2018年增长19.1%。零售业是网络广告的最大“金主”，其支出增长了19.1%，与美国数字广告支出总额的增长速度持平。2019年美国移动广告支出达992.1亿美元，同比增长22.3%。移动广告占网络广告总支出的76.7%和媒体广告总支出的40.6%。[①] 游戏广告兴起，各类终端上的游戏广告支出预计将超过30亿美元，增长达两位数。得益于广告技术和免费手机游戏的发展，2020年游戏广告将继续保持高速增长态势。

虽然经济学家预估2020年美国经济将出现疲软态势，但得益于数字营销的推动作用和互联网公司的业务拓展，新的一年广告业将深化内外资源的整合，继续保持增长态势。日显疲态的电视广告受到总统大选等外部因素的刺激预计会出现喜人增长。得益于良好的受众触达率以及低廉的成本，在线展示广告与视频广告在行业内的重要地位将会进一步凸显。

七　游戏

2019年中国仍是全球的最大游戏市场，美国排名第二，手游收入分别为180亿美元和99亿美元。[②] 与蒸蒸日上的中国游戏市场相比，美国市场的增长缓慢。视频游戏的年收入达354亿美元，同比上涨2%。除了实体收入和PC端内容收入外，其余部分均有小幅上涨。[③] 低增长的主要原因在于2019年美国游戏市场并未出现新的“爆款”产品。

从市场构成来看，主机游戏占到一半份额，其行业主体地位未变。但从用户的调研数据看，移动游戏最受美国用户青睐，可见此类市场仍有较大的发展空间。游戏广告去年的市场表现也反映了这一行业的发展趋势。随着游

① https：//www. emarketer. com/content/digital – ad – spending – by – industry – 2019.

② http：//www. 199it. com/archives/994423. html.

③ https：//www. theesa. com/press – releases/u – s – video – game – content – generated – 35 – 4 – billion – in – revenue – for – 2019/.

戏向移动端转移，研发者希望通过广告将其内容货币化，而广告主也逐渐意识到手游能够吸引几乎所有类型的用户，因而会不断加大手游广告的投入。

2019 年主打怀旧牌的“重制游戏”出现复兴的势头，在 35 岁以上的玩家中有广泛市场。这类广受欢迎的游戏包括《魔兽世界怀旧服》《塞尔达传说之林克的觉醒》《光环：致远星》以及 1998 年上线的《生化危机 2》等，其中《生化危机 2》的重制版获得了 1.76 亿美元的收入。

在技术创新方面，虚拟/增强现实（VR/AR）游戏持续增长，但其增长背后得益于原有的大 IP 持续发力，其原创力依然匮乏。AR 游戏全年收入达 22 亿美元，较 2018 年增长了 12%。其中，2016 年推出的 Pokémon GO 获得了 14 亿美元的收入，这个“爆款”在 AR 游戏市场收入中占比 81%。[①] 得益于独立头显设备（Oculus Quest）的问世，VR 游戏年收入增长 41%。相比之下，PC 端的 VR 游戏仅获得了 8600 万美元的收入，亦是因为缺乏新的“爆款”产品[②]。

八　5G 移动通信和区块链技术

2019 年全球传媒业最受关注的焦点话题便是中美两国关于 5G 通信技术的竞争与交锋。为了争夺技术主动权，美国四大电信运营商下大力气营销 5G 技术。但在技术不成熟的前提下，各大运营商的相关“套路”均被证明是广告噱头，缺乏可操作性。从基础设施来看，美国到 2026 年需要建立至少 80 万个 5G 小型基站，在这一过程中需要再增加 10 万名 5G 专才，而补齐这些短板在美国现行的体制下短期内难以做到[③]。

5G 技术在美国当下的发展局限并没有限制传媒业对其应用的“想象力”，其高速率、大容量的特点对传媒业的影响虽然尚不明朗，但其所带动的颠覆性创新潮流难以阻挡。基于对 5G 技术将深刻影响新闻采集和分发的

---

① https：//www. useit. com. cn/thread –26125 –1 –1. html.

② http：//wholesgame. com/news/worldwide – digital – games – spending – in – may –2019/.

③ http：//www. sohu. com/a/364159830_ 114911.

判断，《纽约时报》与电信运营商 Verizon 合作建立了 5G 新闻实验室，探索如何运用前沿科技创新新闻的呈现方式，提升用户体验。目前已经初步确定了两个潜力巨大的发展方向：一是通过无延迟的即时传输为新闻采编部门提供更加可靠、安全的数据连接；二是在借助 VR/AR 技术为用户提供更加优质和便捷的沉浸式体验①。

同 5G 技术一样，区块链技术在传媒业中的应用也处于试水期。经历了 2017 年以来创业公司的“野蛮生长”后，2019 年大多数区块链相关企业已经关门大吉，剩下的还在经历从概念转向实际应用的过渡期。相比之下，传统主流媒体和互联网平台巨头凭借强大的实力在区块链领域的发展更加持久，仍在努力寻找传媒业创新的下一片“蓝海”。

在平台媒体与区块链交叉的领域，2019 年最重要的突破当属 Facebook 于 6 月中旬推出加密货币“天秤币”（Libra），力图打造全球数字经济的超主权央行。此举迅速引发全球的高度关注。在金融监管机构和舆论的强大压力下，Facebook 宣布对其进行重新设计。目前，该计划仍有 21 家公司、创企、风投企业以及非政府组织参与，董事会成员包括共享租车平台“优步”（Uber）和“来福车”（Lyft）、流媒体音乐服务平台“声田”（Spotify）、跨国电信公司“沃达丰”（Vodafone）和比特币交易公司 Coinbase 等②。

在区块链与广告和数字营销融合方面，康卡斯特（Comcast）、维亚康姆（Viacom）等老牌传媒公司和有线电视运营商查特通讯（Charter Communications）联手推出了名为 Blockgraph 的项目，为其内容供应商和广告合作伙伴提供相应的服务。在“身份层”技术的帮助下，能够更好地保护个人数据、共享信息和内容库存，并能够有效提升广告和营销的有效性③。

在新闻生产方面，财经媒体福布斯（*Forbes*）与区块链服务平台“民

① https：//new. qq. com/omn/20190110/20190110A06OUN. html.

② https：//finance. sina. cn/blockchain/2020 - 01 - 09/detail - iihnzhha1352790. d. html? vt = 4&wm = 3049_ 000547176866.

③ https：//www. wanbizu. com/blockchain/2018122713687. html.

用”（Civil）开展合作，自 2019 年起记者可以将其数据上传到 Civil 平台，同时还可将内容发布到福布斯网站。目前双方的探索限于与加密货币相关的财经新闻，如果获得成功将拓展到其他领域的新闻。此外，双方还在合作借助区块链提高读者的参与度，通过分散式平台避免其内容被第三方删除或修改，维护其完整性。

整体来看，2019 年区块链与传媒业的融合获得了一些实质性的突破，但核心机构稀缺、合作机制薄弱、实际使用少、规范性不足等问题仍很突出。与其他行业一样，目前区块链技术所具有的巨大潜力所表现出的仅仅是冰山一角，其未来仍不可限量。

B.37
2019年欧盟传媒产业发展报告

张莉　孙诗*

摘　要： 2019年，在移动通信技术和互联网技术不断普及和发展的背景下，欧盟传媒产业继续进行深化改革和调整，传统媒体寻求创新，新兴媒体势头迅猛。报刊产业在其他媒体的猛烈冲击下继续进行数字化改革、开拓新兴业务。付费点播快速发展，为电视产业注入新的活力。广播业向移动化和数字化方向稳定发展。音乐产业在阵痛中转型，流媒体逐渐在其中占据主导地位。电影产业中，欧盟国家的本土力量不断增强，但仍受到美国的巨大影响。互联网与移动媒体势头不减，在《通用数据保护条例》（GDPR）的管制下变得更加有序和公平，并带动欧盟整体经济的发展和转型。

关键词： 欧盟传媒产业　移动媒体　媒体数字化　流媒体

2019年欧盟媒体产业发展总体情况与上一年形势基本一致。值得注意的是，无论是扶持文化创意领域发展的“创意欧洲”项目（Creative Europe）、全面部署5G建设方案的“5G行动计划”（5G for Europe: An Action Plan），还是旨在加强个人信息安全和隐私保护的《通用数据保护条例》（GDPR），都体现了政策指导和调控在欧盟传媒产业发展中的作用日益凸显。

---

* 张莉，清华大学新闻与传播学院副教授、博导；孙诗，清华大学新闻与传播学院硕士研究生。

一 报刊产业

2019年，欧盟报刊产业尤其是纸媒仍处于衰落状态，欧洲公民越来越倾向于通过网络获取新闻，每天阅读报纸和杂志的人数有所减少。2019年，在英国、法国、德国等主要欧盟国家，民众获取新闻资讯的主要来源是电视和网络媒体（见图1）。

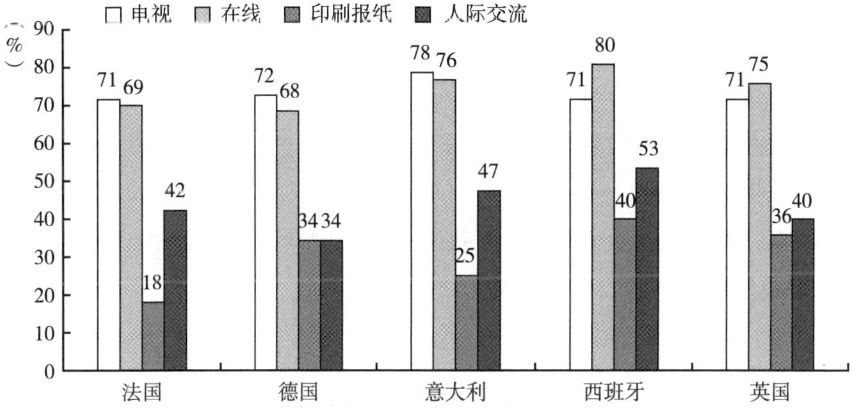

图1 2019年欧洲民众获取新闻主要来源

资料来源：Statista。

与此同时，人们对印刷媒体的信任程度也不断降低。调查显示，只有47%的欧洲公民倾向于信任纸质新闻，在希腊与英国，这一比例仅分别为27%和28%。[①]

人们新闻获取渠道的改变，使得欧洲纸质媒体发行量持续下降。例如在德国，《德国日报》的发行量从1991年到2019年不断减少，其2019年的发行量仅为1350万份，相较于1991年的2730万份下降了一半有余。[②] 发行量

① 参见https：//www.statista.com/statistics/452430/europe-daily-newspaper-consumption/。
② 参见https：//www.statista.com/statistics/380784/circulation-daily-newspapers-germany/。

的减少也使报纸广告收入大幅度下降。2009 年，欧盟各国的广告商在报纸上的支出为 220 亿欧元，而在 2018 年，欧盟广告商的支出仅为 122 亿欧元，几乎减少了一半。[①]

针对纸质报纸持续衰弱的情况，欧洲报业已经进行了一系列数字化改革和调整，并取得了一些成果。例如，在英国，覆盖率最高的《太阳报》（包括《星期日太阳报》）的印刷版及其相关网站平均每月约有 3400 万名读者，而面向中端市场的报纸《每日邮报》（包括《星期日邮报》）的印刷版和网站也有 2650 万个订阅用户，就整个在线新闻业而言，几乎有 1/10 的英国人正在为在线新闻服务付费。

除了报纸，杂志行业在欧洲同样面临困境。1997～2013 年，西班牙人的杂志普及率通常保持在 50% 以上，但在 2019 年下降到了 24.4%。[②] 在意大利，每周至少阅读一次印刷杂志的受众比例仅为 26.5%。[③] 而根据 2018 年的数据，在英国，只有 3% 的人每天阅读印刷杂志，杂志出版物数量相比 2016 年减少了 1 亿册，仅为 3.738 亿册。[④]

二　电视产业

根据 2018 年针对欧盟 28 国日常电视使用情况的调查结果，电视仍然是欧盟地区非常重要的媒体。83% 的 15 岁以上欧洲人几乎每天会收看电视。其中，观看电视人数最多的国家是葡萄牙，占比为 94%；其次是保加利亚以及罗马尼亚，占比皆为 90%；卢森堡观看电视的人数最少，占比仅为 54%。[⑤] 在电视观看时长方面，欧盟各国大多呈下降趋势。2018 年，法国人

① 参见 https：//www. statista. com/statistics/434708/newspaper - advertising - expenditure - in - the - eu/。

② 参见 https：//www. statista. com/statistics/436445/magazine - penetration - in - spain/。

③ 参见 https：//www. statista. com/statistics/632739/monthly - magazines - readers - italy - timeline/。

④ 参见 https：//www. statista. com/statistics/322476/magazine - print - sales - volume - uk/。

⑤ 参见 https：//www. statista. com/statistics/422702/europe - daily - tv - usage/。

平均每天看电视的时间为216分钟，比2017年减少了6分钟。[①] 而同年英国平均每人每天看电视的时间为208分钟，比2017年减少了12分钟，下降幅度更大。[②] 通过互联网或者移动互联网收看电视节目日益受到人们的欢迎。2018年，46%的欧洲观众曾经使用或正在使用互联网观看电视，而无法观看网络电视的人口比例从2015年的8%下降到2018年的2%。[③]

截至2018年年底，欧洲地区共有11123个可用电视频道，其中欧洲本地电视频道为5880个。在这些本地频道中，91%由私营公司所有，8%为公有，1%为混合所有。同时，有28%的本地电视频道能够提供高清节目。此外，技术的发展使得电视频道能够为用户提供自主选择何时、何地、观看何种内容的机会。调查显示，2018年，欧洲共有2917个电视频道提供点播服务，其中1624个频道能够提供“时移”服务（catch - up TV services），1081个频道提供付费点播服务（pay - on - demand services），212个频道提供免费付费点播服务。[④] 在节目内容方面，2018年欧洲电视频道放映内容以一般性内容（19%）、电影电视剧（13%）、体育（13%）、娱乐内容（11%）为主。

伴随着付费电视服务的发展，欧洲电视产业在广告收入下降的情况下，总体仍能够保持增长趋势，其收入结构也发生了一定变化。调查显示，西欧的电视市场总收入在过去10年间增加了100亿欧元，在2018年超过1000亿欧元。其中，近一半的收入来自付费电视服务，广告收入仅占总收入的1/3，许可费用则占总收入的20%。[⑤]

总的来说，在欧盟28个国家中，英国的视听服务发展最为迅速，它拥有1230个电视频道，并向观众提供201项付费点播服务，占欧洲本土电视频道总数的28%和付费点播服务总量的24%。[⑥]

---

① 参见 https：//www.statista.com/statistics/381558/daily - television - viewing - time - of - individuals - in - france/。

② *The Communications Market Report 2019.*

③ 参见 https：//www.statista.com/statistics/422729/eu - tv - usage - frequency - via - internet/。

④ 参见 Audiovisual media services in Europe 2019。

⑤ 参见 https：//www.statista.com/statistics/1086429/tv - market - revenues - western - europe/。

⑥ *Audiovisual media services in Europe 2019.*

三　广播产业

广播在欧洲仍然具有较大影响。2018 年，46% 的 15 岁及以上的欧洲人每天收听广播，与 2017 年相比下降了 4%。广播渗透率在欧盟各国间具有较大差异。在广播最受欢迎的爱尔兰，有 69% 的受访者表示每天或几乎每天收听广播，意大利（57.71%）、西班牙（55.27%）、法国（54.42%）等国家广播渗透率也都超过了 50%，而在罗马尼亚，只有 24% 的受访者表示愿意听广播。①

与此同时，广播仍然被欧洲人视为相对可靠的新闻媒体。在 2018 年欧盟国家对广播的信任度调查中，可以发现倾向于信任广播媒体的欧洲人平均比例为 59%，与 2017 年持平。而在欧盟各国中，对广播信任度最高的是瑞典，为 83%；信任度最低的是希腊，为 33%。②

英国仍然是广播产业最为发达的欧盟国家。2018 年，英国无线广播产业收入为 13 亿英镑，其中广告收入显著增长，在该年度达到 7.13 亿英镑。同时，截至 2019 年第三季度，英国的所有广播电台能够覆盖 88% 的英国居民。其中商业广播覆盖率为 65%，超过 BBC（61%），是所有广播电台中覆盖率最高的。但是，BBC 仍然是英国最受欢迎的广播电台，人们每周收听 BBC 电台广播的时间占总收听时长的 51.42%。在收听人群方面，仍以中老年群体（35 岁及以上）为主，其占比也持续增长，在 2019 年达到 71.45%。③

技术的发展带来人们收听习惯的改变，越来越多的人倾向于收听数字广播和移动广播：截至 2019 年上半年，欧洲数字广播的覆盖率达到 66%，是 2009 年的 2 倍。在英国，有 28.2% 的成年人每月至少收听 1 次移动广播，在法国 76% 的听众表示更加喜欢收听移动车载广播。

---

① 参见 https：//www.statista.com/statistics/422806/europe－daily－radio－usage/。

② 参见 https：//www.statista.com/statistics/454396/europe－trust－in－the－radio－by－country/。

③ *The Communications Market Report 2019.*

四　音乐产业

2018 年全球音乐市场快速发展，销售总收入达到 191 亿美元，比 2017 年增长了 9.7%，创下近年来音乐市场的最高增长纪录。相比而言，欧盟音乐市场总体增长缓慢，增速仅为 0.1%，不过在欧盟内部，不同国家之间差异较大。奥地利和爱尔兰发展迅猛，音乐市场总收入相比 2017 年分别增长了 20.0% 和 7.3%。挪威和瑞典增速相对缓慢，分别为 1.7% 和 2.8%。德国虽然仍是全球最大的五个音乐市场之一，但其音乐销售总收入在 2018 年出现显著下降，仅为 15.8 亿欧元，同比减少 9.9%。[①]

与此同时，在移动互联网时代，在线音乐服务尤其是流媒体音乐服务逐渐在欧盟音乐市场占据主导地位。2018 年，欧洲地区流媒体音乐销售收入增长了 29.2%，而实体音乐销售收入和数字下载音乐销售收入分别下降了 19.4% 和 24.3%。此外，根据全球最大在线音乐服务商 Spotify 发布的 2019 年第三季度财务报告，其月活跃用户数量为 2.48 亿人，其中欧洲用户占比 35%，远远超过北美（27%）和拉丁美洲（22%），而在 1.13 亿付费用户中，欧洲用户占比为 40%，同样位居第一。[②] 这不仅在一定程度上体现了欧洲在线音乐尤其是流媒体音乐的发展，而且也显示出在线音乐和流媒体在欧洲的巨大市场前景。

在英国，流媒体音乐发展尤为迅速。2018 年，英国音乐市场销售总收入为 13.3 亿英镑，相比 2017 年的 12 亿英镑增长了 8.9%，为全球第三大音乐市场。其中，在 Spotify、亚马逊音乐（Amazon Music）和苹果音乐（Apple Music）等流媒体音乐平台的销售额就达到了 8.291 亿英镑，同比增长 37.7%，占据了 62% 的市场份额。而实体音乐和数字下载在 2018 年的销售额分别为 3.832 亿英镑和 1.226 亿英镑，比 2017 年分别大幅下降了

① *Global Music Report 2019.*

② 参见 https：//36kr. com/p/5261052。

16.6%和25.7%。①

值得注意的是，尽管实体音乐颓势明显，但这主要是由普通CD销售减少导致的，伴随着怀旧风潮的盛行，黑胶唱片在近年来反而有较快增长。在欧洲最大的音乐市场英国，其黑胶唱片销售量超过400万张，同比增长31%，创下自20世纪90年代初以来的最高销量纪录。②

五 电影产业

根据《2019全球电影市场趋势》的数据，2018年，欧盟28国共制作了1847部电影，比2017年增加了110部。其中，故事片1142部，纪录片705部。而英国、法国、意大利、德国和西班牙五大国共制作了1403部影片，超过总量的3/4（见图2）。本土电影产量的迅速增长在一定程度上反映了欧盟委员会采取的促进欧洲文化产业发展的政策所取得的成果。为了促进欧洲文化和创意产业的整合与发展，欧盟委员会从2014年开始实施“创意欧洲”（Creative Europe）战略计划，主要通过直接资金资助的方式，支持和推动以电影产业为代表的欧洲文化和创意产业。这一政策体现了欧盟对欧洲一体化价值观的高度维护，同时也是为了应对美国在全球文化产品贸易市场中的霸权地位，促进欧洲本土多样文化的发展和传播。尽管在2018年欧盟的电影票房排行榜仍然由美国电影主导（在票房排名前25部影片中，美国电影占了23部），但欧洲本土电影在欧盟的市场份额从2017年的27.9%增长到了29.4%，这也是过去五年中欧洲本土电影所达到的第二高水平。

此外，2018年欧盟各国共拥有33112块电影屏幕，比2017年增加了86块，其中3D数字屏幕有14607块，比2017年增加了42块，虽然增速都较为和缓，渐趋饱和，但在一定程度上反映了欧洲观影技术的发展和观影体验的改善。

① 参见https：//www.statista.com/statistics/291712/digital－music－streaming－by－demographic－group－uk/。

② 参见http：//www.sohu.com/a/208324068_534373。

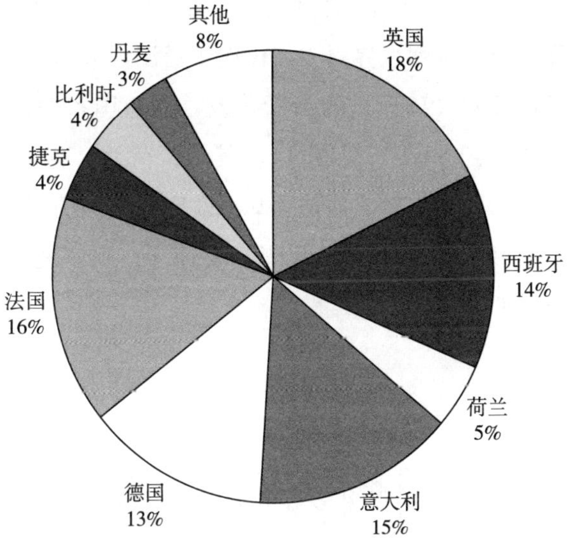

图 2　2018 年欧盟各国电影制作数量占比

资料来源：European Audiovisual Observatory 。

尽管电影产量和电影屏幕数量都有所增加，但欧盟地区 2018 年的年度总票房自 2014 年以来首次跌下 70 亿欧元，减少至 68 亿欧元。在平均票价保持在 7. 1 亿欧元的情况下，欧盟 28 国观影总人数的减少对年度电影票房产生了巨大影响。2018 年，欧盟各国观影人次为 9. 56 亿，同比下降 2. 9% 。其中，德国、法国和意大利情势不乐观，观影人次分别下降了 1690 万人次、830 万人次和 700 万人次。值得注意的是，在欧盟五大国中，只有英国的观影人次增加了 3. 7% ，达到 1. 77 亿人次，这也是英国自 1970 年以来的最高纪录。①

六　互联网产业

截至 2019 年 6 月 30 日，欧洲人口占世界人口的 10. 7% ，互联网用户人

① *World Film Market Trends 2019.*

数为欧洲总人口的 80.2%，占世界范围内的 16.0%，相较于 2018 年的 16.8%略有下降，但仍位列世界第二，仅次于亚洲地区①。

随着信息通信技术（ICTs）的不断普及，欧盟国家家庭接入互联网的比例不断提高，总体达到 89%（见图 3）。其中，荷兰、英国、瑞典、德国、丹麦、卢森堡、芬兰、爱尔兰、西班牙 9 个欧盟成员国的家庭互联网接入率都在 90%以上，而保加利亚、罗马尼亚、葡萄牙、克罗地亚等欧盟成员国虽然接入率相对较低，但增长速度较快。②

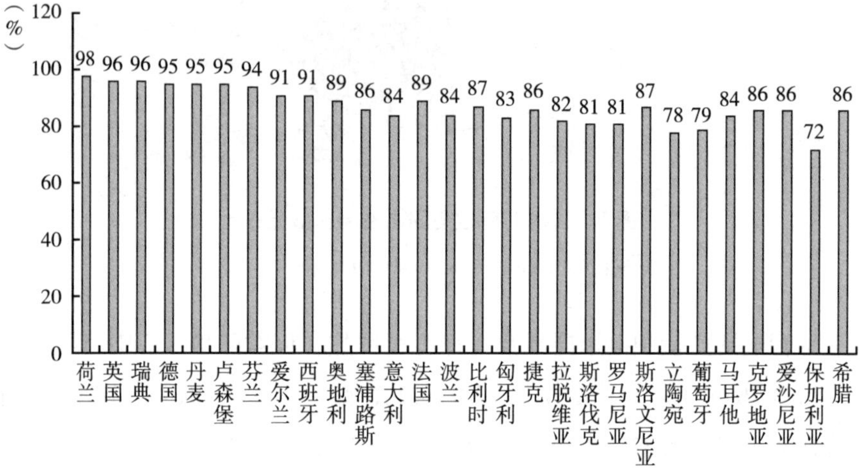

图 3　2019 年欧盟国家家庭互联网接入率

资料来源：欧盟统计局（Eurostat）。

除了成员国之间的差异，欧盟 28 国的家庭互联网接入情况也存在一定程度的城乡差距。总的来说，城市、城镇和郊区的家庭互联网接入率相对较高（城市为 91%，城镇和郊区均为 89%），而农村地区的互联网接入率略低（85%）。而在希腊、葡萄牙、保加利亚和罗马尼亚等四个互联网接入总

① 参见 https://www.internetworldstats.com/stats4.htm。

② 参见 https://appsso.eurostat.ec.europa.eu/nui/show.do?dataset=isoc_ci_in_h&lang=en。

体水平均低于欧盟28国平均水平的国家，农村地区与城市、城镇和郊区两类地区之间的差距尤为明显。但在荷兰和英国两个成员国中，三个不同城市化发展程度的地区，其家庭互联网接入比例没有明显差异，发展较为均衡①。

目前，86%的欧盟家庭都采用宽带（broadband）接入互联网，而英国在宽带连接速度方面位居欧盟第一。截至2018年底，英国的超高速光纤到机柜（FTTC）连接的数量首次超过了标准宽带连接（ADSL）的数量，占所有固定宽带线路的59%，平均住宅下载速度增加了18%，达到54.2mbit/s。②

信息和通信技术的使用也对欧盟企业的经营方式做出重大改变，截至2018年底，94%的大型企业和77%的中小型企业建有专属网站，并越来越多地运用云计算、大数据和社交媒体进行企业管理与经营③。

然而，欧盟基于保护用户隐私与信息安全颁布的《通用数据保护条例》（GDPR）对Facebook、Google等互联网企业产生了一些影响。2019年1月，法国国家互联网信息中心（CNIL）裁定Google违反上述条例并处以5000万欧元罚款，同时Facebook、Twitter等互联网企业也受到了相关机构关于违反欧盟数据隐私规定的调查。

七　移动互联产业

近年来，3G和4G技术在欧盟得到了推广和广泛应用。其中英国在欧盟5国中3G和4G的连接率最高（见图4）。④

基于对4G可用性、视频体验、下载和上传速度体验、延迟这5个关键

---

① 参见 https：//ec. europa. eu/eurostat/statistics – explained/index. php? title = Digital_ economy_ and_ society_ statistics_ –_ households_ and_ individuals#Internet_ access。

② *The Communications Market Report 2019.*

③ 参见 https：//ec. europa. eu/eurostat/statistics – explained/index. php? title = Digital_ economy_ and_ society_ statistics_ –_ enterprises#Access_ and_ use_ of_ the_ internet。

④ *International Broadband Scorecard 2019.*

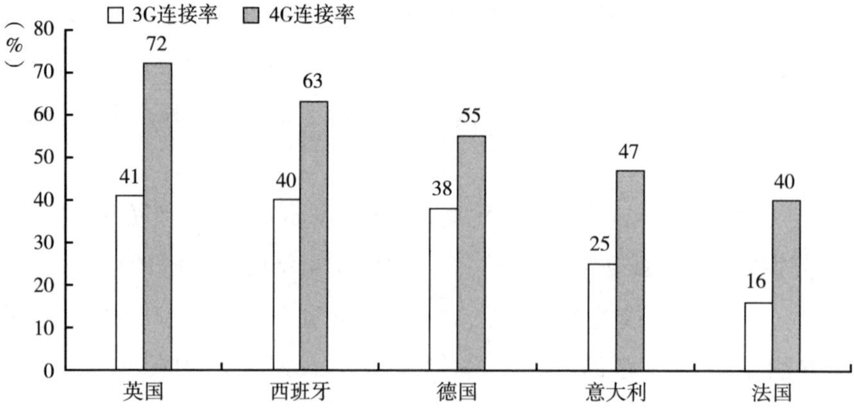

图4　2019 年欧盟 5 国 3G 和 4G 连接率

资料来源：英国通讯管理局（Ofcom）。

指标的分析，欧盟国家在 4G 技术发展和应用中居于主导地位。[①] 此外，作为全球新一代移动通信技术的代表，5G 技术在欧洲也得到迅速发展。2016 年 9 月，欧盟委员会正式公布了“5G 行动计划”（5G for Europe：An Action Plan），随后进入 5G 试验和部署规划阶段。截至 2019 年底，英国、德国、法国、瑞士和西班牙 5 个欧盟成员国已经完成部分 5G 频谱频段的拍卖工作，而英国和西班牙也相继在 2018 年和 2019 年开通 5G 商用服务。预计到 2025 年，5G 将占欧洲移动市场连接的 30%。[②]

得益于 4G 等移动通信技术的发展，截至 2019 年底，欧盟 75% 的成年人通过智能手机、笔记本电脑和平板电脑等移动设备使用互联网。其中，瑞典的比例最高，达到 93%；意大利比例最低，仅为 50%（见图 5）。

在应用方面，社交媒体成为最受欢迎的互联网活动。截至 2018 年底，每天或者计划每天使用社交媒体的欧盟人口比例达到 43%，而超过一半（56%）的成年人（16 ~ 74 岁）经常使用 Facebook、Twitter、Instagram 或 Snapchat 等社交网站。这一比例在丹麦达到最高，为 79%，同时在瑞典、荷

① OpenSignal 2019 年第一季度的全球移动互联网体验状态数据分析报告。

② The Mobile Economy 2019.

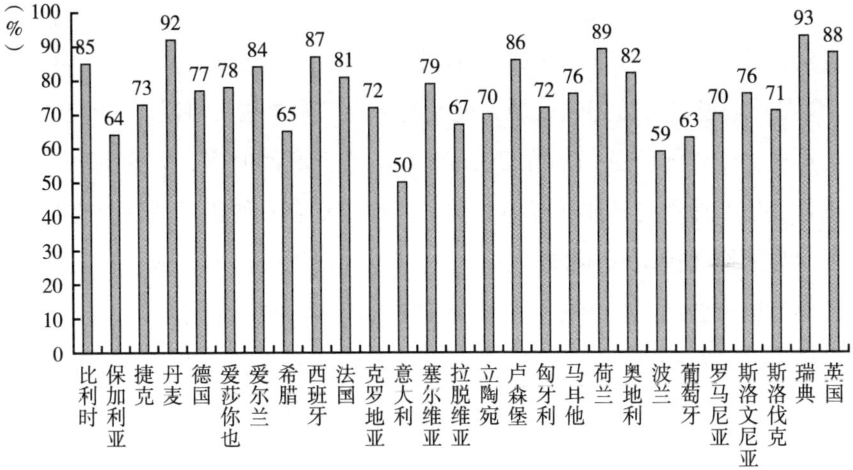

图 5　2019 年欧盟各国成年人中使用移动互联网的比例

资料来源：欧盟统计局（Eurostat）。

兰、卢森堡、英国、德国、西班牙、芬兰和比利时 8 个欧盟成员国中，也有超过 70% 的成年人使用社交网站，而斯洛文尼亚、意大利和法国三国则相对较低，分别为 49%、46% 和 42%。①

八　趋势预测

首先，英国脱欧可能对欧盟整体传媒产业发展产生巨大影响。2020 年 1 月 31 日，英国正式脱离欧盟，这一方面会直接大幅度缩小欧盟传媒产业的规模，另一方面也会使欧盟内部面临分离主义的威胁，不利于各种统一发展规划的执行和实施。因此，即使英国和欧盟能够妥善处理脱欧的后续工作，欧盟传媒产业在未来几年也将面临巨大挑战。

其次，5G 时代仍未到来。在各国竞相在 5G 领域展开竞争的背景下，欧盟也加快了建设 5G 的步伐。目前欧盟已经与华为等企业在 5G 领域开展

① 参见 https：//ec. europa. eu/eurostat/statistics – explained/index. php？ title = Digital_ economy_ and_ society_ statistics_ –_ enterprises#Access_ and_ use_ of_ the_ internet。

广泛合作，并在德国、意大利等多个国家正式启用5G商用服务。然而，5G建设资金需求大，技术难度高，同时其一般使用价格也远高于3G与4G，因此5G在欧盟通信与传媒领域的大规模商用仍然需要较长时间。

再次，流媒体服务仍将持续快速发展。在互联网时代，无论是电视、电影还是音乐产业都与流媒体息息相关。而在受众媒介使用习惯已经改变的情况下，为了挽救传统媒体的颓势，进一步扩大新兴媒体的阵地，欧盟传媒产业各部门也将会利用流媒体为受众提供更加丰富的视听服务。

最后，面对普遍的媒体信任危机，欧盟各国需要进一步保护个人信息安全，维护新闻真实性和权威性。一方面，各国需要在《通用信息保护条例》（GDPR）的统一指导下，对网络媒体尤其是社交媒体的数据使用进行严格监管，保护个人隐私权利不被侵犯。另一方面，虚假新闻的屡禁不止和公民对新闻信任度的持续下降也再一次提醒各国必须加强信息核查和净化，保证新闻真实性。

B.38

2019年英国传媒产业发展报告*

徐　佳**

摘　要： 英国的信息传播领域始终沿着创新与保守交织的路径发展。2018~2019年，在这个发明电报、邮政、人工智能等技术的国家，一方面，每名英国人仍然寄出150封传统信件；另一方面，英国城乡正在向超快速宽带与5G移动连接迈进。一方面，公共广播服务传统持续走强，尤其是BBC不论在提供新闻和娱乐还是投入创新方面，依然是名副其实的"主流媒体"；另一方面，国际平台Facebook和Youtube则在英国市场上实现用户范围最广、盈利最多，Netflix、Amazon Prime Video等美国制作并投放国际市场的产品也在改变着英国人的媒介消费习惯。而在新一轮人工智能的研发中，英国提出"数据不再为王、模型为王"。

关键词： 英国传媒产业　公共广播服务　模型为王的人工智能

英国传媒产业的发展暗合其双重国民性格——一方面它是保守的，体现为理性控制下的耐心与持续；另一方面它是外向的，创新且敢于冒险。①

---

* 本研究获部校共建复旦大学新闻学院专项经费资助。

** 徐佳，复旦大学新闻学院副教授。

① D. Wallechinsky, I, Wallace: *The People's Almanac*. Doublebay. 1st edition. 1975.

一　基础接入

依据 Ofcom 发布的年度报告，总体上，互联网与电信产业在英国整个国民经济中继续起到重要作用——互联网普及率在 2019 年仍维持在 87%，但消费者正在向更快速的宽带升级，在 2660 万个固定宽带接入中已有 1560 万个超高速接入，而光纤到路边（FTTC）宽带的接入量也首次超过了标准的铜线接入宽带（ADSL）。[①] 与许多国家一样，从普及率到带宽、上下行速度等，英国的基础设施接入也存在较明显的城乡差异。[②]

移动互联网的发展使得“永远在线”成为英国人的新写照。个人终端方面，智能手机拥有率维持在 79%，一名英国成年人每日平均使用智能手机 2 小时 34 分钟，其上网总时间的 68% 是在智能手机上实现的。[③] 基础设施方面，当前将近 72% 的移动接入通过 4G 实现，至 2019 年 10 月，EE、Vodaphone、Three 和 O2 四大电信运营商开始提供 5G 服务，目前已覆盖全英 40 个人口较多的城镇。[④]

此外，仍有 13% 的英国人不使用互联网，这个数字从 2014 年维持至今。全球典型地，年龄与经济状况是主要原因——19% 的 55 ~ 64 岁人士、33% 的 65 ~ 74 岁人士以及 48% 的 75 岁及以上人士不接入互联网，而处于 D（半熟练与不熟练手工业者）与 E（领抚恤金者、失业人士、最低工资者或临时工）社会经济水平的家庭中有 14% 不使用互联网[⑤]。

---

① Ofcom：*Communications Market Report 2019*，Published 4 July 2019.

② Ofcom：*UK Home Broadband Performance：the Performance of Fixed - line Broadband Delivered to UK Residential Consumers*，Published 8 May 2019.

③ Ofcom：*Online Nation 2019 Report*，Published 30 May 2019.

④ Ofcom：*Connected Nations 2019 UK Report*. Published 20 December 2019，re - issued 18 March 2020.

⑤ Ofcom：*Online Nation 2019 Report*，Published 30 May 2019.

二　通信领域

在邮票、邮编乃至整个现代邮政体系的发源地英国，邮政作为一种社会传统依然保持着特殊的地位。尽管家人朋友之间的日常联络在很大程度上早已通过移动电话、短信和电子邮件等实现，2018 年度，英国人仍寄出多达 100 亿封传统信件，即平均每人寄出 150 封。84% 的英国人通过邮政寄送快递，至少 1/3 的英国人通过邮政寄送贺卡，超过一半的英国人强烈认为邮政服务是有价值的。皇家邮政公司 2018 ~ 2019 年度的息税前利润率为 1.6%，显示短期财务健康，而长期的可持续发展则受到全球邮政服务衰落的影响，① 世界大部分国家并没有对邮政传统的英式尊重。

社交媒体在更大程度上实现着即时通信与信息分享——英国成年人中有 70% 拥有社交媒体账号且其每日上网时间的 1/5 也就是约 39 分钟是用于 Facebook、Snapchat、WhatsApp、Instagram、Tumblr、Twitter、LinkedIn、Reddit、Pinterest 等平台。同时，社交媒体也日益成为获取新闻的渠道——2018 年有 44% 的英国人通过社交媒体获取新闻。尽管若干平台要求用户年龄达到 13 岁以上，但相当比例的 13 岁以下英国儿童使用社交媒体。

近年来 Ofcom② 和牛津路透新闻研究院③等机构的报告均显示，尽管 Facebook 仍是英国用户范围最广、盈利最多、用户每日使用时间最长且频次最高的社交媒体，但它正在遭遇显著的下行，用户覆盖率在 2016 ~ 2018 的几年之内从 95% 下降到 88%，仅使用 Facebook 的用户也从 32% 下降到 20%；而其最大的竞争对手则是旗下（2014 年收购的）WhatsApp 和（2012 年收购的）Instagram，2018 年，二者的用户覆盖率分别上升到 61% 和 38%。

① Ofcom：*Annual Monitoring Update on the Postal Market Financial Year 2018 - 19*，Published 19 December 2019.

② Ofcom：*Online Nation 2019 Report*，Published 30 May 2019.

③ Oxford Reuters Institute：*Digital News Report 2019*，June 2019.

三 视听领域

从传统延伸到在线的观看与收听是英国人最主要的传媒消费行为。

尽管受到在线视频的挑战，电视依然是英国的主流媒体，不论从价值认知还是从实际使用上而言。88.5%的英国人每周观看电视，尽管相对上一年的90.2%有所下降，但较大多数国家仍居于高位。英国人平均每日在电视机上观看的时间虽亦有减少，但仍达到3小时12分钟，占跨屏幕总观看时长（5小时）的69%。[①] 尽管年轻人较少观看电视——16~24岁的英国人平均每日观看1小时25分钟电视直播，25~34岁人士平均为2小时2分钟[②]——但是英国平均年龄为40岁，65岁及以上人士占6700万总人口的16%，90岁及以上人士亦达到50万[③]，这一年龄构成从受众基础上为电视作为英国第一大媒体提供了保障。

1. 公共广播服务

公共广播服务（PBS）作为整个英式传统的重要构成仍享有重要地位，仅五大台就占据52%的收视。尤其是在提供英国原创内容方面，2018年公共广播服务公司总计播出32000小时。相比之下，在英国市场上消费的Netflix、Amazon Prime Video等大部分订阅视频点播（SVoD）内容则是美国制作并针对多国国际市场投放的。其中，新闻领域，BBC News是所有电视、广播和印刷媒体中最重要的内容提供者——68%的英国人使用BBC News，超过第二位ITV News 32%之多，且英国公众对其品牌的信任度也位列第一[④]，尽管BBC也被指发布过多软性新闻以及过于倾向年轻受众。[⑤] 娱乐领域，公共广播服务制作播出的英剧仍然受到追捧，2018年的《保镖》

① Ofcom：*Media Nations：UK 2019*，Published 7 August 2019.

② Ofcom：*Communications Market Report 2019*，Published 4 July 2019.

③ *UK Population 2020*，https：//www.ukpopulation.org.

④ Oxford Reuters Institute：*Digital News Report 2019*，June 2019.

⑤ Oxford Reuters Institute：*Digital News Report 2019*，June 2019.

(*Bodyguard*) 最后一集观看量达到1430万人次，占全英人口的21.34%之多，2019年的《重任在肩》(*Line of Duty*) 最后一集观看量也达到1210万人次。同时，公共台也在适应年轻人的收视新习惯，例如：BBC的《杀死伊芙》(*Killing Eve*) 第一季 (2018)、第二季 (2019) 均在电视播出了第一集以后即投放到BBC iPlayer上，相较于330万观看电视直播或回放的观众，有460万人英国人提前在线观看了第一季最后一集。多终端联合加之在社交媒体上的推广保障了英剧的流行。①

当然，公共广播服务也面临着收视率、点播率以及广告收入下降等的挑战，以至于2019年6月，BBC宣布从2020年6月起向75岁以上的英国老人恢复征收154.5英镑的执照费②并称“这是唯一能够避免关闭频道并大幅削减内容生产的办法”③。

英国官方与民间对公共广播服务传统的珍视也帮助维系着其主流地位。2019年7月，Ofcom开通了“小屏幕，大讨论”平台，供电视台、制作公司、政府部门、相关产业界、观众群体以及全国与地区代表等共同探讨公共广播服务的可持续未来，相关议题包括：观众应可从哪些地方获得公共广播服务内容、谁应该提供它以及如何保障高质量的多元英国在线内容。④

2. 在线视频

在线视频领域则呈显著增长并改变着英国人收视的习惯。尤其是国际(非本土) 平台Youtube已成为英国最大的在线视频网站与手机应用程序——几乎所有互联网用户都使用Youtube且智能手机是最常用于接入的终端设备。一名英国成年人平均每天使用Youtube时长为27分钟，占其全部上网时长的13%，主要用于观看音乐类 (62%)、知识介绍型 (57%) 及

① Brennen, F. Simon, P. N. Howard, R. K. Nielsen: *Types, Sources and Claims of COVID - 19 Misinformation*, 7 April 2020.

② 1999年，工党政府宣布75岁以上老人免征执照费而相关费用由政府支付给BBC。2015年，保守党政府宣布将于2020年停止支付BBC，由其自负相关费用。

③ The Guardian: *BBC Confirms Plans to Make over - 75s to Pay TV Licence Fee*, 10 June 2019.

④ Ofcom: *Media Nations: UK 2019*, Published 7 August 2019.

幽默类（56%）视频。此外，Youtube 也被逐渐用作搜索工具，40% 的使用率使得它名列搜索榜单的第五位，前四位分别是搜索引擎、购物网站、网页浏览器和社交媒体。① 同时，58% 的英国用户使用视频点播服务，其中，同样是国际平台的 Netflix、Amazon Prime Video、NOW TV 和 Disney Life 等 SVod 平台的订阅量大幅增长，在 2019 年第一季度达到 1910 万，每人日均观看时长为 26 分钟，而 BBC iPlayer、ITV Hub、All4 以及 My5 等本土 BVod 视频使用量则维持不变，每人日均观看时长为 8 分钟。②

3. 广播

广播依然十分流行，尤其是全国性的商业电台。2019 年第一季度，89% 的广播听众平均每周至少收听 5 分钟直播，当然，与电视一样，年长者较年轻人收听更长时间。由于全国性广播广告 5% 的增长、赞助 7% 的增长加之空中竞赛等其他收益 18% 的增长平衡了地方广告 11% 的下跌，商业广播的年度收益也维持在 5.72 亿英镑。预计这种此消彼长的模式将在未来一定时间内维持英国商业广播总体平稳的走势。

广播的数字化趋势亦较显著——2016 年英国建立了全国性商业数字广播复合平台 Sound Digital，目前已经覆盖超过 83% 的英国家庭以及 73% 的英国道路；一定程度上归功于此，数字收听占全部收听的比例在 2019 年已达到 56%；其中就全国性商业电台而言，有 83% 的听众来自数字平台，较上一年增长了 19% 之多。

4. 在线音频

数字音频播出（DAB）是最普遍的数字广播平台，2019 年第一季度，已有 67% 的英国成年人拥有 DAB 设备。同时，智能音箱快速发展，已有 20% 的英国家庭拥有 Amazon Echo、Google Home 或 Apple HomePod 之类的智能音箱，在一年内增长了 9 个百分点之多，人们使用智能音箱收听流媒体（69%）、广播直播（56%）和播客（22%）。BBC 也在加大对智能音箱和

① Ofcom：*Online Nation 2019 Report*，Published 30 May 2019.

② Ofcom：*Communications Market Report 2019*，Published 4 July 2019. Ofcom：*Media Nations：UK 2019*，Published 7 August 2019.

人工智能的投入。鉴于智能音箱的发展，前几年快速发展的手机收听甚至也有所下降①。②

播客（Podcast）尽管占市场份额较小，但越来越流行。1/8 的英国成年人收听播客，典型的播客收听者平均为 39 岁，小于典型的广播收听者 10 岁左右，Youtube 是最常使用的平台，BBC iPlayer Radio 在相对年长者中更受欢迎，年轻人则更多使用 Spotify 和 Apple。③《卫报》、《经济学家》和《金融时报》等一些老牌报纸杂志也在 2018～2019 年发布或者重新打造了其新闻播客产品，而《卫报》则成立了一个声音实验室。④

四　商业模式

尽管新产品迭出，英国传媒产业的营收依然主要由广告与订阅两种形式实现。其中，广告仍然占比较大——2018 年整个英国广告行业收入为 235 亿英镑，其中 57% 由在线广告贡献，稳定超越线下广告。主要归功于移动广告的增长，在线广告营收较上一年大幅增长 17%，搜索（50%）和展示（39%）是在线广告的两种基本形式⑤。

体育赛事仍然是英国广告市场的重要驱动力。以商业电视为例：2018 年其广告收入下降率为 4%，较前几年的 7.5% 有所缓和，这可以归因于当年度足球世界杯与冬季奥运会的驱动，尤其是世界杯，体育记者 Simon Kuper 与经济学家 Stephan Szymanzki 创造了“足球经济学”（soccernomics）一词，用以描述足球对欧洲经济的影响。⑥ 加之付费电视、电视购物、赞助等的相关增长，4% 的广告收入下跌得以抵消，整个商业电视领域年度收益

① 当然，智能手机在其他方面的增长仍然势不可当。例如，作为“随时随地”获取新闻的终端，从 2013 年至 2019 年，智能手机新闻使用率从 29% 增长至 63%。

② Ofcom：*Media Nations：UK 2019*，Published 7 August 2019.

③ Oxford Reuters Institute：*Digital News Report 2019*，June 2019.

④ Oxford Reuters Institute：*Digital News Report 2019*，June 2019.

⑤ Ofcom：*Online Nation 2019 Report*，Published 30 May 2019.

⑥ S. Kuper，S. Szymanski：*Soccernomics.* HarperSport，2012.

仍为113亿英镑，维持在多年不变的水平线上。

在付费娱乐和付费新闻的驱动下，来自在线订阅的盈利亦增长较快。传统印刷媒体则继续遭遇发行量的锐减，尤其是地方报纸，一项政府发起的研究项目甚至得出结论：只有政府提供直接的经济资助才能使地方报纸免于消失。从类型看，《每日星报》《每日镜报》《每日快报》一类的发行量缩减最多，分别达到-18%、-13%和-12%，为此，母公司Reach plc不得不合并一些编辑部门以期节省1000万英镑的开支；大报也遭遇了印刷版的进一步衰减但将希望寄托在线上收入上——《金融时报》提前一年实现了100万在线收费用户规模的目标，《泰晤士报》和《星期日泰晤士报》也拥有50万左右收费用户，其中大部分只在线订阅而不订阅纸质报纸。2021年即将迎来200岁的《卫报》则终于在多年亏损以后报告了2018~2019年度小幅盈利，这部分归功于全球超过百万人在过去三年的捐款。[①] 此外，一个新的慢新闻产品Tortoise News于2019年4月发布，在其早期的2500名付费用户中，大约40%为30岁以下人士。[②] 牛津路透发布的报告[③]认为，新近暴发的新冠肺炎疫情将对英国传媒产业的广告与订阅两种盈利形式产生重创。短期来看，一些地方媒体已经报告了50%的广告下降，全国媒体则报告了30%；长期来看，德意志银行预测，在最坏的情况下2020年英国GDP衰退率将可能达到5.5%，是1920年以来最严重的一次[④]，而根据GDP每下降1%广告行业即会缩水5%的准则，传媒产业将是英国面临最严重挑战的行业之一。而用户订阅的行为趋势则变得难以预测——当用户整体经济状况受到影响时，削减包括订阅在内的消费则是不可避免的，而一些品牌声誉较好的媒体也可能因提供可靠信息而获得更多订阅。

---

① 《卫报》的中左立场决定了其内容不收费的理念，但它要求在线读者自愿捐款。

② Oxford Reuters Institute：*Digital News Report 2019*，June 2019.

③ R. Nielsen. *What Will the Coronavirus Pandemic Mean for the Business of News?*，25 March 2020.

④ O. Williams - Grut：*Coronavirus Could Promote "Worst Recession in a Century" in UK*，21 March 2020.

五　人工智能

英国是世界人工智能的起源地。英国政府的产业战略中明确规划将英国建成全球 AI 和数据驱动创新的中心；普华永道也预计，到 2030 人工智能行业将会对英国经济做出 2320 亿英镑的贡献。伦敦、牛津和剑桥之间已经形成了由科技巨头、初创公司和大学构成的人工智能“金三角”；在这个生态系统中，新一代的 AI——如可应用于自动驾驶、物流、游戏和财务等领域的首个“有原则的” AI 决策平台——正在被研发，新一代的研发理念是：“智能体每一次做出决策，环境即会发生变化，而智能体需要知晓其他所有智能体，如此才能做出更好的决定。”因此，在新一代 AI 中，数据不再为王，模型为王。①

① *Cambridge and AI: What Makes this City a Good Place to Start a Business?*

B.39

2019年德国传媒产业发展报告

吴璟薇　林子皓*

摘　要： 2019年，德国传统纸媒发展持续走低，数字化转型成为趋势，广播电视的使用率、电影上映规模较为稳定。该年度互联网普及率继续保持在90%以上，原本长期独占市场鳌头的Facebook让位于WhatsApp。数字化和人工智能成为本年度德国媒体的热门话题。

关键词： 德国传媒　社交媒体　人工智能

数字化和人工智能成为2019年度德国媒体的热门话题。虽然人工智能在德国的普及率并不高，但媒体开始尝试运用人工智能进行内容（包括文字、音频和视频）的编辑和推送。德国的出版社将数字化作为发展的核心，着重发展数字化发行渠道，开发推广数字订阅的新型商业模式与数字媒介新产品。

一　报纸杂志

1. 报纸

2019年，德国传统纸媒行业依旧呈下行趋势，未见回暖，相较于2018年，日报种类又减少2类（见表1）；日报发行量持续走低，2019年仅发行

* 吴璟薇，博士，清华大学新闻与传播学院助理教授；林子皓，芝加哥大学社会科学部比较人类发展系博士研究生。

1500万份。但周报则保持相对平稳的状态，2019年第二季度发行量约160万份，第三、四季度甚至发行量略有回升。

表1　2012～2019年德国日报种类变化

单位：种

年份	2012年	2013年	2014年	2015年	2016年	2017年	2018年	2019年
日报	335	331	329	325	324	333	329	327

资料来源：BDZV，2000～2015；IVW Auflagenliste，2012～2019。

纸媒的主要受众仍然是中老年群体，中青年群体则倾向于从网络获取新闻信息。纸版日报的读者中，50～70岁的读者占比在72%～76%；20～29岁年龄阶段中，仅有约33.7%的人会阅读纸质报纸，而这个比例在少年群体中（14～19岁）更低，只有22.6%。虽然如此，2019年报刊网站的数量相较于2018年却有所下降，分别为662个和698个网站。[①]

2. 杂志

近年来，德国大众杂志、专业杂志的种类、发行量、零售量都一路走低。2019年，德国有705类大众杂志，同比下降了约5.24%，而2018年仅同比减少2.4%，可见其缩减速度加快。2019年，大众杂志的发行量、零售量分别为8789万份和8149万份（见表2），同比分别下降约5.9%和5.2%；专业杂志的发行量、零售量分别为1842万份和923万份，同比分别下降3.3%和5.1%。

表2　2010～2019年德国杂志市场发展状况

单位：种，万份

年份	大众杂志			专业杂志		
	种类	发行量	零售量	种类	发行量	零售量
2010	878	12690	11270	1173	2220	1210
2011	891	12150	10890	1149	2210	1180
2012	893	12320	10940	1142	2230	1210

① *BDZV Zeitung und ihre Leser in Stichworten 2019*, https：//www. bdzv. de/maerkte – und – daten/marktdaten/zeitungen – in – zahlen – und – daten/.

续表

年份	大众杂志			专业杂志		
	种类	发行量	零售量	种类	发行量	零售量
2013	855	11760	10580	1125	2190	1200
2014	832	11240	10150	1135	2170	1170
2015	794	10780	9710	1117	2070	1100
2016	789	10420	9530	1092	2040	1080
2017	763	9933	9088	1071	1968	1022
2018	744	9342	8596	1073	1905	973
2019	705	8789	8149	1049	1842	923

资料来源：IVW Auflagenliste，2010～2019。

相对于纸版发行量，德国大众杂志、专业杂志的数字版发行量均有提升，其中大众杂志数字版发行量近126万份，同比增加15.6%，专业杂志发行量约为9.6万份，涨幅明显，同比增加37.7%（见表3）。但是，从数字杂志的发行量占杂志总体发行量（含数字、纸质版发行量）的角度看，德国传统媒体的转型之路依旧漫长。

表3　2012～2019年杂志数字版发行量

单位：份，%

年份	大众杂志		专业杂志	
	发行量	占总发行量比率	发行量	占总发行量比率
2012	443792	0.41	8835	0.07
2013	433051	0.41	8983	0.07
2014	529578	0.52	30483	0.26
2015	608392	0.63	31505	0.29
2016	713065	0.75	38170	0.35
2017	950172	0.96	50839	0.26
2018	1088898	1.17	69719	0.37
2019	1258961	1.43	96003	0.52

资料来源：IVW Auflagenliste，2003～2019。

除了进行数字化探索以外，付费内容的开发也成为重要方向。根据“德国报纸出版商联邦协会”（Bundesverband Deutscher Zeitungsverleger，

BDZV）2020 年 2 月 5 日发布的《2020 报业趋势》①，三个领域成为 2020 年度的发展重点：（1）数字化先行。近一半的德国出版企业目前已经实现了数字化，在接下来三年将有 80% ～90% 的出版企业聚焦数字出版渠道。目前已经有 10% 的出版社通过数字发行增加发行量，有望在未来 5 年内突破一半。（2）将数字订阅模式作为商业策略的核心。付费内容开始占据主导地位，然而免费增值仍然是最受欢迎的模式。（3）新模式 - 新产品。目前播客（Podcast）和经过编辑的新闻信（newsletter）成效不错，这些传播方式轻而易举地将内容集中到数字分发平台上面。

二 广播电视

根据德国媒体调查公司 VAUNET 的数据，14 岁及以上的德国民众在 2019 年平均 1 天会在各种媒体平台上共花去 10 小时 16 分钟的时间，平均耗时相较于 2018 年减少 18 分钟（见图 1），而电视（227 分钟）和广播电台（197 分钟）为使用时长相对较多的两种媒体。

2019 年，在 3 岁及以上的电视观众中，有 91.5% 至少在每两周内会看一次电视（2018 年为 92.2%，同比下降 0.7 个百分点），每日都收看电视的人占 67.2%（同比下降 0.4 个百分点）。② 14 岁及以上的广播收听者有 6706 万人。同一样本中，有 93.8% 的人在调查之前四周内听过广播，这与 2018 年数据几乎持平；在工作日收听广播的听众占比 76.5%，较 2018 年的 77.6% 略有下降。③

---

① Paid Content ist für alle Verlage ein zentrales Thema：BDZV und Unternehmensberatung SCHICKLER präsentieren Studie "Trends der Zeitungsbranche 2020 "，https：//www. bdzv. de/nachrichten – und – service/presse/pressemitteilungen/artikel/detail/paid – content – ist – fuer – alle – verlage – ein – zentrales – thema – 1/.

② VAUNET：*Grafiken zur Mediennutzung 2019*，https：//www. vau. net/pressebilder/content/grafiken – publikation – mediennutzung – 2019.

③ VAUNET：*Grafiken zur Mediennutzung 2019*，https：//www. vau. net/pressebilder/content/grafiken – publikation – mediennutzung – 2019.

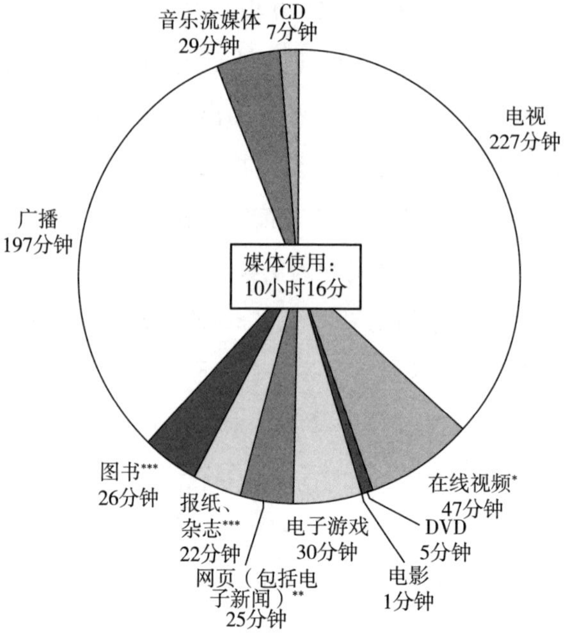

图1　2019 年德国受众（样本 14 岁及以上）日均媒体使用时长

说明：* 包括免费与付费点播视频；** 不包括通信、网络视频和音乐流媒体；*** 包括电子论文；**** 包括电子书。

资料来源：*Grafiken zur Mediennutzung 2019*，该统计数据整合自不同研究。

三　电影

2019 年德国商业院线电影票房总收入达到 8.4 亿美元，较 2018 年上涨 9.4%，也是自 2016 年以来的最大涨幅。2019 年德国商业院线上映影片数量 187 部，相较于 2018 年增加了 13 部，虽然总体数量自 2016 年以来逐渐爬升，但与 2009 年上映数量的 430 部仍有较大差距。① 2019 年德国票房前 10 部电影有 9 部来自美国好莱坞，票房冠军由美国英雄电影“复仇者联盟”系列蝉联（2019 年票房冠军《复仇者联盟 4：终局之战》，2018 年票房冠军

① IMDbPro：German Yearly Box Office，https：//www. boxofficemojo. com/year/？ area = DE.

《复仇者联盟3：无限战争》)。2016～2019年，好莱坞进口电影几乎霸占德国电影票房前10名。[①]尽管好莱坞电影在德国票房市场份额较大，但德国本土制作并首次上映影片的数量还是具有绝对优势。

德国电影尖端组织（SPIO）每个季度会发布在德首次上映长篇电影的详细统计，其口径除了商业院线上映的电影外，还包括在电影节或者其他场合公映的所有电影。根据该组织2019年第一至四季度的报告分析，2019年德国本土制作并上映电影为232部，较上一年增加29部。美国、法国制作的电影数量则分别排在第二位、第三位。非欧盟国家产出总计113部，几乎是德国的一半（见表4）。

表4　2016～2019年德国首映长篇电影制作地区统计

单位：部

国家	2016年	2017年	2018年	2019年
德国	206	199	203	232
美国	166	172	158	153
法国	53	72	56	58
英国	25	29	29	37
欧盟其余	71	61	78	72
非欧盟	126	107	100	113

说明：此统计口径为德国电影尖端组织按季度和月份统计的首次上映长篇电影（Erstaufgeführte Langfilme）加总。

资料来源：SPIO，Vierteljahresbericht。

四　互联网与社交媒体

2019年，14岁及以上的德国人口中有6290万人是互联网用户，占比为89%，用户数量较上一年有所下降（见表5）。2019年，网民平均每日互联

① IMDbPro：German Box Office for 2019，German Box Office for 2018，German Box Office for 2017，German Box Office for 2016.

网使用时长为87分钟。青少年（14~29岁）网络使用媒时长位居榜首，由2018年的186分钟上升到201分钟，超过3小时。[①]

表5　1997~2019年德国互联网使用发展（总人口中至少偶尔使用人群）

单位：%，百万

项目	1997年	2000年	2003年	2006年	2009年	2012年	2015年	2016年	2017年	2018年	2019年
百分比	6.5	28.6	53.5	59.5	67.1	75.9	79.5	83.8	89.8	90.3	89.0
总人数	4.1	18.3	34.4	38.6	43.5	53.4	56.1	58.0	62.4	63.3	62.9

资料来源：ARD/ZDF Onlinestudio。

在社交媒体中原本独占鳌头的Facebook已经让位，无论从每周使用率还是每日使用率来看，Whatsapp都远高于其他社交媒体。2019年，Whatsapp的每周使用率占所有社交媒体使用率的76%，同比增长3个百分点，14~29岁的青少年仍是使用该软件的首要群体（98%）。[②]

德国常见的平台还包括Twitch（游戏直播平台）、LinkedIn（职场社交平台）和TikTok（新兴短视频平台）等。来自中国的短视频手机应用Tik Tok主要在青少年群体中流行，该群体中的使用率达到8%。[③]

五　人工智能技术的应用

近年来人工智能技术在全球范围内不断被媒体采用，在此趋势下，德国新闻实践中也开始大量关注人工智能技术，目前智能新闻生产涉及的三大领域是：协助记者创造媒体内容的技术；可复制技术，包括具有允许人工干预的媒体进行自主内容生产的技术；使用算法收集、公布和推送自动生成的内

① ARD/ZDF Onlinestudie, http://www.ard-zdf-onlinestudie.de/onlinenutzung/nutzungsdauer/mediales-internet-taegliche-nutzungsdauer-2018-und-2019.

② ARD/ZDF Onlinestudie, http://www.ard-zdf-onlinestudie.de/whatsapponlinecommunities/.

③ ARD/ZDF Onlinestudie, http://www.ard-zdf-onlinestudie.de/files/2019/Ergebnispraesentation_ARD_ZDF_Onlinestudie_PUBLIKATION_extern.pdf.

容。人工智能技术的运用目前已经不限制在文字层面对媒体内容进行分析，还包括自动音频生成（包括音乐和语音）、自动图片制作、视屏制作和文本生成，以及自动广告生成。

虽然德国新闻行业近年来在数字化和人工智能方面做了不少尝试，但是普及程度仍然不高，很多媒体也处在探索阶段，相对而言，德国社会整体对新技术的接受程度并不太高。

B.40

2019年法国传媒产业发展报告

张 伟*

摘 要： 在全球经济放缓和消费降级的背景之下，法国于2018年底遭遇50年来最大的骚乱，其年度经济增速并未达到预期。法国政府在各项公共事业预算中选出优先领域，其中包括文化领域。在数字文化经济迅速成长的过程之中，传媒产业中的视听领域表现亮眼，本报告持续观察与分析法国文化与传媒领域发展。

关键词： 法国文化与传媒产业 文化经济 数字化

法国国家统计局发布数据显示，法国2018年GDP约为23503.5亿欧元，同比增长1.5%[①]，低于政府预期。2018年度法国文化相关部门财政整体预算为100亿欧元，同比增长0.4%。

法国文化政策围绕着六个原则全面展开：除了尽可能地让所有人接触文化，加强中央政府在地方的影响力之外，法国政府在欧洲乃至国际上都不断加强本国文化的影响力。在政策方面着重加强了数字化的建设（特别是多媒体和公共视听领域），为使政策灵活落地，对文化部组织结构和行动方式进行了改革。针对难民涌入导致的国民意识形态涣散问题，法国政府加强了文化教育方面的考量，将文化支持的重点放在了文化和国民教育领域。法国使用

---

* 张伟，北京工商大学艺术与传媒学院讲师。

① 法国全国统计和研究所（INSEE），https：//www. insee. fr/fr/accueil。

"文化经济"的概念来统计相关数据，内容涵盖包括影视、报纸、音像等传统传媒产业，以及视觉艺术、非物质文化遗产、表演与舞台艺术等类目。2017年度，文化相关主要部门共同创造的价值达到470亿欧元，约占当年法国经济总量的2.2%（见表1）。

表1　2000年、2016年、2017年法国文化产业产值

单位：10亿欧元，%

产业 \ 项目 / 年份	产值			所占经济总量比例			所占文化经济比例		
	2000	2016	2017p	2000	2016	2017p	2000	2016	2017p
音像	10.6	12.8	12.8	0.6	0.6	0.6	24.5	27.0	27.0
演出	5.1	6.9	7.0	0.3	0.3	0.3	11.9	14.7	14.4
新闻报刊	7.9	5.5	5.2	0.5	0.3	0.3	18.4	11.6	10.9
广告公司	6.5	5.8	5.9	0.4	0.3	0.3	15.1	12.3	12.5
非物质文化遗产	2.5	3.6	3.8	0.1	0.2	0.2	5.7	7.6	8.0
建筑	2.5	3.6	3.8	0.1	0.2	0.2	5.7	7.6	8.0
书籍	2.8	2.4	2.4	0.2	0.1	0.1	6.4	5.1	5.0
视觉艺术	3.3	3.7	4.0	0.2	0.1	0.1	6.4	5.1	5.0
教育	2.0	2.1	2.1	0.1	0.1	0.1	4.5	4.4	4.4

说明：表内数据变动系Insee自动更新，p为2017年暂定数据。

资料来源：Insee，法国国家统计局，法国文化与传媒部，Ministère de la Culture et de la Communication, Chiffres Clés Statistique de la Culture et de la Communication, DEPS, Paris, 2019, p. 15。

一　电影业

2019年法国电影总票房约为14亿欧元（约合15.7亿美元），相较于2018年票房上涨6%。票房成绩中，迪士尼电影表现优异，占总票房的23.4%，《狮子王》成为2019年度票房冠军。[①] 票房前十名中，9部是好莱坞电影，其中6部来自迪士尼影业（见表2）。在作为文化大国的法国本土，好莱坞电影带来的影响力仍然不容小觑。

① Box Office Mojo，2020年3月，https：//www.boxofficemojo.com/year/2019/？area = FR。

表 2　2019 法国电影市场票房前十名

单位：人次

排名	影片	出品方	国家	观影人数
1	狮子王	迪士尼影业	美国	10006989
2	复仇者联盟 4:终局之战	迪士尼影业	美国	6942474
3	岳父岳母真难当 2	UGC 影业	法国	6711618
4	冰雪奇缘 2	迪士尼影业	美国	6439767
5	小丑	华纳影业	美国	5570824
6	星球大战:天行者的崛起	迪士尼影业	美国	4596391
7	玩具总动员 4	迪士尼影业	美国	3892658
8	惊奇队长	迪士尼影业	美国	3381093
9	蜘蛛侠:英雄远征	索尼影业	美国	3374568
10	驯龙高手 3	环球影业	美国	3225214

二　电视业

法国电视内容的提供方分为私营和公立机构，31 家公共电视台的地面数字电视频道已经普及。法国有近 400 个电视频道，其中 311 个频道（有 205 个国家频道和 106 个地方频道）被认定为“视听高级理事会”成员，用户需要通过经销商订购套餐观看频道内容（通过电缆、卫星、ADSL、光纤、移动端等多种方式）。2018 年度，地面数字电视台中 TNT 以 31% 的收视率位居第一（见图 1）。[①]

2018 年度，约有 4400 万个法国人每天都要观看电视。4 岁及以上的法国公众每天观看电视的时间为 3 小时 36 分钟，平均时长比上一年度略有减少。50 岁及以上的观众观看电视时间持续增长，达到每天 5 小时 15 分钟。

① Ministère de la Culture et de la Communication, *Chiffres Clés Statistique de la Culture et de la Communication*, DEPS, Paris, 2019, p. 246.

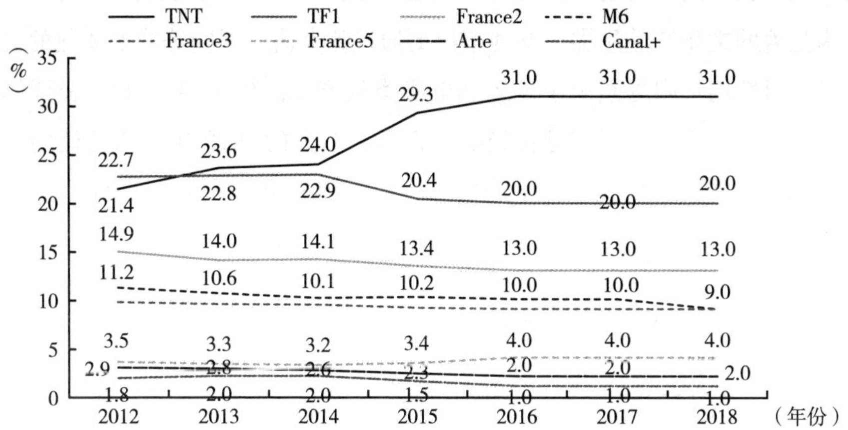

图1　2012～2018年法国各大电视台收视率

资料来源：本数据是通过整理2014～2019年度的 *Chiffres Clés Statistique de la Culture et de la Communication* 计算得出。

三　互联网产业

截至2018年底，法国居民（12岁及以上）的互联网使用率已经达到了90%，比2017年同期增长2个百分点。其中12～24岁年龄阶段的法国人使用率已经接近100%（见图2）。86%的法国家庭都会安装至少一个互联网使用智能终端，这一比例比10年前上升了25个百分点。48%的用户会通过网络购买文化产品。互联网产品的费用持续降低，比如2018年音乐版权套餐的费用从2017年的14欧元降到11欧元。①

互联网用户文化产品的消费增加，体现在除了软件之外的所有产品之中。一半以上的网民通过互联网购买音乐或剪辑产品，接近一半的用户购买影视产品，书籍是线上消费最少的文化产品。有赖于Netflix等流媒体平台

① Ministère de la Culture et de la Communication, *Chiffres Clés Statistique de la Culture et de la Communication*, DEPS, Paris, 2019, p. 204.

的快速增长，网剧套餐的订阅用户数量增长16%，网剧成为用户消费增幅最为显著的文化产品品类。女性用户更加青睐书籍、网剧等非物质化的文化产品，男性用户则更倾向于音乐和电影类的产品。15~24岁的年轻群体是网络消费的主力军，即使是在经济下行压力较大的2018年，该群体的消费习惯依然保持积极状态，网络消费已经成为年轻群体中普遍和固有的消费行为。

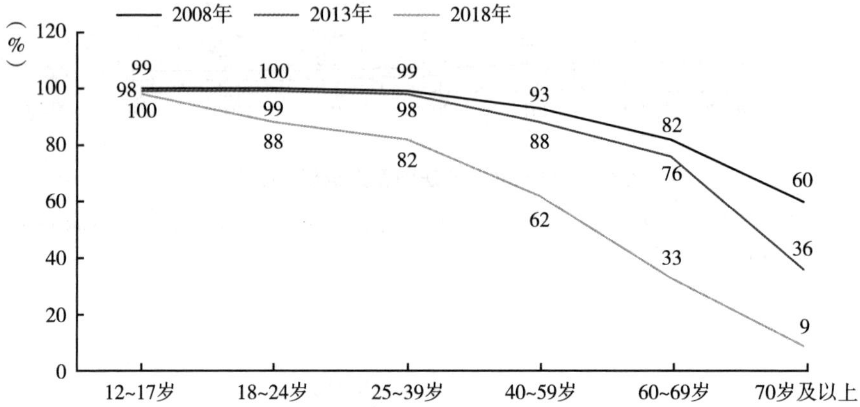

图2　2008年、2013年、2018年法国不同年龄互联网用户比例

数据来源：Ministère de la Culture et de la Communication, *Chiffres Clés Statistique de la Culture et de la Communication*, DEPS, Paris, 2019, p. 204。

除了俄罗斯（Yandex）和中国（Baidu）之外，法国与世界上的大多数国家一样，谷歌（Google）是最为主流的搜索引擎。谷歌在法国市场处于垄断地位，占据了94%的媒体搜索量和98%的智能手机搜索量。2018年，欧盟判处谷歌垄断并处以43.4亿欧元（约合50亿美元）的巨额罚款，显示出了欧洲各国对于媒体及搜索引擎信息多样化的期望。然而，垄断处罚并未能撼动谷歌的市场主导地位。2018年度Chrome的市场占有率降为62%，但依然领先于苹果的Safari（16%）、微软的IE（5%）和火狐Firefox（4%），欧洲的传媒领域反垄断仍然是“路漫漫其修远兮”。

B.41 2019年日本传媒产业发展报告

林　杨*

摘　要： 2019年日本经济缓慢回暖，GDP连续7年实现增长。报业及传统出版业规模持续下滑，但数字业务的内容收入和广告收入均势头良好；广播电视方面基本与上一年度持平；电影市场因缺少大卖国产电影，年观影人数及票房收入均有所下降；音像方面无论是实物市场还是数字市场均保持增长势头；广告收入方面传统媒体渠道依然呈下降趋势，但互联网广告快速增带动了整个广告行业的增长。

关键词： 日本传媒产业　日本广告市场　日本媒体

日本内阁府公布的《平成30年度国民经济计算确报》显示，2018年日本名义GDP（货币GDP）为548.5万亿日元，同比增长0.6%，连续7年实现增长。内阁府认为这是日本经济自2012年11月触底后，在二战后持续时间最长的经济增长，主要得益于全球经济逐渐回暖和安倍经济学政策，企业收益增加，雇佣条件改善，收入增加带动消费和投资，经济增长进入良性循环。

一　报纸与出版

根据日本报业协会的统计，2018年日本报业市场总收入为16619亿日元，同比下降2.9%。其中，报纸销售收入为9502亿日元，同比下降

* 林杨，清华－日经传媒研究所所长助理。

3.99%；广告收入为3314亿日元，同比下降5.86%；其他收入为3803亿日元，同比上升3.53%（见图1）。

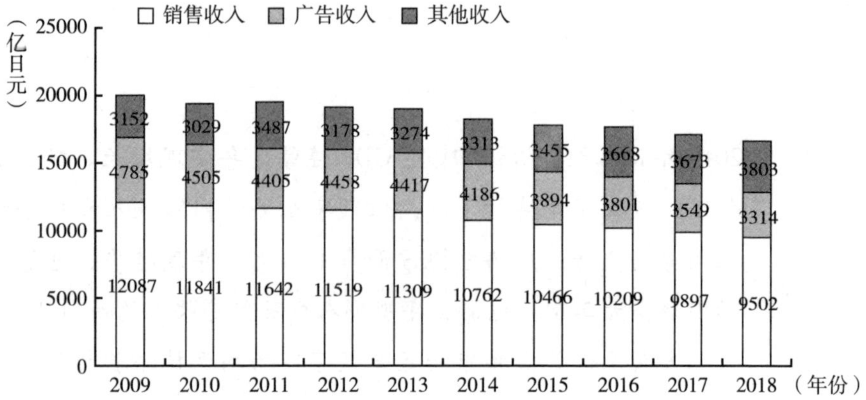

图1　2009～2018年报纸总销售额细目

数据来源：日本报业协会。

2018年日本报纸总发行量3999.0万份，同比下降5.3%；每户订阅报纸0.70份（见图2）。

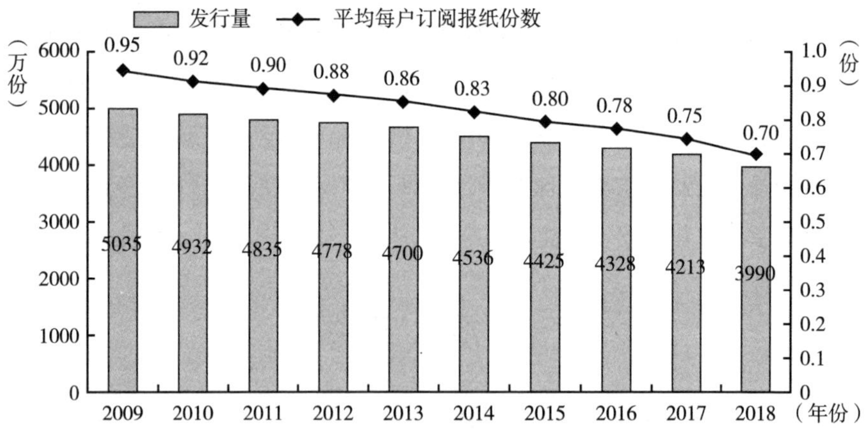

图2　2009～2018年报纸发行量与平均每户订阅报纸份数

数据来源：日本报业协会。

传统出版方面，日本出版科学研究所公布数据显示，2018 年日本纸质出版市场规模 12921 亿日元，同比下降 5.7%。其中图书市场规模 6991 亿日元，同比减少 2.3%；期刊市场规模 5930 亿日元，同比减少 9.4%（见图 3）。

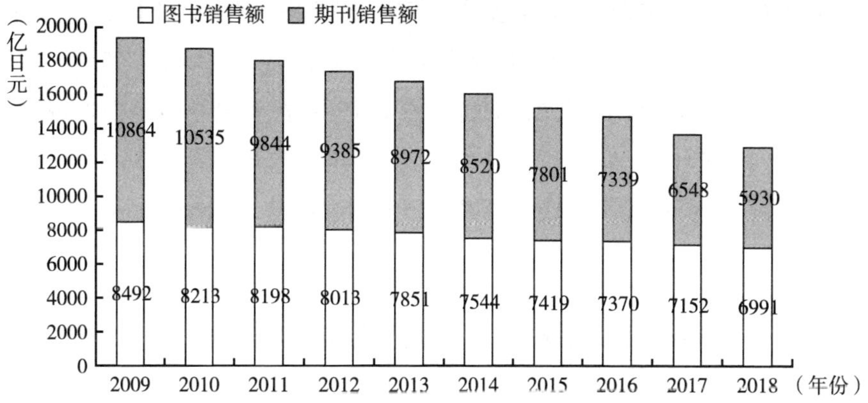

图 3　2009～2018 年书刊出版销售额

资料来源：出版科学研究所，《出版指标年报》2010～2019 年度版。

数字出版方面，Impress R&D 公布数据显示，2018 年日本数字出版市场总规模 3122 亿日元，同比增长 22.1%。其中，电子书市场规模 2826 亿日元，同比增长 26.1%；电子期刊市场规模 296 亿日元，同比减少 6.0%（见图 4）。

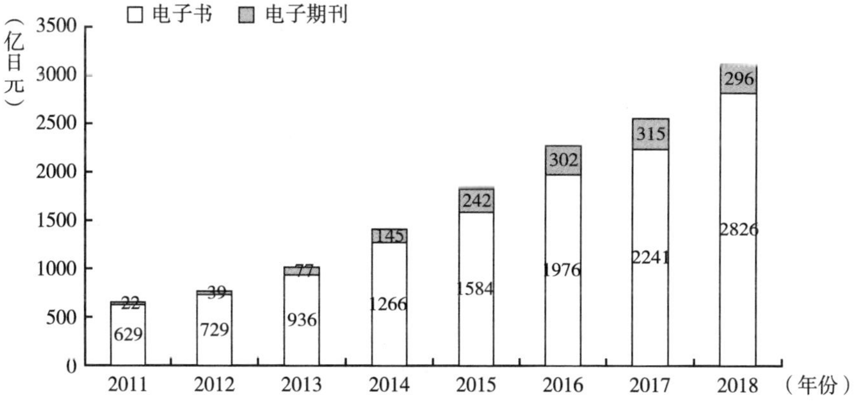

图 4　2011～2018 年电子出版市场规模

说明：统计对象为日本国内用户购买电子出版物的开销，包括单独购买、包月、漫画 App 内付费等形式。

资料来源：Impress 综合研究所，《电子书籍商业调查报告书 2019》。

二　广播电视

电视方面，日本总务省信息通信统计数据及 NHK 业务报告书显示，2018 年日本电视市场规模达 39274 亿日元，同比增长 0.2%。其中，NHK（经常事业收入）7372 亿日元，同比增长 2.7%；民营电视台地面电视市场规模达 23253 亿日元，同比下降 0.4%；卫星电视市场规模达 3619 亿日元，同比下降 2.1%；有线电视市场规模达 5030 亿日元，同比增长 0.8%（见图 5）。

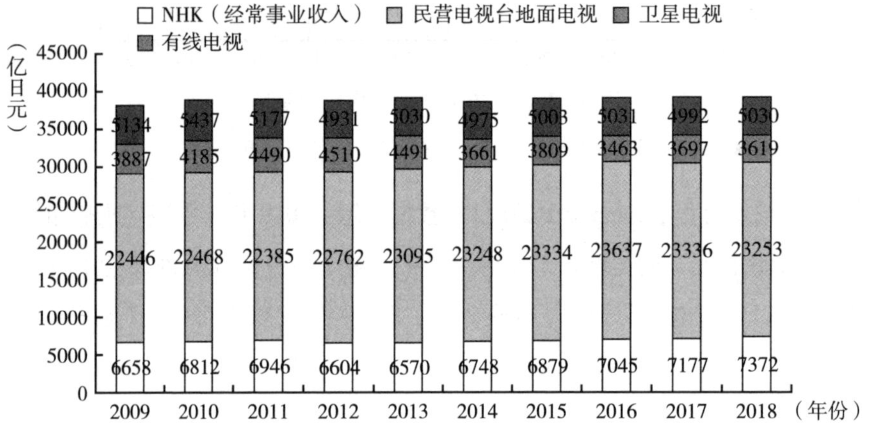

图 5　2009～2018 年电视市场规模

资料来源：日本总务省信息通讯统计数据库；NHK 业务报告书各年度版。

广播方面，日本民间放送联盟《2018 年度民放决算概要》显示，2018 年日本广播市场规模 1229 亿日元，同比下降 1.4%。

三　电影

日本电影制作者联盟统计数据显示，2018 年，日本电影市场票房收入 2225 亿日元，同比下降 2.7%。其中国产电影票房收入 1220 亿日元，同比下降2.8%；进口电影票房收入1005亿日元，同比下降2.5%。2018年日本电影市场观影人数16921万人次，同比下降3%（见图6）。

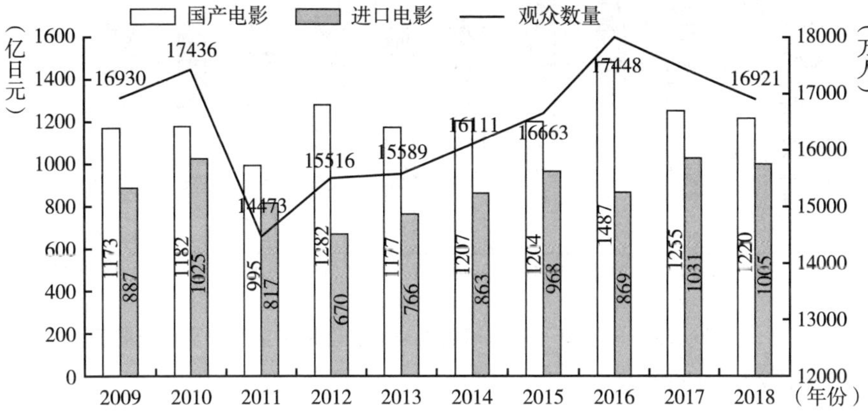

图6　2009～2018年电影票房收入及观影人次

数据来源：日本电影制作者联盟。

2018年全年，日本电影市场共上映1192部作品，其中国产电影613部，进口电影579部；全国屏幕总计3561块。票房前十的作品中7部为进口电影，缺少爆款国产电影是本年度日本电影市场下行的原因之一。

四　音像

根据日本唱片协会的统计，2018年，日本音像市场规模3048亿日元，同比增长5.3%，近5年来首次突破3000亿日元。其中，实物唱片市场规模1576亿日元，同比减少9.4%；音乐影像市场规模827亿日元，同比增长42.1%；网络付费下载及增值服务市场规模645亿日元，同比增长12.6%，连续7年维持增长趋势（见图7）。

五　互联网

日本总务省《平成30年通信利用动向调查》显示，2018年，日本互联

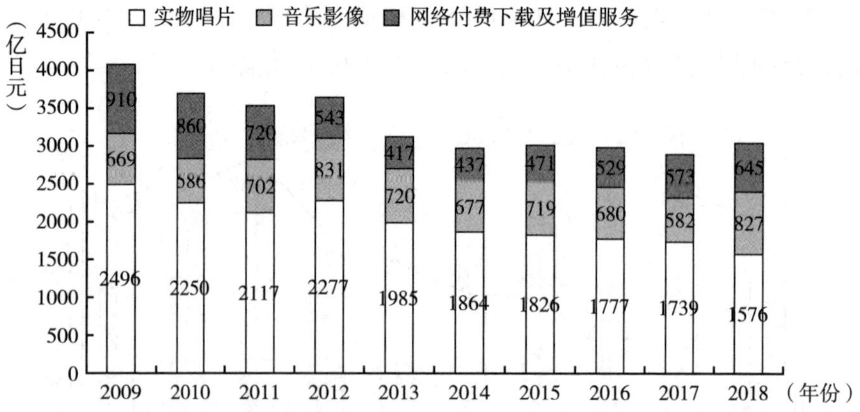

图7　音像制品销售规模（仅包括实物光盘、网络付费下载及增值服务）

数据来源：日本唱片协会。

网普及率为79.8%，同比基本持平，个人互联网用户接入设备中智能手机使用比例超过电脑（见图8）。从不同年龄的利用人群来看，13～59岁的国民中互联网使用率超过九成。

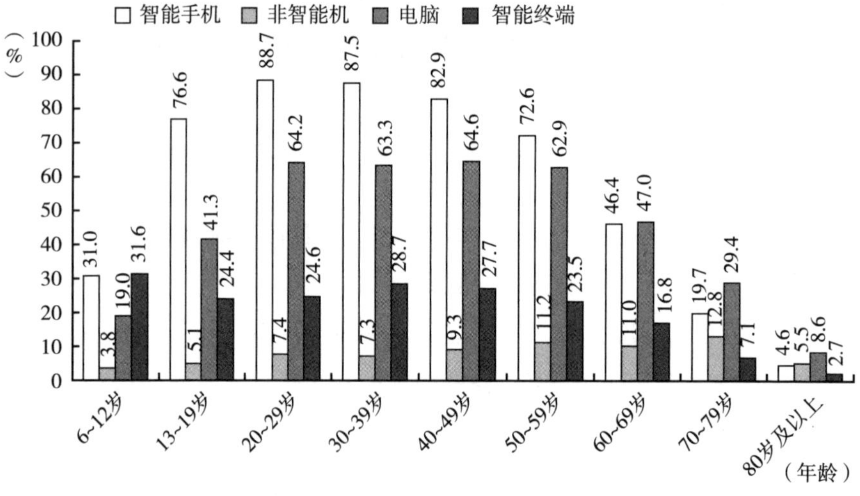

图8　各年龄层接入互联网方式及比例

说明：不包含通过电视机、家用游戏机等终端接入的情况。

数据来源：日本总务省，《平成30年通信利用动向调查》。

六　广告

据日本电通广告公司统计，2018 年日本广告市场规模为 65300 亿日元，同比增长 2.2%。日本广告市场连续 7 年增长，互联网广告增长率连续 5 年保持两位数（见表 1）。2018 年日本广告市场的增长得益于日本经济的缓慢复苏，互联网广告的快速成长带动了整个广告市场，互联网广告的一些短板也通过与传统广告相结合等方式得以解决。

从媒体渠道来看，2018 年度报纸、杂志、广播和电视（包括地面电视和卫星电视）四大传统媒体的广告规模均有不同程度地缩减，但源自传统媒体电子版或网站的广告收入开始明显增加，并被计入互联网广告收入。其中报纸数字广告规模 132 亿日元，杂志数字广告规模 337 亿日元，广播数字广告规模 8 亿日元，电视数字广告规模 105 亿日元。

表 1　2011～2018 年各媒体广告费

单位：亿日元

媒体类型	2011 年	2012 年	2013 年	2014 年	2015 年	2016 年	2017 年	2018 年
报纸	5990	6242	6170	6057	5679	5431	5147	4784
杂志	2542	2551	2499	2500	2443	2223	2023	1841
广播	1247	1246	1243	1272	1254	1285	1290	1278
地面电视	17237	17757	17913	18347	18088	18374	18178	17848
卫星媒体	891	1013	1110	1217	1235	1283	1300	1275
互联网	8062	8680	9381	10519	11594	13100	15094	17589
其他推销广告	21127	21424	21446	21610	21417	21184	20875	20685

资料来源：电通，《日本的广告费》各年度版。

传媒市场关键数据

Key Data on Media Market

B.42
2019年中国广告市场数据*

全国2019年广告花费——广告投放渠道

单位：%

广告投放渠道	广告花费同比变化	广告资源同比变化
电视	-9.5	-13.6
报纸	-24.8	-17.4
杂志	-7.1	-7.1
广播	-13.5	-19.0
传统户外	-18.7	-20.7
合计	-10.4	-20.5

* 中国广告市场数据来源：CTR媒介智讯（CTR Media Intelligence 01/2018 - 12/2019）。统计范围以CTR媒介智讯2018年的监测范围为基准；花费统计以媒体公开报价为标准，不含折扣和免费项目；电视频道监测时间为17:00～24:00；"New"代表本次新上榜。

全国 2019 年广告花费——品类/品牌

单位：%

序号	品类	同比变化	品牌	同比变化
1	衣着	30.5	康师傅	552.2
2	家用电器	27.2	伊利	4.6
3	IT 产品及服务	27.1	养无极	-8.8
4	个人用品	22.8	陈李济	-9.4
5	活动类	22.0	兰蔻	-20.1
6	食品	6.4	同溢堂	-37.8
7	金融业	1.1	阿房宫	>1000
8	饮料	-6.8	君乐宝	79.4
9	酒精类饮品	-13.5	德芙	33.6
10	药品	-14.2	美赞臣	62.8

全国 2019 年电视广告花费——品牌

单位：%

序号	品牌	同比变化
1	康师傅	581.7
2	伊利	1.8
3	养无极	-9.8
4	陈李济	-9.0
5	兰蔻	-20.0
6	同溢堂	-38.0
7	阿房宫	>1000
8	君乐宝	82.9
9	德芙	33.6
10	美赞臣	63.8

全国 2019 年央视、省级卫视广告花费——品牌

单位：%

序号	央视广告花费——品牌		省级卫视广告花费——品牌	
	品牌	同比变化	品牌	同比变化
1	飞鹤	382.8	康师傅	931.6
2	足力健	-20.7	德芙	83.5
3	小罐	-16.8	伊利	2.7

续表

序号	央视广告花费——品牌		省级卫视广告花费——品牌	
	品牌	同比变化	品牌	同比变化
4	同溢堂	67.4	益达	28.4
5	君乐宝	-16.8	兰蔻	-10.9
6	蒙牛	90.9	士力架	78.4
7	鲁花	8.6	芬必得	91.4
8	伊利	30.5	美赞臣	147.9
9	华为	8.8	王老吉	-38.2
10	沃刻	10.5	豆本豆	-6.1

全国 2019 年报纸、杂志广告花费——品牌

单位：%

序号	报纸		杂志	
	品牌	同比变化	品牌	同比变化
1	恒大	-29.0	克丽斯汀迪奥	6.4
2	中国移动通信	-30.8	香奈儿	-22.5
3	中国福利彩票	-16.2	兰蔻	-30.1
4	中国工商银行	-14.9	迪奥	15.7
5	中国农业银行	2.3	阿玛尼	15.7
6	中国银行	-20.2	路易威登	-5.0
7	中国平安人寿保险	-8.0	GUCCI	12.5
8	中国建设银行	-7.7	卡地亚	9.6
9	玉屏	28.5	雅诗兰黛	-11.6
10	大商	850.4	宝格丽	36.8

全国 2019 年广播、传统户外广告花费——品牌

单位：%

序号	广播		传统户外	
	品牌	同比变化	品牌	同比变化
1	燕之屋	-26.8	中国银联	135.6
2	中国移动通信	-16.5	伊利	118.7
3	中国电信	-13.9	京东商城	-25.7

续表

序号	广播		传统户外	
	品牌	同比变化	品牌	同比变化
4	好视力	-20.5	苏宁易购	-47.4
5	一汽大众奥迪	59.2	天猫	-51.9
6	小罐	-11.7	华为	-24.4
7	鸿茅	-44.7	VIVO	44.2
8	一汽大众	1.1	曼秀雷敦	3.4
9	天草	21.3	全景	-37.8
10	中国联通	1.3	中国移动通信	-26.7

北京/上海/广州/深圳2019年广告花费——广告投放渠道

单位：%

广告投放渠道	北京		上海		广州		深圳	
	广告花费同比变化	广告资源同比变化	广告花费同比变化	广告资源同比变化	广告花费同比变化	广告资源同比变化	广告花费同比变化	广告资源同比变化
电视	2.4	19.6	-4.1	-7.8	-9.0	-7.3	-23.7	-19.4
报纸	-45.5	-46.2	-28.6	-29.0	-18.2	-25.3	26.0	53.9
杂志	5.7	27.0	-11.5	-14.4	-7.0	-10.6	-51.7	-27.0
广播	-12.8	-8.8	-6.9	-11.5	-19.0	-25.4	-17.8	-27.5
传统户外	-20.7	-30.2	-21.3	-20.8	-22.7	-23.3	-11.8	-19.1
合计	-8.8	-30.4	-8.7	-20.7	-11.9	-23.3	-20.4	-6.4

北京/上海/广州/深圳2019年广告花费——品类

单位：%

序号	北京		上海		广州		深圳	
	品类	同比变化	品类	同比变化	品类	同比变化	品类	同比变化
1	活动类	164.1	饮料	28.1	药品	-6.1	饮料	-1.4
2	饮料	10.2	活动类	3.5	饮料	-18.6	食品	5.0
3	食品	-21.5	食品	0.1	食品	-8.1	化妆品/浴室用品	-44.7
4	邮电通讯	-30.8	邮电通讯	18.2	化妆品/浴室用品	-11.2	药品	-17.6

续表

序号	北京		上海		广州		深圳	
	品类	同比变化	品类	同比变化	品类	同比变化	品类	同比变化
5	娱乐及休闲	-15.8	娱乐及休闲	-9.7	酒精类饮品	-19.0	娱乐及休闲	-50.1
6	商业及服务性行业	-38.2	商业及服务性行业	-15.0	活动类	35.7	商业及服务性行业	-11.7
7	酒精类饮品	-14.2	家居用品	49.4	娱乐及休闲	-22.7	交通	-3.0
8	化妆品/浴室用品	-5.1	化妆品/浴室用品	-25.3	商业及服务性行业	-33.9	家居用品	-38.9
9	家居用品	-10.1	交通	-28.3	交通	-46.2	金融业	15.7
10	交通	-35.5	个人用品	-19.9	邮电通信	-35.7	活动类	-34.4

北京/上海/广州/深圳 2019 年广告花费——品牌

单位：%

序号	北京		上海		广州		深圳	
	品牌	同比变化	品牌	同比变化	品牌	同比变化	品牌	同比变化
1	伊利	24.0	康师傅	>1000	天草	59.6	康师傅	352.5
2	足力健	-7.1	关镇铨	286.9	同溢堂	21.9	天草	-15.0
3	2019 中国北京翡翠和田玉文化节	New	2019 中国国际进口博览会	New	陈李济	-11.6	雅诗兰黛	-56.7
4	阿尔卑斯	48.2	沪尚茗居	64.7	康师傅	472.4	兰蔻	-55.6
5	2019 首届北京鸟巢精品红木博览会	New	华为	677.0	好易康	-8.8	豆本豆	7.1
6	京东商城	-6.0	阿迪达斯	129.9	阿房宫	New	德芙	150.5
7	可口可乐	47.3	沪佳	-35.4	百威	42.0	东鹏	20.3
8	全包圆	21.8	肯德基	-5.2	伊利	-19.0	均瑶	17.9
9	阿迪达斯	-1.7	VIVO	14.3	2019 广东广电瑞士名表展	New	益达	82.7
10	景田	42.7	伊利	82.0	养无极	-26.6	都市	5.7

北京/上海/广州/深圳 2019 年电视广告花费——品牌

单位：%

序号	北京		上海		广州		深圳	
	品牌	同比变化	品牌	同比变化	品牌	同比变化	品牌	同比变化
1	足力健	-7.1	康师傅	>1000	天草	69.3	康师傅	358.6
2	2019 中国北京翡翠和田玉文化节	New	关镇铨	276.6	同溢堂	20.4	天草	-15.0
3	阿尔卑斯	48.2	2019 中国国际进口博览会	New	陈李济	-11.2	雅诗兰黛	-56.8
4	伊利	-11.2	华为	>1000	康师傅	472.1	兰蔻	-55.6
5	2019 首届北京鸟巢精品红木博览会	New	阿迪达斯	148.9	好易康	-8.6	豆本豆	7.3
6	可口可乐	47.3	肯德基	-4.2	阿房宫	New	德芙	150.5
7	景田	42.7	沪尚茗居	55.4	百威	41.0	东鹏	19.7
8	阿迪达斯	-0.5	沪佳	-38.3	2019 广东广电瑞士名表展	New	均瑶	17.9
9	德芙	-4.6	伊利	133.9	养无极	-26.6	益达	82.7
10	百岁山	31.1	VIVO	12.3	珠江	-13.6	都市	6.7

北京/上海/广州/深圳 2019 年报纸广告花费——品牌

单位：%

序号	北京		上海		广州		深圳	
	品牌	同比变化	品牌	同比变化	品牌	同比变化	品牌	同比变化
1	美冠塔	154.9	聚通	4.0	暨南大学附属口腔医院	408.0	深圳宝安区	-19.9
2	美观天下	-32.9	上汽通用雪佛兰	-16.1	路易威登	-15.3	广东深圳	-54.0
3	玉屏	51.2	交通银行	45.2	那曲	141.1	深圳坪山新区	-5.8

续表

序号	北京		上海		广州		深圳	
	品牌	同比变化	品牌	同比变化	品牌	同比变化	品牌	同比变化
4	国家大剧院	3.1	劳力士	-10.2	香奈儿	-9.2	深圳龙岗	-58.1
5	盯客	0.1	红星美凯龙	-33.5	广汽	2.9	中国邮政储蓄银行	163.0
6	康贝佳	-31.4	云兰	15.4	广东广州	5.0	中国银行	-1.4
7	中科领军	New	上汽通用别克	406.8	中国农业银行	19.6	中国平安人寿保险	-26.3
8	北京青年旅行社	-65.5	吉盛伟邦	46.3	劳力士	23.1	深圳盐田区	24.8
9	北京梅赛德斯-奔驰	-27.9	百姓	-34.4	广州医药集团有限公司	208.1	深圳联合产权交易所	13.0
10	集美	-2.2	进念	-49.7	广汽本田	-33.5	深圳龙华新区	-3.2

北京/上海/广州/深圳 2019 年杂志广告花费——品牌

单位：%

序号	北京		上海		广州		深圳	
	品牌	同比变化	品牌	同比变化	品牌	同比变化	品牌	同比变化
1	PLEATS PLEASE	68.0	香奈儿	-21.6	一汽大众	37.9	中国工商银行	-45.2
2	梅赛德斯-奔驰	16.0	路易威登	-1.5	香奈儿	-6.2	美宝莲	-2.1
3	克丽斯汀迪奥	58.1	兰蔻	-31.2	阿玛尼	-1.4	玉兰油	0.0
4	香奈儿	-25.4	迪奥	-2.0	卡地亚	44.1	玛吉斯	114.3
5	百达翡丽	88.2	克丽斯汀迪奥	-9.1	克丽斯汀迪奥	-25.0	沃尔沃	New
6	新秀丽	New	阿玛尼	-7.4	兰蔻	11.4	飞劲	25.6
7	BURBERRY	30.9	圣罗兰	30.8	茅台	-30.2	佳通	New
8	迪奥	-31.8	GUCCI	7.0	小罐	160.2	自然堂	New
9	RIEDEL	66.0	宝格丽	31.6	麦弗逊	-25.0	邓禄普	-35.3
10	卡地亚	-3.8	雅诗兰黛	-18.5	雅诗兰黛	-27.2	瑞尔	-5.6

北京/上海/广州/深圳 2019 年广播广告花费——品牌

单位：%

序号	北京		上海		广州		深圳	
	品牌	同比变化	品牌	同比变化	品牌	同比变化	品牌	同比变化
1	全包圆	21.8	上海农商银行	324.4	燕之屋	-27.6	深圳前海交广微贸易金融服务有限公司	9.8
2	北京广播大厦酒店	91.0	沪尚茗居	46.6	天草	21.3	中国工商银行	9.2
3	董酒	10.2	光明	-54.5	好视力	20.7	一汽大众奥迪	128.4
4	业之峰	23.3	沪佳	5.4	南湖	34.3	中国农业银行	-24.3
5	燕之屋	-35.2	汇工	41.3	小罐	-2.6	中国银行	-24.1
6	同仁堂	1.6	VIP 陪练	849.8	竹笋	292.2	中国人民财产保险	48.0
7	一汽大众奥迪	58.6	格乐丽雅	>1000	吉盛伟邦	-15.5	长安马自达	New
8	中国人民财产保险	-37.6	会参汇色	133.3	快快装	New	一汽大众	-2.5
9	2019 V 蓝北京我的环保日记	New	荣威	-0.6	鸿茅	-44.0	中国民生银行	>1000
10	中国移动通信	104.3	一汽大众奥迪	19.4	中国平安保险	531.9	东风日产	87.8

北京/上海/广州/深圳 2019 年传统户外广告花费——品牌

单位：%

序号	北京		上海		广州		深圳	
	品牌	同比变化	品牌	同比变化	品牌	同比变化	品牌	同比变化
1	伊利	201.9	全景	-37.8	曼秀雷敦	2.8	港铁	-2.2
2	京东商城	-17.0	中国银联	149.8	伊利	156.9	肯德基	40.8
3	苏宁易购	-40.1	天猫	-36.5	雍禾	154.0	华为	15.7
4	北京记忆	407.8	京东商城	-30.8	中国银联	66.3	天猫	-46.5

续表

序号	北京		上海		广州		深圳	
	品牌	同比变化	品牌	同比变化	品牌	同比变化	品牌	同比变化
5	中国银联	178.3	苏宁易购	-48.2	苏宁易购	-65.3	VIVO	227.7
6	天猫	-59.7	上海农商银行	8.7	肯德基	49.3	中国银联	161.4
7	房天下	>1000	中国电信	27.5	VIVO	150.1	中国移动通信	-31.9
8	视觉中国	873.1	苹果	16.2	京东商城	-39.6	麦芽	381.9
9	腾讯	-59.6	VIVO	28.4	长隆	167.3	尚德	63.5
10	VIVO	87.8	曼秀雷敦	-16.8	房天下	>1000	OPPO	-32.9

B.43

2019年中国媒介市场数据*

全国2019年网站日到达人数及日到达率TOP10

单位：人，%

排名	网站	日到达人数	日到达率
1	腾讯网 www. qq. com	54278144	29.8
2	百度 www. baidu. com	46111275	25.3
3	新浪网 www. sina. com. cn	35684932	19.6
4	搜狐 www. sohu. com	34747007	19.1
5	爱奇艺 www. iqiyi. com	32076846	17.6
6	淘宝网 www. taobao. com	29504342	16.2
7	网易 www. 163. com	26134814	14.4
8	新浪微博 www. weibo. com	21484567	11.8
9	京东 www. JD. com	20892502	11.5
10	天猫 www. tmall. com	18640766	10.2

全国2019年广播频率日到达人数及日到达率TOP10

单位：人，%

排名	广播频率	日到达人数	日到达率
1	中央人民广播电台中国之声（一套）	1637585	0.9
2	中央人民广播电台音乐之声（三套）	1145328	0.6
3	中央人民广播电台经济之声（二套）	1135619	0.6
4	中央人民广播电台华夏之声	755499	0.4
5	北京人民广播电台－交通广播 FM103.9/CFM95.6	732648	0.4

* 中国媒介市场数据来源：CTR 中国城市居民调查，CTR CNRS－TGI（01/2019－12/2019）。

续表

排名	广播频率	日到达人数	日到达率
6	中央人民广播电台都市之声(四套)	669705	0.4
7	中央人民广播电台民族之声(八套)	666212	0.4
8	中央人民广播电台文艺之声(第九套)	674858	0.4
9	中央人民广播电台中国广播网银河网络电台	655492	0.4
10	中国华艺广播电台－FM107.1	636059	0.4

全国2019年报纸平均每期阅读人数及平均每期阅读率TOP10

单位：人，%

排名	报纸	平均每期阅读人数	平均每期阅读率
1	《广州日报》	2298696	1.3
2	《南方周末》	1138247	0.6
3	《南方都市报》	816895	0.5
4	《成都商报》	631164	0.4
5	《文摘报》	554156	0.3
6	《报刊文摘》	520229	0.3
7	《中国电视报》	486062	0.3
8	《中国青年报》	476492	0.3
9	《健康报》	454022	0.3
10	《参考消息》	427114	0.2

全国2019年新闻时政类杂志平均每期阅读人数及平均每期阅读率TOP10

单位：人，%

排名	杂志	平均每期阅读人数	平均每期阅读率
1	《环球人物》	1371796	0.8
2	《看世界》	1025035	0.6
3	《半月谈》	978160	0.5
4	《环球》	907045	0.5
5	《凤凰周刊》	805064	0.4
6	《海外文摘》	793877	0.4

续表

排名	杂志	平均每期阅读人数	平均每期阅读率
7	《新周刊》	721198	0.4
8	《瞭望东方周刊》	712720	0.4
9	《人物》	547485	0.3
10	《世界博览》	538227	0.3

全国 2019 年时尚类杂志平均每期阅读人数及平均每期阅读率 TOP10

单位：人，%

排名	杂志	平均每期阅读人数	平均每期阅读率
1	《时尚 COSMOPOLITAN》	3929465	2.2
2	《瑞丽服饰美容》	3742476	2.1
3	《时尚芭莎 BAZAAR》	3702868	2.0
4	《服饰与美容 VOGUE》	3545517	2.0
5	《时尚健康》	2743557	1.5
6	《瑞丽伊人风尚》	2687392	1.5
7	《世界时装之苑 ELLE》	2649452	1.5
8	《YOHO！女生志》	2038173	1.1
9	《男人装 For Him Magazine》	1996109	1.1
10	《时尚先生》	1926680	1.1

全国 2019 年财经管理和商业经济类杂志平均每期阅读人数及平均每期阅读率 TOP10

单位：人，%

排名	杂志	平均每期阅读人数	平均每期阅读率
1	《商业周刊/中文版》	1003802	0.6
2	《财经》	845295	0.5
3	《环球财经》	526883	0.3
4	《中国经济周刊》	533059	0.3
5	《新财富》	415241	0.2
6	《中国财富》	380731	0.2
7	《胡润百富》	312989	0.2
8	《中国企业家》	295261	0.2
9	《商学院》	255889	0.1
10	《证券市场周刊》(周六版)	250072	0.1

北京 2019 年网站日到达人数及日到达率 TOP10

单位：人，%

排名	网站	日到达人数	日到达率
1	百度 www. baidu. com	4726119	37. 2
2	新浪网 www. sina. com. cn	3619128	28. 5
3	腾讯网 www. qq. com	3580095	28. 2
4	爱奇艺 www. iqiyi. com	2724718	21. 4
5	搜狐 www. sohu. com	2665534	21. 0
6	淘宝网 www. taobao. com	2581898	20. 3
7	京东 www. JD. com	2222936	17. 5
8	腾讯视频 v. qq. com	1918810	15. 1
9	网易 www. 163. com	1817719	14. 3
10	天猫 www. tmall. com	1414637	11. 1

北京 2019 年广播日到达人数及日到达率广播 TOP10

单位：人，%

排名	广播频率	日到达人数	日到达率
1	北京人民广播电台 - 交通广播 FM103. 9/CFM95. 6	732648	5. 8
2	北京人民广播电台 - 新闻广播 FM100. 6/AM828	416634	3. 3
3	北京人民广播电台 - 音乐广播 FM97. 4/CFM94. 6	373266	2. 9
4	北京人民广播电台 - 文艺广播 FM87. 6/CFM93. 8	271013	2. 1
5	北京人民广播电台 - 长书广播 CFM104. 3	228304	1. 8
6	北京人民广播电台 - 新闻广播 FM100. 6/AM828/CFM90. 4	206396	1. 6
7	中央人民广播电台音乐之声(三套)	206130	1. 6
8	中央人民广播电台经济之声(二套)	110105	0. 9
9	中央人民广播电台中国之声(一套)	95148	0. 8
10	中央人民广播电台娱乐广播(十二套)	83515	0. 7

北京 2019 年报纸平均每期阅读人数及平均每期阅读率 TOP10

单位：人，%

排名	报纸	平均每期阅读人数	平均每期阅读率
1	《北京晚报》	525994	4.2
2	《北京日报》	306761	2.4
3	《法制晚报》	307486	2.4
4	《北京青年报》	150899	1.2
5	《新京报》	151783	1.2
6	《南方周末》	141434	1.1
7	《体坛周报》	126509	1.0
8	《参考消息》	98862	0.8
9	《健康文摘报》	85282	0.7
10	《足球》	71044	0.6

北京 2019 年杂志平均每期阅读人数及平均每期阅读率 TOP10

单位：人，%

排名	杂志	平均每期阅读人数	平均每期阅读率
1	《读者》	1261289	9.9
2	《周末画报》	407563	3.2
3	《时尚 COSMOPOLITAN》	383688	3.0
4	《时尚芭莎 BAZAAR》	372572	2.9
5	《服饰与美容 VOGUE》	361191	2.8
6	《瑞丽服饰美容》	340053	2.7
7	《青年文摘》	289887	2.3
8	《优家画报》	261747	2.1
9	《红秀 Grazia》	259785	2.0
10	《世界时装之苑 ELLE》	259570	2.0

上海 2019 年网站日到达人数及日到达率 TOP10

单位：人，%

排名	网站	日到达人数	日到达率
1	腾讯网 www. qq. com	3847750	25.7
2	百度 www. baidu. com	3594991	24.0
3	淘宝网 www. taobao. com	3577964	23.9

续表

排名	网站	日到达人数	日到达率
4	新浪网 www. sina. com. cn	2801933	18. 7
5	爱奇艺 www. iqiyi. com	2658466	17. 7
6	京东 JD. com	2561159	17. 1
7	优酷 www. youku. com	2061004	13. 7
8	搜狐 www. sohu. com	2050401	13. 7
9	网易 www. 163. com	1941257	12. 9
10	天猫 www. tmall. com	1755027	11. 7

上海 2019 年广播日到达人数及日到达率 TOP10

单位：人，%

排名	广播频率	日到达人数	日到达率
1	上海人民广播电台 - 流行音乐广播（动感 101）FM101. 7	411141	2. 7
2	上海人民广播电台 - AM990/FM93. 4	368974	2. 5
3	上海人民广播电台 - 交通广播 AM648/FM105. 7	322869	2. 2
4	上海流行音乐广播 Love Radio FM103. 7	307558	2. 1
5	上海人民广播电台 - 经典音乐广播（经典 947）FM94. 7	233150	1. 6
6	上海人民广播电台 - 东广新闻台 AM1296/FM90. 9	144460	1. 0
7	上海人民广播电台 - 第一财经广播 FM97. 7	121151	0. 8
8	上海人民广播电台 - 东方都市广播 AM792/FM89. 9	106878	0. 7
9	上海人民广播电台 - 五星体育广播 FM94	86234	0. 6
10	中央人民广播电台中国之声（一套）	79924	0. 5

上海 2019 年报纸平均每期阅读人数及平均每期阅读率 TOP10

单位：人，%

排名	报纸	平均每期阅读人数	平均每期阅读率
1	《新民晚报》	353304	2.4
2	《劳动报》	270024	1.8
3	《新闻晨报》	269583	1.7
4	《文汇报》	104223	0.7
5	《新民晚报社区版》	99928	0.7
6	《上海证券报》	98395	0.7
7	《青年报》	80181	0.5
8	《南方周末》	77107	0.5
9	《扬子晚报》	72630	0.5
10	《报刊文摘》	65746	0.4

上海 2019 年杂志平均每期阅读人数及平均每期阅读率 TOP10

单位：人，%

排名	杂志	平均每期阅读人数	平均每期阅读率
1	《读者》	781143	5.2
2	《时尚 COSMOPOLITAN》	440348	2.9
3	《瑞丽服饰美容》	436995	2.9
4	《时尚芭莎 BAZAAR》	409946	2.7
5	《服饰与美容 VOGUE》	394977	2.6
6	《周末画报》	380931	2.5
7	《时尚健康 TRENDSHEALTH》	315407	2.1
8	《世界时装之苑 ELLE》	304083	2.0
9	《瑞丽伊人风尚》	301994	2.0
10	《YOHO！女生志》	270268	1.8

广州 2019 年网站日到达人数及日到达率 TOP10

单位：人，%

排名	网站	日到达人数	日到达率
1	腾讯网 www.qq.com	3588744	44.8
2	百度 www.baidu.com	3563440	44.5
3	新浪网 www.sina.com.cn	2360508	29.5

续表

排名	网站	日到达人数	日到达率
4	搜狐 www. sohu. com	2053888	25. 6
5	新浪微博 www. weibo. com	1972843	24. 6
6	淘宝网 www. taobao. com	1734371	21. 6
7	网易 www. 163. com	1580544	19. 7
8	爱奇艺 www. iqiyi. com	1414264	17. 7
9	京东 www. JD. com	1199190	15. 0
10	天猫 www. tmall. com	1040069	13. 0

广州 2019 年广播日到达人数及日到达率 TOP10

单位：人，%

排名	广播频率	日到达人数	日到达率
1	广东广播电视台 - 羊城交通广播台 FM105. 2	254794	3. 2
2	广州交通电台 FM106. 1	167618	2. 1
3	广东广播电视台珠江经济广播电台（EFM 财富 974）	156698	2. 0
4	广州新闻电台 FM96. 2	154776	1. 9
5	广东广播电视台 - 音乐之声 FM99. 3	141927	1. 8
6	广州电台 - 金曲 1027 汽车音乐广播 FM102. 7	133860	1. 7
7	广东广播电视台 - 新闻广播 FM91. 4/AM648	123166	1. 5
8	广东广播电视台 - 城市之声 FM103. 6	113931	1. 4
9	广东广播电视台 - 文体广播（经典 1077）	107969	1. 4
10	广东广播电视台 - 股市广播（FM95. 3 财经广播）	102463	1. 3

广州 2019 年报纸平均每期阅读人数及平均每期阅读率 TOP10

单位：人，%

排名	报纸	平均每期阅读人数	平均每期阅读率
1	《广州日报》	1431862	17.9
2	《南方都市报》	142936	1.8
3	《南方日报》	80560	1.0
4	《南方周末》	44703	0.6
5	《中国青年报》	43465	0.5
6	《羊城地铁报》	40906	0.5
7	《新快报》	38906	0.5
8	《老人报》	35878	0.5
9	《文摘报》	31757	0.4
10	《舞台与银幕》	28321	0.4

广州 2019 年杂志平均每期阅读人数及平均每期阅读率 TOP10

单位：人，%

排名	杂志	平均每期阅读人数	平均每期阅读率
1	《读者》	942728	10.8
2	《周末画报》	849438	9.6
3	《红秀 Grazia》	703517	8.8
4	《优家画报》	683834	8.5
5	《瑞丽服饰美容》	523461	6.5
6	《时尚芭莎 BAZAAR》	497494	6.2
7	《服饰与美容 VOGUE》	489125	6.1
8	《时尚 COSMOPOLITAN》	487755	6.1
9	《青年文摘》	474089	5.9
10	《意林》	456644	5.7

深圳 2019 年网站日到达人数及日到达率 TOP10

单位：人，%

排名	网站	日到达人数	日到达率
1	腾讯网 www.qq.com	2639400	29.2
2	百度 www.baidu.com	2579283	28.5
3	新浪网 www.sina.com.cn	1713641	19.0

续表

排名	网站	日到达人数	日到达率
4	网易 www. 163. com	1595252	17. 7
5	淘宝网 www. taobao. com	1561650	17. 3
6	搜狐 www. sohu. com	1518693	16. 8
7	爱奇艺 www. iqiyi. com	1429760	15. 8
8	京东 www. JD. com	1301413	14. 4
9	新浪微博 www. weibo. com	1189218	13. 2
10	天猫 www. tmall. com	1147305	12. 7

深圳 2019 年广播日到达人数及日到达率 TOP10

单位：人，%

排名	广播频率	日到达人数	日到达率
1	深圳广播电台 – 交通频率 FM106. 2	152593	1. 7
2	深圳广播电台 – 音乐频率 FM97. 1	65975	0. 7
3	深圳广播电台 – 私家车广播 FM94. 2	56345	0. 6
4	深圳广播电台 – 新闻频率 FM89. 8	51959	0. 6
5	中国华艺广播电台 – FM107. 1	51881	0. 6
6	中央人民广播电台音乐之声(三套)	44236	0. 5
7	广东广播电视台 – 音乐之声 FM99. 3	39356	0. 4
8	广东广播电视台 – 羊城交通广播台 FM105. 2	35831	0. 4
9	广东广播电视台珠江经济广播电台(E FM 财富 974)	36265	0. 4
10	中央人民广播电台华夏之声	33570	0. 4

深圳 2019 年报纸平均每期阅读人数及平均每期阅读率 TOP10

单位：人，%

排名	报纸	平均每期阅读人数	平均每期阅读率
1	《南方都市报》	236565	2. 5
2	《南方周末》	236058	2. 4
3	《报刊文摘》	24091	0. 3

续表

排名	报纸	平均每期阅读人数	平均每期阅读率
4	《体坛周报》	24827	0.3
5	《健康报》	22892	0.3
6	《证券时报－财经周刊》	22059	0.2
7	《深圳晚报》	21087	0.2
8	《电脑报》	17348	0.2
9	《中国经营报》	17007	0.2
10	《中国电视报》	15240	0.2

深圳 2019 年杂志平均每期阅读人数及平均每期阅读率 TOP10

单位：人，%

排名	杂志	平均每期阅读人数	平均每期阅读率
1	《读者》	686976	7.6
2	《周末画报》	333067	3.7
3	《瑞丽服饰美容》	293805	3.3
4	《优家画报》	254296	2.8
5	《时尚 COSMOPOLITAN》	229150	2.5
6	《红秀 Grazia》	213083	2.4
7	《服饰与美容 VOGUE》	207515	2.3
8	《时尚芭莎 BAZAAR》	203430	2.3
9	《时尚健康 TRENDSHEALTH》	171831	1.9
10	《瑞丽伊人风尚》	161572	1.8

B.44
2019年中国快速消费品市场数据*

全国2019年快速消费品品类、平均家庭花费及零售渠道TOP10（16城市总体）

排名	品类		平均家庭花费		零售渠道(现代渠道)	
	品类	市场份额(%)	品类	平均花费(元)	零售商	客流量(百万人)
1	护肤品	12.9	护肤品	1223.7	华润万家集团	257.0
2	液态奶	6.2	营养品	821.8	苏宁集团	165.8
3	酸奶	5.5	婴儿纸尿裤	813.4	永辉集团	153.1
4	食用油	5.0	奶粉	759.4	高鑫零售集团	136.0
5	营养品	4.6	白酒	689.4	物美集团	131.7
6	白酒	4.5	液态奶	587.2	沃尔玛集团	126.3
7	奶粉	4.5	宠物食品	583.9	百联集团	115.6
8	饼干	4.3	酸奶	514.8	武商量集团	74.6
9	洗发水	3.8	食用油	484.3	新世纪	43.4
10	生活用纸	3.3	红酒	426.2	京客隆	39.0

说明：①客流量，即购物者触及数（SRP），指有多少购物者进店购买，且购买了多少次。

②高鑫零售集团包括：大润发、欧尚；沃尔玛集团包括：沃尔玛、Sam's Club；华润万家集团包括：华润万家、Ole、华润苏果、洪客隆、乐购；百联集团包括：世纪联华、GMS，联华、华联、快客等；步步高集团包括：步步高、南城。红旗集团：红旗、互惠；屈臣氏集团包括：百佳、屈臣氏、品味（TASTE）超市；苏宁集团包括：家乐福、迪亚天天、苏宁小店；物美集团包括物美、麦德龙。

* 中国快速消费品市场数据来源：Kantar Worldpanel | a CTR Service in China（01/2018－12/2019）。

北京/上海/广州/深圳2019年快速消费品品类TOP10

单位：%

排名	北京		上海		广州		深圳	
	品类	市场份额	品类	市场份额	品类	市场份额	品类	市场份额
1	护肤品	11.9	护肤品	11.0	护肤品	11.8	护肤品	16.2
2	液态奶	6.3	液态奶	7.3	奶粉	7.4	奶粉	6.2
3	酸奶	5.9	酸奶	6.2	饼干	6.4	液态奶	5.0
4	白酒	5.4	饼干	5.5	营养保健品	5.1	食用油	4.9
5	食用油	4.9	营养保健品	4.8	液态奶	4.5	营养保健品	4.8
6	香肠	4.0	食用油	4.0	食用油	4.2	酸奶	4.6
7	营养保健品	3.7	护发	3.7	糖果类	4.1	饼干	4.4
8	洗发水	3.7	糖果类	3.7	酸奶	2.5	糖果类	3.8
9	饼干	3.6	奶粉	3.4	洗发水	2.5	生活用纸	3.6
10	生活用纸	3.3	生活用纸	2.9	生活用纸	2.4	洗护发	3.5

北京/上海/广州/深圳2019年快速消费品类平均家庭花费TOP10

单位：元

排名	北京		上海		广州		深圳	
	品类	平均花费	品类	平均花费	品类	平均花费	品类	平均花费
1	护肤品	1304.8	护肤品	1167.1	护肤品	1224.9	护肤品	1528.8
2	婴儿纸尿裤	958.4	营养保健品	869.3	奶粉	1150.3	奶粉	1061.1
3	营养保健品	829.3	液态奶	756.3	婴儿纸尿裤	1064.5	营养保健品	805.6
4	白酒	790.8	婴儿纸尿裤	742.2	营养保健品	803.6	婴儿纸尿裤	790.8
5	宠物食品	734.0	酸奶	642.0	洋酒	607.4	宠物食品	572.7
6	液态奶	686.2	奶粉	613.3	饼干	602.8	白酒	487.1
7	酸奶	644.7	宠物食品	592.2	宠物食品	508.6	液态奶	474.7
8	奶粉	616.7	饼干	572.9	葡萄酒	438.0	食用油	471.3
9	食用油	553.9	白酒	469.2	液态奶	427.5	红酒	470.7
10	香肠	452.3	红酒	451.0	食用油	422.2	洋酒	461.1

北京/上海/广州/深圳 2019 年快速消费品零售渠道（现代渠道）TOP10

单位：百万人

排名	北京		上海		广州		深圳	
	零售商	客流量	零售商	客流量	零售商	客流量	零售商	客流量
1	物美集团	101.9	百联集团	78.7	华润万家集团	28.8	华润万家集团	40.1
2	京客隆	39.0	苏宁集团	74.6	永旺集团	14.1	沃尔玛集团	36.5
3	永辉集团	37.0	高鑫零售集团	45.2	屈臣氏集团	12.3	彩虹集团	15.0
4	苏宁集团	17.0	农工商集团	25.7	沃尔玛集团	11.2	美宜佳	6.0
5	超市发	15.5	华润万家	18.4	7-11	10.1	苏宁集团	4.9
6	顺天府	12.0	全家	16.3	广州胜佳超市	8.3	屈臣氏集团	4.3
7	高鑫零售集团	8.2	卜蜂莲花	16.2	苏宁集团	6.4	人人乐	3.8
8	首航国力	7.7	沃尔玛集团	15.3	高鑫零售集团	5.9	永旺集团	3.4
9	沃尔玛集团	7.3	永辉集团	10.0	卜蜂莲花	5.6	7-11	2.3
10	北京联华	4.7	家得利	5.3	兴安超市	4.2	高鑫零售集团	2.0

B.45

2019年中国电视收视数据*

2015～2019 年全国样本城市及北上广深收视调查网人均收视时间

单位：分钟

城市	2015 年	2016 年	2017 年	2018 年	2019 年
全国	156	152	139	129	124
北京(M)	180	172	160	155	153
广州(M)	140	142	136	131	136
上海(M)	164	162	155	144	128
深圳(M)	122	111	103	100	104

说明：（1）全国：2015 年包括 133 个样本城市，2016 年包括 129 个样本城市，2017 年包括 120 个样本城市，2018 年包括 116 个样本城市，2019 年包括 104 个样本城市；（2）标有（M）的城市为采用测量仪调查城市。

2019 年全国样本城市及北上广深收视调查网人均时移收视时间及其占直播收视时间的比例

单位：分钟，%

城市	人均时移收视时间	人均时移收视时间占直播收视时间的比例
全国	5.9	4.9
北京(M)	6.8	4.6
广州(M)	5.7	4.4
上海(M)	8.4	7.0
深圳(M)	3.9	3.9

说明：（1）全国：2019 年包括 55 个采用测量仪方式进行调查的城市；（2）标有（M）的城市为采用测量仪调查城市。

* 中国电视收视数据来源：中国广视索福瑞媒介研究（CSM）。

2015～2019年全国样本城市各目标观众人均收视时间

单位：分钟

目标观众		2015年	2016年	2017年	2018年	2019年
4岁及以上所有人		156	152	139	129	124
性别	男	153	149	136	127	121
	女	160	156	142	132	126
年龄	4～14岁	126	124	114	105	98
	15～24岁	86	83	70	61	56
	25～34岁	106	103	89	77	71
	35～44岁	134	124	108	95	88
	45～54岁	202	194	177	163	150
	55～64岁	257	254	240	229	220
	65岁及以上	278	281	273	275	277
教育程度	未受过正规教育	152	154	143	134	128
	小学	184	180	170	163	159
	初中	177	173	161	153	149
	高中	153	150	137	127	122
	大学及以上	121	118	103	91	84
职业类别	干部/管理人员	131	129	114	97	91
	个体/私营企业人员	140	136	123	111	104
	初级公务员/雇员	123	117	104	92	83
	工人	135	129	114	102	99
	学生	101	97	85	76	71
	无业	237	237	223	217	215
	其他	180	181	174	169	165
个人月收入	0～600元	140	136	122	113	109
	601～1200元	194	194	189	186	192
	1201～1700元	189	185	175	168	170
	1701～2600元	176	177	166	159	157
	2601～3500元	154	153	142	136	138
	3501～5000元	140	137	128	123	118
	5001元及以上	131	128	115	104	96

2019 年全国样本城市所有频道及各类频道观众构成

单位：%

目标观众		所有频道	中央广播电视总台	中国教育台频道	省级卫视频道	其他频道
4 岁及以上所有人		100. 0	100. 0	100. 0	100. 0	100. 0
性别	男	50. 1	54. 1	54. 9	47. 3	49. 2
	女	49. 9	45. 9	45. 1	52. 7	50. 8
年龄	4 ~ 14 岁	7. 1	5. 0	5. 0	8. 2	11. 1
	15 ~ 24 岁	5. 9	5. 0	6. 9	6. 2	7. 1
	25 ~ 34 岁	13. 8	9. 9	10. 0	15. 2	19. 3
	35 ~ 44 岁	11. 5	10. 5	11. 5	12. 4	14. 9
	45 ~ 54 岁	21. 5	21. 1	21. 9	21. 2	21. 4
	55 ~ 64 岁	18. 5	20. 1	18. 8	17. 4	13. 8
	65 岁及以上	21. 7	28. 4	25. 9	19. 4	12. 4
教育程度	未受过正规教育	4. 2	3. 6	3. 6	4. 6	4. 8
	小学	16. 8	16. 1	18. 3	15. 9	15. 0
	初中	33. 0	34. 7	34. 3	32. 9	28. 1
	高中	26. 7	27. 5	25. 4	26. 6	27. 8
	大学及以上	19. 3	18. 1	18. 4	20. 0	24. 3
职业类别	干部/管理人员	2. 0	2. 0	1. 6	2. 0	2. 8
	个体/私营企业人员	11. 3	11. 2	12. 2	11. 3	12. 5
	初级公务员/雇员	17. 7	15. 3	16. 3	18. 0	21. 5
	工人	12. 7	11. 5	12. 1	12. 6	12. 9
	学生	7. 2	5. 7	6. 6	8. 1	10. 6
	无业	44. 8	49. 5	46. 2	44. 0	37. 0
	其他	4. 3	4. 8	5. 0	4. 0	2. 7
个人月收入	0 ~ 600 元	21. 8	18. 2	20. 9	23. 8	26. 9
	601 ~ 1200 元	3. 9	4. 2	4. 4	3. 7	2. 7
	1201 ~ 1700 元	3. 9	4. 5	3. 7	3. 8	2. 5
	1701 ~ 2600 元	16. 6	18. 8	16. 3	16. 2	12. 3
	2601 ~ 3500 元	19. 6	21. 6	19. 2	18. 9	17. 1
	3501 ~ 5000 元	20. 0	19. 8	22. 4	19. 5	20. 2
	5001 元及以上	14. 2	12. 9	13. 1	14. 1	18. 3

2015～2019 年全国样本城市电视收视市场各类频道的市场占有率

单位：%

频道类别	2015 年	2016 年	2017 年	2018 年	2019 年
中央广播电视总台	28.5	30.0	29.9	30.2	27.2
中国教育台频道	0.2	0.1	0.1	0.2	0.1
省级卫视频道	31.2	30.0	28.7	26.4	27.4
其他频道	40.1	39.9	41.3	43.2	45.3

2017～2019 年各类频道在全国样本城市各目标观众中的市场占有率

单位：%

频道类别		中央广播电视总台			省级卫视频道			中国教育台频道		
年份		2017	2018	2019	2017	2018	2019	2017	2018	2019
4 岁及以上所有人		29.9	30.2	27.2	28.7	26.4	27.4	0.1	0.2	0.1
性别	男	32.3	32.5	29.3	26.6	24.4	25.9	0.1	0.2	0.2
	女	27.4	27.8	25.0	30.9	28.5	28.9	0.1	0.1	0.1
年龄	4～14 岁	24.3	23.1	19.3	38.6	33.5	31.8	0.1	0.1	0.1
	15～24 岁	25.0	26.2	22.9	32.5	28.5	28.9	0.1	0.2	0.2
	25～34 岁	22.5	22.7	19.4	33.0	29.6	30.1	0.1	0.1	0.1
	35～44 岁	29.1	28.8	24.9	31.5	28.1	29.5	0.1	0.1	0.1
	45～54 岁	29.2	29.6	26.6	27.7	25.8	26.9	0.1	0.2	0.2
	55～64 岁	32.7	32.3	29.7	25.2	24.3	25.9	0.1	0.2	0.2
	65 岁及以上	39.1	39.0	35.5	22.4	22.5	24.5	0.1	0.2	0.2
教育程度	未受过正规教育	28.1	27.5	23.5	32.5	30.3	29.8	0.1	0.1	0.1
	小学	29.9	29.4	26.0	28.1	25.8	26.0	0.1	0.2	0.2
	初中	31.0	31.3	28.5	27.4	25.8	27.2	0.1	0.2	0.2
	高中	30.3	30.8	28.0	28.7	26.6	27.4	0.1	0.2	0.1
	大学及以上	27.6	28.5	25.5	30.7	27.0	28.4	0.1	0.1	0.1
职业类别	干部/管理人员	28.2	29.8	26.3	30.4	26.5	27.2	0.1	0.1	0.1
	个体/私营企业人员	29.7	29.7	26.9	28.2	25.7	27.3	0.2	0.2	0.2
	初级公务员/雇员	25.7	26.6	23.7	29.8	26.7	28.0	0.1	0.1	0.1
	工人	28.6	28.2	24.6	27.9	26.1	27.2	0.1	0.2	0.1
	学生	25.4	25.1	21.4	37.2	31.7	30.8	0.1	0.2	0.1
	无业	32.8	33.1	30.0	27.0	25.7	26.9	0.1	0.2	0.2
	其他	33.2	32.0	30.1	28.0	25.6	25.5	0.1	0.2	0.2

续表

频道类别		中央广播电视总台			省级卫视频道			中国教育台频道		
年份		2017	2018	2019	2017	2018	2019	2017	2018	2019
个人月收入	0～600 元	27.0	26.5	22.7	33.4	30.1	29.8	0.1	0.2	0.1
	601～1200 元	31.2	31.2	29.1	27.7	25.5	26.1	0.1	0.2	0.2
	1201～1700 元	33.4	34.1	31.2	27.3	25.6	27.0	0.1	0.2	0.1
	1701～2600 元	32.8	33.2	30.7	26.9	25.2	26.8	0.1	0.1	0.1
	2601～3500 元	30.6	31.9	30.0	26.8	25.2	26.4	0.1	0.1	0.1
	3501～5000 元	29.0	29.8	27.0	27.2	25.1	26.7	0.1	0.2	0.2
	5001 元及以上	27.3	27.8	24.7	29.1	26.0	27.3	0.1	0.2	0.1

2017～2019 年全国样本城市市场各类频道在各时段的市场占有率

单位：%

频道	中央广播电视总台			省级卫视频道			中国教育台频道		
年份	2017	2018	2019	2017	2018	2019	2017	2018	2019
02:00～03:00	25.9	29.2	21.8	30.0	24.9	27.7	0.2	0.2	0.2
03:00～04:00	26.0	30.4	23.6	28.6	23.4	25.7	0.2	0.2	0.2
04:00～05:00	30.2	30.6	28.9	26.8	23.7	23.8	0.2	0.2	0.2
05:00～06:00	37.5	36.3	34.9	25.9	24.8	23.0	0.2	0.2	0.4
06:00～07:00	46.6	45.6	41.5	21.0	21.4	20.2	0.2	0.1	0.3
07:00～08:00	42.9	42.8	38.3	21.1	21.1	20.6	0.2	0.2	0.3
08:00～09:00	40.0	40.0	37.3	26.6	24.0	22.9	0.2	0.3	0.2
09:00～10:00	35.7	35.6	32.9	32.5	29.1	28.1	0.3	0.3	0.3
10:00～11:00	34.7	34.0	30.7	33.1	30.8	30.4	0.2	0.3	0.3
11:00～12:00	37.1	35.5	31.9	30.4	29.7	29.5	0.1	0.2	0.2
12:00～13:00	38.5	36.3	33.2	27.0	27.0	26.9	0.1	0.1	0.1
13:00～14:00	33.9	32.1	28.3	30.6	30.5	30.6	0.2	0.2	0.2
14:00～15:00	31.6	30.7	26.7	34.5	33.3	33.8	0.3	0.3	0.3
15:00～16:00	31.6	31.1	26.7	35.8	33.7	34.5	0.3	0.3	0.3
16:00～17:00	31.7	31.9	27.6	34.9	32.5	33.3	0.2	0.3	0.3
17:00～18:00	30.1	29.8	27.1	28.7	27.4	28.0	0.1	0.2	0.2
18:00～19:00	28.1	28.4	26.0	16.5	16.0	16.7	0.1	0.1	0.1
19:00～20:00	30.0	30.5	28.1	22.4	20.6	22.5	0.1	0.1	0.1
20:00～21:00	24.7	25.9	23.7	33.0	29.2	31.4	0.1	0.1	0.1
21:00～22:00	25.9	27.1	24.6	29.5	25.9	27.9	0.1	0.1	0.1
22:00～23:00	23.7	25.1	22.7	31.4	26.8	27.5	0.1	0.1	0.1
23:00～24:00	26.9	27.4	23.9	32.7	28.1	28.5	0.1	0.1	0.1
24:00～25:00	29.8	29.2	24.8	28.5	24.6	25.3	0.3	0.2	0.1
25:00～26:00	28.0	28.1	23.4	28.6	25.0	26.5	0.3	0.2	0.2

2019 年各月全国样本城市市场各类频道的市场占有率

单位：%

月份	中央广播电视总台	中国教育台频道	省级卫视频道	其他频道
1	27.6	0.1	26.1	46.2
2	29.1	0.2	26.6	44.1
3	25.7	0.1	27.5	46.7
4	26.3	0.2	27.2	46.3
5	27.4	0.1	26.8	45.7
6	27.8	0.1	27.5	44.6
7	25.7	0.1	28.8	45.4
8	26.4	0.2	28.4	45.0
9	28.3	0.2	27.4	44.1
10	29.0	0.1	27.1	43.8
11	26.5	0.1	27.5	45.9
12	26.2	0.2	28.1	45.5

2019 年全国样本城市频道市场份额 TOP20

单位：%

名次	频道名称	市场份额	名次	频道名称	市场份额
1	中央电视台综合频道	4.1	11	中央电视台五套	2.1
2	中央电视台四套	3.4	12	北京卫视	2.0
3	中央电视台八套	3.2	13	湖南电视台金鹰卡通频道	1.3
4	湖南卫视	3.1	14	中央电视台少儿频道	1.2
5	中央电视台六套	3.0	15	安徽卫视	1.1
6	浙江卫视	2.6	16	中央电视台二套	1.0
7	中央电视台三套	2.4	17	广东广播电视台珠江频道	0.9
7	江苏卫视	2.4	17	北京卡酷少儿频道	0.9
9	上海东方卫视	2.2	17	天津卫视	0.9
9	中央电视台新闻频道	2.2	17	深圳卫视（新闻综合频道）	0.9

2017～2019 年全国样本城市市场各类节目的播出比重与收视比重

单位：%

节目类别	2017 年		2018 年		2019 年	
	播出比重	收视比重	播出比重	收视比重	播出比重	收视比重
新闻/时事	10.5	13.9	10.5	13.3	10.5	13.3
综艺	5.9	12.0	5.6	11.2	4.9	11.1
电视剧	26.8	30.9	28.2	31.9	29.4	33.7
体育	2.4	3.0	2.5	4.2	2.7	3.7
专题	8.3	6.6	8.7	6.2	9.1	6.2
教学	0.3	0.1	0.3	0.1	0.3	0.1
外语	0.1	0.0	0.1	0.0	0.1	0.0
青少	4.5	5.4	4.6	5.5	4.9	5.1
音乐	0.9	1.0	1.0	1.0	1.4	1.2
电影	3.1	4.8	3.1	4.7	2.9	4.7
戏剧	0.6	0.4	0.7	0.4	0.8	0.5
财经	1.0	0.8	1.1	0.7	1.1	0.7
生活服务	14.6	7.2	13.3	7.1	12.5	6.7
法制	1.5	1.4	1.5	1.3	1.4	1.2
其他	19.5	12.5	18.8	12.4	18.0	11.8

2017～2019 年中央广播电视总台各类节目的播出比重与收视比重

单位：%

节目类别	2017 年		2018 年		2019 年	
	播出比重	收视比重	播出比重	收视比重	播出比重	收视比重
新闻/时事	12.7	17.9	12.7	16.4	12.1	16.9
综艺	8.5	12.3	8.6	11.6	7.4	11.0
电视剧	12.9	17.9	13.4	18.6	14.4	19.5
体育	11.3	5.8	11.3	8.4	11.5	7.8
专题	18.4	11.2	18.0	10.4	19.8	11.2
教学	0.4	0.1	0.3	0.1	0.4	0.1
外语	0.3	0.0	0.4	0.0	0.3	0.0
青少	3.5	4.1	3.6	4.0	3.2	3.4
音乐	4.2	2.5	4.1	2.3	4.2	2.7
电影	5.7	9.5	5.3	9.2	5.0	9.4
戏剧	2.1	0.7	2.3	0.8	3.1	0.9
财经	3.1	1.5	3.0	1.4	2.8	1.5
生活服务	4.6	4.2	4.6	4.3	4.0	3.8
法制	2.3	2.0	1.9	1.9	1.9	1.9
其他	10.0	10.3	10.5	10.6	9.9	9.9

2017～2019 年省级卫视各类节目的播出比重与收视比重

单位：%

节目类别	2017 年		2018 年		2019 年	
	播出比重	收视比重	播出比重	收视比重	播出比重	收视比重
新闻/时事	9.0	6.6	8.8	7.1	9.2	7.6
综艺	6.1	15.9	6.1	15.1	5.7	15.4
电视剧	34.6	40.0	34.5	41.0	34.2	42.6
体育	1.0	0.5	1.0	0.4	1.9	0.5
专题	14.6	3.7	14.2	3.2	13.7	3.3
教学	0.1	0.0	0.3	0.0	0.3	0.0
外语	0.0	0.0	0.0	0.0	0.0	0.0
青少	9.3	9.2	9.3	9.8	10.0	8.9
音乐	0.6	0.3	0.5	0.3	0.9	0.4
电影	1.4	1.9	1.5	1.8	1.7	1.8
戏剧	0.6	0.1	0.6	0.1	0.6	0.2
财经	0.3	0.2	0.3	0.2	0.3	0.2
生活服务	7.2	8.0	7.3	8.0	6.2	6.9
法制	0.5	0.4	0.4	0.3	0.1	0.0
其他	14.7	13.2	15.2	12.7	15.2	12.2

2019 年全国样本城市市场所有节目收视率 TOP20

单位：%

名次	节目名称	节目类别	播出频道	平均收视率	平均占有率
1	庆祝中华人民共和国成立 70 周年大会阅兵式群众游行特别报道	新闻	中央电视台综合频道	9.8	30.5
2	2019 中央广播电视总台春节联欢晚会	综艺	中央电视台综合频道	6.8	20.6
3	庆祝中华人民共和国成立 70 周年联欢活动	综艺	中央电视台综合频道	6.4	21.7
4	向伟大复兴前进	新闻	中央电视台综合频道	6.1	30.6
5	开学第一课	青少	中央电视台综合频道	5.7	18.5

续表

名次	节目名称	节目类别	播出频道	平均收视率	平均占有率
6	喜气洋洋闹元宵	综艺	中央电视台综合频道	4.3	15.1
7	人民欢歌庆祝中华人民共和国成立70周年联欢活动特别报道	新闻	中央电视台综合频道	2.9	16.2
8	2019年中央广播电视总台中秋晚会	综艺	中央电视台综合频道	2.7	10.0
9	快乐中国20192020跨年演唱会	音乐	湖南卫视	2.6	9.5
10	2020跨年演唱会用奋斗点亮幸福	音乐	江苏卫视	2.5	8.4
11	一年又一年	专题	中央电视台综合频道	2.2	11.0
12	新春喜剧之夜	综艺	中央台三套	2.2	7.9
13	中国好声音(7月19日)	综艺	浙江卫视	2.1	10.4
14	天气预报	生活服务	中央电视台综合频道	2.0	7.7
15	中国梦之声我们的歌(10月27日)	综艺	上海东方卫视	1.9	8.6
16	奋斗吧中华儿女音乐舞蹈史诗	综艺	中央电视台综合频道	1.9	8.4
17	新春曲艺大联欢	综艺	中央台三套	1.9	7.4
18	第七届世界军人运动会报道：第七届军运会女排决赛(中国队VS巴西队)	排球	中央台五套	1.9	7.3
18	超级足球之夜：国际足联2022年世界杯亚洲区预选赛第2阶段A组第4轮(菲律宾VS中国)	足球	中央台五套	1.9	7.3
20	2019北京电视台春节联欢晚会	综艺	北京卫视	1.9	7.2

2019 年全国样本城市市场电视剧收视率 TOP20

单位：%

名次	节目名称	播出频道	平均收视率	平均占有率
1	大明风华	湖南卫视	1.8	6.6
2	少年派	湖南卫视	1.4	5.7
3	谍战深海之惊蛰	湖南卫视	1.4	5.5
4	知否知否应是绿肥红瘦(11～78 集)	湖南卫视	1.4	5.2
4	老中医	中央电视台综合频道	1.4	5.2
4	鳄鱼与牙签鸟	湖南卫视	1.4	5.2
7	刘家媳妇	中央台八套	1.4	5.1
8	激荡	湖南卫视	1.3	5.2
9	姥姥的饺子馆(16～40 集)	中央台八套	1.3	5.1
9	特赦 1959	中央电视台综合频道	1.3	5.1
11	破冰行动	中央台八套	1.3	4.9
12	第二次也很美	上海东方卫视	1.3	4.5
13	精英律师	北京卫视	1.3	4.4
13	精英律师	上海东方卫视	1.3	4.4
15	老虎队	中央台八套	1.2	5.3
16	绽放吧百合	中央台八套	1.2	5.1
17	空降利刃	江苏卫视	1.2	4.7
17	小欢喜	浙江卫视	1.2	4.7
19	老酒馆	北京卫视	1.2	4.6
19	亲爱的热爱的	浙江卫视	1.2	4.6

2019 年全国样本城市市场新闻类节目收视率 TOP20

单位：%

名次	节目名称	播出频道	平均收视率	平均占有率
1	庆祝中华人民共和国成立 70 周年大会阅兵式群众游行特别报道	中央电视台综合频道	9.8	30.5
2	向伟大复兴前进	中央电视台综合频道	6.1	30.6
3	人民欢歌庆祝中华人民共和国成立 70 周年联欢活动特别报道	中央电视台综合频道	2.9	16.2
4	庆祝中华人民共和国成立 70 周年特别节目走向复兴	中央电视台综合频道	1.9	6.7

续表

名次	节目名称	播出频道	平均收视率	平均占有率
5	新闻联播	中央电视台综合频道	1.6	7.2
6	第七届世界军人运动会开幕式特别报道	中央电视台综合频道	1.2	4.5
7	庆祝澳门回归祖国20周年特别报道	中央电视台综合频道	1.1	3.7
8	焦点访谈	中央电视台综合频道	1.0	3.8
9	海峡两岸	中央台四套	1.0	3.6
9	国务院总理会见中外记者并回答提问	中央电视台综合频道	1.0	3.6
11	2019年中国北京世界园艺博览会开幕式特别报道	北京卫视	1.0	3.4
12	亚洲文化嘉年华特别报道	中央电视台综合频道	0.8	3.7
13	今日关注	中央台四套	0.8	3.5
14	中国舆论场	中央台四套	0.8	3.0
15	烈士纪念日向人民英雄敬献花篮仪式	中央电视台综合频道	0.7	12.2
16	新闻30分	中央电视台综合频道	0.7	6.5
17	庆祝中华人民共和国成立70周年大会阅兵式群众游行	中央电视台新闻频道	0.7	5.6
18	今日亚洲	中央台四套	0.7	2.8
19	中国新闻	中央台四套	0.7	2.7
19	深度国际	中央台四套	0.7	2.7

2019年全国样本城市市场电影类节目收视率TOP20

单位：%

名次	节目名称	播出频道	平均收视率	平均占有率
1	举起手来(1月19日)	中央台六套	1.6	5.6
2	战狼二(3月16日)	中央台六套	1.5	5.8
3	巨齿鲨(11月30日)	中央台六套	1.5	5.5
4	西虹市首富(2月9日)	中央台六套	1.4	5.3
5	澳门风云二(1月28日)	中央台六套	1.4	5.2
6	木棉袈裟(2月2日)	中央台六套	1.4	4.8
7	红海行动(9月29日)	中央台六套	1.3	5.5
8	一出好戏(2月8日)	中央台六套	1.3	5.1
9	叶问二宗师传奇(11月16日)	中央台六套	1.3	5.0
10	渊子崖保卫战(9月30日)	中央台六套	1.3	4.7

续表

名次	节目名称	播出频道	平均收视率	平均占有率
10	唐人街探案二(2月5日)	中央台六套	1.3	4.7
12	九层妖塔(1月5日)	中央台六套	1.3	4.6
13	举起手来之二追击阿多丸(1月20日)	中央台六套	1.3	4.5
14	黄金兄弟(2月12日)	中央台六套	1.3	4.3
15	叶问外传张天志(10月4日)	中央台六套	1.2	5.6
16	狄仁杰之神都龙王(11月2日)	中央台六套	1.2	5.1
17	我的特工爷爷(2月26日)	中央台六套	1.2	5.0
17	中国蓝盔(2月5日)	中央台六套	1.2	5.0
17	狼兵吼(10月28日)	中央台六套	1.2	5.0
20	疯狂的外星人(9月14日)	中央台六套	1.2	4.9

注：多次播出电影取收视率最高值参与排名，括号中为播出日期。

2019年全国样本城市市场综艺节目收视率TOP20

单位：%

名次	节目名称	播出频道	平均收视率	平均占有率
1	2019中央广播电视总台春节联欢晚会	中央电视台综合频道	6.8	20.6
2	庆祝中华人民共和国成立70周年联欢活动	中央电视台综合频道	6.4	21.7
3	喜气洋洋闹元宵	中央电视台综合频道	4.3	15.1
4	2019年中央广播电视总台中秋晚会	中央电视台综合频道	2.7	10.0
5	新春喜剧之夜	中央台三套	2.2	7.9
6	中国好声音(7月19日)	浙江卫视	2.1	10.4
7	中国梦之声我们的歌(10月27日)	上海东方卫视	1.9	8.6
8	奋斗吧中华儿女音乐舞蹈史诗	中央电视台综合频道	1.9	8.4
9	新春曲艺大联欢	中央台三套	1.9	7.4
10	2019北京电视台春节联欢晚会	北京卫视	1.9	7.2
11	越战越勇(2月7日)	中央台三套	1.8	6.6
12	奔跑吧	浙江卫视	1.7	7.9
13	梦圆东方　追梦2020跨年盛典	上海东方卫视	1.7	7.0
14	2019苏宁易购1111嗨爆夜	湖南卫视	1.7	6.5
15	中国达人秀后传(10月5日)	上海东方卫视	1.6	7.4
16	喜到福到好运到2019年春晚倒计时	中央台三套	1.4	6.4

续表

名次	节目名称	播出频道	平均收视率	平均占有率
17	启航 2020 中央广播电视总台跨年盛典	中央电视台综合频道	1.4	5.1
18	挑战不可能(2 月 17 日)	中央电视台综合频道	1.4	4.7
19	蒙面唱将猜猜猜(11 月 17 日)	江苏卫视	1.3	6.0
20	2019 天猫双 11 狂欢夜	浙江卫视	1.3	5.3

2019 年北京/上海/广州/深圳市场各类频道的市场占有率

单位：%

北京		上海		广东		深圳	
频道类别	市场占有率	频道类别	市场占有率	频道类别	市场占有率	频道类别	市场占有率
中央广播电视总台	26.9	中央广播电视总台	17.0	中央广播电视总台	14.5	中央广播电视总台	18.1
中国教育台频道	0.4	中国教育台频道	0.1	中国教育台频道	0.1	中国教育台频道	0.1
北京台频道	29.2	上海市级频道	43.1	广东广播电视台	27.8	广东省级台	8.0
其他省级卫视频道	22.2	其他省级卫视频道	13.3	广州台频道	11.0	深圳市级台	22.6
其他频道	21.3	其他频道	26.5	其他省级卫视频道	14.9	境外频道	2.8
				境外频道	8.1	其他省级卫视频道	22.9
				其他频道	23.6	其他频道	25.5

2019 年北京/上海市场频道收视份额 TOP10

单位：%

北京			上海		
名次	频道名称	收视份额	名次	频道名称	收视份额
1	北京卫视	12.8	1	上海电视台新闻综合频道	10.9
2	北京电视台影视频道	5.0	2	上海东方卫视	7.6
3	中央电视台四套	4.0	3	上海电视台电视剧频道	6.6

续表

北京			上海		
名次	频道名称	收视份额	名次	频道名称	收视份额
4	中央电视台八套	3.8	4	上海电视台都市频道	5.1
5	中央电视台综合频道	3.0	5	上海东方电影频道	4.9
5	湖南卫视	3.0	6	中央电视台四套	3.4
7	浙江卫视	2.8	7	上海电视台五星体育频道	2.9
8	中央电视台五套	2.7	8	湖南卫视	2.1
9	中央电视台六套	2.3	9	中央电视台六套	1.9
9	江苏卫视	2.3	10	中央电视台新闻频道	1.6
9	北京电视台文艺频道	2.3	10	江苏卫视	1.6

2019年广州/深圳市场频道收视份额TOP10

单位：%

广州			深圳		
名次	频道名称	收视份额	名次	频道名称	收视份额
1	广东广播电视台珠江频道	8.6	1	深圳电视台二套(电视剧频道)	8.4
2	广州市广播电视台综合频道	4.0	2	深圳电视台一套(都市频道)	5.6
3	广州市广播电视台影视频道	3.7	3	湖南卫视	4.8
3	广东广播电视台南方卫视	3.7	4	浙江卫视	4.0
5	广东广播电视台影视频道	3.0	5	中央电视台综合频道	3.8
5	广东广播电视台公共频道	3.0	6	江苏卫视	3.4
7	市网翡翠台(中文)	2.8	7	深圳卫视(新闻综合频道)	3.1
8	省网翡翠台(中文)	2.6	8	广东广播电视台嘉佳卡通频道	2.3
9	广州市广播电视台新闻频道	2.3	8	上海东方卫视	2.2
10	中央电视台综合频道	2.2	10	广东卫视	2.0
10	广东广播电视台体育频道	2.2			
10	湖南卫视	2.2			

2019 年北京/上海/广州/深圳市场各类节目的播出比重和收视比重

单位：%

节目类别	北京		上海		广州		深圳	
	播出比重	收视比重	播出比重	收视比重	播出比重	收视比重	播出比重	收视比重
财经	1.7	0.6	1.9	1.2	1.2	0.4	1.4	0.5
电视剧	20.7	32.1	20.8	32.9	21.4	30.1	22.0	40.0
电影	3.7	3.4	4.3	4.9	3.5	3.2	3.3	2.3
法制	1.2	0.7	0.7	0.9	1.0	0.5	0.6	0.5
教学	0.5	0.0	0.5	0.1	0.4	0.0	0.3	0.1
青少	7.0	2.7	6.6	1.7	7.5	5.5	7.6	6.5
生活服务	8.2	9.5	8.6	8.8	7.9	8.1	8.4	6.5
体育	4.0	5.4	4.7	6.3	5.3	6.1	4.7	2.4
外语	0.2	0.0	0.2	0.0	0.2	0.0	0.2	0.0
戏剧	0.8	0.4	1.9	0.6	0.7	0.1	0.7	0.2
新闻/时事	15.1	12.9	14.7	15.3	15.9	17.9	16.6	14.0
音乐	1.7	0.8	1.7	1.1	1.8	1.3	1.6	0.9
专题	15.3	7.6	14.3	5.4	13.6	5.7	12.5	5.1
综艺	7.6	13.3	6.9	9.9	6.6	7.5	7.0	9.7
其他	12.3	10.6	12.2	10.9	13.0	13.6	13.1	11.3

2019 年北京市场所有节目收视率 TOP20

单位：%

名次	节目名称	节目类型	播出频道	平均收视率	平均占有率
1	2019 北京电视台春节联欢晚会	综艺	北京卫视	14.2	40.8
2	庆祝中华人民共和国成立 70 周年大会阅兵式群众游行特别报道	新闻	北京卫视	11.3	27.0
3	2019 中央广播电视总台春节联欢晚会	综艺	北京卫视	10.4	27.7
4	芝麻胡同	电视剧	北京卫视	9.5	28.3
5	大江大河(第 40 ~47 集)	电视剧	北京卫视	9.5	27.6
6	庆祝中华人民共和国成立 70 周年联欢活动	综艺	北京卫视	9.1	24.9
7	一年又一年	专题	北京卫视	9.0	27.0
8	老酒馆	电视剧	北京卫视	8.4	28.3
9	天气预报	生活服务	北京卫视	8.3	34.9

续表

名次	节目名称	节目类型	播出频道	平均收视率	平均占有率
10	人民欢歌庆祝中华人民共和国成立 70 周年联欢活动特别报道	新闻	北京卫视	7.9	24.9
11	光荣时代	电视剧	北京卫视	7.5	25.0
12	河山	电视剧	北京卫视	7.4	24.0
13	转播中央广播电视总台新闻联播	新闻	北京卫视	6.4	24.9
14	因法之名	电视剧	北京卫视	6.3	20.4
15	外交风云	电视剧	北京卫视	6.1	21.7
16	中共中央在香山　共和国 1949 献礼中华人民共和国成立 70 周年先导片	专题	北京卫视	5.7	20.3
17	精英律师(第 1 ~20 集)	电视剧	北京卫视	5.6	18.5
18	开学第一课	青少	中央电视台综合频道	5.5	16.2
19	我们都要好好的	电视剧	北京卫视	5.3	17.8
20	北京新闻	新闻	北京卫视	5.1	23.4

2019 年上海市场所有节目收视率 TOP20

单位：%

名次	节目名称	节目类型	播出频道	平均收视率	平均占有率
1	梦圆东方　追梦 2020 跨年盛典	综艺	上海东方卫视	6.1	23.3
2	庆祝中华人民共和国成立 70 周年大会阅兵式群众游行特别报道	新闻/时事	中央电视台综合频道	6.1	18.3
3	转播中央台新闻联播(10 月 1 日)	新闻/时事	上海电视台新闻综合频道	6.0	21.3
4	春满东方 2019 东方卫视春节晚会(2 月 25 日)	综艺	上海东方卫视	5.8	25.2
5	庆祝中华人民共和国成立 70 周年联欢活动	综艺	上海电视台新闻综合频道	5.7	18.7
6	人民欢歌庆祝中华人民共和国成立 70 周年联欢活动特别报道	新闻/时事	上海电视台新闻综合频道	5.4	18.3

续表

名次	节目名称	节目类型	播出频道	平均收视率	平均占有率
7	新闻透视	新闻/时事	上海电视台新闻综合频道	5.1	25.4
8	观众中来	新闻/时事	上海电视台新闻综合频道	5.1	25.1
9	中国达人秀(9月1日)	综艺	上海东方卫视	4.5	18.6
10	2019中央广播电视总台春节联欢晚会	综艺	上海电视台新闻综合频道	4.5	17.8
11	我和春天有个约会2019SMG主持人迎新歌会	音乐	上海电视台都市频道	4.4	17.6
12	中国梦之声我们的歌(12月22日)	综艺	上海东方卫视	4.3	18.6
13	笑傲江湖第4季(8月10日)	综艺	上海东方卫视	4.3	15.5
14	精英律师	电视剧	上海东方卫视	4.3	15.4
15	新闻报道	新闻/时事	上海电视台新闻综合频道	4.2	22.3
16	向伟大复兴前进	新闻/时事	中央电视台综合频道	4.0	18.9
17	开学第一课	青少	中央电视台综合频道	4.0	12.8
18	垃圾分类新时尚立法保障正当时(2月19日)	新闻/时事	上海电视台新闻综合频道	3.8	16.4
19	火神	电视剧	上海电视台新闻综合频道	3.8	15.2
20	苦菜花	电视剧	上海电视台新闻综合频道	3.7	13.9

2019 年广州市场所有节目收视率 TOP20

单位：%

名次	节目名称	节目类型	播出频道	平均收视率	平均占有率
1	庆祝中华人民共和国成立 70 周年大会阅兵式群众游行特别报道	新闻/时事	中央电视台综合频道	13. 3	34. 0
2	开学第一课	青少	中央电视台综合频道	9. 0	22. 9
3	向伟大复兴前进	新闻/时事	中央电视台综合频道	6. 6	30. 2
4	现场直播：2019 年亚洲足联冠军联赛半决赛次回合（广州恒大 VS 浦和红宝石）	体育	中央电视台五套	6. 3	18. 8
5	超级周末：2019 年中国足球协会超级联赛第 23 轮（北京中赫国安 VS 广州恒大淘宝）	体育	广东广播电视台体育频道	5. 5	17. 8
6	超级足球之夜：国际足联 2022 年世界杯亚洲区预选赛第 2 阶段 A 组第 4 轮（菲律宾 VS 中国）	体育	中央电视台五套	5. 5	16. 5
7	庆祝中华人民共和国成立 70 周年联欢活动	综艺	中央电视台综合频道	5. 3	16. 2
8	2019 年中国足协杯第 6 轮（广州恒大淘宝 VS 上海上港）	体育	广东广播电视台体育频道	5. 2	17. 3
9	鸡毛飞上天（第 27 ~ 50 集）	电视剧	广东广播电视台珠江频道	5. 0	16. 9
10	天气预报	生活服务	广东广播电视台珠江频道	4. 8	19. 8
11	女人的抉择	电视剧	广东广播电视台珠江频道	4. 8	16. 2
12	2019 年亚洲杯小组赛 C 组第三轮（韩国 VS 中国）	体育	中央电视台五套	4. 7	22. 4
13	娘道	电视剧	广东广播电视台珠江频道	4. 4	14. 6

续表

名次	节目名称	节目类型	播出频道	平均收视率	平均占有率
14	团圆	电视剧	广东广播电视台珠江频道	4.3	14.5
15	现场直播:2019 年中国之队广州国际足球赛(中国队 VS 塔吉克斯坦队)	体育	中央电视台五套	4.2	13.6
16	烟花易冷	电视剧	广东广播电视台珠江频道	4.0	12.7
17	我们的千阙歌	电视剧	广东广播电视台珠江频道	3.8	13.4
18	幸福巧克力	电视剧	广东广播电视台珠江频道	3.8	13.3
19	珠江贺岁综艺剧　2019 花开南粤喜迎春 2019 珠江频道春节特别节目	综艺	广东广播电视台珠江频道	3.8	12.8
20	女人的颜色	电视剧	广东广播电视台珠江频道	3.8	12.5

2019 年深圳市场所有节目收视率 TOP20

单位：%

名次	节目名称	类型	播出频道	平均收视率	平均占有率
1	开学第一课	青少	中央电视台综合频道	7.9	26.9
2	庆祝中华人民共和国成立 70 周年大会阅兵式群众游行特别报道	新闻/时事	中央电视台综合频道	7.8	25.9
3	向伟大复兴前进	新闻/时事	中央电视台综合频道	4.7	25.9
4	中国梦之声　我们的歌(10 月 27 日)	综艺	上海东方卫视	4.6	18.4
5	2020 跨年演唱会用奋斗点亮幸福	音乐	江苏卫视	4.3	16.8

续表

名次	节目名称	类型	播出频道	平均收视率	平均占有率
6	中国好声音(9 月 6 日)	综艺	浙江卫视	4. 1	20. 7
7	飞哥大英雄之飞哥战队	电视剧	深圳电视台二套(电视剧频道)	4. 0	21. 0
8	音浪合伙人(9 月 28 日)	综艺	江苏卫视	3. 9	28. 8
9	夏洛特烦恼	电影	浙江卫视	3. 7	15. 4
10	梦圆东方　追梦 2020 跨年盛典	综艺	上海东方卫视	3. 7	13. 8
11	十个连长一个班	电视剧	深圳电视台二套(电视剧频道)	3. 6	18. 1
12	追我吧(11 月 8 日)	综艺	浙江卫视	3. 6	17. 0
13	庆祝中华人民共和国成立 70 周年联欢活动	综艺	中央电视台综合频道	3. 6	16. 0
14	誓盟(第 13 ~ 43 集)	电视剧	深圳电视台二套(电视剧频道)	3. 5	18. 8
15	烈火刀影	电视剧	深圳电视台二套(电视剧频道)	3. 5	18. 5
16	女匪首传奇	电视剧	深圳电视台二套(电视剧频道)	3. 4	16. 8
17	中国达人秀(10 月 6 日)	综艺	上海东方卫视	3. 4	16. 0
18	巅峰对决我就是演员(10 月 26 日)	综艺	浙江卫视	3. 4	14. 5
19	2019 苏宁易购 1111 嗨爆夜	综艺	湖南卫视	3. 2	15. 8
20	中国好声音国庆演唱会	音乐	浙江卫视	3. 1	17. 3

B.46

2019年中国广播市场数据*

2017～2019年24城市各目标听众人均收听时间

单位：分钟

目标听众		2017年	2018年	2019年
15岁及以上所有人		58.7	57.9	57.3
性别	男	60.2	59.4	59.5
	女	55.3	54.3	53.0
年龄	15～24岁	35.2	34.8	35.7
	25～34岁	49.0	48.0	47.4
	35～44岁	57.6	57.4	56.3
	45～54岁	67.1	65.1	65.1
	55～64岁	84.1	84.1	83.0
	65岁及以上	96.5	97.3	98.2
文化程度	未受过正规教育	49.6	54.6	38.3
	小学	59.7	55.6	51.4
	初中	67.9	66.6	64.2
	高中	59.5	60.3	61.7
	大学及以上	49.2	49.0	48.7

目标听众		2017年	2018年	2019年
职业	干部/管理人员	52.3	52.6	52.9
	初级公务员/雇员	49.0	49.8	50.5
	个体/私营企业人员	63.3	61.4	59.9
	工人	60.5	59.5	58.3
	学生	29.7	29.2	30.7
	无业（包括退休人员）	84.1	83.9	83.2
	其他	45.1	45.0	63.7
个人月收入	没有收入	36.2	34.2	35.0
	1～2000元	78.9	74.6	73.7
	2001～3000元	73.0	73.7	72.0
	3001～4000元	63.7	65.0	64.9
	4001～5000元	56.8	59.0	59.8
	5001～6000元	54.7	51.1	54.4
	6001元及以上	46.6	49.5	49.7

* 中国广播市场数据来源：中国广视索福瑞媒介研究（CSM）。

2017～2019年24城市听众在不同收听地点的人均收听时间

单位：分钟

地点	2017年	2018年	2019年	地点	2017年	2018年	2019年
在家	31.4	28.1	26.6	工作/学习场所	5.0	4.8	5.1
车上	18.5	20.0	21.6	其他场所	3.8	4.9	4.0

2019年24城市市场听众构成

单位：%

目标听众		听众构成	目标听众		听众构成
15岁及以上所有人		100	职业	干部/管理人员	5.5
性别	男	55.5		初级公务员/雇员	30.2
	女	44.5		个体/私营企业人员	15.7
年龄	15～24岁	12.4		工人	14.6
	25～34岁	20.5		学生	7.4
	35～44岁	22.6		无业(包括退休人员)	26.3
	45～54岁	16.5		其他	0.3
	55～64岁	14.5	个人月收入	没有收入	10.9
	65岁及以上	13.5		1～2000元	5.0
文化程度	未受过正规教育	0.2		2001～3000元	17.7
	小学	4.2		3001～4000元	23.8
	初中	24.7		4001～5000元	17.5
	高中	35.9		5001～6000元	10.0
	大学及以上	35.0		6001元及以上	15.1

2017～2019年24城市市场各广播电台的市场份额

单位：%

广播电台	2017年	2018年	2019年	广播电台	2017年	2018年	2019年
中央级频率	9.4	9.1	9.1	市(县)级频率	38.6	38.3	38.0
省级频率	49.7	49.9	50.6	其他频率	2.3	2.7	2.3

2019 年 24 城市市场各广播电台在不同目标听众中的市场份额

单位：%

目标听众		中央级频率	省级频率	市(县)级频率	其他频率
15 岁及以上所有人		9.1	50.6	38.0	2.3
性别	男	9.8	50.0	37.8	2.4
	女	8.2	51.1	38.3	2.4
年龄	15～24 岁	8.5	49.9	39.4	2.2
	25～34 岁	8.2	51.2	38.2	2.4
	35～44 岁	8.2	50.0	38.9	2.9
	45～54 岁	8.2	53.1	36.2	2.5
	55～64 岁	9.1	50.8	37.8	2.3
	65 岁及以上	13.5	47.8	37.3	1.4
文化程度	未受过正规教育	15.4	42.7	37.1	4.8
	小学	11.2	41.6	42.1	5.1
	初中	7.4	44.4	45.2	3.0
	高中	9.2	50.5	38.5	1.8
	大学及以上	9.9	55.9	32.1	2.1
职业	干部/管理人员	8.4	54.4	33.3	3.9
	初级公务员/雇员	9.8	53.0	35.1	2.1
	个体/私营企业人员	7.0	47.3	43.1	2.6
	工人	7.6	48.3	41.1	3.0
	学生	8.4	56.2	33.4	2.0
	无业(包括退休人员)	10.8	48.5	39.1	1.6
	其他	7.1	69.2	19.2	4.5
个人月收入	没有收入	8.4	54.9	34.6	2.1
	1～2000 元	7.4	39.1	50.4	3.1
	2001～3000 元	8.4	45.3	44.0	2.3
	3001～4000 元	9.4	48.7	40.0	1.9
	4001～5000 元	9.8	51.3	36.0	2.9
	5001～6000 元	9.5	54.9	33.3	2.3
	6001 元及以上	9.6	56.1	31.8	2.5

2017～2019 年北京各目标听众人均收听时间

单位：分钟

目标听众		2017 年	2018 年	2019 年	目标听众		2017 年	2018 年	2019 年
15 岁及以上所有人		56	54	55	职业	干部/管理人员	50	53	51
性别	男	58	57	59		初级公务员/雇员	49	47	50
	女	53	50	52		个体/私营企业人员	49	54	60
年龄	15～24 岁	43	36	37		工人	58	58	57
	25～34 岁	46	43	45		学生	55	43	45
	35～44 岁	48	49	51		无业（包括退休人员）	83	80	83
	45～54 岁	62	62	70		其他	49	47	63
	55～64 岁	78	77	86	个人月收入	没有收入	51	45	45
	65 岁及以上	90	89	92		1～2000 元	60	57	53
文化程度	未受过正规教育	*	*	*		2001～3000 元	59	64	75
	小学	*	*	44		3001～4000 元	67	64	68
	初中	67	67	66		4001～5000 元	54	53	55
	高中	62	60	64		5001～6000 元	46	46	51
	大学及以上	50	48	49		6001 元及以上	49	45	46

说明：北京为全年连续调查城市，从 2017 年 1 月 1 日起采用测量仪调查数据，非本地及其他频率不再纳入监测范围。“*”表示目标听众样本量不足，无法进行统计推断。

2017～2019 年上海各目标听众人均收听时间

单位：分钟

目标听众		2017 年	2018 年	2019 年
15 岁及以上所有人		47	50	55
性别	男	50	52	59
	女	44	48	51
年龄	15～24 岁	35	36	44
	25～34 岁	40	42	44
	35～44 岁	36	42	45
	45～54 岁	52	55	61
	55～64 岁	59	67	72
	65 岁及以上	70	75	91
文化程度	未受过正规教育	*	*	*
	小学	*	*	*
	初中	57	61	64
	高中	53	58	71
	大学及以上	41	44	46
职业	干部/管理人员	44	51	54
	初级公务员/雇员	38	43	46
	个体/私营企业人员	46	47	51
	工人	53	56	66
	学生	37	40	45
	无业（包括退休人员）	66	73	83
	其他	42	38	54
个人月收入	没有收入	40	40	46
	1～2000 元	40	*	*
	2001～3000 元	57	60	69
	3001～4000 元	60	66	76
	4001～5000 元	48	56	65
	5001～6000 元	45	46	51
	6001 元及以上	41	45	47

说明：上海为全年连续调查城市，从 2017 年 1 月 1 日开始采用测量仪调查数据，非本地及其他频率不再纳入监测范围。“*”表示该目标听众样本量不足，无法进行统计推断。

2017～2019 年广州各目标听众人均收听时间

单位：分钟

目标听众		2017 年	2018 年	2019 年
15 岁及以上所有人		45	62	68
性别	男	50	66	72
	女	38	56	62
年龄	15～24 岁	25	42	49
	25～34 岁	27	40	40
	35～44 岁	42	53	54
	45～54 岁	60	80	87
	55～64 岁	76	120	135
	65 岁及以上	85	133	148
文化程度	未受过正规教育	*	*	*
	小学	66	97	130
	初中	78	111	118
	高中	57	77	87
	大学及以上	31	46	49

目标听众		2017 年	2018 年	2019 年
职业	干部/管理人员	31	37	41
	初级公务员/雇员	32	47	49
	个体/私营企业人员	46	56	68
	工人	46	73	78
	学生	21	39	43
	无业（包括退休人员）	83	119	130
	其他	*	*	*
个人月收入	没有收入	27	39	48
	1～2000 元	44	82	104
	2001～3000 元	56	78	76
	3001～4000 元	56	77	95
	4001～5000 元	48	66	71
	5001～6000 元	41	60	67
	6001 元及以上	36	49	50

2017～2019 年深圳各目标听众人均收听时间

单位：分钟

目标听众		2017 年	2018 年	2019 年
15 岁及以上所有人		37	43	43
性别	男	40	42	42
	女	33	44	43
年龄	15～24 岁	25	40	43
	25～34 岁	36	40	38
	35～44 岁	43	46	45
	45～54 岁	49	52	50
	55～64 岁	65	66	54
	65 岁及以上	44	41	48
文化程度	未受过正规教育	*	*	*
	小学	26	39	37
	初中	33	48	47
	高中	38	46	46
	大学及以上	38	37	36

目标听众		2017 年	2018 年	2019 年
职业	干部/管理人员	43	46	48
	初级公务员/雇员	39	43	44
	个体/私营企业人员	46	43	40
	工人	35	41	37
	学生	13	42	50
	无业（包括退休人员）	39	46	42
	其他	27	*	*
个人月收入	没有收入	18	41	43
	1～2000 元	52	49	50
	2001～3000 元	41	45	45
	3001～4000 元	46	43	47
	4001～5000 元	35	44	50
	5001～6000 元	39	39	41
	6001 元及以上	42	44	38

2017～2019 年北京/上海/广州/深圳听众在不同地点的人均收听时间

单位：分钟

地点	北京			上海			广州			深圳		
	2017年	2018年	2019年	2017年	2018年	2019年	2017年	2018年	2019年	2017年	2018年	2019年
家中	19	17	17	18	19	23	12	19	22	17	6	8
车上	19	20	23	13	15	17	16	22	23	15	22	21
工作/学习场所	9	8	9	7	6	7	8	8	12	3	5	6
其他场所	9	9	6	9	10	8	10	12	10	1	9	6

2019 年北京/上海/广州/深圳市场听众构成

单位：%

目标听众		北京听众构成	上海听众构成	广州听众构成	深圳听众构成
15 岁及以上所有人		100.0	100.0	100	100
性别	男	57.7	56.1	60.3	56.5
	女	42.3	43.9	39.7	43.5
年龄	15～24 岁	11.8	10.6	14.5	19.6
	25～34 岁	21.8	22.7	17.7	34.0
	35～44 岁	23.6	17.2	17.4	31.3
	45～54 岁	17.5	15.7	12.2	8.0
	55～64 岁	12.7	18.3	19.0	3.5
	65 岁及以上	12.6	15.5	19.2	3.6
文化程度	未受过正规教育	*	*	*	*
	小学	0.3	*	3.5	0.4
	初中	14.8	10.8	15.9	18.2
	高中	32.8	37.3	38.5	49.8
	大学及以上	52.1	51.9	42.1	31.6
职业	干部/管理人员	7.2	10.3	4.2	9.6
	初级公务员/雇员	50.2	40.3	29.9	46.2
	个体/私营企业人员	5.2	3.9	8.0	13.0
	工人	8.7	10.8	19.7	15.0
	学生	7.4	9.0	5.5	8.5
	无业（包括退休人员）	20.9	24.3	32.7	7.7
	其他	0.4	1.4	*	*

续表

目标听众		北京听众构成	上海听众构成	广州听众构成	深圳听众构成
个人月收入	没有收入	9.0	10.1	6.9	11.2
	1~2000元	1.6	*	1.7	1.4
	2001~3000元	10.6	4.3	9.4	3.4
	3001~4000元	26.1	16.7	30.5	14.9
	4001~5000元	18.6	21.9	16.6	21.1
	5001~6000元	16.4	13.2	13.3	16.0
	6001元及以上	17.7	33.8	21.6	32.0

说明："*"表示目标听众样本量不足，无法进行统计推断。

2017~2019年北京/上海/广州/深圳市场各广播电台的市场份额

单位：%

北京							
广播电台	2017年	2018年	2019年	广播电台	2017年	2018年	2019年
中央广播电视总台	25.4	22.4	22.1	北京人民广播电台	68.1	71.8	72.4
中国国际广播电台	6.5	5.8	5.5	其他广播电台	—	—	—
上海							
广播电台	2017年	2018年	2019年	广播电台	2017年	2018年	2019年
中央广播电视总台	9.8	7.3	7.7	上海广播电视台	89.0	91.6	91.2
中国国际广播电台	1.2	1.1	1.1	其他广播电台	—	—	—
广州							
广播电台	2017年	2018年	2019年	广播电台	2017年	2018年	2019年
中央广播电视总台	5.1	4.6	5.6	广州广播电视台	35.7	32.8	33.7
中国国际广播电台	1.7	1.0	1.1	佛山人民广播电台	2.2	1.6	1.1
广东广播电视台	55.2	60.0	58.5	其他广播电台	—	—	—
深圳							
广播电台	2017年	2018年	2019年	广播电台	2017年	2018年	2019年
中央广播电视总台	9.2	8.1	9.0	深圳广播电影电视集团	63.2	76.0	79.3
中国国际广播电台	3.1	1.1	1.3	其他广播电台	4.9	4.6	4.4
广东广播电视台	19.6	10.2	6.0	—	—	—	—

说明：从2017年开始北京、上海采用虚拟测量仪进行收听率调查，广州从2017年4月1日开始采用虚拟测量仪进行调查，非本地及其他频率不再纳入监测范围。

2019 年北京市场各广播电台在不同目标听众中的市场份额

单位：%

目标听众		中央广播电视总台	中国国际广播电台	北京人民广播电台
15 岁及以上所有人		22.1	5.5	72.4
性别	男	22.4	6.8	70.8
	女	21.6	3.7	74.7
年龄	15～24 岁	18.9	3.7	77.4
	25～34 岁	26.7	7.0	66.3
	35～44 岁	21.9	4.4	73.7
	45～54 岁	18.7	3.1	78.2
	55～64 岁	17.0	7.1	75.9
	65 岁及以上	27.3	8.4	64.3
文化程度	未受过正规教育	*	*	*
	小学	6.6	0.6	92.8
	初中	18.1	1.8	80.1
	高中	19.8	6.6	73.6
	大学及以上	24.8	5.8	69.4
职业	干部/管理人员	20.0	5.7	74.3
	初级公务员/雇员	24.1	4.7	71.2
	个体/私营企业人员	16.5	9.0	74.5
	工人	21.0	3.9	75.1
	学生	12.5	3.5	84.0
	无业(包括退休人员)	23.2	7.9	68.9
	其他	23.7	4.6	71.7
个人月收入	没有收入	17.4	4.0	78.6
	1～2000 元	17.4	2.3	80.3
	2001～3000 元	19.4	5.5	75.1
	3001～4000 元	18.4	4.6	77.0
	4001～5000 元	20.9	6.1	73.0
	5001～6000 元	24.5	5.8	69.7
	6001 元及以上	30.8	7.0	62.2

说明：“*”表示目标听众样本量不足，无法进行统计推断。

2019 年上海市场各广播电台在不同目标听众中的市场份额

单位：%

目标听众		中央广播电视总台	中国国际广播电台	上海广播电视台
15 岁及以上所有人		7.7	1.1	91.2
性别	男	9.1	0.7	90.2
	女	5.8	1.6	92.6
年龄	15～24 岁	7.2	0.2	92.6
	25～34 岁	5.9	1.5	92.6
	35～44 岁	5.2	2.5	92.3
	45～54 岁	7.2	0.4	92.4
	55～64 岁	8.6	0.9	90.5
	65 岁及以上	12.8	0.3	86.9
文化程度	未受过正规教育	*	*	*
	小学	*	*	*
	初中	7.2	0.4	92.4
	高中	10.0	0.7	89.3
	大学及以上	6.0	1.5	92.5
职业	干部/管理人员	3.9	3.1	93.0
	初级公务员/雇员	7.3	1.4	91.3
	个体/私营企业人员	5.8	0.2	94.0
	工人	9.4	0.3	90.3
	学生	6.5	0.2	93.3
	无业(包括退休人员)	10.4	0.6	89.0
	其他	1.0	0.6	98.4
个人月收入	没有收入	5.8	0.2	94.0
	1～2000 元	*	*	*
	2001～3000 元	2.2	0.7	97.1
	3001～4000 元	10.0	0.8	89.2
	4001～5000 元	10.7	1.1	88.2
	5001～6000 元	6.9	0.6	92.5
	6001 元及以上	6.3	1.8	91.9

说明：“*”表示该目标听众样本量不足，无法进行统计推断。

2019 年广州市场各广播电台在不同目标听众中的市场份额

单位：%

目标听众		中央广播电视总台	中国国际广播电台	广东广播电视台	广州广播电视台	佛山人民广播电台
15 岁及以上所有人		5.6	1.1	58.5	33.7	1.1
性别	男	5.3	1.5	60.2	32.1	0.9
	女	6.1	0.4	56	36.2	1.3
	15 ~ 24 岁	1.6	3.5	43.6	51.2	0.1
	25 ~ 34 岁	5.7	0.3	61.5	31.7	0.9
	35 ~ 44 岁	6.3	1.8	58	32.6	1.3
	45 ~ 54 岁	3.2	0.2	60.7	34.8	1.1
	55 ~ 64 岁	3.4	0.1	71.3	24.1	1.1
	65 岁及以上	11.7	0.8	53.6	32.2	1.7
文化程度	未受过正规教育	*	*	*	*	*
	小学	12.9	0.1	72.4	14.1	0.5
	初中	2.3	0.2	59	36.1	2.4
	高中	6.0	1.4	54.1	37.9	0.6
	大学及以上	6.0	1.1	61.2	30.7	1.0
职业	干部/管理人员	1.7	0.2	66	30.5	1.6
	初级公务员/雇员	5.4	0.4	58.4	35.0	0.8
	个体/私营企业人员	3.5	3.0	76.2	16.6	0.7
	工人	3.4	0.2	57.4	38.4	0.6
	学生	2.1	8.7	31.5	57.6	0.1
	无业(包括退休人员)	8.7	0.5	58.5	30.5	1.8
	其他	*	*	*	*	*
个人月收入	没有收入	2.9	7.0	31	58.9	0.2
	1 ~ 2000 元	10.7	0.1	85	4.2	0.0
	2001 ~ 3000 元	3.8	0.1	60.8	32.7	2.6
	3001 ~ 4000 元	4.4	0.2	59.1	35.0	1.3
	4001 ~ 5000 元	6.3	0.5	57.7	34.8	0.7
	5001 ~ 6000 元	8.3	0.6	58.2	32.5	0.4
	6001 元及以上	6.6	1.5	64	26.6	1.3

说明：“＊”表示该目标听众样本量不足，无法进行统计推断。

2019 年深圳市场各广播电台在不同目标听众中的市场份额

单位：%

目标听众		中央人民广播电台	中国国际广播电台	广东广播电视台	深圳广播电影电视集团	其他广播电台
15 岁及以上所有人		9.0	1.3	6.0	79.3	4.4
性别	男	11.4	1.9	5.3	75.6	5.8
	女	5.9	0.4	6.9	84.0	2.8
年龄	15～24 岁	12.2	0.1	3.2	82.9	1.6
	25～34 岁	8.1	0.6	8.1	80.6	2.6
	35～44 岁	6.9	1.9	6.9	77.9	6.4
	45～54 岁	7.2	1.2	4.5	79.2	7.9
	55～64 岁	15.3	6.7	1.3	65.1	11.6
	65 岁及以上	17.6	4.1	0.8	72.8	4.7
文化程度	未受过正规教育	*	*	*	*	*
	小学	1.1	0.1	9.9	86.8	2.1
	初中	9.7	0.8	5.5	80.6	3.4
	高中	8.2	1.1	4.8	81.5	4.4
	大学及以上	10.0	1.7	8.2	74.9	5.2
职业	干部/管理人员	7.0	1.7	8.0	76.1	7.2
	初级公务员/雇员	7.6	1.1	7.9	78.4	5.0
	个体/私营企业人员	20.8	2.6	3.1	68.7	4.8
	工人	7.6	0.5	3.7	84.9	3.3
	学生	2.4	0.1	3.8	92.0	1.7
	无业（包括退休人员）	10.4	2.0	3.7	81.4	2.5
	其他	*	*	*	*	*
个人月收入	没有收入	2.2	0.1	4.9	91.2	1.6
	1～2000 元	23.5	0.2	1.3	74.2	0.8
	2001～3000 元	26.1	2.8	3.4	65.8	1.9
	3001～4000 元	16.7	0.6	4.2	76.6	1.9
	4001～5000 元	9.1	0.2	6.7	82.0	2.0
	5001～6000 元	6.9	1.7	5.4	80.5	5.5
	6001 元及以上	6.3	2.4	7.5	75.6	8.2

说明：“ * ”表示该目标听众样本量不足，无法进行统计推断。

2019 年北京/上海/广州/深圳市场频率份额 TOP5

单位：%

排名	频率名称	市场份额
北京		
排名	频率名称	市场份额
1	北京交通广播(FM103.9/CFM95.6)	36.2
2	北京文艺广播(FM87.6/CFM93.8)	11.3
3	北京新闻广播(FM100.6/AM828/CFM90.4)	11.0
4	中央人民广播电台第一套节目中国之声	8.9
5	北京音乐广播(FM97.4/CFM94.6)	7.9
上海		
排名	频率名称	市场份额
1	上海流行音乐广播动感 101 FM101.7	26.6
2	上海人民广播电台上海新闻广播 FM93.4/AM990	18.8
3	上海经典金曲广播 LoveRadio 最爱调频 FM103.7	12.0
4	东广新闻台长三角之声 AM1296/FM90.9	8.8
5	上海交通广播 AM648/FM105.7	7.3
广州		
排名	频率名称	市场份额
1	广东广播电视台羊城交通广播台 FM105.2	18.1
2	广州交通电台 FM106.1	13.9
3	广东广播电视台珠江经济广播电台(E FM 财富 974)	13.0
4	广东广播电视台音乐之声 FM99.3	10.6
5	广州新闻电台 FM96.2	8.0
深圳		
排名	频率名称	市场份额
1	深圳人民广播电台音乐广播 FM97.1	27.8
2	深圳广播电台交通频率 FM106.2	26.8
3	深圳广播电台新闻频率 FM89.8	16.1
4	深圳电台生活频率 FM94.2	8.6
5	中央人民广播电台第一套节目中国之声	4.9

2019 年北京市场节目收听率 TOP20

单位：%

排名	节目名称	播出频率	收听率	市场份额
1	交通新闻热线	北京交通广播 FM103.9/CFM95.6	4.6	37.0
2	今日交通	北京交通广播 FM103.9/CFM95.6	3.6	37.6
3	1039 新闻早报	北京交通广播 FM103.9/CFM95.6	3.3	37.5
4	广播过大年广播剧	北京交通广播 FM103.9/CFM95.6	3.3	35.9
5	欢乐正前方	北京交通广播 FM103.9/CFM95.6	2.7	39.7
6	一路畅通	北京交通广播 FM103.9/CFM95.6	2.6	37.8
7	交通新闻	北京交通广播 FM103.9/CFM95.6	2.6	37.4
8	汽车天下	北京交通广播 FM103.9/CFM95.6	2.2	40.5
9	人间尽芳菲大美世园会	北京交通广播 FM103.9/CFM95.6	2.1	43.6
10	徐徐道来话北京	北京交通广播 FM103.9/CFM95.6	2.1	37.0
11	两会直通车	北京交通广播 FM103.9/CFM95.6	1.9	36.7
12	2019 第 18 届上海国际汽车工业展览会现场直播	北京交通广播 FM103.9/CFM95.6	1.8	43.3
13	花样年华精彩世园	北京交通广播 FM103.9/CFM95.6	1.8	42.9
14	1039 惠旅行	北京交通广播 FM103.9/CFM95.6	1.8	38.4
15	北京新闻	北京新闻广播 FM100.6/AM828/CFM90.4	1.7	15.3
16	北京交通广播听众欢乐会特别节目	北京交通广播 FM103.9/CFM95.6	1.6	34.5
17	八九不离十	北京交通广播 FM103.9/CFM95.6	1.5	38.1
18	新闻晚知道	北京交通广播 FM103.9/CFM95.6	1.5	34.8
19	航空在线	北京交通广播 FM103.9/CFM95.6	1.5	33.5
20	一起午餐吧	北京交通广播 FM103.9/CFM95.6	1.5	32.9

2019 年上海市场节目收听率 TOP20

单位：%

排名	节目名称	播出频率	收听率	市场份额
1	转播中央人民广播电台新闻和报纸摘要节目	上海人民广播电台上海新闻广播 FM93.4/AM990	3.0	31.9
2	990 早新闻	上海人民广播电台上海新闻广播 FM93.4/AM990	2.7	24.5

续表

排名	节目名称	播出频率	收听率	市场份额
3	清晨新闻	上海人民广播电台上海新闻广播 FM93.4/AM990	2.5	37.0
4	VIP 陪练音乐早餐	上海流行音乐广播 动感 101 FM101.7	2.1	21.3
5	八点新闻	上海人民广播电台上海新闻广播 FM93.4/AM990	2.1	20.6
6	VIP 陪练音乐早餐周末版	上海流行音乐广播 动感 101 FM101.7	2.0	21.3
7	全球华语歌曲排行榜	上海流行音乐广播 动感 101 FM101.7	1.8	49.2
8	音乐课代表	上海流行音乐广播 动感 101 FM101.7	1.8	41.4
9	音乐万花筒	上海流行音乐广播 动感 101 FM101.7	1.8	39.4
10	101 爱看剧	上海流行音乐广播 动感 101 FM101.7	1.7	43.6
11	越夜越动听	上海流行音乐广播 动感 101 FM101.7	1.6	43.4
12	音乐厨男秀	上海流行音乐广播 动感 101 FM101.7	1.6	41.8
13	音乐零时差	上海流行音乐广播 动感 101 FM101.7	1.6	41.1
14	101 爱时尚	上海流行音乐广播 动感 101 FM101.7	1.6	40.3
15	纪念五四运动 100 周年特别直播	上海人民广播电台上海新闻广播 FM93.4/AM990	1.6	21.3
16	弹指音乐圈	上海流行音乐广播 动感 101 FM101.7	1.5	41.8
17	侬好东京	上海流行音乐广播 动感 101 FM101.7	1.5	39.2
18	中秋假期特别节目	上海流行音乐广播 动感 101 FM101.7	1.5	28.7
19	绕着地球跑	上海流行音乐广播 动感 101 FM101.7	1.5	28.4
20	音乐爱远行	上海流行音乐广播 动感 101 FM101.7	1.5	27.4

2019 年广州市场节目收听率 TOP20

单位：%

排名	节目名称	播出频率	收听率	市场份额
1	庆祝新中国成立 70 年特别策划壮丽 70 年奋进新时代行进式	广东广播电视台珠江经济广播电台（E FM 财富 974）	2.4	23.5
2	追风时刻	广东广播电视台珠江经济广播电台（E FM 财富 974）	2.0	24.4
3	广播小品	广东广播电视台羊城交通广播台 FM105.2	1.9	26.2
4	下一站香港	广东广播电视台珠江经济广播电台（E FM 财富 974）	1.9	21.1
5	长篇武侠小说	广东广播电视台珠江经济广播电台（E FM 财富 974）	1.8	24.9
6	好视力爱眼课堂	广东广播电视台珠江经济广播电台（E FM 财富 974）	1.8	24.7
7	站在交通最前线南沙大桥开通首日直击	广东广播电视台羊城交通广播台 FM105.2	1.8	23.7
8	长篇小说	广东广播电视台珠江经济广播电台（E FM 财富 974）	1.8	23.6
9	珠江第一线	广东广播电视台珠江经济广播电台（E FM 财富 974）	1.8	20.0
10	朝朝早交通消息	广东广播电视台羊城交通广播台 FM105.2	1.8	19.7
11	广医一院峰哥食疗	广州交通电台 FM106.1	1.7	21.9
12	朝朝早精神好	广东广播电视台羊城交通广播台 FM105.2	1.7	19.6
13	1052 记者直击	广东广播电视台羊城交通广播台 FM105.2	1.7	19.6
14	钟律师说法	广东广播电视台羊城交通广播台 FM105.2	1.5	19.9
15	大牌特惠	广东广播电视台珠江经济广播电台（E FM 财富 974）	1.5	16.9
16	全国汽车音乐榜国庆特别节目	广东广播电视台羊城交通广播台 FM105.2	1.4	22.3
17	广播剧	广东广播电视台羊城交通广播台 FM105.2	1.4	21.8

续表

排名	节目名称	播出频率	收听率	市场份额
17	广佛交通联播	广东广播电视台羊城交通广播台 FM105.2	1.4	21.1
19	大吉利车队	广东广播电视台羊城交通广播台 FM105.2	1.4	20.4
20	随心出发	广东广播电视台羊城交通广播台 FM105.2	1.4	19.4

2019 年深圳市场节目收听率 TOP20

单位：%

名次	节目名称	播出频率	收听率	市场份额
1	第 26 届东方风云榜音乐盛典	深圳人民广播电台音乐广播 FM97.1	2.2	44.7
2	春运特别节目	深圳广播电台交通频率 FM106.2	2.0	38.4
3	深圳早班车	深圳广播电台交通频率 FM106.2	2.0	33.8
4	点购文化电商平台时间	深圳广播电台交通频率 FM106.2	1.9	49.9
5	生活有意思	深圳广播电台交通频率 FM106.2	1.8	33.7
6	七点早自习	深圳人民广播电台音乐广播 FM97.1	1.8	24.9
7	八点晚自习	深圳人民广播电台音乐广播 FM97.1	1.7	39.3
8	一路飞扬	深圳人民广播电台音乐广播 FM97.1	1.7	29.9
9	一路顺风	深圳人民广播电台音乐广播 FM97.1	1.6	36.9
10	因为爱	深圳人民广播电台音乐广播 FM97.1	1.6	34.5
11	广播连续剧	深圳人民广播电台音乐广播 FM97.1	1.6	33.6
12	凌凡馨竹资讯早茶	深圳广播电台交通频率 FM106.2	1.6	32.3
13	新太阳 EEVRY DAY	深圳人民广播电台音乐广播 FM97.1	1.6	21.3
14	交通安全小课室	深圳广播电台交通频率 FM106.2	1.5	43.2
15	音乐私享家	深圳人民广播电台音乐广播 FM97.1	1.5	33.0
16	听见深圳人	深圳广播电台交通频率 FM106.2	1.5	32.5
17	点购特产社交电商平台时间	深圳广播电台交通频率 FM106.2	1.4	47.2
18	听海风聊聊天	深圳人民广播电台音乐广播 FM97.1	1.4	36.9
18	中秋的欢乐时光	深圳广播电台交通频率 FM106.2	1.4	36.5
20	装饰家装专题节目	深圳广播电台交通频率 FM106.2	1.4	35.1

B.47

CTR-快手媒体号2019年度榜单*

截至2019年底，媒体机构和个人在快手平台累计开设账号超过3000个。其中，拥有千万级粉丝规模的有9个，百万级粉丝规模的有39个，十万级粉丝规模的有312个。2019年11月，央视市场研究（CTR）与快手合作推出了基于快手媒体号的评估体系，该体系包括传播力和影响力两个一级指标，每个一级指标下设四个二级指标，其中传播力下设受众接触度、粉丝吸附力、直播收看度和媒体贡献度，而影响力下设热播度、播赞比、播评比和热搜度。

快手媒体号评估体系

一级指标	二级指标	指标解释
传播力	受众接触度	根据播放量和完成率合成
	粉丝吸附力	根据粉丝量合成
	直播收看度	根据直播场次、直播时长和观看人次合成
	媒体贡献度	根据单个账号的播放量与媒体账号播放量总和的比值合成
影响力	热播度	根据播放量与发布量的比值合成
	播赞比	根据点赞量与播放量的比值合成
	播评比	根据评论量与播放量的比值合成
	热搜度	根据作品上热搜次数合成

说明：指标体系权重由专家和受众打分获得。

2020年1月，CTR与快手延续了“CTR短视频媒体融合传播效果评估体系”的相关计算方法，结合2019年全年的各项媒体号数据，形成了17个榜单，以下是具体的榜单内容发布。

* 林晓东，央视市场研究（CTR）媒体融合研究总监；卢彬，央视市场研究（CTR）媒体融合高级项目经理；陈梦瑶，央视市场研究（CTR）媒体融合高级项目经理。

CTR－快手媒体号综合榜

排名	账号名称	综合榜	排名	账号名称	综合榜
1	央视新闻	96.0	6	快乐大本营	75.5
2	人民日报	94.8	7	腾讯新闻	72.2
3	新闻联播	93.7	8	我们视频	72.2
4	人民网	89.2	9	动静视频	67.7
5	新华社	84.3	10	中国新闻网	66.2

CTR－快手媒体号综合榜——广电媒体

排名	账号名称	广电媒体综合榜	排名	账号名称	广电媒体综合榜
1	央视新闻	96.0	11	凤凰卫视	53.6
2	新闻联播	93.7	12	河南民生频道	52.7
3	快乐大本营	75.5	13	齐鲁频道	51.1
4	动静视频	67.7	14	晓辉在路上	50.0
5	央视财经	65.4	15	央视国家记忆	49.2
6	春晚	63.7	16	东方卫视	49.2
7	浙江卫视中国蓝	61.8	17	BTV 生命缘	48.8
8	央视网视频	57.3	18	CCTV4	48.3
9	河南民生频道小莉帮忙	57.2	19	百姓关注	46.3
10	时间视频	53.8	20	CCTV1 等着我	42.4

CTR－快手媒体号综合榜——非广电媒体

排名	账号名称	非广电媒体综合榜	排名	账号名称	非广电媒体综合榜
1	人民日报	94.8	11	果然视频	59.1
2	人民网	89.2	12	中国经济网	58.6
3	新华社	84.3	13	新华社现场新闻	56.1
4	腾讯新闻	72.2	14	人民视频	55.8
5	我们视频	72.2	15	中国日报	55.7
6	中国新闻网	66.2	16	河北青年报	52.7
7	北京日报	65.8	17	青弹视频	51.9
8	环球网	65.1	18	生活晨报	51.9
9	中国网直播	62.5	19	速豹映像	51.3
10	头条新闻	59.3	20	人民论坛	51.1

CTR－快手媒体号传播力榜

排名	账号名称	传播力	排名	账号名称	传播力
1	央视新闻	97.2	6	春晚	80.1
2	人民日报	96.3	7	我们视频	76.8
3	人民网	91.2	8	央视财经	75.1
4	新华社	87.8	9	腾讯新闻	72.6
5	新闻联播	87.8	10	快乐大本营	70.6

CTR－快手媒体号受众接触度榜

排名	账号名称	受众接触度	排名	账号名称	受众接触度
1	我们视频	94.1	6	动静视频	76.4
2	人民日报	92.7	7	新华社	74.6
3	人民网	91.5	8	东方卫视	67.3
4	央视新闻	89.2	9	环球网	63.6
5	腾讯新闻	82.3	10	浙江卫视中国蓝	58.7

CTR－快手媒体机构号粉丝吸附力榜

排名	账号名称	粉丝吸附力	排名	账号名称	粉丝吸附力
1	央视新闻	94.0	6	快乐大本营	77.2
2	新闻联播	93.6	7	春晚	75.6
3	人民日报	92.4	8	央视财经	65.4
4	新华社	83.6	9	浙江卫视中国蓝	61.4
5	人民网	82.4	10	腾讯新闻	51.5

CTR－快手媒体号直播榜

排名	媒体直播号	排名	媒体直播号
1	央视新闻	5	人民网
2	我们视频	6	晓辉在路上
3	央视财经	7	齐鲁频道
4	人民日报	8	蓝睛视频

续表

排名	媒体直播号	排名	媒体直播号
9	北京日报	15	中国新闻网
10	CCTV6 电影频道	16	大众网日照
11	中国电影报道	17	东方卫视
12	新闻联播	18	CCTV4
13	山西电视台公共频道	19	大众网青岛
14	海淀融媒	20	新华社

CTR－快手媒体号影响力榜

排名	账号名称	影响力	排名	账号名称	影响力
1	新闻联播	94.4	6	新华社	81.2
2	央视新闻	89.3	7	新华社现场新闻	78.7
3	人民日报	88.5	8	腾讯新闻	77.7
4	人民网	85.1	9	环球网	76.6
5	快乐大本营	84.0	10	中国新闻网	76.2

CTR－快手媒体号热播度榜

排名	账号名称	热播度	排名	账号名称	热播度
1	人民日报	95.7	6	我们视频	79.5
2	新闻联播	93.9	7	快乐大本营	77.7
3	人民网	89.0	8	动静视频	76.3
4	央视新闻	86.6	9	浙江卫视中国蓝	75.9
5	新华社	85.7	10	环球网	75.0

CTR－快手媒体号播评比榜

排名	账号名称	播评比	排名	账号名称	播评比
1	腾讯视频创造营2019	94.9	6	北京卫视档案	80.4
2	中国日报	91.3	7	大连晚报	73.6
3	中国经济网	85.2	8	新京报 HI 财经	73.3
4	有请调查君	81.5	9	人民日报海外网	72.8
5	新华社现场新闻	80.7	10	新闻联播	71.7

CTR－快手媒体号播赞比榜

排名	账号名称	播赞比	排名	账号名称	播赞比
1	新闻联播	97.7	6	湖北经视可圈可点	83.9
2	山西电视台公共频道	94.9	7	必由之路	83.4
3	人民日报	92.9	8	人民网	82.5
4	央视新闻	89.3	9	新华社	81.9
5	快乐大本营	83.9	10	央视国家记忆	80.2

CTR－快手媒体号热搜榜

排名	账号名称	排名	账号名称
1	腾讯新闻	11	中国青年网
2	我们视频	12	中国经济网
3	北京日报	13	南方都市报
4	人民网	14	青弹视频
5	央视新闻	15	中国新闻网
6	沸点视频	16	澎湃新闻
7	头条新闻	17	大河报
8	环球网	18	中工网
9	新浪娱乐	19	全国产经平台
10	河北青年报	20	新华社

CTR－快手媒体号单条视频影响力榜单

排名	媒体号昵称	发布时间	视频简介	短视频媒体号单条影响力榜单
1	新闻联播	2019－08－24	老铁们，新闻联播来快手了！	99.6
2	央视新闻	2019－08－14	央视快评：口罩已经遮不住香港极端暴力分子的无耻嘴脸。	89.3
3	人民网	2019－03－17	踹你是为了救你！	85.8
4	人民日报	2019－08－07	今天七夕，希望你也有一份一牵手到白头的爱情！	85.3
5	新华社	2019－07－16	惊险！6岁女童闯入路口，辅警飞奔上前一把抱起。	84.7

续表

排名	媒体号昵称	发布时间	视频简介	短视频媒体号单条影响力榜单
6	北京日报	2019-07-23	除了中国制造,中国人民解放军的"中式正步"也在走出国门!	84.5
7	新华社	2019-05-03	希望我们每次出动,都能救回一份幸福。	82.5
8	动静视频	2019-08-04	车呢? 车呢? 我的车呢?!!!	81.9
9	我们视频	2019-06-28	自信跑得快! 男子凌晨派出所泼水,结果2小时后被抓	80.8
10	人民日报	2019-07-25	比死神快3秒! 千钧一发之际,他就这样抢回了学员的命!	80.5

CTR-快手媒体号(美食类)单条视频影响力榜单

排名	媒体号昵称	发布时间	视频简介	美食类单条影响力榜单
1	食尚真探	2019-08-06	以假乱真的素食主题餐厅,你愿意尝试吗?	99.2
2	地球村日记	2019-12-01	吃稻花长大的鱼是什么味道?	88.0
3	地球村日记	2019-10-16	头一次听说苹果梨的歪果仁	85.1
4	一分钟懒人厨房	2019-10-13	上火五分钟就能快速搞定牛肉大餐?	84.7
5	食尚真探	2019-07-14	一块钱吃周黑鸭,快来 get 新技能!	82.4
6	探徐州	2019-10-27	徐州最便宜的自助餐,要不要来给老板上一课?	80.7
7	一分钟懒人厨房	2019-11-28	不动火就能搞定的葱香手撕鸡,又香又嫩	77.4
8	老广的味道	2019-12-07	吃了河豚,百味不鲜! 冒死吃河豚!	76.8
9	女主播的私房菜	2019-12-16	鱼香肉丝没有鱼,嘴巴却停不下去~	73.8
10	老广的味道	2019-11-19	50年野生大鲍鱼怎么吃?	73.1

CTR-快手媒体号(健康类)单条视频影响力榜单

排名	媒体号昵称	发布时间	视频简介	健康类单条影响力榜单
1	BTV生命缘	2019-01-01	四岁半女童脑瘤出血生命岌岌可危,父母心急如焚下跪求救	93.7
2	BTV生命缘	2019-01-03	宝贝,妈妈相信无论手术多么艰难,妈妈的声音和爱都会指引你	83.4

续表

排名	媒体号昵称	发布时间	视频简介	健康类单条影响力榜单
3	BTV 生命缘	2019－03－08	7 岁小男孩坐在病床上安静地等待手术	82.2
4	BTV 医者	2019－06－07	28 岁男孩被蚊子叮出象皮病！多次自杀未遂	78.4
5	BTV 医者	2019－05－14	除了亲人谁愿意花十年陪跑只为治愈你	76.9
6	BTV 生命缘	2019－05－28	膈疝宝宝转院抢救不幸离世，爸爸难忍悲痛哽咽落泪	76.5
7	都市大医生	2019－10－30	口臭，一张嘴让人后退两步。这样做，清新口气一整天	73.3
8	健康早班车	2019－12－27	俗话说女人不养肝，满脸全是斑，今天来教你如何养肝	72.4
9	都市大医生	2019－10－18	年轻人们别再熬夜，为你好，更为肾好	69.8
10	BTV 养生堂	2019－10－29	月经有血块就是宫寒吗？	57.5

CTR－快手媒体号（本地民生类）单条视频影响力榜单

排名	媒体号昵称	发布时间	视频简介	本地民生类单条影响力榜单
1	河南民生频道小莉帮忙	2019－08－07	因月嫂打盹导致出生不到 48 个小时的孩子摔在地上家属：颅下出血	95.8
2	河南民生频道小莉帮忙	2019－07－19	14 岁男孩玩完美世界游戏，两个月挥霍掉 16 万多	93.8
3	百姓关注	2019－10－26	十几元的车费都要逃吗？	91.3
4	河南民生频道小莉帮忙	2019－08－23	大学生通过中介公司去打暑期工，工作后却得不到相应报酬	90.1
5	河南民生频道	2019－10－14	孩子们按要求在学校食堂就餐，却遭遇排长队	87.9
6	湖北经视直播	2019－11－25	针头：兄弟，你不要这个亚子！我怕！	87.3
7	江西都市现场	2019－10－13	遵守交规，出行无忧	84.6
8	百姓关注	2019－11－23	烟民去世后捐肺被医生放弃，看完这视频，你还敢抽烟吗？	84.3
9	江西都市现场	2019－11－13	开车千万不能疏忽大意	84.3
10	芒果 V 直播	2019－11－17	近日，衡阳一男子突然冲进教室，对着女教师头部就是十几拳	83.0

CTR－快手主持人号榜

排名	主持人号	排名	主持人号
1	谢娜－太阳女神	11	虎小叔说车 FM105.4
2	虎哥说车	12	主持人叶文
3	李鑫	13	金龟子
4	涂磊	14	李卓——天外飞仙
5	杨悦	15	华少
6	电视主播欧文浩浩	16	谢颖颖
7	红娘袁哲	17	月亮姐姐
8	王为念	18	1056 名妍
9	王芳主持人	19	谭江海话北京
10	孟非	20	岩清交通台主持人

传媒企业创新案例

Media Enterprises Innovation Cases

B.48 主流媒体融合创新模式

万强 安宝丹*

经过几年的探索，媒体融合无论在理论还是实践层面都有了新的发展，多家媒体机构逐渐摸索出适合自身发展的路径。央视市场研究（CTR）根据过去几年的持续关注与研究，对中国媒体融合的模式作了系统梳理，篇幅所限，此处主要呈现几种相对比较多见或比较典型的模式。

平台化模式

·主流媒体打造自主可控的平台，自主掌握核心竞争力

CTR 盘点发现，截至 2019 年底，中央级媒体有 141 个 App，其中中央

* 万强，央视市场研究（CTR）媒体融合副总经理；安宝丹，央视市场研究（CTR）媒体融合研究经理。

广播电视总台自有 App 数量为 82 个、人民日报社为 27 个、新华社为 19 个；38 家省级以上广电机构（含中央广播电视总台）有 214 个 App。通过平台化发展的模式，主流媒体可以实现在内容、用户、技术、渠道等方面的自主可控，构建可持续发展的基础。

· 地方融媒体平台建设快速推进，致力于实现内容、政务与服务的有效整合

各级融媒体中心建设是我国媒体融合发展进程中的一个重要阶段。截至 2019 年 12 月，38 家省级以上电视台中大部分成立了融媒体中心/省级融媒平台；县级融媒体中心建设于 2020 年将进入全面实施、快速推进的关键阶段，"新闻 + 政务 + 服务"的整合步伐将进一步加快。

全媒体布局模式

· 湖南广电：建立"以我为主，一体两翼"的"芒果模式"

湖南广电全媒体平台战略为"以我为主，一体两翼"，利用湖南卫视的内容 IP 优势带动互联网平台的快速发展，逐渐形成"一云多屏"、以芒果 TV 为发力点、湖南卫视和芒果 TV 双核驱动的全媒体发展格局，即"芒果模式"。"芒果模式"具有全面融合、深度融合、市场化运作三大特点，即集中全台资源办芒果 TV，实现内容、渠道、平台、经营、管理等全方位融合，采用互联网方法、市场化原则、资本化运作建设互联网平台。

· 澎湃新闻：打造全媒体新闻资讯平台

"澎湃新闻"由上海报业集团原《东方早报》团队打造，定位为专注时政新闻与思想分析、注重新闻原创的新闻资讯平台，拥有网页、Wap、App 客户端等多种新媒体平台，实现全媒体协同发展。早期报网融合发展、一体化运作的新闻生产方式为其快速发展奠定了基础，采用一套记者人马、报网信息资源共享，两套编辑队伍、独立运作的模式；在组织架构上，摒弃传统媒体运作的部门制，围绕多个栏目组建团队，实行栏目主编负责制。依托优质内容吸引用户，通过广告收入盈利。

产业融合模式

· 南方财经全媒体集团："媒体＋金融"的产业化延伸

南方财经全媒体集团由南方报业传媒集团和广东广播电视台旗下优质的财经媒体资源和经营性资产整合后组建而成，着力发展媒体、数据、交易三大业务，延伸财经媒体平台产业链条，打造泛财经生态圈。媒体业务方面，以"中央厨房"为平台，全面整合全媒体优质资源，做大做强财经全媒体；数据业务方面，通过打造高端智库、推出数据服务终端等方式发力全产业链，使之发展为支柱业务；交易业务方面，打造理财资产交易中心和文化金融交易两个平台级产品。

· 成都商报：通路化运营，线上线下打通，资源加速整合

依托报纸的内容优势，成都商报的转型路径为：放眼全国、深耕区域、专注刚需、借力纸媒。全力构建两个新媒体集群，分别为以每日经济新闻（财经资讯）＋红星新闻（时政新闻）＋谈资（娱乐资讯）为核心的全国性影响力集群，及以成都商报"两微一端"、四川名医、成都儿童团、淘宝头条成都频道、买够网为核心的区域性社群聚合集群。通过打造"数字营销＋报纸广告＋活动＋电商"通路化的运营模式，为受众提供寻医、教育、旅游、电商等多方面的服务。

本地服务模式

· 浙报集团：以城市生活服务作为入口，打造"新闻＋服务"的商业模式

浙报集团围绕城市生活服务开展一系列媒介融合及多元化经营的举措，打造了"新闻＋服务"的商业模式，构建以互联网为主导的新闻、服务和数字娱乐文化产业。浙报集团旗下《钱江晚报》、钱报网、"24 小时"客户端、边锋新闻及法制报、美术报、老年报、浙商、党刊等专业报刊均在深耕本土的基础上积极拓展新媒体业务，在生产、传播优质新闻内容的同时，积极构建城市生活服务体系，全面实施“新闻＋服务”战略。运营策略上，采用新闻免费、服务收费的模式，“新闻免费”是为了吸引用户，同时新闻所带来的公信力与影响力为各种服务提供强有力的背书，吸引用户付费购买服务，从而实现盈利。

·无线苏州：打造“新闻＋生活”的城市公共生活服务类平台

“无线苏州”App是由苏州广电打造的定位于“新闻＋生活”的城市公共生活服务类平台。该平台汇聚了多种智能服务应用，集新闻资讯整合宣传、政府公共信息查询、市民生活信息服务等多功能于一体，将当地百姓生活中的刚需与媒介信息需求进行有效关联，让市民在这一款App上解决生活中的主要问题。商业模式方面，无线苏州积极开拓To B、To C、To G等多种业务，如为政务部门量身定制政务电子化、移动化应用模块，为本地企业提供广告产品植入、电子票务代销服务，面向公众推出教育、旅游产品等。

TMT模式

TMT融合模式是指媒体（Media）与其上游的电信运营商（Telecom）及下游的科技企业（Technology）之间的融合，其中涉及行业的融合以及产业的融合。

·中央广播电视总台：联合产业链上下游打造国家级新媒体平台

中央广播电视总台积极与产业链上下游开展合作，携手三大电信运营商及华为公司联手打造国家级5G新媒体平台，此外与BAT、京东、新浪等互联网巨头公司也展开了战略合作，在大数据、云计算、AI技术、5G、全媒体联合运营等多方面达成合作意向，助力融媒体建设。

·地方电视台：纷纷探索TMT融合模式

例如，湖南广播影视集团有限公司与潇影集团、网控集团正式整合，成立新的湖南广播影视集团，实现从网台分离到网台合一的转变；山东电视台和海信签署战略合作协议，在海信集团OTT智能电视云平台上建立“山东广播电视台”专区，在品牌建设、资源共享、互动营销等方面展开深度合作等。

MCN 模式

·中广天择传媒：依托视频制作机构优势发力 MCN 业务

长沙广电旗下的中广天择传媒于 2018 年设立 MCN 中心，依托多年视频内容制作的经验和艺人资源等，自主研发和制作短视频内容，在美妆、潮品、情感、影评、知识等多个垂直领域均有内容布局，并与各大短视频平台开展深度合作，构建短视频自营账号矩阵。

中广天择 MCN 的主要业务模式为“短视频开发运营 + 头、腰部平台推广 + 影视娱乐宣发 + 商业客户合作”。通过签约、孵化 KOL，为他们提供专业的商务、品牌、数据和内容运营，并运用广电的平台和资源，实现从网红打造到全明星打造的转化。

集合最强资源打造爆款 IP，实现优质内容的多渠道变现。中广天择基于其多年的影视制作经验，组建专业的运营、包装、推广和宣传团队，孵化爆款 IP，不断创新内容产品，通过广告、直播、电商、知识付费、线下活动等多种方式实现优质内容的变现。

·成都广电：打造“云上新视听”项目，实现以 IP 孵化为核心的产业闭环

“云上新视听”是成都广电战略转型的重点项目，以“短视频”为孵化重点，同时发力“音频、图文、内容电商及直播”等多种内容形态，涵盖“资讯、文化、音乐、旅游、财经、美食、动漫、美妆、运动、健康”等多个垂直细分内容赛道，面向西南、辐射全国。“云上新视听”整合 PGC、UGC 以及 OGC 等多种优质内容和潜在 IP，通过专业的孵化、运营，打造规模化、市场化、资本化、产业化的 IP 内容矩阵。

B.49

百度——努力在新领域突围

邓小院*

百度是中国互联网公司中资格最老的几大巨头公司之一，该公司2000年创立于中关村，并于2005年8月5日在美国纳斯达克上市。百度有全球最大的中文搜索引擎，是中国最大的以信息和知识为核心的互联网综合服务公司。为了应对当前的经营压力，百度在2019年不断布局新领域，并将业务结构调整和创新升级列为战略突破之重点。百度在2019年的布局可以分为技术布局和技术延伸布局两个模块。

百度一向宣称自己是以技术立足，这使它自然不会忽视智能汽车这个技术高度密集型的行业。作为中国最早布局自动驾驶的企业，百度与自动驾驶技术关联紧密，其拥有自动驾驶的十大核心技术，包括环境感知、行为预测、规划控制、操作系统、智能互联、车载硬件、人机交互、高精定位、高精地图和系统安全技术。2019年初，百度推出Apollo企业版，为车企提供包括高速公路自动驾驶、自动泊车在内的前装自动驾驶功能。2019年3月，威马汽车宣布完成百度投资的总额为30亿元的C轮融资，融资将主要用于用户体验与技术研发；2019年9月，首批45辆搭载Apollo能力的自动驾驶出租车队Robotaxi驶入长沙开启试运营，这是国内第一支被允许在开放道路运营，并允许普通市民乘坐体验的自动驾驶出租车队。

截至目前，在车路协同、车联网、高精度地图、汽车科技战略等方面，百度、腾讯、阿里巴巴、华为四家巨头各有优势。百度自动驾驶布局，目标是着眼未来，百度Apollo的最终目标也在于整合，但前景究竟如何尚不可知。

---

* 邓小院，清华大学传媒经济与管理研究中心助理研究员。

百度发展的另一方向就是技术相关领域的延伸。百度较早布局人工智能，2019 年的投资也延续对这一领域的关注。技术层面，2019 年 3 月，百度投资专注机器人流程自动化的人工智能初创公司 Automation Hero；2019 年 4 月，百度投资机器人初创公司 Covariant. AI。应用层面，百度的投资集中在医疗、金融等能够利用人工智能、大数据等技术进行赋能改造的领域。仅 2019 年，百度对医疗健康领域的投资多达 8 起。2019 年 3 月，百度全资收购医疗人工智能数据服务提供商康夫子健康；2019 年 9 月 10 日，百度宣布战略投资大连东软控股有限公司，投资金额为 14. 43 亿元。双方在智能城市、智能教育、智能医疗等关键领域，积极推进产业智能化变革。

百度一直试图通过自己强大的信息集聚能力打造属于自己的信息生态圈，但是在经历之前 O2O 的失败后，2019 年的百度对各种衍生领域的投资显得略微谨慎。2019 年 6 月，百度入股泛科技兴趣社区果壳，天眼查信息显示，百度持有果壳 9. 38% 的股份；2019 年 7 月 22 日，百度宣布领投国内儿童内容教育品牌“凯叔讲故事” C 轮融资；2019 年 8 月 12 日，知乎宣布完成 F 轮融资，总额 4. 34 亿美元。这是知乎迄今为止金额最大的一轮融资，由百度和快手联合投资。

B.50
阿里巴巴——“进击巨人”的数据王国

吾提库尔·阿扎提　杨兴儒*

阿里巴巴集团，全称为阿里巴巴网络技术有限公司，创立于1999年，是中国最大的电商平台。阿里巴巴集团目前主营业务包括电子商务服务、金融服务、物流服务、大数据及云计算服务、广告服务、跨境贸易服务、互联网服务七大板块。

阿里巴巴虽然业务范围极广，但是其核心商务营收占总营收的八成以上份额，在核心商务营收中，零售商业占比最大，由广告、佣金以及其他组成。这里的“其他”指由盒马、天猫超市等驱动的新零售业务。从新零售如今的体量和成长速度来看，这些业务成为阿里巴巴中国零售业务未来有力的新增长点。

2019年9月，阿里巴巴收购网易考拉，易观发布的2019年第二季度与2020年第一季度《中国跨境进口零售电商市场季度监测报》数据显示，天猫国际市场份额从2019年的33.1%增长到了2020年的35.7%；网易考拉从2019年的25.4%增长到2020年的27.1%。这也就意味着，收购网易考拉后，阿里巴巴在中国跨境电商市场的份额占比超过60%，跨境电商进入“阿里卖”时代。

创立于2009年的云计算虽称不上是阿里巴巴的核心业务，2019年财年中，云计算业务营收额为247亿元，这在阿里巴巴总营收面前虽然可以忽略，但是其营收额同比增长84%，算得上是阿里巴巴增长最快的业务。阿

* 吾提库尔·阿扎提，清华大学新闻与传播学院博士研究生；杨兴儒，清华大学新闻与传播学院硕士研究生。

里巴巴的云服务平台如今有着我国50%左右的市场占有率，阿里云服务了59%的中国上市公司。不管是从云计算业务的营收额绝对数字还是占比情况来看，阿里云都还有巨大的成长空间。考虑到目前竞争对手对云计算领域亦是投入重兵，不惜代价，当下尤为重要的是占领市场。另外，阿里云在核心虚拟机系统上自研神龙架构，突破了困扰云计算行业的虚拟化性能损耗，让物理机能够发挥100%的计算效率。2019年阿里巴巴发布全球领先的AI芯片含光800，采用软硬件的协同创新，硬件层面采用自研芯片架构，软件层面集成达摩院先进算法，可实现大网络模型在一颗NPU上完成计算。

数字新基建应用于现实场景的速度加快，在线化、数字化的学习、工作方式成为常态。阿里巴巴打造的智能移动办公平台钉钉在在线办公领域的表现尤为突出。平台开发了1000多个应用，各类事务处理都在可在平台上钉完成。从钉钉的表现来看，它不只是一个沟通工具，更像是一个新型操作系统。截至2020年3月31日，钉钉用户数已突破3亿人，企业组织数突破1500万家。①

数字化已经成为中国经济的主要驱动力，政府、企业、百姓都认识到数字化的迫切性，原本需要3～5年的数字化进程，将在未来更短的时间内加速完成。而阿里巴巴作为中国大数据及云计算的领先服务企业之一，凭借资本和技术优势，在未来发展中也将会继续保持“进击”状态，以扩大其业务版图。

① 参见https：//tech. sina. com. cn/2020－05－18/doc－iirczymk2283548. shtml。

B.51
腾讯——游戏 +金融 +数字内容的三驾马车

王岳晗 *

腾讯，全称为深圳市腾讯计算机系统有限公司，创立于 1998 年，是中国最大的互联网综合服务提供商之一。腾讯目前的主营业务可以分为面向用户端的服务和面向企业端的服务：面向用户端的服务有通信与社交、金融、生活工具和包括游戏在内的数字内容，面向企业端的服务有广告营销和腾讯云等。

腾讯虽然业务覆盖面极广，但是业务核心收益仍然围绕互联网和社交。根据腾讯 2019 年财报，游戏业务虽然称不上腾讯的支柱业务，但仍然是最赚钱的业务。虽经历了 2018 年游戏版号停发造成的游戏行业低谷，但是腾讯的游戏业务在腾讯总营收中的占比仍然为 34.5%。腾讯在巩固自己的全球电竞运动领导者地位的同时，也在积极拓展游戏海外业务。2019 年第四季度，腾讯海外游戏营收同比增长了一倍，占整体网络游戏收入的 23%。① 此外，腾讯的游戏业务自身也在谋求转型升级，除了在游戏的技术、玩法和故事上继续打磨产品、打造核心 IP 外，还通过投资各大游戏工作室，扩展合作关系。

此外，2019 年腾讯在金融服务领域也有所突破。据腾讯年报，2010 ~ 2018 年的综合营收中没有金融科技及企业服务收益，而从 2019 年的收益构

* 王岳晗，南加州大学安娜堡传播学院博士研究生。

① 《腾讯财报：2019 年游戏营收 1147 亿元，Q4 海外游戏收入增长超一倍》，http://finance.sina.com.cn/stock/relnews/us/2020-03-19/doc-iimxxsth0189237.shtml。

成来看，公司金融科技及企业服务的营收远远超过网络广告和其他业务收益，约占年度总营收的1/3。腾讯金融科技及企业服务业务，以微信支付和QQ钱包两大平台为依托，意在连接人与金融，进一步为用户提供移动支付、财富管理、信贷服务和证券投资等创新金融服务。腾讯金融科技及企业服务初见成功，显现了互联网由单纯的B2C到B2B的巨大潜能，即互联网公司搭建信息化平台，连接金融服务机构，进一步使金融服务信息化网络化。腾讯提供的信息化平台的金融“消费者”，可以是个人用户，也可以是各种金融机构。

腾讯2020年第一季度财报显示，金融科技及企业服务收益比2019年同期增长46.86亿元。由此可以推断，金融科技及企业业务仍然处于增长态势。

最后，2019年腾讯在数字内容和广告领域的突破也值得重视。首先视频业务方面，腾讯在控股阅文之后，除了在版权问题上产生了一些纠纷外，它自身所获的收益就是更多的内容IP，比如《庆余年》网络剧改编的成功就是腾讯的战略成果。另外，腾讯利用自己在IP和平台生态上的技术优势，大量扶植MCN和网络红人的行为，也可以被视为其拓展传统广告业务的方式。

B.52
字节跳动——海外市场拓展(TikTok)

姚庚君*

字节跳动，全称为北京字节跳动科技有限公司，成立于2012年，是最早将人工智能应用于移动互联网场景的科技企业之一，该公司的主营业务为将人工智能应用于移动互联网场景，代表产品为今日头条新闻App、抖音小视频App。该公司的核心技术为算法推送，即通过海量信息采集、深度数据挖掘和用户行为分析，为用户智能推荐个性化信息，是将个性化推送技术应用于信息产品的早期探索者之一。

截至2020年初，字节跳动公司还未上市，但是旗下产品抖音海外版（TikTok）的"出海"成功是一个传奇。对于字节跳动系的所有产品来说，在"出海"的过程中最重要的一件事都是找到一套可规模化复制到全球的方法论，张一鸣将其定位为"技术出海"。强技术输出在某种程度上降低了用户操作产品的门槛，并且可在一定程度上淡化文化差异。

事实上，抖音开拓国际市场的脚步仅在其上线不足1周年时就已迈出。而抖音在"海外"的火爆是从2018年3月开始的，与其在国内市场的快速增长期几乎一致。根据应用分析公司App Annie的报告，近10年下载量最大的应用中，TikTok排名第7位。① 抖音所采取的海外战略与国内市场的运营模式相似，都是通过签约明星+网络红人来获得初期的关注度，而后通过增大投放力度来收割更多的用户和影响力。

拓展海外市场过程中，抖音的市场投放方式分为线上和线下两个渠道，

---

* 姚庚君，清华大学新闻与传播学院博士研究生。

① 参见http：//www. techweb. com. cn/internet/2019－12－17/2769430. shtml。

线上渠道的开拓过程中，抖音几乎抓住了一切可以利用的推广机会，许多用户来自 Twitter 的广告推荐。此外，电视广告和针对抖音的电视报道也是其用户增长的一个重要来源。另外，本土化的团队也是其迅速融入当地市场的主要推手。

字节跳动与阿里巴巴、腾讯有区别。阿里巴巴的核心是零售生态，腾讯则抓住虚拟空间的基础社交，字节跳动的本质是一个媒体公司或者内容公司，换句话说，用户产生认同的点不是它的公司和技术，而是平台上的内容，而相对于零售和社交所沉淀的习惯和认同感，人们对内容产生的依赖在某种程度上是和平台无关的，比如某些游戏直播的受众更依赖于主播而不是直播平台。所以，内容平台想要生存，一方面要靠提供更好的用户体验，另一方面则是要靠内容，最后则是更大的市场和更多的受众。另外，短视频这种形式也起到了一定的作用，因为抖音平台上大都是生活化的内容，这种媒介特征使得具有很高的认知成本的内容被过滤掉了。所以，抖音的国际化是媒介特征和企业战略两个方面同时推动的。

抖音国际化的障碍主要有以下两点：第一，竞争。快手已开始全球化的扩张，而短视频技术的低门槛会吸引越来越多的公司进入这个市场。移动应用数据分析公司 Sensor Tower 发布的最新数据显示，TikTok 自两年前上线以来首次遭遇了全球下载量下滑。① 第二，海外的监管环境。2019 年 10 月 16 日，TikTok 在遭到多方的质疑后②决定引进美国第三方组织加强内容自我审查。③

① 参见 http：//tech. ifeng. com/c/7rLc35wiveC。

② 参见 http：//feng. ifeng. com/c/7rJwejqkqSu。

③ 参见 https：//tech. 163. com/19/1016/10/ERJSE4NC00097U7R. html。

Abstract

Report on Development of China's Media Industry is an annual work started since 2004, led by the Center of Media Economy and Management Research, School of Journalism and Communication, Tsinghua University, co-edited by domestic and foreign experts and scholars. The contributors to the book systematically sorts out the development status of China's media in various fields in this year, it also analyzes and predicts the development trends of the domestic and foreign media industries. The report has now become one of the authoritative reference books on the study of China's media industry and understanding of the global media industries, which has been authenticated as a source periodical of Chinese Social Sciences Citation Index (CSSCI) since 2012.

Report on Development of China's Media Industry 2020 is divided into seven parts: General Report, Media Industry Insight, Media Industry and Market Reports, Media Convergence & Innovation Reports, Media Industry Development Reports of Overseas, Key Data on Media Market and Media Enterprises Innovation Cases. The report covers nearly 20 industries, including television & film, newspapers & periodicals, books, radio, the Internet, mobile media and advertising, etc., as well as the study on media industry in a global perspective. It can be said that through this book you can understand the global media industry.

Throughout the year 2019, the online videos were continuously popular. The combination of webcasts and short videos with E-commerce was particularly eye-catching this year. At the same time, the short video had finished the user accumulation that the advertising monetization model was more mature and was expected to drive huge revenue. With continuous technological revolution, the content production, promotion and distribution, marketing means of media will innovate, and the technology such as block chains, AI, 5G will work together to create a constantly updated media blue print.

Report on Development of China's Media Industry 2020 provided reviews from a global perspective and support the analysis of the media industry with solid data, which is a useful reference for government authorities, industries, academics and media management agencies. It also has implications for the design and planning of the national information communication system, the formulation of media policies, and the development strategy of media organizations. It is a valuable book based on empirical research for university teachers and researchers specializing in journalism and communication, especially in media economy and management studies.

Contents

Ⅰ General Report

Abstract: In 2019, Although faced with increased downward pressure on the economy and the adverse effect caused by the China-U. S. trade friction, the Media industry developed stably, reaching gross value of 2262. 54 billion yuan with a growth rate of 7. 95% . The economic environment has become more difficult for media industry in 2020, but the fields of online video, games, and E-commerce will continue to maintain stable development.

Keywords: Media Industry; Digital Economy; Output Value of Media Industry

Ⅱ Media Industry Insight

Abstract: In 2019, media convergence in China has entered the integrated stage of transforming original business and management, and various media organizations have made innovative moves in terms of system and mechanism reform, content technology innovation, organization and operation improvement, business revenue breakthroughs, etc. Based on combing the memorabilia of China media convergence in 2019, this paper is to thoroughly understand the main context of media convergence progress in China by analyzing the innovative cases and representative models, such as short-video strategies of traditional media, TV stations' MCN boom, new technology application of 5G and AI, optimizations of surviving media business, exploration of service-oriented management, and so on.

Keywords: Media Convergence; Short Video; MCN; 5G; Media Management

Abstract: The arrival of the era of intelligent media has brought many challenges to the traditional media, and "the resolve to change" has been adopted as a will and drive by the traditional media for their efforts to survive and expand. Innovation process of traditional media by "replacing the old with the new" has been further strengthening the merge of media. The commercialization of 5G technology this year is bound to further revitalize the ever-changing media market. The findings in this research will demonstrate some forecasts from varied perspectives for the media industry in 2020, and will suggest, for media professionals' reference, the top 10 trends in the media market development in 2020.

Keywords: TV Viewing; Broadcasters Management Reform; Merge of TV and Radio; Trend of Media Content

Abstract: In the era of everything-communicated and everything-mediated brought about by 5G technologica linnovation, the cognitive paradigm that regards media as an information transmission tool has lost its explanatory power. Media is naturally an intermediary concept, whose connection attribute has gradually become the most critical media logic with the development of technology. The algorithm that constitutes the "infrastructure" in the intelligent age can be considered as a medium in a higher sense. It connects, matches, and adjusts value relationships through a series of judgment frameworks to shape cognition, build relationships, and integrate society. Understanding the algorithm as a medium not only provides a useful perspective for interpreting the social nature of the algorithm, but also highly summarizes the core logic of media operation in the new communication landscape, which is the connection of value relationships, which has implications for the construction of mainstream media in the future.

Keywords: Algorithm; Media; Social Construction; Scene

Ⅲ Media Industry and Market Reports

Abstract: The process of media convergence developed into a critical phase and it is inherent for TV media and Internet to grow in an integrated development. There will be an ever more fierce competition between TV channels and internet video platforms in shares of users and audiences. The production of traditional TV programs made much slower progress as it is difficult to keep a good balance between quality and quantity. Online video eroded the TV viewing minutes without increasing the total video viewing time. The media market is now in a contracting period as it is widely understood that, the users size of the media is no more an existing advantage, audience traffic flow is hard to generate, profit mode is not clear and investment become less optimistic. This paper tries to make a comprehensive study on the cross media integration and development, and to find out the opportunities for TV media for upgrading and transformation.

Keywords: TV Media Development; TV and Internet; Video Consumption; Audience and Advertisement

B. 6 China's Film Industry Report 2019 *Yin Hong*, *Xu Xiaoyuan* / 065

Abstract: In 2019, the China's film industry experienced a deeply structural adjustment. Independent film companies and young filmmakers changed the original film structure. Major breakthroughs were made in the production level and market effectiveness of animation, science fiction and disaster films. Throughout the year, box office and audience numbers increased slightly. Film products and market imbalances were prominent. The core audience was still the youth though some of the old had the willingness to go to the movie theaters. The schedule provided a stage for major films. Increasing the concentration of the theater line market, enhancing the confidence of the film production industry, ensuring the supply side of films, and expanding the market besides local theaters are of great significance for the development of the China's film industry in the future.

Keywords: China's Film; Film Industry; Supply Side of Films; Film Increment

B. 7 Directions in Evolution of Content Production in Mobile Era

Peng Lan / 078

Abstract: In 2019, production of mobile video and knowledge content is still rising and leading to further changes in content production. In mobile video market, after rapid growths of live video and short video, the growth of long video can be expected as users' needs are flowing. Mobile videos are produced for many purposes, such as life recording, news storytelling, artistic creation, goods selling and ACGN culture, with different motivations and models. All these contribute to the booming of mobile video. In knowledge content production, platforms are paying more attention on market cultivation, and online knowledge payment will go further with the drive from both producing and consumption sides. In the future, knowledge products will be expanded in several ways.

Keywords: Mobile Video; Short Video; Long Video; Knowledge Payment; Knowledge Product

B.8 Development Innovation of Weibo in 5G era

Abstract: With the rapid development of Internet technology in China, the media structure, public opinion ecology and communication technology are undergoing profound changes. Weibo, as the important Chinese social media platform, has always been the main position to gather people, mainstream media, government agencies and other voices. From words and pictures to live video, rich product forms help Weibo to present first-hand information in a diversified and all-round way in emergency news and major social events. With the commercial use of 5G technology, the Internet connect everything, as an influential social media platform in China, Weibo will also make diversified development based on its platform advantage.

Keywords: 5G; Social Media; Media Convergence; Innovation

B.9 AI +Video: Innovation of Attention Distribution Model

—Analysis on Development of Kuaishou

Abstract: China's investment in mobile Internet has reduced the cost of

Internet use and video production, making China the first to enter the video era. Convenient mobile payments and logistics enable the content expressed in videos to create and deliver business value. Kuaishou uses AI to accurately match video content with users, and uses AI throughout the entire business process, thereby achieving high-speed growth. Kuaishou adopts the value of inclusiveness to distribute attention, encourages ordinary people to produce content, reduces the cost of attention, and creates a rich content ecosystem that allows more people to be seen, understood, and connected.

Keywords: Short Video; AI; Kuaishou; Distribution of Attention

B.10 Analysis on China's Advertising Market Trend 2019 –2020

Zhao Mei / 104

Abstract: In 2019, influenced by the international economic environment, advertisers' confidence in the overall market fluctuated, which in turn adjusted the advertising budget. According to data from CTR Media Intelligence, the advertising market as a whole showed a downward trend in 2019, and advertising costs fell by 7.4%. Faced with a complex competitive environment, traditional media accelerates digital transformation to help advertisers build brand equity. Video websites are driven by technology and creativity to provide advertisers with multiple marketing mix solutions. Short videos and live broadcasts receive advertisers' favor through content marketing and efficient conversion. In 2020, Advertisers have stricter requirements for media, and the mainstream media value of TV has been recognized again.

Keywords: Advertiser; TV; Digital; Live Broadcasting; Video Website

B. 11 China's Media Advertising in Full Marketing Environment

Huang Shengmin, Shao Huadong and Guo Fuqiang / 113

Abstract: In 2019, affected by the economic downturn and environmental changes, advertisers' marketing pain points are frequent, and responding to advertisers' full marketing needs has become a key clue for the survival and development of media. Affected by this, the media advertising market in 2019 has entered a new round of consolidation: Internet media, as an important increment, showed negative growth for the first time in 2019; the cost of outdoor advertising journals shrank; and the polarization of TV, radio and newspapers increased. In 2020, advertisers are committed to improving marketing efficiency while actively building their own brand power. Media operators should grasp the trend of advertisers' overall marketing reform from the relationship of technology, content and quality, actively build marketing value chains, ensure survival, and strive to break through.

Keywords: Full Marketing; Media Advertising Market; Digital Marketing

B. 12 Trends of China's Internet Advertising 2019

Zhongguancun Lab on Interactive Marketing / 121

Abstract: The advertising industry in 2019 is generally improving. The structure of business units and practitioners in the industry has gradually adjusted to benign development. The overall scale of the market reached 867.428 billion Yuan with an increase of 8.54% over the previous year, which accounted for 0.88% of gross national product (GDP) that maintained the second-highest growth in the past five years. Interactive advertising marketing is still an important force to drive advertising growth, showing strong innovation capabilities. Though the market was suffering the budget cut in brand advertising, the significantly slow growth rate of traditional advertising and the declining market confidence, China's advertising industry still maintains a considerable growth.

Keywords: Internet Advertising; Technological Innovation; Sluggish Growth

B. 13 Analysis on TV Viewing in China 2019 *Wang Ping* / 128

Abstract: In 2019, the TV viewing in mainland China saw a narrowing decrease of total viewing minutes and a contracting daily average reach. Time-shift viewing kept growing and was the major source of incremental audience with a stable audience loyalty. In terms of market shares, the national channels and the provincial satellite channels were the two leading categories of channels with the dominant position going from one to the other. The terrestrial channels suffered continued loss of share while other channels kept growing. TV drama, news reports and entertainments were the major categories of contents for all types of TV channels to gain audience. Satellite channels were more capable of entertainments while the terrestrial channels were adepts for news report and routine services.

Keywords: TV Viewing; Time-shift Viewing; TV Viewing Market

B. 14 China's TV Drama Market Report 2019

Li Hongling / 137

Abstract: After a short period of maladjustment, there are some good omens and signals in China's teleplay market in 2019, forming a parallel situation of "keeping right" and "innovation". On the one hand, it adheres to the realistic creation idea of "small, positive and large" in content; On the other hand, it makes various innovations and explorations in types. However, the traditional TV drama market is still facing some severe situations: a large number of production companies have no work to open, policy restrictions are increasingly strict, the supply side continues to shrink, the first round of broadcast volume has declined, the second round of drama is in the lead, the first-line satellite channels form alliances before difficulties. There are a series of changes have taken place in the broadcast and audience market, forming many new characterizations.

Keywords: TV drama Market; Satellite Channel; Competition Pattern; Popular Drama

B. 15 China's Online Video Industry Report 2019 *Zhou Kui* / 144

Abstract: In 2019, the number of online video users (including short videos) in China reached 759 million, an increase of 33. 91 million from the end of 2018, and the penetration rate of netizens reached 88. 8%. It ranked second among all types of Internet applications, only Inferior to instant messaging tools. The industrial scale of China's online audiovisual industry will reach 67. 5 billion in 2019, an increase of 5. 9% compared with 2018, and the growth rate will be further slowed down due to the influence of macroeconomic factors. Tencent, Youku and iQiyi continue to maintain the first tier, and Mango TV, as the benchmark for the construction of audio-visual new media platforms in the China Radio and Television Department, is expected to rank among the first team for the first time, forming a more direct market competition for Tencent, Youku and iQiyi.

Keywords: Online Video; Online Movie; Online Drama; Online Variety Show

B. 16 China's Short Video Market Report 2019

Jiang Tao, *Li Yue* / 153

Abstract: In 2019, the competition in short video market has become much fiercer. The demand for high-quality content is increasing steadily. In addition, some short video platforms created by national media have entered the market, and the amount of professional content creators from traditional media is increasing. Because of these changes in the market, the high-quality resources of the giant platforms have been allocated mostly to two extreme directions and have achieved economies of scale. First, the combination of internet celebrities, KOL and E-commerce marketing have generated considerable profit, driving more participants to join in. Second, short videos are made better and better with meaningful contents and professional production. Meanwhile, more and more short video creators are focusing on vertical markets. These trends are helping platforms constantly improve the user loyalty and user value identity. Based on the current media environment, all the participants pay more attention to the delivery of content value, and thus gradually forming a "content upgrade battle".

Keywords: Short Video Format; Circle Layer; KOL; MCN

Abstract: In 2019, the online drama and online movie industries have focused on high-quality content production, and at the same time have some innovations in content and business models. Many works have successfully been broadcasted abroad. In terms of marketing, the marketing models of online dramas and online movies are innovative and have reached the target user group precisely. Under the guidance and standardization of policies, China's online dramas and movies have ushered in healthy development. This report provides a comprehensive overview of the development status of the online drama and online movie markets in 2019 from the dimensions of production and broadcasting, audience preference, overseas communication, and policy management.

Keywords: Online Drama; Online Movie; Production and Broadcasting

B. 18 China's Radio Listening Market Report 2019

Ma Chao / 168

Abstract: Along with the advent of the era of 5G, "Mobile Network + Audio" has become a new form of broadcasting. On the one hand, it makes the listening channels of audience nowadays more diversified; In the meantime, the emerging mobile audio has also broken through the space-time restriction of traditional broadcasting and brought enormous changes to the relationship between information communicators and radio listeners through richer and more personalized contents and the diverse and efficient interactive means. Consequently, the live listening market of traditional broadcast is further compressed on the basis of no obvious changes in the audience structure.

Keywords: 5G; Mobile Audio; Live Listening Market

B. 19 China's Newspapers and Periodicals Industry Report 2019

Yao Lin / 177

Abstract: Due to continuous decline in the advertising sectors of newspaper and Periodicals, convergent media becomes the new form of print media that greatly enhances the spread and influence of newspaper and Periodicalsindustries. The management and operation of advertising in newspaper and Periodicals is transforming into a diversified industrial operation. Compared with the progress of general media convergence, the one in newspaper and Periodicals industries significantly lags, and both are facing new turning points.

Keywords: Newspaper; Periodicals; Advertising Management and Operation; Media Convergence

B. 20 China's Book Publishing Industry Report 2019

Wei Yushan / 185

Abstract: The year 2019 is the first year that the reform of the publishing management system of the party and the country has basically completed and operated in accordance with the new system. New policies and spirits regarding publishing have been successively introduced, stepping into a new phase. Content innovation, scale control, structural adjustment, acceleration of new technology operations and new product development are the trends of the publishing industry in 2020 and even in the future.

Keywords: Book Publishing; Industry Scale; Thematic Book; Structural Adjustment

B. 21 China's Online Game Industry Report 2019

Chen Xinling, *Xiao Qianyun* / 189

Abstract: After experiencing the "winter period", the China's game market will finally see the recovery in 2019, and both the market scale and the user scale have maintained a good development trend. Gaming industry continued to expand new territories, and industries driven by new technologies such as 5G and cloud gaming faced the new developments. The Internet addiction prevention ecosystem for minors was further improved. E-sports game market faced the "golden age", mobile game market full of infinite vitality, quality strategy for part of the slow development of the game market to bring vitality. In the future, the China's gaming industry will face more opportunities, such as the comprehensive development of game live streaming industry, the intellectual property ecology enabling game industry developing energy, and e-sports education may become the key to solve the contradiction between supply and demand of talents.

Keywords: Cloud Gaming; Quality Strategy; Intellectual Property; E-sports Education

B. 22 China's Animation Industry Report 2019

Sun Ping, *Sun Yue* / 197

Abstract: In 2019, the total output value of China's animation industry is over 190 billion, the market continues to expand, and the industrial development tends to be benign. Among the native animation films, we have witnessed the super popular ones that have gained good reputation, while most of the imported films with good box office are from the United States and Japan, and the mature IP series films account for a large proportion. TV animation continues to develop with the target direction of "high quality" and "seriation" with diversified theme types, among which the fairy tale theme accounts for the largest proportion. Network animation forms IP matrix with video platform as the core, and the services provided are increasingly refined and diversified, and the whole industry chain serves the ACG population. The derivative market shows a rapid growth trend.

Keywords: Animation Industry; Animation Films; TV Animation; Network Animation; Animation Derivatives

B. 23 China's E-commerce Market Report 2019

Chen Yuanyuan, *Jin Wenkai* / 203

Abstract: In 2019, China's online retail sales exceeded 10 trillion yuan. The pattern of the head group of the E-commerce industry is stable, the competition of new enterprises is still fierce, and the major enterprises further increase their penetration into third and fourth-tier cities. Alibaba, JD. com and others continue to increase investment in technology, and improve the value conversion rate of data through technology. E-commerce livestreaming took off in 2019, and short videos, KOLs, KOCs, private traffic constitute the new elements of retail marketing.

Keywords: Online Retail; E-commerce; New Retail; E-commerce Livestreaming

Ⅳ Media Convergence & Innovation Reports

Abstract: By the end of 2019, the number of media listed companies stood at 143, with a total market capitalization of 1460. 747 billion yuan. The media sector has recorded a positive annual cumulative gain for the first time after three consecutive years of adjustment from 2016. After experiencing massive losses in 2018, the listed company began to gradually turn around or reduce its losses, with an overall operating income of 436. 878 billion yuan in the first three quarters. The media industry continues to be impacted by mergers and acquisitions and goodwill, resulting in larger scale profit volatility.

Keywords: Media Listed Companies; Capital Markets; Goodwill

Abstract: Against the background of China's relatively stable external environment and the overall improvement of the media industry, the overall performance of listed media companies in China's capital market has improved but has been severely differentiated, while the amount and amount of investment in China's media industry market have shown significant increases. Down. The main highlights of the investment and financing of the media industry are: first, the increase in the proportion of strategic investment; second, the Internet giants have become the core force of investment; third, the overseas layout has become a new trend.

Keywords: Media Market; Overseas Distribution; Differentiation Investment Decline

B. 26 Application and Impact of Blockchain Technology on Media Industry Chain *Zhang Rui, Xiu Yuwei* / 232

Abstract: Based on the block chain technology, this paper reviews how block chain reconstructs the media industry chain from the aspects of source certification, content production, promotion and distribution, and copyright management, providing new possibilities for creating an open and transparent industrial ecology.

Keywords: Blockchain; Media Industry; Value Chain Reconstruction

B. 27 Integrated Communication of China's Radio and Television Media Report 2019 *Wang Ting, Xue Wenxi* / 241

Abstract: In 2019, radio and television media has changed from incremental reform to stock reform of technology and content, and the media integration entered into industrial integration stage 3. 0. How to measure and evaluate the progress and stage achievements of media integration development in the radio and television industry is a very concerned issue in the field of media and government affairs. From the perspective of CTR network communication capacity monitoring and evaluation, the layout of video products and production capacity of radio and television media is increasing, and the product mode of audio-visual integration and news + diversified service integration is gradually being constructed. Compared with the similar services of Internet enterprises, the communication capacity of head products is still under great pressure. This paper focuses on the analysis of the current situation and characteristics of network communication of 38 radio and television stations at or above the provincial level in 2019, hoping to clarify the current situation from the perspective of industry observation, explore the trend, and make suggestions for the integration and transformation of radio and television media in the new stage.

Keywords: Network Communication; Media Integration; Video +; Audio –Visual Integration

Abstract: By entering the accelerated developing period of Integrated Broadcast Media, radio stations at all levels have gradually found their own ways of media convergence that features opinions, contents and regions. Meanwhile, they are expanding the audience scale and enhancing their influence. With the optimized media equipment and the technology advancement, broadcast media are steadily marching onto the new path that adapts Internet characteristics.

Keywords: Integrated Broadcast Media; Network Audio; Media Transformation

Abstract: In the past 2019, from the central to the local areas, traditional media at all levels have continued to explore media convergence developing actively. As an important part of the integrated development of media, provincial TV stations have accelerated construction of media convergence last year, making many efforts to create new mainstream media and increase the mainstream influence. Based on the data of CSM media research News Media Convergence Index, this paper focuses on the actions and achievements of provincial TV stations in news convergence communication and public opinion guidance in 2019, and tries to analyze the development characteristics of current and future TV media news integration and communication.

Keywords: Media Convergence; Provincial TV Station; TV News

B. 30 Analysis on IPTV and OTT Audience Viewing Trends 2019

Abstract: With the rapid development of digital technology, China's TV home viewing equipment has gradually diversified. In 2019, IPTVs expanded rapidly as new licensees joined the competition, and OTTs (i. e: smart TVs and OTT boxes) maintained a steady growth. TV's smart viewing devices provide viewers with even more content options, and greater advertising opportunities advertisers. Differentiated usage methods and content resources make the relationship between viewing equipment, content and viewers complicated and delicate. This article provides the development trends of IPTVs and OTTs in 2019 from the perspectives of device coverage, viewing and audiences.

Keywords: TV; IPTV; OTT

B. 31 Fusion of TV Viewing and Consumer Purchase Behavior

Abstract: China media landscape evolves rapidly. TV, as one of the main media, has faced big challenge in the marketplace. It is key to understand the TV viewership from the consumer perspective. Kantar Worlpanel and CSM used data fusion to connect TV viewership and consumer purchase behavior, which helps brands to better target the content for communication and precise evaluate the advertisement effectiveness.

Keywords: Data Fusion; TV; Rating; Consumer Segment

Abstract: The digital revolution using the Internet as a carrier has contributed to the digital evolution of the advertising market's ecological environment and ecosystem. The increase in economic uncertainty in 2019 has accelerated the three main players in the advertising market from conflict to coordination, and the ecological structure and characteristics of the advertising market have shown new changes and trends. Based on the "2019 China Advertising Market Ecological Survey" and "Survey on marketing trends of Chinese advertisers", this article provides an in-depth analysis and interpretation of the Chinese advertising market in digital evolution.

Keywords: Advertising Market; Advertisement Digitization; Ecological Structure

Abstract: 2019 is a year of rapid development of China's MCN industry. The number of MCN institutions has continued to grow, the market size has steadily expanded, and the penetration and influence on the upstream and downstream of the industry have intensified. On the one hand, live streaming of online celebrities, represented by Li Jiaqi and Wei Ya, has become the breaking point of MCN monetization, and has achieved rapid education in the market in a short period of time, and has also brought impact to the advertising industry. On the other hand, as Li Ziqi and Ms Yeah successfully entered overseas markets, MCN institutions saw business opportunities outside China. However, the traditional media represented by Hunan Radio and Television began to lay out MCN, and celebrities and stars have joined e-commerce livestreaming one after another. In 2020, the competition pattern in MCN field will become more complicated.

Keywords: MCN; Internet Celebrity; E-commerce Livestreaming

Abstract: "Development" and "imbalance" are the keywords of the global digital economy in 2019. As a whole, the global digital economy has developed rapidly. The platform-centric digital economy development model and the global data value chain have matured. The focus of countries has gradually moved from the development of the digital economy itself to the protection issues of the driver of the digital economy- "data". Researchers have further tried to re-measure the digital economy from the perspective of "actual well-being" rather than just from the perspective of monetary value. But we should also note that the leading platforms in various fields are unevenly distributed geographically, and the global data value chain is structurally unfavorable to the development of developing countries. The development of the digital economy is concentrated in China and the United States, and the sanctions imposed by the United States on Chinese high-tech enterprises in 2019 have exacerbated the instability of the digital economy.

Keywords: Digital Economy; Platform; Global Data Value Chain; Data Governance; Measurement Methods

V Media Industry Development Reports of Overseas

B. 35 Global Media Industries Report 2019

Hang Min, Xiang Qiren / 306

Abstract: The global media and entertainment industries have been changing increasingly in 2019, with digitalization and personalization as the key words. On the one hand, the emerging digital media market has generated rising revenues and the traditional media market has accelerated the pace of digital transformation and exploration; on the other hand, the AI-based algorithm enables media companies to better target in the market, with a more precise content strategy for audience segmentation. Meanwhile, with the surge of global data consumption, security and privacy issues have become major concerns, driving the social media giants to the very forefront.

Keywords: Global Media Industries; Digitalization; Personalization; Artificial Intelligence; Data Privacy

B. 36 Media Industry in United States 2019

Shi Anbin, Wang Peinan / 323

Abstract: The ecology and technology of the communication industry are experiencing a fundamental change in recent years. As in 2019, the media industry of the United States has returned to rational development, and technological innovation has also gradually slowed down. The focus of media organizations is transformed into content-based and users-based ones. However, the development of different forms of media bears diverse characteristics. The trend of media giants ambitiously entering thecryptocurrency field has gradually become clear, and the rise of vertical niche social media platform broke the industry monopoly down. IP resources have promoted the reshuffle of the competition in the streaming media, and the music and film industry are integrating multiculturalism in its progressing. Based on relevant industry statistics, this article analyzes and categorizes the development of eight key industries, including newspapers and magazines, radio and television, the Internet and social media, publishing, movies and advertising, and games, with a focus on 5G communications and blockchain, thus reveal the development of the US media industry in 2019.

Keywords: Media Industry in United States; Legacy Media; Platform Media; New Media Technology

Abstract: With the popularity and development of mobile communication technology and Internet technology, in the year of 2019, media industries in the European Union (EU) continued its reforms and adjustment. European traditional media industry aimed to seek innovations, whilst its new media industry was on the track of rapid development. Printing media industry continued its digitalization process with the pressure from other media forms. The television industry thrived with pay-on-demand services and broadcasting industry steadily developed toward mobilization and digitalization. The music industry was in the process of transformation toward streaming media. The film market was still dominated by American movies, though European local films showed signs of fast development. Regulations from GDPR started to show their effectiveness and fostered the development and transformation of media economy in the European Internet and mobile media industries.

Keywords: Media Industry in the EU; Mobile Media; Media Digitalization; Streaming Media

B. 38 Media Industry in UK 2019 *Xu Jia* / 351

Abstract: The UK Media industry is in general equally conservative and innovative. In the country where telegraph, postal service, AI and other world-changing ICTs were invented, 5G is now covering 40 most populated cities and towns, meanwhile an average British still sent 150 postal letters during the year 2018 – 2019. The tradition of British public broadcasting service still played strong. In particular, BBC was still "mainstream media" both in terms of providing news and entertainment and investing into innovations. On the other hand, international platforms such as Facebook and Youtube achieved the biggest shares of consumer market and revenues in the UK. Netflix, Amazon Prime Video and other American made and internationally distributed platforms and products are also changing the British media consuming habits. In the field of AI, Britain is developing what it calls the world's first "principled" AI decision-making platform on which data isn't king. The model is.

Keywords: UK Media Industry; PBS; Principled AI

B. 39 Media Industry in Germany 2019 *Wu Jingwei*, *Lin Zihao* / 360

Abstract: In 2019, the development of traditional paper media in Germany continued to decline. The usage rate of radio and television, and the scale of movie release were relatively stable. For traditional media, digital transformation has become a trend. This year's Internet penetration rate remained above 90%, and Facebook, which had long dominated the market, gave way toWhatsapp. Digitalization and artificial intelligence were highly concerned topics in German media industry this year.

Keywords: German Media; Social Media; Digitalization; Artificial Intelligence

B. 40 Media Industry in France 2019 *Zhang Wei* / 368

Abstract: In the background of the global economic slowdown and consumption degradation, France suffered the biggest riot in the past 50 years at the end of 2018 that its annual economic growth rate did not meet expectations. The French government has selected prior sectors from public budget, in which cultural sectors was selected. In the process of the rapid growth of the digital cultural economy, the audio-visual field in the media industry has performed brilliantly. This report continues to observe and analyze all areas of French culture and media.

Keywords: Culture and Media Industry; Cultural Economy; Digitalization

B. 41 Media Industry in Japan 2019 *Lin Yang* / 373

Abstract: Japan's economy was in slow recovery in 2019 with consecutive 7 - year GDP growth. The scale of the newspaper and traditional publishing industry continued to decline while the content and advertising revenue of digital sector was significant. The radio and television industry maintained basically the same as in the previous year. The movie market suffered a huge decline in annual audience and box office income due to the lack of high-grossing movies. The audio and video industry increased in real and digital markets. Advertising income dropped in traditional media channels, yet internet advertising has driven the increase of the industry.

Keywords: Japanese Media Industry; Japanese Advertising Market; Japanese Media

Ⅵ Key Data on Media Market

Ⅶ Media Enterprises Innovation Cases

S 基本子库
UB DATABASE

中国社会发展数据库（下设 12 个子库）

整合国内外中国社会发展研究成果，汇聚独家统计数据、深度分析报告，涉及社会、人口、政治、教育、法律等 12 个领域，为了解中国社会发展动态、跟踪社会核心热点、分析社会发展趋势提供一站式资源搜索和数据服务。

中国经济发展数据库（下设 12 个子库）

围绕国内外中国经济发展主题研究报告、学术资讯、基础数据等资料构建，内容涵盖宏观经济、农业经济、工业经济、产业经济等 12 个重点经济领域，为实时掌控经济运行态势、把握经济发展规律、洞察经济形势、进行经济决策提供参考和依据。

中国行业发展数据库（下设 17 个子库）

以中国国民经济行业分类为依据，覆盖金融业、旅游、医疗卫生、交通运输、能源矿产等 100 多个行业，跟踪分析国民经济相关行业市场运行状况和政策导向，汇集行业发展前沿资讯，为投资、从业及各种经济决策提供理论基础和实践指导。

中国区域发展数据库（下设 6 个子库）

对中国特定区域内的经济、社会、文化等领域现状与发展情况进行深度分析和预测，研究层级至县及县以下行政区，涉及地区、区域经济体、城市、农村等不同维度，为地方经济社会宏观态势研究、发展经验研究、案例分析提供数据服务。

中国文化传媒数据库（下设 18 个子库）

汇聚文化传媒领域专家观点、热点资讯，梳理国内外中国文化发展相关学术研究成果、一手统计数据，涵盖文化产业、新闻传播、电影娱乐、文学艺术、群众文化等 18 个重点研究领域。为文化传媒研究提供相关数据、研究报告和综合分析服务。

世界经济与国际关系数据库（下设 6 个子库）

立足“皮书系列”世界经济、国际关系相关学术资源，整合世界经济、国际政治、世界文化与科技、全球性问题、国际组织与国际法、区域研究 6 大领域研究成果，为世界经济与国际关系研究提供全方位数据分析，为决策和形势研判提供参考。

法律声明